ARTHURIAN ARCHIVES

IV

Norse Romances

Volume II

The Knights of the Round Table

ARTHURIAN ARCHIVES

ISSN 1463-6670

General Editor: Norris J. Lacy

Previously published volumes in the series are listed at the back of this book

Norse Romance

Volume II

The Knights of the Round Table

Edited by
Marianne E. Kalinke

D. S. BREWER

© Contributors 1999

All Rights Reserved. Except as permitted under current legislation no part of this work may be photocopied, stored in a retrieval system, published, performed in public, adapted, broadcast, transmitted, recorded or reproduced in any form or by any means, without the prior permission of the copyright owner

First published 1999
D. S. Brewer, Cambridge

Reprinted in paperback and Transferred to digital printing 2012

ISBN 978–0–85991–556–4 hardback
ISBN 978–1–84384–306–1 paperback

D. S. Brewer is an imprint of Boydell & Brewer Ltd
PO Box 9, Woodbridge, Suffolk IP12 3DF, UK
and of Boydell & Brewer Inc.
668 Mt Hope Avenue, Rochester, NY 14620, USA
website: www.boydellandbrewer.com

A CIP catalogue record for this title is available
from the British Library

Library of Congress Catalog Card Number: 99-21646

This publication is printed on acid-free paper

CONTENTS

Möttuls saga   1
    EDITED AND TRANSLATED BY Marianne E. Kalinke

Ívens saga   33
    EDITED AND TRANSLATED BY Marianne E. Kalinke

Parcevals saga with *Valvens þáttr*   103
    EDITED BY Kirsten Wolf
    TRANSLATED BY Helen Maclean

Erex saga   217
    EDITED AND TRANSLATED BY Marianne E. Kalinke

Skikkju rímur   267
    EDITED AND TRANSLATED BY Matthew James Driscoll

Select Bibliography   326

MÖTTULS SAGA

Edited and Translated

by

Marianne E. Kalinke

INTRODUCTION

Möttuls saga is an anonymous Old Norse translation of the French *Le Lai du cort mantel* ("Tale of the Short Mantle"), also known as *Le Mantel mautaillié* ("The Ill-Cut Mantle"), which was presumably composed toward the end of the twelfth or the beginning of the thirteenth century. The preface to *Möttuls saga* informs us that it is the account of a curious and amusing incident that took place at the court of King Arthur and that the translation was undertaken at the behest of King Hákon Hákonarson, who ruled Norway from 1217 to 1263.

Among the Arthurian narratives *Möttuls saga* is in a class by itself because of its irreverent portrayal of courtly society. The saga, like *Le Lai du cort mantel*, is a ribald tale of a chastity text conducted by means of a magic mantle at King Arthur's court. With one exception, all the ladies at court, starting with Guinevere, are ignominiously exposed as unfaithful wives and lovers.

Like all the other Old Norse translations of foreign literature, *Möttuls saga* is written in prose, and like the other translations commissioned by King Hákon Hákonarson, the saga is characterized by amplification as an explicatory, emphatic, and anticipatory device. Although the translator adhered carefully to the content of his French source, he nonetheless augmented the narrative by employing alliteration and other collocations, both synonymous and antithetical, for emphasis and to achieve semantic, syntactic, and rhythmical euphony. Thus, despite its accuracy in transmitting the French matter, the saga may also be considered an interpretation.

Möttuls saga is extant in two Icelandic manuscript branches, one unfortunately represented by only one leaf from after 1300, AM 598 Iβ; the other by two leaves and 20 lines on a third leaf from a large codex of romances from around 1400, Stockholm Perg. 4:o nr. 6 (including the fragment AM 598 Iα). Complete transcripts of the text in this manuscript were made in the seventeenth century (AM 179 fol. and 181β fol.), when the manuscript was still intact. Of the two seventeenth-century paper manuscripts, AM 179 fol. is the more reliable. It is the basis of our edition, except for the sections covered by the vellum fragments Stockholm Perg. 4:o nr. 6 and AM 598 Iα.

The oldest leaf, AM 598 Iβ, transmits the beginning of *Möttuls saga*. Variants from this manuscript, which, on the whole, contains a shorter text, are given only if a reading coincides with one in the extant French manuscripts. Similarly, variants from the other seventeenth-century paper copy, AM 181b fol., are given only if the evidence of the extant French manuscripts suggests that a reading in 181b is to be preferred to that in 179. The penultimate sentence of the saga's prologue corresponds to the five opening verses of *Le Lai du cort mantel*; otherwise, the prologue (ch. 1) appears to be an independent addition of the translator.

The following edition is based on my critical edition *Mǫttuls saga* in the Editiones Arnamagnæanæ, B, 30 (Copenhagen: Reitzel, 1987). References to *Le Lai du cort mantel* are to Philip E. Bennett's text in the same edition. Although the translation is based on my earlier translation in *The Romance of Arthur: An Anthology of Medieval Texts in Translation*, ed. James J. Wilhelm (New York: Garland, 1994), pp. 209-223, it has been revised to conform to the text of the present edition.

MÖTTULS SAGA

Hér hefir upp Möttuls sögu

1. Artús kóngr var hinn frægasti höfðingi at hverskonar frækleik ok allskonar drengskap ok kurteisi með fullkomnu huggæði ok vinsælasta mildleik svá at fullkomliga varð eigi frægari ok vinsælli höfðingi um hans daga í heiminum. Var hann hinn vaskasti at vápnum, hinn mildasti at gjöfum, blíðasti í orðum, hagráð<a>sti í ráðagerðum, hinn góðgjarnasti í miskunnsemd, hinn siðugasti í góðum meðferðum, hinn tiguligasti í öllum kóngligum stjórnum, guðhræddr í verkum, mjúklyndr góðum, harðr illum, miskunnsamr þurftugum, beinisamr bjóðendum, svá fullkominn í öllum höfðingskap at engi illgirnd né öfund var með honum ok engi kunni at telja lofsfullri tungu virðuligan göfugleik ok sæmd ríkis hans.

Þat vátta honum sannar sögur ok margskonar góð fræði er ger váru af dýrum klerkum um mart hans athæfi ok stundum um margfaldliga atburði fagra er með margföldum háttum gerðiz innan hirðar hans ok víða um hans ríki, stundum um hrausta riddaraskapi, stundum um aðra kynliga hluti. Nú segir þessi bók frá einum kynligum ok gamansamligum atburð er gerðiz innan hirðar hins dýrliga ok hins fræga Artús kóngs er hafði allt England ok Bretland frjálst undir sik.

En þvílík sannindi sem valskan[1] sýndi mér þá norræna<ða> ek yðr áheyrendum til gamans ok skemtanar svá sem virðuligr Hákon kóngr, son Hákonar kóngs, bauð fákunnugleik mínum at gera nokkut gaman af þessu eptirfylgjanda efni.

2. <Á> þeiri hátíð er heilög kirkja kallar pentecosten[2] en Norðmenn kalla pikkisdaga, þá komu til Artús kóngs dýrligir höfðingjar ok kóngar margra landa með hertugum ok öðrum heiðrsmönnum, svá sem þessi saga váttar sem margar aðrar þær sem um hann eru gerðar.

Artús kóngr var hinn forvitnasti maðr ok vildi verða víss allra tíðinda er gerðuz í ríki hans ok svá í öðrum löndum þar sem hann mátti spyrja. Ok því lét hann blása hvervetna á skógum, á vegum ok gatnamótum, at hverr er þar var um farandi skyldi koma til hirðar ok hátíðar hans. Þat fylgði ok boði kóngs at hverr er átti fríða unnustu, þá skyldi hún fylgja honum ok vera jafn velkomin með kóngi sem unnasti hennar. Af því kom þar svá mikill fjöldi at varla mátti tölu á koma ok því var vant ór svá miklum fjölda hinum hyggnasta at kjósa hina kurteisustu.[3]

THE SAGA OF THE MANTLE

Here begins the saga of the mantle.

1. King Arthur was the most renowned ruler with regard to every aspect of valor and all kinds of manliness and chivalry, combined with perfect compassion and most appealing mildness, so that in every respect there was no ruler more renowned or blessed with friends in his day in the world. He was the most valiant man at arms, the most generous with gifts, the gentlest in words, the cleverest in his designs, the most benevolent in mercy, the most polished in good manners, the noblest in all kingly craft, godfearing in his undertakings, gentle to the good, harsh to the wicked, merciful to the needy, hospitable to the companionable, so perfect in his entire authority that neither ill will nor malice was found in him, and no one could adequately laud the splendid magnificence and honor of his realm.

This is attested by truthful accounts about him and much dependable intelligence recorded by worthy clerks about his many deeds—sometimes about various illustrious events that occured in diverse ways at his court as well as throughout his realm, sometimes about valiant deeds of chivalry, sometimes about other curious matters. This book tells about a curious and amusing incident that took place at the court of the illustrious and renowned King Arthur, who held all England and Brittany under his sway.

And this true account, which came to me in French, I have translated into Norwegian as entertainment and diversion for you, the listeners, since the worthy King Hákon, asked me, ignorant though I be, to provide some entertainment through the following story.

2. During that festive period which the Holy Church calls Pentecost but the Norse call Pikkisdagar, there came to King Arthur illustrious chieftains and kings of many lands, together with dukes and other honorable men, as is attested by this saga, as well as many others that were composed about him.

King Arthur was the most inquisitive of men and wanted to be apprised of all news of events that took place within his realm as well as in other lands, wherever he might learn of them. And therefore he let it be trumpeted about, in woods, on roads and crossroads, that everyone who was traveling about, should come to his court and his celebration. The king's summons went on to say that any man's ladylove might accompany him, and the king would make her equally welcome. As a result there came so many that the gathering was too large to be counted. For this reason the wisest of the men found it difficult to choose the most courtly woman in such a large gathering.

En dróttning varð fegin komu þeira ok lét jungfrúr vera í loptum sínum. Dróttning var hinn fríðasti[4] kvennmaðr ok hafði ræður sínar við þær með allskonar skemtan ok gaman með kurteisligum hætti.[5] Sjálf hún hafði góða gangveru. Svá gaf hún ok hverri þeira dýrlig klæði með allskyndis litum ok kostum svá at hin dáligsta var búin með pell ok fóðrat með skinnum, grám ok hvítum. En sá er klæðabúnat þeira vildi skynsamliga skoða[6] þá mundi hann mega mjök langa tölu þar af gera. En ek vil yðr eigi lengi dvelja ok því vil ek fátt af mörgu segja: at engi var betri búnaðr í heiminum en þeim var gefinn ok engi kaupmaðr kunni *dýrra[7] at selja né verði at kaupa. Dróttning var lofsæl af hverskonar skörungskap ok hin vinsælasta af frægum mildleik. Nú lét hún hér næst fram bera dýrlig nisti ok rík belti,[8] fingrgull með allskonar dýrum steinum svá at engi maðr sá svá fáséna né ágæta gripi sem dróttning gaf af gnógum góðvilja, þvíat hún lét hverja þeira svá mikit af taka sem hver vildi hafa.

En nú er at ræða um Artús kóng hinn fræga, er gefa lét hirð sinni ok tilkomnum höfðingjum ok riddurum ríka gangveru ok örugg vápn, prúða búnaði[9] ok beztu vápn ok hesta er honum váru sendir vestan af Spanía, Lumbardía ok Almannía. Ok var þar engi svá fátækr riddari kominn at eigi þá þá ríka gangveru ok örugg vápn ok prúða búnaði ok góðan hest, þvíat þar skorti ekki *vætta,[10] þat er hafa þurfti. Ok í engri kóngs hirð váru svá ríkar gjafir gefnar sem þar váru þegnar né svá gnógliga fengnar. En kóngr sjálfr var svá mikils lofs verðr er aldri iðraðiz sinna gjafa ok svá lét hann laust við þá, sem hann kostaði engu, allt þat er hann gaf þeim.

En laugardaginn fyrir pikkisdaga var sú hin mikla hirð saman komin ok svá vel búin at hestum ok vápnum ok góðum klæðum at hvergi í heiminum var önnur hirð þessari lík. Þá var þar mikil skemtan ok allskonar gaman með gnógligum fagnaði svá margra hæverskra manna sem þar váru saman komnir. Ok er þeir höfðu verit allan þann dag í þeim fögnuði ok kvelda tók, þá fór hverr til síns herbergis ok bjuggu þá skjaldsveinar hvílur þeira ok fór þá allt liðit at sofa.

3. <O>k er dagr kom ok lýsa tók, þá klædduz allir ok gekk þá allt liðit í kóngsgarð ok fylgðu þaðan kóngi til höfuðkirkju bæjarins. Ok þar kom dróttningin með meyjum sínum at heyra tíðir. Ok mátti sjá margan kurteisan mann ok fríðar kvinnur, harðla vel búnar, þvíat þar var saman komit allt þat fólk er fríðast var í heiminum.

En er tíðum var lokit, þá fór hirðin öll í kóngsgarð. Ok leiddi þá dróttning kvenna flokk sinn í lopt[11] með sér. En ræðismenn í kóngsgarði ok þjónustumenn höfðu hin gnógligustu föng góðra vista ok þann bezta drykk er fannz í heimi með allskonar hætti at búa borð kóngs. Klæddu þeir fyrst borðin með hinum hvítustu dúkum ok lögðu á silfurspánu ok gullspánu, knífa vel búna ok silfrdiska með *salti.[12] Var þá matr albúinn kóngi ok allri hirð hans.

The queen rejoiced at their coming and allowed the maidens to stay in her chambers. The queen, who was the most beautiful of women, conversed with them and engaged in all manner of diversion and amusements in courtly fashion. She herself had costly garments and she gave each of the women splendid clothing of all kinds of colors and qualities, even the poorest of which was made of costly stuff and lined with grey and white fur. Whoever had occasion to look at the clothing carefully had much to talk about. But I do not want to detain you, and thus I will say but little about much: that no better garments existed in the world than those given away, and no merchant could have sold them or purchased them for what they were worth. The queen was laudable because of her exceedingly noble deportment and most blessed with friends because of her renowned munificence. She let precious brooches and rich belts be brought out, as well as rings with all kinds of precious stones. No man had ever seen such rare or excellent treasures as the queen bestowed of her abundant good will, for each of them was allowed to take whatever she wanted to have.

But now we must speak of King Arthur, that renowned man, who let rich garments and trusty weapons, magnificent apparel, and the best of weapons be given to his court and to the assembled chieftains and knights, and, in addition, horses that had been sent from the West, from Spain, Lombardy, and Alemannia. There had come no knight, no matter how poor, who did not receive rich garments and trusty weapons, magnificent apparel, and a good horse, for there was no lack of things that one might want. And at no king's court were such rich gifts received and bestowed with such abundance as were given there. Moreover, the king was worthy of great praise because he never regretted giving, and therefore he was free with them, as if all that he gave away cost nothing.

The Saturday before Pentecost the great court had assembled, and it was so well outfitted with horses and weapons and good clothing that nowhere in the world was there another court like this. Much diversion and all kinds of entertainments with abundant pastimes were provided for the many wellbred persons who had assembled there. When they had spent the whole day in such pastimes and evening came, all went to their lodgings, and the shieldbearers made the beds, and then all the people went to sleep.

3. When day came and it began to grow light, they all got dressed and all the people went to the king's palace and accompanied the king to the cathedral of the town. The queen with her maidens also came to attend the divine service, and one could see there many a courtly man and beautiful woman very well attired because the handsomest people in the world were assembled there.

When the divine service was finished, all the court went to the king's palace, and the queen led her group of women into the chambers with her. The stewards in the king's palace and the servants had a most abundant supply of good provisions and the best beverages to be found in the world to provide for the king's table in every way. They first covered the tables with the whitest of tablecloths and placed on them silver dishes with salt. Then the food was ready for the king and all his court.

En sú var siðvenja Artús kóngs at hann var varla glaðr ok engan dag vildi hann til borðs ganga fyrr en hann fengi áðr nokkur ný tíðindi um einhvern atburð þann sem gerðiz nær eða fjarri ok hann mætti sér gleði ok gaman af gera. En dróttning kallaði til sín herra Valven er forstjóri var allra ráðsmanna kóngs ok spurði hverju þat sætti er kóngr gekk ekki til borða þar sem matr var albúinn ok öll hans hirð saman sömnuð ok þá nón dags.

Ok hann gekk þegar til kóngs ok mælti svá til hans: "Herra, hvat veldr því at þér matiz eigi, fyrir því mjök löngu var borð reiðubúit?"

Kóngr leit við honum ok svarar: "Ræðismaðr, nær sástu mik svá halda hirð mína at hátíðum at ek fenga eigi ný tíðindi einhvers atburðar áðr ek *genga[13] til borðs?"

En er kóngr mælti þetta, þá kom skjótt sveinn einn *hleypandi[14] hesti ok stefndi á kóngsgarð, svá skjótt ríðandi at hestrinn var allr í sveita undir honum, þvíat hann skundaði ákafliga.

En herra Valven sá hann fyrst ok mælti til hirðmanna: "Ef guð vildi," sagði hann, "þá munum vér skjótt mataz, þvíat ek sé einn svein hleypanda hingat ákafliga hesti sínum ok mun hann segja oss nokkur ný tíðindi."

Ok því næst kom sveinninn at hallar dyrum kóngs ok sté þar af baki hesti sínum ok tóku þjónustumenn við hesti hans. En sveinninn var hinn kurteisasti ok afklæddiz þegar ok kastaði skikkju sinni á háls hestinum. En er hann var yfirhafnarlauss, sýndiz hann hinn fríðasti. Hvítr var hann á hárslit, breiðr ok þykkr í herðum; armleggi *hafði[15] hann *bæði[16] langa ok digra, hendr hvítar ok ramligar, ok allr náttúrliga vaxinn með æskiligri fegrð til afls ok vaskleiks at engi kunni sik öðruvís at æskja en guð hafði hann skapat. Orðfæri skorti hann eigi, þeim vitrliga skipandi með blíðri ræðu.

4. <E>n er hann var inn kominn í kóngs höll þar sem hirðin var, þá mælti h[ann] til þeira með kurteisligum orðum: "Sá hinn háleiti guð," sagði hann, "er alla oss skapaði, hjálpi ok varðveiti yðvarn safnað ok félagskap."

"Vin," sögðu þeir, "guð blessi þik."

Þá mælti Kæi ræðismaðr: "Sveitugr er hestr þinn; seg oss nokkur ný tíðindi um ferð þína."

"Nei, herra," sagði hann, "þú skalt segja mér fyrr hvar hinn góði Artús kóngr er. Ok sver ek við trú mína at ek skal þau tíðindi kóngi segja at yðr skal eigi öllum at skapi vera, en þó skal einhverjum fagnaðr afgeraz."

En því næst þótti öllum langt at verða vísir þess er hann vildi mælt hafa. Þá mælti riddari einn til sveinsins: "Sé, vinr, þar sitr hann á stóli."

En hann gekk þegar þangat, ok gáfu allir honum rúm, þeir sem á veg hans váru. Ok er hann kom fyrir kóng, heilsaði hann honum með þessum orðum: "Sá guð," sagði hann, "er skóp himin ok jörð ok allar þær skepnur sem í heiminum eru, blessi ok varðveiti þik, hinn hæsti kórónaðr kóngr yfir alla þá er verit hafa ok vera skulu." Ok enn mælti hann: "Nú fellr mér vel," sagði hann, "er ek hefi yðr fundit, svá lengi sem ek hefi yðvar leitat. Ein hin fríðasta mær," kvað hann, "fjarri yðru

But it was King Arthur's custom not to go to table or to be truly content on any day until he had first received news about some event or other that had happened near or far and from which he might derive enjoyment and pleasure. The queen summoned Sir Valven, the chief of all the king's stewards, and asked how it came about that the king did not go to table, now that the food was prepared and all his court assembled and it was already mid-afternoon.

He went at once to the king and spoke to him thus: "Lord, what is the reason that you are not eating, even though the tables have been set for a long time?"

The king looked at him and answered: "Steward, when have you seen me hold court at a feast when I did not receive news of some event before I went to table?"

Just as the king was saying this, a young man came up quickly on a galloping horse and headed towards the king's palace; he was riding so fast that the horse was all in a sweat under him, for he was hastening exceedingly.

Sir Valven saw him first and spoke to the courtiers: "If God wills it," he said, "we shall quickly dine, for I see a young man galloping vigorously on his horse in this direction, and he will surely bring us some news."

Thereupon the young man came to the doors of the king's hall and dismounted, and the servants led off his horse. The young man was most courtly; he immediately removed his outer garments and threw his mantle over the horse's neck. And when he was without his outer garments, he seemed most handsome. His hair was flaxen; his shoulders were broad and powerful; his arms were both long and sturdy; his hands were white and strong; by nature he was well built, as handsome as one might desire with respect to physical strength and prowess, so that no one could wish him otherwise than as God had created him. He did not lack for words and chose them cleverly.

4. When he had come into the king's hall, where the court was, he spoke to them with courteous words: "May that almighty God," he said, "Who created us all, help and preserve your assembly and fellowship!"

"Friend," they said, "may God bless you!"

Then Kay the steward spoke up: "Your horse is in a sweat. Tell us some news about your journey."

"No, sire," he said, "you shall first tell me where the good King Arthur is. And I swear, by my troth, I shall give the king news that won't please all of you; nonetheless, some will derive pleasure from it."

All thought it took a long time to find out what it was that he wanted to say. Then a knight spoke to the young man: "Look, friend, there he is sitting on the throne."

He went there immediately, while all those who were in his path made room for him. And when he came before the king, he greeted him with these words: "May God, Who created heaven and earth and all those creatures who are in the world, bless and preserve you, the crowned king who is highest among all those who have been and who will be." And then he said. "Now I'm pleased to have found you, for I have long sought you. A most beautiful maiden," he said, "far landi, sendi mik hingat á yðvarn fund ok biðr hún yðr at skyldu at þér gefið henni eina bæn. En ef þér synið henni at sinni, þá mun hún eigi optar leita. En eigi skuluð þér þat fyrr vita, hvers hún beiðiz eða hver hún er sjálf en þér veitið bænina. Harðla er hún fríð ok dýrlig at engi er hennar líki í heiminum. En þat vil ek at yðr sé kunnugt, ef ek skal þiggja þessa gjöf af hennar hálfu, at ek beiðumz enskis þess er tign yðvar sé til svívirðingar eða ríki yðvar til skaða."

Ok þá játaði kóngr því sem sveinninn bað. En sveinninn gerði kóngi margfaldligar þakkir. Ok því næst tók hann upp ór gullsaumuðum pússi sínum einn möttul af silki, svá fagran at aldri höfðu dauðlig augu sét jafnfagran eða þvílíkan. Þenna gerði ein álfkona með svá mörgum ok ótrúanligum hagleik at <í> öllum þeim fjölda, er þar váru saman komnir hagra manna ok hygginna, fanz engi sá er skynja kunni með hverjum hætti klæðit var gert. Þat var allt gulli ofit með svá fögrum laufadráttum at aldri váru ein önnur þvílík sén, þvíat engi kunni finna enda né upphaf, ok þetta á ofan sem kynligast var, at þeir sem gerst hugðu at, þeir gátu sízt fundit hversu sá hinn *undarligi[17] hagleikr var samtengdr.

Ok vil ek því eigi lengja þat út, þvíat hann var miklu kynligri en í hug mætti koma. En álfkonan hafði ofit þann galdr á möttlinum at hver sú mær sem spilz hafði af unnasta sínum, þá mundi möttullinn þegar sýna glæp hennar er hún klæddiz honum, svá at hann mundi henni vera ofsíðr eða ofstuttr, með svá ferligum hætti at þannig mundi hann styttaz at hann birti með hverjum hætti hver hafði syndgaz. Sýndi hann svá allar falskonur ok meyjar at engi mátti leynaz, sú er hann tók yfir sik. Þetta sagði sveinninn upp vel ok sköruliga fyrir allri hirð ok þeim hinum mikla fjölda höfðingja er þar váru safnaðir, með hverjum hætti möttullinn var ofinn ok hvern krapt hann hafði til kvenna raunar.

Ok því næst mælti hann til kóngs: "Herra," sagði hann, "ek bið yðr at þér látið nú í stað hirðkonur ok hirðmeyjar klæðaz möttlinum, þvíat fjarri héðan spurði ek at hér var nú samnaðr prúðra kvenna ok meyja. Ok gerið þetta nú skyndiliga at þær verði eigi vísar fyrr þessa tíðinda. Ok til þess em ek kominn at biðja yðr þessar gjafar en engrar annarra, ok enskis annars erindis."

En öll hirð ok allir höfðingjar er þar váru komnir undruðu ok forvitnuðu skikkju þessa.

Þá mælti Valven: "Þessa gjöf er vel játandi ok svá þiggjandi."

5. <K>óngr sendir nú eptir dróttningu herra Valven ok Kæi ræðismann ok Meon skutilsvein, bað þá segja dróttningu at hún kæmi í stað til hans ok allar þær meyjar ok konur er með henni eru, "ok komi svá gersamliga at engi siti eptir, þvíat ek vil at vísu halda þessa gjöf er ek gaf sveininum."

Nú ganga þeir ok fundu dróttningu í lopti sínu, albúna til borða at ganga, þvíat hana hungraði er hún skyldi svá lengi fasta.

from your land, sent me here to find you, and she asks that you, as is your duty, grant her a boon, but if you refuse to do so, then she will not ask again. You are not to know, however, what she is asking or who she herself is before granting the boon. She is exceedingly beautiful and illustrious, so that there is no one like her in all the world. But I want you to know, since I am to ask this favor on her behalf, that I ask for nothing that will disgrace your honor or damage your kingdom."

The king granted what the young man asked for, and he thanked the king profusely. Thereupon he took out of a small, gold-embroidered pouch a mantle of silk that was so beautiful that mortal eye had never seen one that resembled it or was its equal. An elf-woman had fashioned it with such great and inconceivable skill that in that whole assembly of skillful and intelligent men gathered there, there was no one who could perceive in what manner the garment had been made. It was shot through with gold in a pattern of such beautiful embroidered leaves that never the like was seen, for no one could find either the beginning or the end. What was strangest, moreover, was that those who scrutinized it most closely could least discover how that wondrous piece of workmanship was put together.

But I do not want to draw things out, for the mantle was even stranger than one might imagine: the elf-woman had woven a charm into the mantle so that the misdeed of every maiden who had been intimate with her beloved would be revealed at once when she dressed in it: it would become very long or very short in a flagrant manner so as to reveal how she had sinned. Thus it would expose all false women and maidens, so that nothing could be hidden when it was put on. Before the entire court and that great gathering of chieftains who were assembled there, the young man announced clearly and boldly in what manner the mantle was woven and what power it had to put women to the test.

Thereupon he spoke to the king. "Lord," he said, "I bid you now to have the ladies and the maidens of the court try on the mantle at once, for far from here I heard what illustrious women and maidens are assembled here; but do this speedily now so that they are not first apprised of this intelligence. This is the reason I have come: to ask this favor of you rather than any other, and for no other purpose."

The entire court and all the chieftains who had come there wondered and were curious about the mantle.

Then Valven said: "This favor is worth granting just as the boon is worth accepting."

5. The king now sent Sir Valven and Kay the steward and Meon the page for the queen. He bade them tell the queen to come to him at once, together with all those maidens and women who were with her, and to come one and all so that no one stayed behind, "because I certainly intend to keep the promise I made to the young man."

They went now and found the queen in her chambers, ready to go to table, for she was hungry, since she had fasted for so long.

Ok bar þá herra Valven fram kóngs orðsendingar. "Frú," segir hann, "kóngr býðr yðr fyrir hvervetna fram at þér gangið nú í stað til hans, þvíat einn ungr sveinn, harðla fríðr, kom til hans ok færði honum einn möttul svá dýrligan at engi dauðlig augu sáu annan þvílíkan. Klæðit er rautt í, en þvílíka gersemi höfum vér eigi sét um aldr, með svá undarligum ok frábærum hagleik gerðan at óvíst <er> at annarr sé eða finniz honum líkr í öllum heiminum. Ok vitið þat at sönnu at kóngr hefir heitit *þessum möttli[18] þeiri er í mundanga er ok ferr. Ok kostið nú, frú, ok dvelið eigi ok hafið með yðr allt kvendi þat er hingat er komit, þvíat kóngr vill sjá vöxt þeira ok fegrð. Er mér þat ok eigi kunnugt hver þessa hina tíguligu gjöf mun hljóta."

6. <Nú> gengr dróttning þegar til kóngs ok fylgir henni allr sá hinn mikli fjöldi fríðra kvenna ok prúðra meyja, svá at aldri sáu manna augu fyrr í einum stað svá mikinn safnað fríðra kvenna ok fríðra meyja, svá at aldri var betri búnaðr í heiminum heldr en þær höfðu búit sinn líkama með. Ok fyrir því hafði hverr maðr augu á þeim ok þar með fell mörgum hugr til þeira. Ok jafnskjótt fór öll hirðin inn í höllina at undra hver sú mundi vera er möttulinn mundi eignaz. Því næst tók kóngr möttulinn ok breiddi í sundr ok sýndi dróttningu ok léz mundu gefa henni eða þeiri er hæfiligr væri. En ekki vætta sagði hann þeim meira frá, fyrir því ef þær hefði vitat þat er fylgði möttlinum, þá mundi engi þeira hafa klæz honum fyrir allt þat gull er í Arabíalandi er, ok svá mundi þeim hann leiðr sem maðkr eða ormr væri. En nú er þar at komit at möttullinn mun segja hve trúliga þær hafa búit við bændur sína eða trúlyndi haldit við unnasta sína.

Nú tekr dróttning fyrst möttulinn ok leggr yfir sik. Ok verðr hann henni svá stuttr at hann tekr eigi á hæla henni. En svá gjarna sem hún vildi eiga möttulinn, þá mundi hann aldri hafa komit um hennar háls ef hún vissi með hverjum galdri hann var ofinn. Ok roðnaði hún þegar í andliti af skömm ok því næst bliknaði hún af angri ok reiði er eigi var[19] möttullinn mundanga.

En Meon skutilsveinn stóð í hjá henni ok [s]á at hún skipti andlits litum sínum ok mælti þegar til hennar: "Frú," sagði hann, "eigi sýniz mér at möttullinn sé yðr of síðr heldr mikilli hálfri alin til stuttr ok fer hann með engum kosti vel með yðr. En þessi mær," kvað hann, "er hér stendr hjá yðr ok er allnær sama vexti yðr, hvárgi hærri né lægri, hún er unnasta Aristes, sonar Arte kóngs. Fáið henni möttulinn ok munu þér þá sjá á henni at hann var yðr ofstuttr."

Því næst tók dróttning möttulinn ok fekk meyjunni hjá sér. En hún tók þegar fegin við möttlinum ok lét þegar yfir sik. Ok stytti hann miklu meir á henni en dróttningu.

Ok þá mælti Meon skutilsveinn: "Mjök hefir möttullinn nú upp hlaupit á skammri stundu ok var hann eigi langt bor[i]nn."

En þá spurði dróttning lenda menn ok alla höfðingja: "Segið, herrar," kvað hún, "v[ar] eigi [mö]ttullinn síðari en þessi er?"

Möttuls saga

Sir Valven conveyed the king's message. "Lady," he said, "the king bids you not to delay to come at once to him, because a very handsome young man has come to him and brought him such a precious mantle that no mortal eye has ever seen another like it. The cloth is red and is a treasure the likes of which we have never yet seen, fashioned with such wondrous and extraordinary skill that it is uncertain whether another like it exists or can be found in all the world. And know for certain that the king has promised the mantle to the one whom it fits and best suits. Try your luck now, milady; do not delay, and bring along all the women who have come here, for the king wants to see their appearance and beauty. It is not known to me, however, on whom this praiseworthy gift will be bestowed.

6. The queen went at once to the king, accompanied by the entire large group of beautiful women and illustrious maidens, so that never before had the eye of man seen in one spot so great an assemblage of beautiful women and beautiful maidens, and there had never been better garments in the world than those with which they were adorned. For this reason every man looked at them, and many a man was captivated by them as well. Immediately the entire court went into the hall, wondering who it would be who would possess the mantle. Thereupon the king took the mantle and spread it out, showing it to the queen and saying that he would give it to her or to anyone whom it might fit. But not a whit more did he tell them about it, for if they had known what else pertained to the mantle, none of them would have dressed in it, not for all the gold in Araby, and it would have been as repulsive to them as a maggot or a serpent. Now, however, the time has come for the mantle to tell how faithfully each has conducted herself toward her husband or how faithful she has been to her beloved.

The queen took the mantle first and put it on, and it became so short on her that it did not reach her heels. As much as she wanted to own the mantle, she would never even have let it touch her body had she known what spell had been woven into it. She immediately blushed with shame and then immediately paled from anger and rage when the mantle did not fit.

Meon the page stood beside her and saw her face changing color, and so he spoke to her at once: "Milady," he said, "it does not seem to me that the mantle is too long for you; instead, it is a good ell too short and in no way does it fit you. This maiden, however, who is standing here beside you and who is nearly the same size as you, neither taller nor shorter, she is the beloved of Aristes, son of King Artus; give her the mantle and then you will see how it fits her, though it was too short for you."

Thereupon the queen took the mantle and handed it to the maiden beside her, who gladly took it and immediately put it on, but on her it was much shorter than on the queen.

Then Meon the page spoke: "The mantle has now shrunk much in a short time and yet it has not been worn long."

The queen asked the nobles and all the chieftains: "Tell me, lords, was the mantle not longer than this?"

"Frú," kvað Valven, "svá sýniz mér sem þér sé[ð] nokkut tryggvari en h[ún] ok er þó nokkut líkt; eru ok minni svik með yðr en með henni."

Þá mælti dróttning við Kæi ræðismann: "Segið mér," sagði hún, "hverr er trúlei[k]r sá [er] þér ræðið um eða hverr kraptr fylgir möttli þessum?"
En Kæi sagði [henni] frá [u]pphafi ok til enda svá sem sveinninn hafði sagt. Þá íhugaði dróttning ef [hún a]ngraðiz eða reiddiz nokkut við þetta at þá mundi henni vera virt til skemmdar ok til svívirðingar er hún hafði mistekit fram hjá þvílíkum höfðingja ok því [s]neri hún þessu öllu til gamans ok skemtanar, hlátrs ok leiks ok hlægiligra orð[a].
"Nú skulu at vísu," sagði hún, "allar meyjar ok konur klæðaz möttlinum með því a[t] ek tók fyrst yfir mik."
"Frú," kvað Kæi ræðismaðr, "í dag skal birtaz trúleikr [y]ðvar ok sá trúnaðr ástar yðvarrar er bændr ok unnastar yðrir sjá til er þér segiz [l]engi við hafa haldit traustum trúleika, ok svá sú ást er riddarar hafa á yðr[um] meydóm, ok leggja sik í lífsháska ok margskonar ábyrgð fyrir yðrar sakir. Á[rla] létuz þér allar svá hreinar ok tryggvar at ef einnhverr maðr spyrði yðr allar [ok] vildi einnhverr yðr dugandi maðr fá, þá mundi skjótt sú sverja um at al[dr]i hefði hún við karlmann komit."

Ok er þær höfðu allar skilt at ful[lu] með hverri list möttullinn var ofinn ok með hverjum krapti álfkonan hafð[i dregit l]auf[20] möttulsins ok saumat, þá fanz engi í öllum þeim hinum mikla [fjöl]da [at][21] eigi vildi gjarna he[ldr] með [sæmd][22] hafa heima setit en þar komit, þvíat þar fanz engi í öllum þeim fjölda ok múg, sú er þyrði möttulinn yfir sik at leggja eða sik honum at klæða né í höndum at hafa eða nær koma.

Vildisf[rúr] klæða[z] möttlinum[23]

7. Þá er allar höfnuðu möttlinum ok engi dirfðiz at klæðaz honum, þá mælti kóngr: "Nú megum vér fá sveininum möttulinn, þvíat eigi má hann hér dveljaz með oss sakir engrar þeirar meyjar er í váru valdi er."
Þá svarar sveinninn: "Eigi er þat rétt, herra, eða sæmiligt né yðvarri tign tilheyriligt. Ok aldri skal ek fyrr við taka möttlinum en ek sé at allar konur ok meyjar hafa honum klæz, þvíat þat sem kóngr gefr ok játar á aldri at ónýtaz ok aptr takaz sakir enskis manns vilja né eggjanar orða."

"Þú, sveinn minn," kvað kóngr, "þú mælir vitrliga ok þat sem satt er ok rétt. Ok engi skal því valda at eigi haldiz þat við þik er mælt er ok ek hét þér. Nú skal at vísu hver sem ein við taka möttlinum."
En í því er allar stóðu kyrrar, þá kallaði Kæi ræðismaðr á unnustu sína fyrir öllum riddurum ok ríkismönnum með þessum orðum: "Unnasta," sagði hann, "gakk hingat fram. Þú mátt óhrædd ok örugg við möttlinum taka. Hér finz engi þinn

"Milady," said Valven, "it seems to me that you are somewhat more faithful than she is, and yet you are quite alike, but there is less falsehood in you than in her."

Then the queen spoke to Kay the steward. "Tell me," she said, "what is this faithfulness that you are speaking about and what power is inherent in this mantle?"

And Kay told her from the beginning to the end just what the young man had said. The queen thought that if she got angry or became enraged about this in any way, that she would earn shame and disgrace for having been unfaithful to such a ruler, and thus she turned everything into entertainment and diversion, into laughter, jest, and ridicule.

"Now," she said, "all maidens and women will surely try on the mantle since I put it on first."

"Milady," said Kay the steward, "today the faithfulness of all of you shall be made manifest, as well as the steadfastness of your love, which husbands or trueloves expect, when you claim that you have long preserved a firm faithfulness; because of the love that the knights have for your virginity, they hazard mortal danger and take many risks for your sakes. In the past you have all pretended to be so pure and faithful that if somebody asked any of you, or if a brave man wished to win one of you, you would immediately swear that you have never had anything to do with a man."

When they fully understood with what cunning the mantle had been woven and what power the elf-woman had embroidered and sewn into the leaves on the mantle, there was not a single woman in that large assemblage who would not have preferred to stay at home with honor rather than come there, for there was not a single one in that entire gathering who dared to put on the mantle or dress in it or hold it in her hands or come near it.

Noble ladies put on the mantle

7. When all drew back from the mantle and no one dared to put it on, the king spoke: "Now we shall return the mantle to the young man, for he cannot stay here with us on account of the maidens in our charge."

But the young man answered: "That is not right, sire, nor honorable, nor in keeping with your station; by no means do I intend to take back the mantle before I see that all the women and maidens have tried it on, for whatever a king grants and promises must never be rescinded or revoked because of anyone's demanding or inciting words."

"My young man," said the king, "you speak wisely; what you said is true and just, and no one shall prevent me from keeping what has been spoken and giving what I have promised you. Now every single lady shall try on the mantle."

While all stood in silence, Kay, the steward, in the presence of all the knights and men of the realm, called to his beloved with these words: "Beloved," he said, "come forward; you may take the mantle unafraid and fearless. There is no one jafningi at góðum trúleik ok öðrum sæmiligum ok kvensligum atgerðum. Við skulum með sæmd ok sóma héðan sigr bera í dag."

En þá svarar mærin: "Ef vili yðvarr væri til, þá vilda ek at önnur tæki við möttlinum, ok ek vil sjá hversu henni fari, þvíat hér sé ek fleiri en hundrað þeira er eigi þora í nánd at koma, ok engi vill yfir sik taka."

"Hó, hó," sagði Kæi, "mér sýniz svá at þú hræðiz nokkut, ok veit ek eigi hvat þat veit."

"Ekki er þat, herra," kvað hún. "Miklu ágætari konur ok ríkari hafa fyrr tekit við möttlinum en ek sé. Ok er þat eigi at ek sé hrædd fyrir honum, heldr fyrir því," sagði hún, "at hér er mikill fjöldi ríkra kvenna, þeira er góðar eru ok tryggvar ok af hinum beztum ættum, ok mun þeim illa þykk[j]a ef ek hleyp fram fyrir þær ok kann vera at ek hljóta þar af hatr ok hlátr."

"Þú þarft eigi," sagði Kæi, "at hræðaz þeira reiði þvíat enga fýsir at klæðaz möttlinum. En þó veit ek þat at þú ert örugg ok er þat þá þín sæmd at þú eigniz möttulinn en skömm ef þú týnir."

Þá tók mærin yfir sik möttulinn fyrir öllum fjölda lendra manna ok margra annarra höfðingja. Ok varð henni möttullinn svá stuttr at baki at varla tók í knésbætr henni, en fyrir á henni tók hann eigi á kné.

Þá spottuðu lendir menn hana ok mæltu: "Mjök á Kæi ræðismaðr at fagna þinni ást ok margan riddaraskap at[24] fremja fyrir þína skyld, þvíat nú er trúleikr þinn sýndr svá at allir megum vér vita at engi mun finnaz þinn maki í Englakóngs ríki."

Ok er Kæi sá hversu unnasta hans hafði fallit, þá vildi hann heldr at aldri hefði hún þar komit en þvílíka skömm ok svívirðing fengit.

Þá mælti Ideus við Kæi ræðismann: "Vel er nú," sagði hann, "at *heim[25] snúiz spott ok svívirðing til sjálfs þíns, er þú spottar hvern mann. Eða hvat segir þú? Ferr eigi vel möttullinn um hana unnustu þína er þú lofaðir svá mjök at tryggleik?"

Mærin angraðiz mjök er hún fekk eigi varit sik fyrir orðum þeira, þvíat öll hirðin hafði sét hversu henni hafði möttullinn farit.

Þá mælti Kæi til annarra riddara: "Verið eigi ofbráðlátir," sagði hann; "vér skulum sjá hversu fagrliga skikkjan fellr yðrum unnustum."

En unnasta hans kastaði þá möttlinum ok gekk til sætis með skömm ok svívirðing.

8. <N>ú er allr kvennafjöldi þessi sá hversu þessi meyju hafði misfariz, þá bölvuðu allar sveininum er möttulinn hafði þangat flutt, þvíat nú váru *þær *sannfróðar[26] um þat at ekki mundi tjá á móti at mæla at taka við skikkjunni þótt þær fengi ærin andsvör til undan at teljaz.

Þá mælti hinn kurteisi Bodendr skutilsveinn til kóngs: "Minn herra," sagði hann, "svá finz mér til sem vér höfum eigi rétta skipan á um viðtöku möttulsins. Unnasta herra Valvens er svá æskiliga fríð; skyldi hún því við skikkjunni tekit hafa næst dróttningu."

En Valven ræðismanni þótti fyrir at hún tæki við möttlinum, þvíat honum var grunr á at hún mundi eigi meiri sæmd við taka en þær er fyrr höfðu við tekit. Þá your equal here in true faithfulness and other fitting, womanly accomplishments. With honor and distinction we two shall carry off the victory today."

But the maiden answered: "If it be your will, then I would like someone else to take the mantle, for I want to see how she fares; I see here more than a hundred of those who dare not come near it, and no one wants to put it on."

"Ho, ho!" said Kay; "it seems to me that you are somewhat fearful, and I don't know what it means."

"That is not so, sir," she said. "Much more excellent and prominent women than I am have already taken the mantle, and it is not that I am afraid of it; rather it is," she said, "that there is here such a gathering of prominent women who are good and faithful and from the finest families, and it will be ill received if I run forward ahead of them; I might suffer hatred and ridicule as a result."

"You must not," said Kay, "fear their anger, because no one desires to put on the mantle. Nonetheless, I know that you are safe and that it will be to your honor if you get the mantle but to your shame if you fail."

Then the maiden put on the mantle before all the assembled nobles and many other lords, and the mantle became so short for her in back that it hardly reached the hollows of her knees; in front, however, it did not even reach the knee.

Then all the nobles derided her and said: "Kay, our steward, can rejoice much in your love and practice great deeds of chivalry for your sake, for now your fidelity has been manifested, so that we may all know that no one like you can be found in the realm of the king of England."

When Kay saw how his beloved had fallen, he would have preferred that she had never come there rather than to receive such shame and disgrace.

Ideus then spoke to Kay. "It is good," he said, "that derision and disgrace turn on you, since you deride everyone. What do you say? Doesn't the mantle fit your beloved well, whose faithfulness you praised so highly?"

The maiden was greatly distressed, since she could not defend herself against their words, for the whole court had seen how the mantle had fit her.

Then Kay spoke to the other knights. "Don't be too hasty," he said; "we shall see how beautifully the mantle fits your ladyloves."

Kay's beloved threw the mantle down, however, and went to her seat in shame and disgrace.

8. Now when the entire group of women saw how poorly this maiden had fared, they all cursed the young man who had brought the mantle there, for now that they were truly informed about it, there was no use objecting to putting on the mantle, even though they might come up with a satisfactory excuse for refusing.

Then the courteous Bodendr spoke to the king. "Milord," he said, "it seems to me that we are not following the proper order in trying on the mantle. The beloved of Sir Valven is so pleasingly beautiful that she should have tried on the mantle after the queen."

But Valven the steward was not pleased that she should try on the mantle because he suspected that she would not receive any more honor than those who mælti kóngr at Bodendr, hinn kurteisi skutilsveinn, skyldi kalla á hana. Ok stóð hún þegar upp, þvíat hún þorði eigi annat. En kóngr lét bera henni skikkjuna. Ok tók hún þegar við ok lét yfir sik sem kóngr hafði mælt. Ok þegar hún var henni klædd, var henni hann svá síðr at baki at hún dró hann eptir sér hálfrar fimmtu álnar, en í fyrir hljóp hann upp á kné henni, en á vinstri hlið þá reistiz hann allr á bak. Ok varð þá Kæi ræðismaðr feginn er hann sá at möttullinn var henni svá stuttr, þvíat þat hugðu menn at hún mundi öllum meyjum ok konum tryggvari er í váru kóngshirð.

"Þat veit trú mín," kvað Kæi ræðismaðr, "lof sé guði! Eigi mun ek einn svívirðr í dag fyrir sakir minnar unnustu, þvíat þat sem ek sé nú undir skikkjunni kann ek vel skilja hvat merkir. Þessi mey hin fríða," sagði Kæi, "hefir upp lypt sínum hægra fæti, en hinum vinstra hefir hún kyrr legit meðan hún leyfði þat er hún vildi þeim er henni líkaði."

En herra Valven fyrirþótti er svá berliga birtiz glæpr unnustu hans, en ekki hafði hann um þat.

Þá mælti Kæi til hennar: "Far hingat, hin fríða," sagði hann, "ek skal leiða þik til sætis hjá unnustu minni þvíat engar eru líkari mökur en þit eruð."

En þá tók kóngr í hönd <dóttur>[27] Úriens kóngs er var ein hin fríðasta mær. En kóngr, faðir hennar, var hinn ríkasti ok fór mjök með hundaveiði ok hauka.

"Þú hin fríða," kvað hinn mildi kóngr Artús, "þér dæmiz raunar með réttu þessi skikkja þvíat engi finnr sakir á þér."

"Herra," kvað Geres hinn litli, "mælið eigi mikit um fyrr en þér hafið með fullu sét hversu henni ferr skikkjan."

Nú vissi mærin þegar at ekki mundi tjá í móti at mæla því er kóngr hafði boðit ok fyrir því tók hún þegar við möttlinum. En þegar hún var klædd honum varð <hann>[28] henni svá síðr *hinum[29] hægra megin at hálfrar annarrar <álnar>[30] stóð á jörð um hana, en hinum vinstra megin hljóp öll upp um kné henni.

"Herra," kvað Geres hinn litli, "heimskr er sá er nokkurri trúir, þvíat allar blekkja sína unnasta ok alls engi er örugg, en þær eru sízt tryggvar er fegrst láta ok mæla, ok þar koma svik fram er sízt varir. Engi dugir ef freistat er. Allar falsaz sínum bónda ok vilja þann er nýr er þegar sá leiðiz er forn er. Svá er lystug þeira forvitni at engi má trúa verkum þeira. En nú vil ek segja þat er mér finz um athæfi hennar meyjarinnar opinberliga. Skikkjan er henni svá síð hinum hægra megin, þá sýniz oss þat at hún lætr gjarna fallaz á þá síðu með góðum vilja sínum, en vinstra megin, þar sem möttullinn er upp hlaupinn, sýnir oss at hún angraz eigi við þó at þar sé upp tekin klæði hennar."

En þá reiddiz mærin svá mjök at hún vissi eigi hvat hún skyldi mæla ok tók í skikkjuböndin ok kastaði langt frá sér ok bölvaði optliga þeim sem þangat hafði flutt.

Þá mælti Kæi ræðismaðr: "Reiz eigi, hin fríða mær, ok þú skalt sitja hjá unnustu minni. Þér þrjár eruð jafnar í þessi grein ok engi yðvar á annarri at ámæla."

had tried it on before. The king then said that Bodendr, the courteous page, should call her. She stood up at once because she dared not do otherwise. The king had the mantle brought to her and she tried it on at once as the king had asked. But as soon as she had it on, it was so long for her in back that she dragged it behind her for four and a half ells, but in front it shrank up to her knees and on the left side it rose as high up as her back. Kay the steward was glad when he saw that the mantle was so short for her, because people thought that she was probably more faithful than all other maidens and women who were at the king's court.

"By my troth," said Kay the steward, "praised be God! I shall not be the only one to be disgraced today because of my beloved, for I now deduce something from the mantle and I can easily interpret what that means: this beautiful maiden," said Kay, "has raised up her right leg but the left leg she let lie quietly while she allowed the man she liked to do what she wished him to do."

Sir Valven was annoyed that the wrongdoing of his beloved was so openly manifested, but he made no comment about it.

Then Kay spoke to her. "Come here, my lovely," he said. "I shall lead you to a seat beside my beloved because there are no women more alike than you two are."

Then the king took by the hand the daughter of King Urien, who was a most lovely maiden. The king, her father, was a powerful man, who often went hunting with dogs and hawks.

"My lovely," said the gracious King Arthur, "the test will rightly award you this mantle, because no one finds fault in you."

"Lord," said Geres the Little, "do not speak at length about this before you have really seen how the mantle fits her."

Now the maiden knew right away that it was no use objecting to what the king had ordered, and therefore she took the mantle at once. But as soon as she was dressed in it, it became so long for her on the right side that one and one half ells dragged on the ground, while on the left side it rose over her knee.

"Lord," said Geres the Little, "foolish is he who trusts any woman because all deceive their beloved and not a single one is trustworthy; moreover, the least faithful are they who act and speak most virtuously, and betrayal comes from those from whom one least expects it. No woman comes off well when she is tested. All deceive their husbands and want a man who is new as soon as they have tired of the old one. They have such a desire for novelty that no one can trust their actions. And now I want to say what I think is obvious about the conduct of this maiden: the mantle is long for her on the right side to show us that she more willingly let herself fall on that side, but the left side—where the mantle is raised—shows us that she is not annoyed if someone should lift up her dress there."

Then the maiden was so overcome by anger that at first she was speechless; she took hold of the ties on the mantle and cast it far from her and cursed repeatedly the one who had brought it to court.

Kay the steward then said. "Don't get angry, lovely maiden; you too will sit beside my beloved. The three of you are equal in this respect and none of you can blame the others."

9. <Þ>ví næst bauð kóngr at fram skyldi ganga unnasta Paternas ok mælti til hennar með blíðum orðum: "Þú hin fríða," sagði kóngr, "þú átt skikkjuna efanarlaust, þvíat þú hefir heila ok holla elsku við þinn unnasta."

Þá mátti Gerflet, fól kóngs, eigi þegja: "Herra," sagði hann, "fyrir guðs sakir, takið eigi þetta mál svá fast í orðum fyrr en þér vitið þetta, en þér sjáið hversu þetta lyktaz, þvíat at kveldi er dagr lofandi ok mart kann öðruvís til at bera en menn hyggja."

Þá tók mærin þegar við skikkjunni, þvíat hún vissi at ekki tjáði í móti at mæla. Ok er hún skyldi yfir sik láta, slitnuðu þegar í sundr möttulsböndin ok fellu þegar á jörð niðr ok svá skikkjan, ok svá gersamliga at hvergi loddi á henni. En mærin skalf þegar öll ok vissi ekki hvat hún skyldi at hafaz, þvíat þar stóð um hana mikill fjöldi dýrligra kvenna ok fríðra skjaldsveina ok annarra margra ríkra manna. Ok bölvuðu allir möttlinum ok þeim er hann gerði ok þeim er hann færði til hirðarinnar. Þat sönnuðu allir at engi mundi finnaz í þeim mikla fjölda hirðkvenna sú at möttullinn mundi vel fara, ok skal mundangliga fa<ra> hvárgi konu né mey ok mun engi sköpuð hvárgi fögr né fríð at skikkjan muni eptir hennar vexti sköpuð, ok eigi sakir gráts né hryggleiks. En eigi at síðr þá vildi þó hver sem ein eiga möttulinn.

Þá gekk Valven til unnustu sinnar ok mælti: "Hingat færi ek yðr þessa hina *fríðu[31] mey at hún haldi hér félagskap með yðr."

En engi var sú þar í millum þeira at henni þakkaði þarkomu. En hann gerði þar gaman at ok sneri þá aptr hlæjandi. Því næst tók sveinninn upp skikkjuna sem skjótast af jörðu ok gerði í bönd ok tók hann þau ór pússi sínum ok kom hann þegar böndunum í, ok því at hann vildi eigi at niðr felli hans sýsla ok erindi.

En þá tók kóngr skikkjuna ok mælti af mikilli reiði: "Vér föstum of lengi," sagði hann. "Hvat er konum þessum? Hví dveljum vér at láta þær klæðaz skikkjunni?"

En Gerflet, fól kóngs, svarar: "Herra, fyrir guðs sakir, þér megið vel upp gefa þeim er eptir eru. Eða vilið þér enn gera þeim meiri svívirðing? Ok með því at nú sjá þær möttulinn, þá játa þær allar hér fyrir bóndum sínum ok höfðingjum ok vinum at þær hafa nokkut mistekit." Ok enn mælti fólit til hans: "Hvat vili þér framar krefja af þessum öllum?"

En kóngr vildi láta vera svá búit. Þá hljóp sveinninn fyrir kóng ok mælti svá at öll hirðin heyrði á: "Herra," sagði hann, "haldið við mik orð ok þeim formála er þér hétuð mér. Þessir riddarar vita eigi hvat þeir skulu um ræða um sínar unnustur at svá búnu ef sumar eru reyndar en sumar óreyndar ok ganga undan frjálsar."

Þá svarar Ideus ok kallar á unnustu sína: "Þú mín hin fríða," sagði hann, "þat hugða ek í dag árla at engi mundi þér tryggvari í þessi hirð. En Kæi ræðismaðr svarar mér þá er ek ásakaða unnustu hans ok varð ek bráðskeyttr ok rædda ek um at ek hefða traust svá mikit á trúleik þínum at ek var með öllu óhræddr um þik. En nú iðrumz ek þess mjök, þvíat ek sé nú at þú hræðiz. Tak nú við skikkjunni ok klæz henni."

Möttuls saga

9. Thereupon the king ordered that the beloved of Paternas should come forward, and he spoke to her with gentle words. "You, my lovely," said the king, "will undoubtedly get the mantle because you have a true and loyal love for your beloved."

Then Gerflet, the king's fool, could not keep quiet. "Milord," he said, "for the sake of God, do not settle the matter so quickly with words before you see how things turn out, for the day is to be praised at evening, and many a thing can turn out otherwise than one expects."

The maiden took the mantle at once because she knew that it was no use objecting. But when she was about to put it on, the mantle's ties broke off and right away they fell to the ground, with the mantle following so readily that it didn't stay in place anywhere. The maiden immediately trembled all over and did not know what she could do because she was surrounded by a large group of illustrious women and handsome shield-bearers and many other powerful men. They all cursed the mantle and the one who had made it, as well as the one who had brought it to the court. They all asserted that no one would be found in that great assemblage of court-ladies whom the mantle would fit; it would rightfully fit neither wife nor maiden, and there probably was no one created, no matter how fair or beautiful, who had a figure to which the mantle would conform, no matter how much she wept or grieved. Despite all this, everyone still wanted to own the mantle.

Valven then went to his beloved and spoke: "I bring this beautiful maiden to you here so that she might join your company."

There was no one among them who thanked her for coming. But Valven made light of it and then turned back laughing. Thereupon the young man picked the mantle very quickly up from the ground and took ties out of his pouch and attached the ties at once, since he did not want his mission to fail.

The king then took the mantle and spoke in great anger: "We are fasting too long," he said. "What is the matter with these women? Why do we delay in having them put on the mantle?"

But Gerflet, the king's fool, spoke: "Milord, for God's sake, you might as well acquit those who are left, or do you want to bring even greater disgrace on them? Now that they see the mantle, they all admit here to their husbands and their lords and trueloves that they have gone somewhat astray." Once more the fool spoke to him: "What else do you want to demand from all of them?"

The king wanted to leave matters as they stood. Then the young man hastened before the king and spoke so that all the court heard him: "Lord," he said, "keep your word to me and the favor that you promised me. These knights do not know what they should say concerning their ladyloves, if it should turn out that some are tested but some are not and are let off free."

Then Ideus spoke up and called to his beloved: "You, my lovely," he said, "earlier today I thought that there was no one more faithful than you at this court, and Kay the steward answered me when I reproached his beloved; but I was rash in saying that I had such great confidence in your faithfulness, and that I was quite fearless about you. Now I regret this greatly, since I see that you are afraid. Take the mantle now and put it on."

En kóngr lét þá þegar bera henni skikkjuna. Ok tók hún þegar við ok lét yfir sik. Ok þá er hún kom yfir hana, var hún henni allmundanglig fyrir, svá at allir hugðu at ekki mundi með henni finnaz nema gott. At baki henni var hún svá stutt at hún tók eigi ofan á lendar henni nema svá at varla hulði belti hennar. En Gerflet fól, er fyrstr sá, mælti þegar með hárri röddu: "Jungfrú," sagði hann, "of stuttr er þér möttullinn á baki ok aldri mun hann verða svá síðr fyrir at þér muni hann vel fara."

En Kæi mátti þá eigi þegja lengr, þvíat Ideus hafði spottat unnustu hans, ok mælti skjótt til Ideum með gabbi ok háði: "Sé, Ideus, hversu sýniz þér fara? <Hefir>[32] unnustu þinni nokkut mistekiz? Svá finz mér á um hennar hag sem þú megir alla oss spotta. Ok megu vér þó at sönnu allir sjá at eigi er unnasta þín þar vel hulð er lendar hennar eru berar. Nú segi ek þat öllum áheyrendum at hún er því vön at láta smánarlaust þjóna sér aptan svá sem skikkjan sýnir berliga."

En þá vissi Ideus eigi hvat hann skyldi segja, nema greip möttulinn af angri ok reiði ok kastaði fyrir fætur kóngi.

En Kæi tók þá í hönd unnustu hans ok leiddi þangat sem hinar sátu er skikkjuna höfðu áðr yfir sik tekit ok mælti: "Þat veit trú mín at hér er brátt mikill samnaðr ok góðr."

10. <Nú> þarf þetta eigi lengra at gera at allar þær eru þar komnar, bæði konur ok meyjar, eldri ok yngri; þá klædduz möttlinum sem tíðast hver eptir aðra ok var engri vel farandi, at öllum þeira unnustum ásjáendum. En Kæi tók í hönd sérhverri þeira ok leiddi til sætis í þann mikla hring er þar var af þeim á hallargólfinu. En engi var sá í öllum þeim fjölda höfðingja ok riddara er þar váru at eigi ætti sér unnustu. Ok hverr sá er þeira andlit sá, mátti skjótt finna angr ok hryggleik á þeim. En þat var til hugganar at engi mátti aðra spotta svá at eigi ætti sjálf hlut í.

En þá mælti Kæi ræðismaðr: "Góðir höfðingjar," sagði hann, "reiðiz eigi né angriz af þessu, þvíat vér eigum allir nokkurn hlut í. Mjök hafa unnustur várar verit framleiðis sæmdar ok tignaðar yfir allar aðrar hirðkonur[33] nær ok fjarri hvar sem þær koma, ok í dag hafa þær sér mikillar frægðar aflat. En þat má þeim öllum vera mest huggan at engi má annarri ámæla."

Þá svarar herra Valven ok mælti svá: "Eigi finz mér at þú lítir rétt á þetta mál, þvíat þat væri rækt ok alla vega afskapligt at ek gerða mér huggan af þeira svívirðing. En því viljum vér aldri játa at góðr drengr sé af því dáligr at unnasta hans spilli sér með öðrum manni, heldr sé hún sjálf ill af sínum verkum ok löstum, ok sá er hennar óráðum er samþykkr."

En í því hljóp sveinninn fram fyrir kónginn ok mælti: "Mik uggir, herra, at ek verða aptr at bera möttulinn. En þó sé ek eigi hversu þat má vera í svá miklum fjölda at sú finniz engi at bera megi möttulinn. Nú látið leita í loptum yðrum þar sem þær eru vanar at sofa eða sitja at engi sé þar leynd eða fólgin, þvíat hirðlið

The king had the mantle taken to her at once, and she took it right away and put it on. And when she put it on, it fit perfectly in front, so that all thought nothing but good might be revealed about her. In the back, however, it was so short that it did not reach down her loins, so that it hardly covered her belt. Gerflet the fool, who saw this first, spoke at once with a loud voice. "Noble maiden," he said, "the mantle is too short for you in the back, and it will never become so long in front that it will fit you well."

Then Kay could keep silent no longer because Ideus had derided his beloved, and he quickly addressed Ideus with mockery and derision: "Look, Ideus, how do you think matters are going? Has your beloved not gone somewhat astray? This is what I think about her affairs, since you can deride all of us and yet we, in truth, can all see that your beloved is not properly clothed where her loins are bare. Now I will tell all of you who are listening that she is accustomed to let herself be taken shamelessly from behind, as the mantle openly manifests."

Ideus did not know what to say; he could only snatch the mantle in anger and rage and cast it at the feet of the king.

Kay then took his beloved by the hand and led her where those were sitting who had tried the mantle on before, and said: "I know for certain that there will soon be a large and fine gathering here."

10. Now there was no longer anything else to do but for all those who had come there, both wives and maidens, old and young, to put on the mantle as quickly as possible, one after the other, while the beloved of each was watching. And it fit not a single one. Kay took each one of them by the hand and led her to a seat in the large circle that they made on the floor of the hall. There was no one in that large gathering of chieftains and knights who were there who did not have a beloved, and everyone who saw their faces could right away discover distress and sorrow in them. It was a consolation that no one could mock another without being implicated.

Then Kay the steward spoke: "Good lords," he said, "do not become enraged or angry on account of this, for we are all in the same position. Our ladyloves have been honored and exalted over and above all other courtladies near and far, wherever they may be, and today they have earned for themselves a certain renown; their only consolation may be that not one can blame another."

Then Sir Valven responded thus: "It does not seem to me that you are considering this case correctly, because it would be improper and in every way abominable if I took consolation in their disgrace; we shall never admit that a good, valiant man is reprehensible because his beloved besmirches herself with another man; rather, she herself is as evil because of her deeds and vices as is he who consented to her follies."

At this moment the young man hastened before the king and said: "I suspect, Milord, that I shall have to take the mantle back, even though I cannot understand how in such a large group it can be that there is not a single woman who can wear yðvart hefir lof ok frægð yfir allt fólk í heimi. En ef ek skal svá búit í brott fara, munu færri tíðindi koma héðan af til yðvar en hér til ef ek skal með engum erindislokum við yðr skiljaz."

"Þat veit trú mín," sagði herra Valven, "at sveinninn segir satt, ok látið leita í loptunum sem skjótast svá at engin leyniz þar."
En þá bauð kóngr at ra<nn>saka skyldi loptin öll. Ok er hann hafði svá mælt, þá hljóp Gerflet fól fram sem skyndiligast í loptin ok finnr þegar eina jungfrú. En hún hafði eigi fólgit sik, heldr var henni nokkut þungt ok hallaðiz hún í eina hvílu.

Þá mælti Gerflet fól þegar til hennar: "Jungfrú," sagði hann, "aldri sá maðr fegra atburð en nú er kominn í kóngs höll ok verðr þú at vísu við at taka þínum hluta sem allar aðrar hafa tekit."
"Gjarna vil ek," sagði mærin, "þangat ganga. En þú bíð til þess er ek em búin svá sem mér sómir."
Nú stóð mærin upp ok klæddiz eptir hinum beztum föngum ok þeim hinum beztum klæðum er hún átti, ok váru þau mjök góð þvíat hún var komin af ríkum mönnum, ok gekk síðan inn í höllina. En unnasti hennar var þar fyrir, glaðr ok kátr áðr hún kom inn, en þá hryggðiz hann ok reiddiz er hann sá hana þar komandi, þvíat hann vildi aldri at hún tæki við skikkjunni, þvíat hann unni henni svá mikit: þó at hann vissi fyrir sönnu glæp hennar, þá hirti hann ekki þar um, þvíat hann vildi aldri fyrirláta hana af þeiri miklu ást er hann hafði á henni. Því næst bar sveinninn henni skikkjuna ok sagði henni með hverri list ofin var.

En Karadín, unnasti hennar, kallaði hárri röddu öllum á heyrendum: "Þú hin sæta unnasta," sagði hann, "ef þú hefir nokkut misgert, þá kom þú aldri nær skikkjunni, þvíat ek ann þér svá heilhugatliga at ek vil víst eigi týna þinni ást fyrir allt veraldar gull þó at ek vissi þinn glæp."

Þá svarar Kæi ræðismaðr: "Hví mælir þú slíkt? Feginn ok kátr má sá vera er tapar ótrúrri unnustu."
En mærin svarar með blíðu andliti ok mælti: "Herra," sagði hún, "þat má at sönnu vera góðum manni iðuligt angr er unnasta hans reyniz honum ótrygg. En ef unnasta mínum þætti eigi verr, þá munda ek við taka möttlinum."
"Þat veit trú mín," kvað riddarinn, "þú mátt með engum kosti undan komaz né í móti mæla þvíat allar aðrar tóku við honum."
En hún vildi þó eigi fyrr við taka en unnasti hennar leyfði henni. En þegar hann lofaði, tók hún við skikkjunni ok klæddiz fyrir allri hirðinni. Ok kom henni svá skapliga at hvárgi var hún ofstutt né ofsíð, heldr stóð hún alla vega jörð um hana.

Þá mælti sveinninn: "Þat veit trú mín, vel ok örugliga má biðja meyjar þessar. Ok svá finz mér, jungfrú, at unnasti þinn má verða feginn yfir aðra þá er hér eru. En nú skalt þú at sönnu vita at þessa skikkju hefi ek í marga fjölmenna hirð flutta, svá at fleiri en þúsund þeira er meyjar kölluðuz hafa falsaz undir þessum möttli ok it. Have your chambers searched now, wherever the ladies are accustomed to sleep or sit, to make sure that no one is hidden or concealed there. The members of your court have fame and renown above all other people in the world, but if, as matters stand, I must leave, less news will come from now on to you than before, if I have to depart with my mission unaccomplished."

"By my troth," said Sir Valven, "the young man speaks the truth; have the chambers searched as quickly as possible to ascertain that no one is hiding there."

The king then ordered all the upper chambers to be searched, and when he had said this, Gerflet the fool ran very quickly into the chambers and found a noble maiden right away. She had not hidden herself, however; instead, she was not feeling well and was lying in bed.

Gerflet the fool then spoke to her right away: "Noble maiden," he said, "no one has ever seen a fairer adventure than the one now taking place in the king's hall, and you will have to take part in it as all the others have already done."

"I shall gladly go there," said the maiden, "but you must wait until I am dressed suitably."

Now the maiden got up and dressed in keeping with her station, in the finest clothes that she had; these were very costly because she came from a noble family. Then she went into the hall. Although her beloved was cheerful and in good spirits before she came, he became distressed and angry when he saw her coming because he did not want her ever to try on the mantle. He loved her so much that even though he were to find out for certain about any misdeed of hers, he did not care; on account of the great love he had for her, he never wanted to leave her. The young man then brought her the mantle and told her with what artifice it had been woven.

But Karadin, her beloved, called out with a loud voice while all were listening: "You, sweet beloved," he said, "if you have gone astray in any way, then don't ever go near the mantle. I love you so profoundly that I certainly don't want to lose your love—not for all the gold in the world, even though I were to be aware of any misdeed of yours."

But Kay the steward responded: "Why do you speak in such a way? Anyone who loses an unfaithful beloved should be joyful and delighted."

Then the maiden answered with gentle mien: "Sir," she said, "it may in truth cause a good man lasting distress if his beloved is proven to be unfaithful to him; still, if my beloved does not take it amiss, then I will put on the mantle."

"By my troth," said the knight, "there is no way you can avoid the test or refuse to take the mantle, since all the others have tried it on."

But she still did not want to try it on before her beloved allowed her to do so. As soon as he permitted it, she took the mantle and put it on before the entire court, and it fit her so well that it was neither too short nor too long; instead, it reached the ground evenly on all sides.

Then the young man spoke: "By my troth, this maiden may fittingly and boldly ask to keep the mantle, and I think, noble maiden, that your beloved has reason to be happier than the others who are here. But now you are to know the truth: I have taken this mantle to many courts where there are many people, where more than a sýndi hann aldri þinn maka fyrr at meydóms hreinlífi. En nú játa ek þér þessi skikkju hinni dýrligu, at svá er ágæt at engi er þvílík í heiminum, þvíat hana kann engi maðr at meta með réttu verði. Ok þú ein mátt réttliga bera, hirða, ok hafa ok þínum örfum gefa."

Ok lauk sveinninn svá ræðu sinni. Ok þá mælti kóngr ok sagði at hún ein mætti réttliga hafa skikkjuna ok hún ein væri verðug at eiga.

Af brottför sendimanns

11. En þó at allar þær konur öfunduðu er þar sátu umkringis, fyrir því at allar vildu eiga skikkjuna, þá mátti engi þeira hana fá ok engi þorði í móti at mæla.

Þá mælti herra Valven: "Þú hin fríða jungfrú," sagði hann, "þér tókuz þat á hendr at þér eigið engum manni at gjalda ömbun fyrir skikkjuna nema hreinlífi meydóms yðvars, svá at allir ok allar er nú sjá yðvarn góðleik játa yðr nú henni. En gjarna *mundu[34] þær mæla í móti ef þær mætti finna þér sannar sakir. En nú hefir at högum til skipaz at þeira öfund ok angrsemi er *þér[35] fagnaðr, þeira harmr þér huggun, þeira svívirðing þér virðing, þeira glæpr[36] mun þitt lof í hverju landi vaxanda."

Þar næst tók sveinninn orlof af kóngi ok vill með engum kosti þar lengr dveljaz ok eigi mataz, heldr vill hann aptr skunda til sinnar frú ok færa henni sitt erindi. En kóngr settiz þá til borðs ok öll hirð hans. Ok má þat með sönnu segja at þar sat margr góðr riddari angraðr sakir sinnar unnustu. En Artús kóngr lét veita hirð sinni með svá miklum kostnaði at hvergi hefir verit önnur þvílík veizla veitt né þegin. Ok er hirðin var mett, þá gekk Karadín fyrir kónginn ok tók af honum orlof til brottferðar ok fór hann með unnustu sína, kátr ok glaðr. En skikkjuna lögðu þau til gæzlu í eitt munklífi.

En nú er nýliga forvitnat um hana annat sinn. Ok segir svá sá er hana á at hann skal hvervetna láta flytja hana til raunar fríðra meyja ok vænna kvenna. Ok væntum vér þess at fár muni finnaz, þær er hana megi eiga. Ok því mun hún lengi ný vera. En sá er skikkjuna á ætlar at senda hana í allar hirðir, svá at allar hirðkonur ok hirðmeyjar skulu henni klæðaz. En eigi vil ek vera sendimaðr at fylgja skikkjunni at ek fái illt af þeim ríkum mönnum er fyrir eru fyrir þvílíka fórn. Nú ræði engi annat til þeira en gott, þvíat betr sómir at leyna en upp at segja, þó at hann viti sannar sakir. En hver sem í skikkjuna kemr, þá sýnir hún hvílík hver er, sú er henni klæðiz.

Ok megum vér því góðar konur lofa at verðleikum, þvíat þær eru verðar frægðar ok fagnaðar.
Nú endiz hér Möttuls saga, en þér lifið heilir marga góða daga. Amen.

thousand of those considered to be maidens have been exposed by this mantle. Never before has it shown your like in the purity of your maidenhood. And now I bestow on you this precious mantle, which is so excellent that there is none like it in all the world. No man can estimate its true value, and you alone may rightfully keep it, wear it, possess it, and leave it to your heirs."

Thus the young man concluded his speech. Then the king spoke and said that she alone might rightfully have the mantle since she alone was worthy of owning it.

About the departure of the messenger

11. Although all the women who sat about were envious because all of them wanted to own the mantle themselves, still none of them had been able to obtain it, and no one dared to object.

Then Sir Valven spoke: "You, noble maiden," he said, "I take it upon myself on your behalf to proclaim that you are not indebted to anyone for the mantle except to yourself, to the purity of your maidenhood. For that reason all men and women who see your goodness now grant it to you, although they would gladly object if they could find true grounds for reproaching you. But now the situation has undergone a change for the better, as their envy and grief become your joy, their sorrow your consolation, their disgrace your honor, and their misdeeds your praise, which will swell in every land."

Thereupon the young man took leave of the king. By no means did he want to stay there any longer and eat the food; instead, he wanted to hurry back to his lady and report to her about his mission. The king sat down at table, however, as did all his court, and it can be said in truth that many a good knight sat there distressed on account of his beloved. But King Arthur let his court be entertained at such great cost that never had there been such entertainment either offered or enjoyed. When the court had eaten its fill, Karadin went before the king and asked permission to depart; cheerfully and in good spirits he left with his beloved. They placed the mantle in a monastery, however, for safekeeping.

Recently inquiries have been made about it, and he who has it says that he will have it taken everywhere in order to test lovely maidens and beautiful women. We expect that few will be found who will be able to own it, and thus it will remain new for a long time. He who has the mantle intends to send it to all the courts, so that all the court-ladies and court-maidens will have to try it on. I would rather not be the messenger accompanying the mantle, so as not to be ill-treated by those powerful men who are confronted by such a gift. Now let no one say anything but good about women, because it is more fitting to conceal than to reveal something, even though one may know the true state of affairs. No matter who puts it on, the mantle will show what the one trying it on is truly like.

Therefore let us praise good women according to their merits, because they have earned renown and happiness.

Now the Saga of the Mantle ends here; may you live happily for many years to come. Amen.

Notes

1 valskan] franzeis *598 Iβ*.
2 *The loan word* pentecosten *was borrowed from* Le Lai du cort mantel, *v. 6*.
3 ór svá—kurteisustu] hinum hyggnasta at kjósa ór svá miklum fjölda hina fríðustu ok hina kurteisustu *598 Iβ*. *The collocation in 598 Iβ corresponds to* Le Lai du cort mantel, *v. 23*: la plus bele et la plus cortoise.
4 fríðasti] kurteisasti *598 Iβ*. *The variant reading in 598 Iβ corresponds to* Le Lai du cort mantel, *v. 27*.
5 hætti] + ok fullgerði fagnað þeira *598 Iβ*. *This reading reflects* Le Lai du cort mantel, *vv. 28-29*.
6 skynsamliga skoða] skilvísliga telja *598 Iβ*. *The variant reading reflects* Le Lai du cort mantel, *v. 35*.
7 *dýrra] *AM 181b*.
8 dýrlig—belti] dýrlig belti ok rík nisti *598 Iβ*. *The sequence in 598 Iβ corresponds to that in* Le Lai du cort mantel, *v. 41*.
9 búnaði] + ný herklæði *598 Iβ*; *this additional phrase corresponds to* Le Lai du cort mantel, *v. 52*.
10 *vætta] *thus 181b*; væita *179*.
11 lopt] + sín tiguliga búin ok ríkuliga tjölduð *598 Iβ*. *The addition in 598 Iβ corresponds to* Le Lai du cort mantel, *v. 84*.
12 *salti] *598 Iβ*; slátri *179*. *The reading in 598 Iβ corresponds to* Le Lai du cort mantel, *v. 89*.
13 *genga] *thus 181b*; gengi *179*.
14 *hleypandi] hleypanda *179*.
15 *hafði] *thus 181b*; hafða *179*.
16 *bæði] *thus 181b*; bæða *179*.
17 *undarligi] *thus 181b*; undarligr *179*.
18 *þessum möttli] þenna möttul *179*.
19 var] *with this word the text of AM 598 Iα commences*.
20 hafði dregit lauf] *thus 179, 181b*.
21 [fjöl]da [at] *thus 179, 181b*.
22 heldr—sæmd] *thus 179, 181b*.
23 *Neither 179 nor 181b carries this heading*.
24 riddaraskap at] *with these words the fragment AM 598 Iα concludes*.
25 *heim] *thus 181b*; henni *179*; *the reading in 181b corresponds to* Le Lai du cort mantel, *v. 417*.
26 *þær *sannfróðar] þeir sannfróðir *179, 181b*.
27 dóttur] *thus 181b. In* Le Lai du cort mantel, *vv. 488-89, she is identified as* Yvain's amie *and he as* Urïen's son (au Urïen fu fil). *The translator may have read* fille *for* fil.
28 hann] *thus 181b*.
29 *hinum] *thus 181b*; hingum *179*.
30 álnar] *thus 181b*.
31 *fríðu] *thus 181b*; fríða *179*.

32 Hefir] *thus 181b.*
33 hirðkonur] *from here to the end of the saga, the text of Sth. 6 is given.*
34 *mundu] *179, 181b;* mundi *Sth. 6.*
35 *þér] *179, 181b;* þeir *Sth. 6.*
36 glæpr] *a period follows this word in the manuscript. The sentence appears to be corrupt. We have chosen to interpret* þeira glæpr *as the subject of the following—elliptical—sentence, of which* lof, *followed by a modifying phrase, is the object.*

ÍVENS SAGA

Edited and Translated

by

Marianne E. Kalinke

INTRODUCTION

The concluding sentence of *Ívens saga* states that King Hákon the Old had the work translated from French into Norse. The reference is to Hákon Hákonarson, who ruled Norway from 1217 to 1263 and who also commissioned the translation of Thomas's *Tristan* and a collection of lais. The appellation "the Old" may be an indication of the approximate date of the translation, since it was used to distinguish the king from his son who bore the same name. Without succeeding to the throne, Hákon the Young died six years before his father, at the age of 25 in 1257.

Like the other translations of Arthurian narratives, *Ívens saga* was rendered in prose. Unlike *Erex saga*, however, which on the whole is quite laconic, *Ívens saga* frequently employs an amplificatory rhythmical prose, the so-called court prose, common to the translations known or thought to have been translated at the court of Hákon Hákonarson. The style is characterized by syntactic parallelism, synonymous as well as antithetic, and tautological or synonymous collocations, often further stressed by means of alliteration. An example par excellence is Íven's lamentation over the loss of his wife in ch. 10.

Ívens saga is transmitted in three primary manuscripts: Stockholm 6 4to (abbreviated Sth. 6) from the early 15th century; AM 489 4to from ca. 1450; and Stockholm 46 fol. (abbreviated Sth. 46), written in 1690. The last manuscript contains a condensed albeit text-critically significant version of the saga. The text of our edition is that of Sth. 6, but this manuscript is defective, as is AM 489. Sth. 6 has two lacunae of apparently one leaf after fol. 26 and another after folio 35. At the first lacuna we give the text of AM 489, which is in rather poor condition. The end of the saga is missing and five folios are badly damaged with partly illegible, partly lost text. One paper manuscript, Brit. Mus. Add. 4857 (written in 1669-70), derives from AM 489 but does not seem to be a direct copy of it. Where the text of AM 489 breaks off, Add. 4857 switches to copying a copy of Sth. 6. Whenever text is illegible in AM 489 (at the first lacuna in Sth. 6), we give readings from Add. 4857, and this is duly indicated in the Notes.

A major problem is the second lacuna in Sth. 6, which occurs at a point where AM 489 has already broken off. The translation of vv. 4697-5101 is missing, which contains the background for Yvain's later combat with Gawain at King Arthur's court. The missing section recounts how the older daughter of the Lord de la Noire Espine, who has died, attempts to cheat her younger sister of her inheritance. The latter sets out to find a knight to champion her cause. When she becomes sick, the search is taken up by another maiden, an acquaintance, who eventually meets Lunete who shows her the path that Yvain has taken. When she finds him, he agrees to help and the two ride along until they arrive at the castle called

Pesme Aventure. Sth. 46 contains such an extremely abbreviated version of the translation that the account of the two sisters is missing, but the manuscript does contain a few sentences relating Íven's arrival at the castle called *Finnandi Atburðr*, Encounter with Adventure. This transitional text is incorporated in italics in the edition. On another occasion we have inserted text from Stockholm 46, not because of a lacuna in AM 489 but rather because text in this paper manuscript—but not AM 489—corresponds, albeit very freely, to vv. 1465-1510. Where text in AM 489 is illegible or missing, we have occasionally drawn on AM 179, a seventeenth-century copy of Sth. 6.

The edition is based on the critical edition by Foster W. Blaisdell, *Ívens saga*, Editiones Arnamagnæanæ, Ser. B, vol. 18 (Copenhagen: Reitzel, 1979). References to *Yvain* are to the edition by Mario Roques, *Le Chevalier au lion (Yvain)*. Les Romans de Chrétien de Troyes, IV (Paris: Librairie Honoré Champion, 1967).

Foster W. Blaisdell and I translated *Ívens saga* together with *Erex saga* in 1977 (see Bibliography). The translation in this volume is based on the manuscript(s) edited here and is quite different in many respects from the earlier translation.

ÍVENS SAGA

Hé[r byrj]ar upp sögu hins ágæta Íve[ns], er var einn af Artús köppum.

[Kapituli 1]

Hinn ágæti kóngr Artúrus réð fyrir Englandi, sem mörgum mönnum er kunnigt. Hann var um síðir kóngr yfir Rómaborg. Hann <er> þeira kónga frægastr er verit hafa þann veg frá hafinu ok vinsælastr annarr en Karlamagnús. Hann hafði þá röskustu riddara er í váru kristninni. Þat var einn tíma sem jafnan, at hann hafði stefnt til sín öllum sínum vinum ok helt mikla hátíð á pikkisdögum, er vér köllum hvítasunnu. Ok sem kóngrinn sat í sínu hásæti ok fólkit var sem glaðast, þá fell svá mikill þungi á kónginn, at hann varð fyrir hvatvetna fram at ganga út í sitt herbergi ok sofa fara. Þetta undruðuz allir menn, þvíat aldri fyrr hafði hann þetta gert. Dróttningin var hjá honum í herberginu, en fyrir svefnhúsdurum sátu kóngs riddarar þessir: Lancelot, *Kalebrant[1] ok Sigamor, herra Valven, Íven ok Kæi. Svá sem þeim leiddiz þar at sitja, þá hlutuðu þeir um hverr þeira skyldi segja æventýr ok hlaut Kalebrant. Hann hóf upp eina sögu þá er honum var heldr til vanvirðingar en sæmdar. Þetta heyrði dróttningin ok gekk út til þeira ok bað þá segja æventýrit svá at hún heyrði.

Kalebrant svarar: "Fyrri vildi ek þola mikil meinlæti en nokkut yðr frá þessu segja. En þó vil ek eigi angra yðr ok skal ek gera yðvart boð ef þér gerið sem ek segi. Verið vel skiljandi ok eyru til leggjandi, þvíat heyrð orð eru þegar týnd, nema hugr hirði þat er eyra við tekr. Þeir verða margir optliga er þat lofa er þeir eigi gá at skilja ok hafa eigi meira af, en þeir heyra meðan hugr gleymir at skilja þvílíkt sem vind<r> fljúgandi ok nemr hvergi staðar. Svá fara þau orð er heyrð eru, nema hugr *vaki[2] við at taka; þvíat þeir er mín orð vilja skilja, leggi bæði til eyru ok hjarta, þvíat ek vil eigi týna þeim draum né hégóma, né þat sem efan er í at trúa, heldr þat sem ek reynda ok sá."

2. Sa[g]a Kal[e]brants

"Nú bar þat til fyrir sjau vetrum, at ek reið einsamt mart íhugandi herklæddr öllum herklæðum þeim sem riddara til heyrði, ok fann ek þá einn veg í mörkina. Mörkin var mjök þröng ok klungrótt ok reið <ek> allan daginn ok kom at kveldi ór mörkinni ok sá ek einn lítinn hesliskóg ok reið ek þar eptir. Því næst sá ek einn trékastala ok díki umkringis. En á brúnni til kastalans stóð einn riddari, er kastalann átti ok bauð

ÍVEN'S SAGA

Here begins the tale of the excellent Íven who was one of Arthur's champions.

[Chapter 1]

The excellent King Arthur ruled England, as is known to many. After a time he became king of Rome. He was the most illustrious of the kings who had lived on this side of the ocean and the most popular other than Charlemagne. He had the bravest knights who lived in Christendom. It happened one time, as was customary, that he had convoked all his friends and held great festivities at Pentecost, which we call Whitsun. And when the king was sitting on his throne and people were as cheerful as could be, a great drowsiness came over the king, so that he was compelled to go to his chamber to sleep. Everyone was amazed at this because this had never happened before. The queen was at his side in the chamber, and in front of the bedroom door sat these royal knights: Lancelot and Sigamor, Sir Valven, Íven and Kæi, and they were bored as they sat there. They cast lots to see who should tell of an adventure and the lot fell to Kalebrant. He started to tell a story which was more to his disgrace than honor. The queen heard this and went out to them and asked that the story be told so that she could hear it.

Kalebrant answered: "I would rather come to grief than tell you anything about this. Nonetheless I do not want to displease you and I intend to carry out your wishes if you all do as I say. Listen well and lend me your ears, for words heard are lost at once unless the mind preserves what the ears receive. Many often end up praising what they are unable to understand and from which they do not profit, and they hear while the mind forgets to comprehend just like the wind's breezes that do not come to rest. That is what happens to words that are heard if the mind is not awake to receive them. Let those who want to understand my words apply both their ears and hearts, because I do not want to tell them a dream or a fiction nor anything that is subject to doubt, but rather what I experienced and saw."

2. Kalebrant's Tale

"Now it happened eight years ago that I was riding alone deep in thought, fully armed as is appropriate for a knight, and I came upon a path leading into the forest. The forest was very dense and thick with briars, and I rode all day, and in the evening I came out of the forest and saw a little hazeltree wood, and I rode along it. Thereupon I saw a wooden fortress and a moat surrounding it. And on the bridge to

hann mér til herbergis, ok þat þá ek. Sem ek kom í hans höll, þá hekk þar eitt borð
af klukkumalmi. Þá tók húsbóndi einn hamar, er þar var, ok laust á borðit svá at
þeir menn sem uppi váru í turninum heyrðu þytinn ok gengu þegar ofan í garðinn
ok tóku minn hest. Síðan gekk at mér hin fríðasta mær at vexti; öll var hún æskiliga
orðin. Allr minn hugr forvitnaði at sjá hana. Hún var tiguliga búin ok tók þegar af
mér herklæði mín. Því næst klæddi hún mik einum riddaraklæðum af góðu skarlati
með hvítum skinnum. Þá gengu allir menn brott frá okkr; fýsti mik ok engan at sjá
nema hana. Síðan leiddi hún mik á grasvöll einn fagran ok ynniligan, at ek hygg at
eigi sé annarr jafngóðr í öllum heiminum, þvíat þar ilmaði it bezta balsamum. Þar
fann ek hana svá heyska, svá vel siðaða, svá sæmiliga glaða ok lítilláta, at ef ek
mætti ráða, munda ek þaðan aldri fýsaz, ok þat þótti mér þá mest í móti er sá hinn
ríki herra kom at leita mín, þá er til náttverðar var búit ok mátta ek þá eigi lengr þar
dveljaz ok gerða ek þá sem herrann bauð. En um náttverð þarf ek eigi mart at tala,
þvíat ek kunna eigi vildara at æskja. Sem riddarinn var mettr, þá talði hann mér
hversu löngu næst hann herbergði þann riddara er atburða fór at leita, ok sagði at
hann hafði þar optliga mörgum fagnat ok bað mik vitja sín í aptrförinni. Ek
*sögðumz³ þat gjarna gera skyldu. Náttin var ljós, en himinn heiðskírr. En í dagan
var hestr minn búinn sem ek hafða beðit húsbónda. Síðan þakkaða ek riddaranum
ok hans hæversku dóttur margfalligan fagnað ok tók ek þá orlof af þeim ok reið ek
brott. Ok litlu síðar fann ek í skógum nokkurum villigraðunga ok leoparða. Þetta
barðiz allt með hræðiligum gný. Ek nam staðar ok sá ek einn leiðiligan blámann
sitja á einum stofni. Hann hafði járnsleggju mikla í hendi. Han hafði meira höfuð
en asni. Upp stóð hans hár allt; enni hafði hann sköllótt ok tveggja spanna breitt.
Eyru hafði hann opin, ok innan hári vaxin; augu kolsvört ok krókótt nef, svá víðr
munnr sem á leóni. Tennr hans váru sem í villigelti, hvassar ok digrar. Hár hafði
hann mikit ok skegg sem hrosstagl. Haka hans var gróin við brjóstit. Hann hafði
langan hrygg ok kúluvaxinn ok hallaðiz fram á sleggju sína. Hann hafði hvárki í
klæðum sínum ull né lín; heldr hafði hann fest um sik tvær griðunga húðir. Hann
hljóp upp á einn stofn átta alna háfan, ok er hann sá mik, leit hann til mín ok mælti
þó ekki. Því hugsaði ek at hann væri vitlauss.

Dirfðumz ek þá at mæla: 'Hvárt ert þú maðr eða andi eða önnur vættr?'
Hann svarar: 'Slíkr maðr em ek sem nú máttu sjá. Aldri skipta ek skepnu
minni.'
Þá frétta ek hvat hann gerði í mörkinni.
Hann svarar: 'Ek geymi kvikindi þessi sem þú mátt hér sjá.'
Ek spurða hversu hann mætti þau geyma er svá váru olm ok víðræs.

Hann sagði: 'Þegar þau sjá mik, þora þau engan veg at ganga, þvíat ef eitt vill
brottu ganga, þá hleyp ek eptir því ok með mínum hnefum gríp ek um horn því ok
slít ek höfuð af þeim; ok þá er ek tek eitt, þá skjálfa öll dýrin *af⁴ ógn ok hræzlu ok
samnaz þá öll um mik sem þau biði miskunnar. En ef nokkurr maðr gengr at þeim

the castle stood a knight, who owned the castle and he invited me to take lodging there, and I accepted this. When I came into his hall, a board of bellmetal was hanging there. The lord then took a hammer that was there, and struck the board so that the men who were up in the tower heard the sound and went down at once into the court yard and took my horse. Thereafter a maiden most beautiful in appearance approached me; she was as one might wish. With my whole heart I desired to see her. She was nobly dressed and immediately she took off my armor. Then she dressed me in knightly garments of precious scarlet and white fur. Everyone then left us; and I desired to see no one but her. She then led me onto a beautiful and lovely meadow, and I thought that there wasn't another as fine in the world, for it was fragrant because of the finest balsam flowers. I considered her to be so courteous, so well-mannered, so fittingly cheerful and yet reserved that if I had had my choice, I would never have wanted to leave there. What annoyed me most was that the mighty lord came looking for me, since supper was ready, and I could not stay there any longer and did as the lord requested. There is not much to tell about supper, since I could not have wished for a better one. When the knight had eaten his fill, he told me how long it had been that he had put up a knight who was out looking for adventure. He said that he had greeted many a one, and asked me to visit him on my return. I said that I would gladly do that. The night was bright, and the sky clear. At daybreak my horse was ready as I had asked the host. Then I thanked the knight and his courteous daughter for their generous hospitality, and then I took leave from them and rode off. And a little later I encountered some wild bulls and leopards in a wood. They were fighting with each other and making a fearful din. I stopped and saw an ugly dark fellow sitting on a stump. He had a large iron club in his hands. His head was larger than that of an ass. His hair stood on end; his forehead was completely bald and two ells wide. His ears were wide open and overgrown with hair inside; his eyes were black as coal and his nose crooked; his mouth was as broad as a lion's. His teeth were like those of a wild boar, sharp and thick. He had a lot of hair and a beard like a horse's tail. His chin was attached to his chest. He had a long back with a hump, and he was leaning on his club. He had clothes of neither wool nor linen; instead he had tied around himself two bulls' hides. He jumped onto a stump eight ells high, and when he saw me, he looked at me but did not speak. For that reason I thought that he was witless.

Then I dared to speak: 'Are you a man or a ghost or some other being?'

He answers: 'I am the man that you see before you. I have never shifted my shape.'

I then asked what he was doing in the forest.

He answers: 'I take care of these beasts as you can see.'

I asked him how he could take care of them when they were so savage and far-roaming.

He said: 'When they see me, they do not dare to go anywhere else, because if one of them wants to escape, I leap after it and with my fists I grab it by the horns and cut its head off; and when I seize one of them, all the beasts tremble for terror and fear and they gather around me as though asking for mercy. But if any other annarr, þá drepa þau þann þegar. Með þessum hætti er ek hér forstjóri dýranna; eða hvat manna ert þú?'

Ek sagða at ek var einn riddari at leita ævintýra ef ek mætti reyna mína hreysti ok riddaraskap, 'ok biðr ek at þú segir mér þar til.'

Hann svarar ok kvez eigi hafa heyrt ævintýr nefnt eða getit. 'En ef þú ferr skamt héðan til einnar keldu, þá máttu eigi þaðan komaz háskalaust, nema þú gjaldir þat er rétt er. Ok ef þú ríðr þenna litla veg, þá kemr þú skjótt til þessarar keldu. Hún er kaldari öllum vötnum, en hún vellr þó stríðara en nokkurr hituketill, ok yfir keldunni hangir ein munnlaug ok er fest við rekindi ok má síga ofan í kelduna. Hjá keldunni stendr einn stólpi ok þar í hjá er ein kapella fögr. En ef þú tekr vatnit með munnlaugunni ok steypir yfir stólpann, þá munt þú fá mikit stórviðri ok öll dýr ok fuglar munu flýja þau sem í nánd eru. Þá munt þú sjá eldingar ok reiðarþrumur þjóta ok mikinn við af stofnum brotna ok mjök rifna. Ok ef þú í brott kemz þaðan án meinsemda, þá kann þér vel falla ok aldri fekkz sá riddari fyrir þér.'

Síðan reið ek þaðan í brott, sem hann vísaði mér ok at miðjum degi sá ek vinviðinn yfir kapellunni. Var þat sá fegrsti viðr er á jörðu má vaxa. Ek sá hvar munnlauginn hekk. Hún var ger af brendu gulli ok svá hlekkirnir, en keldan vall svá at alla vega kastaði um ok var hún þó sjálf ísköld. En stólpinn var af hinum fegrsta smaragði. Ek tók munnlaugina ófyrirsynju ok fylda ek ofmjök ok sló ek ofmiklu vatni á stólpann. Ok þegar sá ek himninn huldan með myrkum skýjum ok jafnskjótt laust niðr meir en sex tigum eldinga í andlit mér. Ór myrkri skýjanna kom snjór, regn ok hagl. Svá var stormrinn mikill ok ógrligr, at hundruðum sinnum kom mér í hug, at ek mundi eigi í brottu komaz af eldingum er á mik fellu ok stórum viðum ok ofviðri. Ok vitið þat fyrir víst, at þá óttuðumz ek mjök ok sturluðumz allr af hræzlu þar til er veðrit tók at hægjaz ok stormrinn at minka. En guð gætti ok sá til mín, er þessi vandræði stóðu skamma stund, ok fell þá veðrit í logn. Síðan ek sá at heimrinn hreinsaðiz, þá glöddumz ek með miklum fagnaði. En ef ek *hefi[5] rétt gleði reynt, þá gleymir gleði skjótt hugsótt ok brott rekr hryggleik. Sem stormrinn var brotinn, þá sá ek á vínviðinum ódæmiligan fugla fjölda. Þeir huldu alla kvistu viðarins svá þykt at eigi sá viðinn fyrir þeim. Allir þessir fuglar sungu sínum röddum svá samþykkiliga, sem allir hefði eina <raust>,[6] ok söng þó hverr þeira sinn söng, ok hugguðumz ek þá af fagnaði þeira ok til hlýdda ek þar til er þeir luku söng sínum ok tíðum er þeir *sungu.[7] Aldri heyrði ek ok eigi trúða ek at nokkurr hefði svá fagran söng heyrt nema hann þangat færi. Svá vel líkaði mér þeira söngr at ek fann at ek var af því mjök heimskr, er ek dvölðumz þar svá lengi. Þá sá ek koma ríðanda riddara. Hann gerði mikit hark ok háreysti af sér, ok sem ek leit hann einsaman, þá tók ek hest minn ok vápn ok sté ek upp á hann. En hinn þegar sem reiðr ok illgjarn hleypti sem hann mátti skjótast ok svá framt sem ek sá hann.

Þá heitaðiz hann við mik ok mælti: 'Gaurr,' kvað hann, 'mikla svívirðing hefir þú mér gert ok skömm. Þú skyldir hafa stefnt mér til einvígis, ef þú hefðir sakir at person approaches them, they kill him at once. In this way I am in control of the animals. But what kind of a man are you?'

I said that I was a knight who was seeking adventure so that I might test my prowess and knighthood, 'and I ask that you tell me about this.'

He answers and says that he has never heard adventure mentioned or spoken of. 'But if you go a short distance from here to a spring, then you won't leave there without experiencing peril, unless you render what is due, and if you ride on this little path, you'll quickly come to this spring. It is colder than any other water, and yet it bubbles more fiercely than a boiling kettle. And over the spring there hangs a basin and it is attached by a chain and it can be pulled down into the spring. Next to the spring is a pillar and beside it a beautiful chapel. If you take some water in the basin and pour it over the pillar, then you will cause a great storm and all the animals and birds will flee, any that are in the vicinity. Then you will see lightning and hear thunder and many trees destroyed and torn up. And if you get away from there without harm, then you are lucky for no knight before you has ever managed to do so.'

Then I rode away from there, as he had directed me, and at noon I saw the vine-tree over the chapel. It was the most beautiful tree that ever grew on earth. I saw where the basin was hanging. It was made of burnt gold as were the chains, and the spring was boiling so that water splattered all over and yet it was ice-cold. The pillar was constructed of the most beautiful emerald. I took the basin carelessly and filled it too full and I poured too much water onto the pillar. And at once I saw the sky covered with dark clouds and just as quickly more than sixty flashes of lightning struck down before my face. Out of the dark clouds came snow, rain, and hail. The storm was so great and frightful that it ocurred to me a hundred times that I would not be able to get away from the lightning that came down on me and the big trees and the storm. And you may be sure that I was much afraid and quite mad with terror until the weather began to calm down and the storm to lessen. And God watched over me and looked out for me, for these troubles lasted but a short while and then the storm abated. When I saw that the sky had cleared up, I cheered up with great joy. And if I have experienced real gladness, then gladness quickly forgets anxiety and drives away sorrow. When the storm had abated, I saw an enormous number of birds in the vine tree. They covered all the branches of the tree so thickly that I did not see the tree because of them. All these birds sang so harmoniously with their voices as though they had but one, and yet each sang its own song, and I was then comforted by their joyousness and I listened to them until they concluded the songs and the hymns they were singing. I never heard nor believe that anyone has ever heard such a beautiful song unless he went there. I liked their song so much that I realized that I was very foolish in staying there so long. Thereupon I saw a galloping knight approaching. He made a great noise and din, and when I saw that he was alone I took my horse and weapons and mounted. And the knight, like a mad man bent on evil, galloped as quickly as he could toward me just as I saw him.

He threatened me then and spoke: 'Ruffian,' he said, 'you have brought great disgrace and shame upon me. You should have summoned me to single combat, if gefa mér, ella biðja mik bæta, ef ek hefði við þik misgert, en þú gerðir mér ófrið. Vit fyrir víst, gaurr, ef ek má, at þú skalt hljóta háðuligan hlut þungra vandræða. Þú mátt sjá hvern skaða þú hefir gert á mínum skógi. Fyrir því skalt þú hvárki eiga ván hjá mér friðar né trygða.'

Sem hann hafði þetta mælt, þá mættumz vit sem hestar gátu skjótast borit okkr. Hann var hálsi ok höfði hærri en ek ok miklu sterkari ok hans hestr, ok því var mér ekki fallit at eiga við hann. Nú þó at ek fengi þar svívirðing, þá skal ek þó segja satt. Ek lagða með öllu mínu afli í skjöld hans svá at þegar flugu kurfarnir yfir höfuð okkr. En hann skaut mér af mínum hesti með sínu digra spjótskapti svá at ek lá opinn á jörðunni svívirðr ok yfirkominn. En hann tók hest minn ok reið á brott með hann, ok eigi vildi hann virða mik þess at sjá til mín, en ek sat eptir skemdr ok svívirðr ok vissi ek eigi hvat ek skyldi ráðs taka. Hugsaða ek at leggja niðr vápnin ok ganga aptr til míns húsbónda. Ok ek kom at kveldi til hans. En hann blíðr ok glaðr gekk þegar í móti mér með sama hætti sem fyrr ok svá hans dóttir. Allir töluðu um í höllinni, at aldri kæmiz maðr fyrr þaðan—svá at hann vissi—sá er eigi hefði verit drepinn eða hafðr í járnum. Nú hefi ek yðr sagt, hversu heimsliga ek fór, eða hverja svívirðing ek fekk af minni ferð."

3. Íven d[ra]p herra keldunnar þeirar er undrin urðu við

"Guð veit," kvað herra Íven, "þú ert minn skyldr frændi ok þú gerðir eigi vel, er þú leyndir mik þessu, ok því játa ek, ef guð vill, at ek skal hefna þinnar svívirðingar."

Þá svarar Kæi: "Nú megum vér heyra, Íven, at þú ert vel mettr. Þú hefir fleiri orð en fullr pottr víns. Þat er mælt at kátr er fullr köttr.[8] Nú er eptir mat ok vilt þú nú drepa herra Nódan. Segit mér, síra Íven, hvárt vilt þú brott fara í dag eða á morgin til þessa einvígis? Gerið svá vel, herra, segið oss; vér viljum gjarna fylgja. Nú ræð ek þér, sem falla kann: vit fyrst hvat þik dreymir í nátt. Ok væntir mik at þú dveliz með oss í morgin."

Þá mælti dróttningin: "Hvárt ert þú ærr, Kæi, er tunga þín talar æ þat er illt er, ok kant eigi þat er gott er, ok verði þín tunga bölvuð, er hún kann aldri yfir sinni illsku at þegja ok jafnan spottar þú þér betri menn. Ok allir hata þik fyrir þína tungu, þeir er til þín spyrja, ok æ mun þíns nafns getit at illu, meðan heimrinn stendr."

"Frú," sagði Íven, "skiptið eigi orðum við hann, þvíat þat megu menn sjá at hann spottar jafnan ókunna menn, en hann hrópar sína félaga ok eigna bræðr."

Í þessu gekk kóngr ór því herbergi sem hann hafði sofit í, ok spurði hvat þar var talat. Dróttning talði honum þegar með mikilli orðsnilld alla sögu Kalebrants, ok er kóngr heyrði þetta, þá sór hann at innan hálfs mánaðar skyldi hann heiman

Ívens saga

you had a case against me, or asked me for compensation, if I had done you wrong, but you have gone on the offense against me. Know for sure, ruffian, if I can, you shall receive a disgraceful share of deep trouble. You can see what damage you have done in my wood. For that reason you can expect from me neither peace nor truce.'

When he had said this, we two met as quickly as our two horses could carry us. He was taller by a neck and a head than I and much stronger, as was his horse, and for this reason I was in no position to fight him. Now even though I came away in disgrace from there, I shall nonetheless tell the truth. I thrust with all my strength at his shield so that the pieces flew over our heads. But he knocked me off my horse with his thick spearpoint so that I lay face up on the ground disgraced and overcome, and he took my horse and rode away with it, and he did not want to favor me with a glance, but I remained there ashamed and disgraced and didn't know what I should do. I decided to lay down my weapons and to go back to my host. And in the evening I reached him. But he was merry and cheerful and at once he came to meet me in the same manner as before, as did his daughter. Everyone in the hall was talking about the fact that never before had a man come back from there—as far as they knew—who had not been killed or set in fetters. Now I have told you how foolishly I fared and what disgrace I received from my trip."

3. Íven killed the lord of the spring where the marvels occurred

"God knows," said Sir Íven, "you are my close relative, and you did not do right when you concealed this from me, and therefore I swear, God be willing, that I shall avenge your disgrace."

Then Kæi answers: "Now we can hear, Íven, that you have had your fill. You have more words than a full pitcher has wine. The saying goes that a full cat is a content cat. Now dinner is over and you now want to kill Sir Nódan. Tell me, Sir Íven, do you intend to go off today or tomorrow to this single combat? Be so good, sir, and tell us; we would like to accompany you. Now this is what I advise you: find out first what you will dream tonight. I suspect that you will stay with us tomorrow."

Then the queen spoke: "Are you mad, Kæi, since your tongue always speaks what is evil, and is incapable of saying what is good, and may your tongue be cursed, since it can never silence its ill will and you always mock anyone who is better than you. And everyone hates you because of your tongue, everyone who knows of you, and your name will always be associated with evil as long as the world lasts."

"Milady," said Íven, "don't exchange words with him, since all can see that he always mocks those he doesn't know, while he libels his companions and own brothers."

At this the king came out of the chamber where he had been sleeping and asked what they were talking about. The queen told him at once Kalebrant's whole story with great eloquence, and when the king heard this he swore that within half fara með allri sinni hirð ok koma at keldunni hitt seinasta at Jóns messu. Ok nú hugsaði Íven sitt mál ok ef hann færi með kóngi, þá mundi Kæi spotta hans mál sem fyrr ok eigi væri víst at honum mundi þessa einvígis auðit verða, ok hugsaði at hann skyldi einsaman brott fara. Ok gekk til síns herbergis ok bað fá sér sín vápn ok færa út til borgar veggsins leyniliga. En herra Íven sté upp á hest sinn ok reið út af staðnum einn saman þar til er skjaldsveinninn kom eptir ok færði honum vápn sín.

Hann reið nú þar til er hann fann trékastalann ok hafði hann þar enn blíðari viðtökur en Kalebrant af herra kastalans ok jungfrú. Þá reið hann i skóginn til þess blámanns er villidýranna geymdi ok graðunganna. Hann vísaði honum enn veg til keldunnar, ok þegar greip hann munnlaugina ok fyldi sem mest mátti hann ok steypti öllu vatninu á stólpann, ok gerðiz þegar mikill vindr ok vatnsfall ok slíkr stormr sem vant var. Síðan sem lygndi eptir storminn, þá settuz fuglar á viðinn ok *sungu[9] með miklum fa<g>naði. En fyrr en þeir luku sínum söng, þá kom þar einn riddari með vellandi reiði ok miklu ópi sem hann ræki með hundum hjört ór skógum. Ok þegar sem hvárr sá annan, þá mættuz þeir með svá miklum ok opinberum fjándskap, sem hvárr ætti öðrum dauða sök at gefa. Hvárrtveggi hafði hin hörðustu ok hin digrustu spjót, en brynjur biluðu, en spjótin brotnuðu ok flugu kurfarnir í lopt upp, ok skynda þá báðir at neyta sverðanna ok hjugguz með þeim, en hlífðuz með skjöldunum. Ok börðuz þá með svá miklum ákafa, at skildirnir klofnuðu í sundr ok fellu niðr, ok var þá ekki lengr með þeim at hlífaz, svá höfðu þeir höggvit þá í smá hluti. Ok sverðin niðr kómu á herðar þeim eða handleggi, lær eða lendar. Svá ágjarnliga ok kappsamliga börðuz þeir, at hvárrgi ók fyrir öðrum; svá sátu þeir fast sem stokkr eða steinn væri. Aldri sá nokkurr maðr tvá menn svá skunda sér til dauða. Hvárrgi vildi týna sínum höggum. Svá hugðu þeir vandliga at hvar niðr skyldi koma. Hjálmar þeira klofnuðu, en brynjur slitnuðu, ok var undr at svá grimmr bardagi mátti svá lengi standa. En hvárrtveggi var hinn hugdjarfasti ok hvárrgi vildi undan öðrum hopa einnar spannar, nema þar sem kominn var bíða sigrs eða dauða. En þeir gerðu sem hæverskir riddarar, því at hvárrgi vill skeina annars hest. Jafnan helduz þeir á hestum svá at hvárrgi sté niðr. En um síðir hjó herra Íven í hjálm riddarans svá mikit högg at hann var sem höfuðærr ok óttaðiz hann þá, þvíat aldri fyrr kendi hann þvílíkt högg, þvíat hjálmrinn bilaði, en brynjuhattrinn slitnaði ok klauf sverðit hausinn ok sem hann kipti sverðinu at sér, þá blóðgaði hann allan brynjuhattinn ok þóat hann flýi nú, þá er honum eigi ámælanda, þvíat hann kendi sik sáran til ólífis ok honum tjáði ekki þá at verjaz, ok sem hann vitkaðiz, sneri hann undan sem skjótast mátti hann, en þeir er í kastalanum váru, sá flótta hans. Létu þegar ofan síga brúna, ok jafnskjótt luku þeir upp borgar hliðit. En herra Íven hleypti eptir honum með öllum skunda sem grávalr er trönu tekr. Hvárrtveggi reið sem mest mátti, þvíat Íven lagði á þat alla stund at ná honum, þvíat hann undirstóð illsku ok gabb Kæi, at hann mundi segja, at þeir hefði ekki fundiz, ef hann hefði engar jarteinir af honum. Þeir ríða nú þar til er þeir koma at kastalanum þeim er riddarinn átti. Herra Íven eltir hann svá um stræti staðarins, at þeir fundu engan mann, þar til er þeir kómu at garðshliði riddarans. Þat var svá mjótt at eigi máttu ríða meir en tveir jafnfram. Yfir því hliði var dregin upp ein fellihurð. Hún var þung ok mikil ok hvöss neðan sem sverðs egg. Hún var svá sett upp sem einn a month he would set out with his entire court and arrive at the spring at St. John's Eve at the very latest. Now Íven considered his situation: if he went with the king, Kæi would deride his words as before and there was no certainty that the single combat would fall to his lot, and he thought that he should set out alone. And he went to his chamber and asked that his weapons be fetched and taken secretly out to the castle path. And Sir Íven got on his horse and rode alone out of the place until the shield bearer came after him and brought him his weapons.

He rode now until he came to the wooden fortress and he experienced there an even better reception than Kalebrant from the lord of the castle and the maiden. Then he rode into the woods to the dark fellow who watched over the wild animals and the bulls. He showed him a path to the spring, and immediately he took hold of the basin and filled it as full as he could and poured all the water over the pillar, and at once a great wind and downpour were produced and such a storm as was customary. Then when the storm died down, the birds sat on the tree and sang with great joy. But before they ended their song, a knight came riding boiling with rage and with much noise as though he were chasing a hart from the woods with dogs. And as soon as they saw each other, they attacked each other with such great and obvious enmity that it seemed each had a mortal offense to repay the other. Each of them had a very strong and thick spear, but the byrnies split and the spears broke and the sparks flew high up, and both rushed to use their swords and they struck with them while they protected themselves with their shields. And they struck at each other so vehemently that the shields split and fell down, and now they could no longer use them for protection, for they had hacked them into such small pieces. And the swords descended on their shoulders and arms, thighs and hips. They fought so intensely and manfully that neither yielded before the other; they sat as fast on their horses as though they were stocks or stones. Never before did anyone see two men so anxiously seeking death. Neither wanted to waste his blows, and thus they thought carefully where they would land. Their helmets shattered, their byrnies rent, and it was a wonder that such a fierce combat could last as long. And each was most courageous and neither wanted to yield to the other even an inch, but preferred to await victory or death at the spot where he was. They behaved as noble knights do, for neither wants to harm the other's horse. They held on to their horses so that neither fell off. At last Sir Íven struck the helmet of the knight such a great blow that he became like a mad man and became afraid, for never before had he experienced such a blow, since the helmet shattered, and the mail hood rent and the sword clove the skull and even were he to flee now, no one would deride him, since he knew himself to be mortally wounded and it was useless to defend himself, and when he recovered his senses, he turned away as fast as he could, and those in the castle saw his flight. They let down the drawbridge at once, and just as fast they opened up the castle gate. But Sir Íven took off after him at great speed as a falcon pursues a crane. Each rode as quickly as he could, for Íven was intent on reaching him because he was aware of Kæi's meanness and mockery and that he would say that they hadn't met if he had no evidence to prove it. They rode now until they reached the castle which belonged to the knight. Sir Íven pursued him through the streets of the place where they met no one until they came to the lásbogi. Aldri kom svá lítt við hana, at hún væri eigi niðri. En er þeir kómu í hliðit, þá var herra Íven svá nær honum at hann mátti ná hendi til hans, ok í því hljóp ofan hurðin ok hjó í sundr hest hans ok lagði svá nær[10] honum, at báðir spornir flugu í sundr fyrir áfalli hurðarinnar ok skeindi `þó´ eigi sjálfan hann. [Fe]ll hann af þ[ví] felmsfullr á jörd. En skamt frá þeim var eitt mikit garðhlið ok ramligt e[n] hin þykkvasta hurð fyrir. Um þetta garðshlið reið riddarinn inn ok at honum inn komnum luktiz aptr hliðit eptir honum. Með þeim hætti var hann tekinn ok inni læstr, mjök angraðr ok áhyggjufullr í höllini byrgðr, er alla vega var læst um hann.

Hallar veggir váru steindir með báróttum[11] steinum hverskonar litum ok brendu gulli lagt. En af því var hann hryggastr, at hann vissi eigi hvar riddarinn var kominn, eða hvern veg hann hafði farit. Nú þaðan skamt sem hann var, sá hann at ór einum klefa gekk ein fögr mær fríð ok æskiliga vaxin. Hún læsti þegar hurðunni eptir sér. Ok er hún fann herra Íven, þá ógnaði hún honum mjök í fyrstu.

"Guð veit, herra riddari," sagði hún, "ek óttumz at þú sért hér eigi velkominn. Ef menn verða varir við þik ok þína hingatkomu, þá höggva þeir þik í sundr. Minn herra er mjök sárr ok veit ek at þú hefir drepit hann. En mín frú hefir fengit mikinn harm ok allt lið hennar, þat hjá henni sitr, svá at náliga springa allir af harmi. Allir menn vita at þú ert hér í höllinni. En þeir mega eigi drepa þik fyrir harmi eða höndum taka þvíat þú ert í þeira valdi nær sem þeir vilja þik höndum taka."

Þá svarar Íven: "Guð veit," kvað hann, "aldri skulu þeir því hrósa, at þeir taki mik höndum."

"Svá skal vera," segir hún, "ef guð lofar, þvíat ek skal hjálpa þér [þat er ek má],[12] þvíat ek hygg at þú [s]ér[t dugandi maðr er þú óttaz ei þótt þú][13] sért ognliga niðr komi[nn], þvíat [ek skal veita][14] þér alla [þá þjónustu ok sæmd sem ek má besta veita ok þér er sæmd í at þiggja],[15] þvíat þú sæmdir mik í hirð Artús k[óngs einn[16] t]íma, þá er mín [frú sendi mik í hans hirð, en þú virðir mik framar en allir aðrir ok þó ek kynni][17] eigi svá hæversk [sem hirðinni hæfði, þá varstu þó svá hæverskr við mik ok þjónaðir mér sem einn dugandis maðr, þó ek þess í engan máta verðug væri. Veit ek][18] at þú ert sonr Uriens kóngs ok heitir herra Íven. [Nú skal ek þér þjóna ok þína hæversku launa][19] þá er þú gerðir mér. Ver öruggr ok aldri skaltu hér verða [tekinn, ef þú fylgir mínu ráði. Ek][20] hefi eitt fingr gull þat er ek vil fá þ[ér, ok vil ek at þú fáir mér aptr þann tíma er þú ert][21] frelstr þaðan. En náttúra steins þess er í fingr gullinu <er> er su at hver [maðr er þat hefir í hendi ok stingr][22] steininum inn í lófan ok lýkr síðan hnefan, þá mega eigi dauðlig [augu sjá hann, þann inn sama mann."

Herra Íven][23] þakkaði henni þessi orð. Hún mælti: "Stíg upp í þessa sæng ok sit hér." [Hún bar honum mat ok drykk],[24] ok sem hann er mettr, þá heyrði hann knight's castle gate. That was so narrow that no more than two could ride abreast through it. Above the gate a portcullis had been raised. It was heavy and large and at the bottom as sharp as a sword's edge. It was set up like a cross-bow. No matter how small something was that brushed against it, it came crashing down. And when they came into the gateway, Íven was so close to him that he could touch him, and at this moment the portcullis came crashing down and cut his horse in two and came so close to him that both spurs were split apart by the falling gate and yet it did not touch him. As a result he fell to the ground badly frightened. A short distance from him there was a large, sturdy portal with a very thick door. Through this portal the knight rode and as soon as he had come in, the door closed behind him. In this way Íven was captured and locked in, very upset and distressed and caught in the hall, for every exit was closed.

The walls of the hall were stained with varicolored designs and inlaid with gold. And Íven was most upset of all that he did not know what had happened to the knight and which way he had gone. He now saw walking out of a small room a short way off from where he was a beautiful maiden, pretty and well shaped. She locked the door behind her. And when she encountered Íven she at first frightened him a great deal.

"God knows, sir knight," she said, "I am afraid that you are not welcome here. If people become aware of you and that you are here they will cut you to pieces. My lord is mortally wounded and I know that you have killed him. And my lady has suffered great distress, as have all her people who are with her, so that her heart is nearly breaking of grief. Everyone knows that you are here in the hall. But they cannot kill you because of their grief or seize you, but you are in their power whenever they want to take you prisoner."

Íven then answers: "God knows," he said, "they shall never boast that they have taken me prisoner."

"That shall be," she says, "God willing, because I shall help you in whatever way I can, for I think that you are a courageous man, since you are not afraid even though you are in a terrible spot, and I shall grant you every service and honor as best I can and in any way it is honorable for you to accept, because you respected me at King Arthur's court one time when my lady sent me to his court, and you respected me more than all the others and even though I was not as courtly as befits those at court, you were nonetheless very courteous toward me and served me as befits a valiant man although I was in no way worthy of it. I know that you are the son of King Urien and that your name is Sir Íven. Now I shall serve you and reward your courteous behavior when you made me feel secure. You shall never be seized here if you follow my advice. I have a golden ring which I shall give you, and which I shall want you to return to me when you have gained your freedom. The nature of the stone in the ring is such that anyone who has it on his hand and turns the stone around into the palm of the hand and closes the hand, mortal eyes will not be able to see him, that very person."

Sir Íven thanked her for her words. She said: "Get up on this bed and sit here." She brought him food and drink, and when he had eaten his fill he heard a great mikit óp ok kall at herra þeira var dauðr, en þ[eir leituðu][25] þess *er[26] hann hafði drepit.

Þá kom mærin til herra Ívens ok mælti: "Guð geymi þín, [ok ekki skaltu ór þessari hvílu ganga],[27] ok hrær þik hvergi héðan. Þú munt sjá þá er þín leita, at þeir fara se[m ærir menn ok][28] sjá ekki, ok er þér þat mikil skemtan þvíat þú ert eigi hræddr at sjá þá blinda ok örvit[a. En][29] brott verð ek nú at ganga at sinni."

4. Íven er leystr ór böndum[30]

Þegar í stað sem hún var brott gengin, þá kómu margir í höllina [með brugðnum sverðum, ok][31] hugðuz mund[u] hefna herra síns, þvíat þeir sá hestinn dauðan við garðhlið, ok hugsuðu[32] at vegandi væri í h[ölli]nni.[33] Þeir fóru leitandi ok fundu hann eigi. Þeir undu upp [hurðina][34] er mörgum manni [hafði][35] illt gert ok hittu þeir hann eigi þar. Þeir gengu þá inn í höllina, [ok leituðu][36] hans með fullum g[rimmle]ik, ok sem þeir fundu hann eigi, þá mæltu þeir: "Hvat mun því 0000 [v]alda, er vér skulum eigi þenna mann fin[n]a, þvíat ór þessi höll má ekki kvikt komaz nema fljúgandi íkorni eða hreysiköttr, en nú finnu vér ekki af honum úti nema spora hans brotna."

Ok fóru enn at leita hans af nýju. Þá leita þeir hans um alla höllina ok í sængunum ok undir fótskörunum. En ekki kómu þeir í þá hvílu, er hann var í. Ok í þann tíma var borit lík riddarans um höllina, en eptir líkinu gekk ein frú svá fögr, at í allri veröldu mátti eigi finnaz hennar nóti. Hún syrgði ok æpti sinn harm; stundum fell hún í óvit. Allir menn váru þar harmsfullir, ok sem líkit kom í miðja höllina, tóku öll sárin at blæða, svá at blóðit rann alla vega af börunum.

Þeir mæltu þá: "Vissuliga er sá maðr hér inni, er várn herra hefir drepit ok förum nú at leita hans."

Eigi fundu þeir hann nú heldr en fyrr ok er þeim þótti liðin ván, at þeir mætti finna hann, þá gáfu þeir upp at leita hans.

En sú virðuliga frú sprakk náliga af harmi ok mælti: "Ef þú hinn vándi svikari ert hér inni at minn bónda hefir drepit, þá gakk fram til mín, ef þú ert eigi huglauss, svá at ek mega taka á þér svá framt sem ek veit, at þú hefir [drepit hann með][37] s[vi]kum, þvíat í öllum heiminum *var eigi[38] hans jafningi at vaskleik, ok atgervi ok vápn[fimi."

Með þessum][39] [h]ætti kærðu sik allir þeir sem í höllinni váru ok hörmuðu herra sinn. Ok [með þessum hætti][40] fluttu þeir hann til kirkju ok í jörð grófu ok síðan ganga þeir heim. Litlu síðar [kom mærin][41] t[il] herra Ívens.

Hann fagnaði henni ok mælti: "Vildir þú svá vel gera at ek mætta sjá [þá frú][42] [e]r hér gekk í gegnum höllina?"

En mærin sýndi honum einn glugg er á var höllinni, ór 00 [gl]ugg[43] mátti hann sjá hvar sú frú kastalans sat ok syrgði bónda sinn. En herra Íven var þat hinn [me]sti harmr er hann mátti ekki tala við hana. En hún veinaði ok kærði sik, en hue and cry that their lord was dead, and they were looking for the person who had killed him.

The maiden then returned to Sir Íven and said: "God preserve you, and don't leave this bed, and don't move away from here. You will see those who are looking for you, and that they are moving about like mad men and don't see you. That will amuse you, since you are not afraid to watch them blinded and in a frenzy. But now I shall have to go."

4. Íven is freed from captivity

As soon as she had left, many people came into the hall with drawn swords, and they intended to avenge their lord, for they saw the dead horse by the gate and thought that the killer might be in the hall. They went around searching but did not find him. They raised the portcullis that had harmed many a man but they did not find him there. They then went into the hall and searched for him with great fury, and when they did not find him they said: "What can be the reason that we do not find this man, since nothing living gets out of this hall unless it be a flying squirrel or a weasel, and we have found no evidence of him outside except his broken spurs."

And they started to look for him anew. They searched for him throughout the hall and in the beds and under the footboards. But they did not come to the bed on which he was. At this moment the body of the knight was borne into the hall, and behind the body walked a woman so beautiful that nowhere in the world might one find her equal. She was mourning and moaned loudly in her grief. Now and then she fell into a swoon. Everyone there was filled with grief, and when the body reached the middle of the hall all the wounds began to bleed so that the blood ran down on every side of the bier.

Then they said: "Surely the man is in here who has killed our lord and let us look for him now."

They no more found him now than they did before and when they thought that all hope was gone of finding him, they gave up searching for him.

The worthy lady nearly burst of grief, however, and spoke: "If you, wretched traitor, who have killed my husband are in here, come forward, unless you are a coward, so that I can take ahold of you as best I can, for you have treacherously killed him; in the entire world there was no one his equal in bravery and accomplishments and skill with weapons."

In this manner all who were in the hall mourned and bewailed their lord. And in this manner they took him to the church and placed him in the grave and then they went home. A little later the maiden came to Sir Íven.

He greeted her and said: "Would you be so kind as to let me see the lady who walked through the hall?"

And the maiden showed him a window in the hall: from this window he could see where the lady of the castle was sitting and mourning her husband. What most troubled Sir Íven was that he could not talk to her. She wailed and mourned, and stundum fell [hún í óvit],[44] stundum kyrkti hún sik ok vildi sjálf drepa sik. *Hún var skreytt skínandi skikkju. Hún var þá björt sem dagsbrún, en hennar litr sem at samtemprat væri þat snjóhvíta gras lilium ok hinn rauða rósa, en hárit sem gull barit. Augu hennar váru skínandi sem carbunculi þeir steinar sem svá heita. Hennar möttull var af bissu allr skínandi ok öll hennar klæði váru gulli búinn þar bæta þótti, ok þóttu þó svört hjá hennar birti.*[45] Ok því meir lystaði hann at [sjá][46] hana ok elskaði hana af öllum hug ok vildi gjarna tala við hana ok svá mikla ást hafði hann á[47] henni at heldr vildi hann deyja þar en tala eigi nokkut við hana ok freista ef hann [mæ]tti fá hennar ást. Í þessu kemr jungfrúin sú gangandi er hann varðveitti ok sá hann íhuga[fu]llan ok ástbundinn[48] sem hann vissi eigi hvat hann vildi.

Hún mælti við hann: "Hvat hefir þú í lífi þínu?"
"Þann hug," sagði hann, "sem mér vel líkar vel."
Hún mælti: "Fyrir guðs skyld, leyn mik eigi þat sem satt er, eða hversu má þeim vel líka, er óvinir leita ok vilja drepa, nema hann girniz heldr dauða en líf."

"Guð veit, jungfrú," sagði hann, "víst eigi girnumz ek dauða minn, heldr líkar mér vel þat er ek hefi sét, ok líka skal meðan ek lifi."
Hún mælti: "Full vel undirstend ek hvert þín ræða horfir. En í stað má ek þér í brott koma ef þú vill fara."
Hann svarar: "Fyrri skal ek deyja, en í þessum sjau náttum í brott fara."
Þá mælti mærin: "Þú skalt fara í klefa minn ok bíða þar til þess er ek get fylgt þér þangat er ek sér at þinn hugr er mest á."

5. Um tölur Lúnetu við sína frú

Þessi mær óttaðiz ekki at segja sinni frú þat sem hún vildi, þvíat hún var hennar meistari ok ráðgjafi. Hún gekk þá til hennar ok mælti: "Undarligt þykki mér yðvart framferði, eða hyggiz þér þann aptr kalla er dauðr er, yðvarn herra, í þvílíkum harmi sem þér pínit yðr?"
"Nei," segir hún, "eigi er svá, en þó er betra at deyja af angri en lifa."
Mærin mælti: "Guð láti þat aldri satt vera. Gefi hann þér jafngóðan bónda ok jafnvaskan ok jafnmáttugan, þvíat guði er ekki ómegn."

Frúin mælti: "Aldri laugt þú fyrr slíka lygi, þvíat aldri fæddiz í heiminum fyrr hans jafningi."
"Íven," sagði hún, "er miklu gildari, ef þú þorir at giptaz honum."
Frúin mælti: "Þegi, gakk í brott."
Mærin sagði: "Hverr skal vera riddari yðvarr þá er Artús kóngr kemr í annarri viku? Þvíat engi er sá riddari með yðr, er skjöld þori at kljúfa né nokkura atreid þori at gera at hinum minstum riddurum Artús kóngs, þá er hann kemr með sinn her, ok ert þú þá sjálf ok allt þitt ríki í hans valdi."
Nú fann hún at mærin réð henni *heilt,[49] en *hún[50] hafði þann sið sem aðrar konur hafa at níta því sem þeim er í hug ok hafna því sem helzt vilja þær hafa.

sometimes fell into a swoon; at times she choked herself and wanted to kill herself. She was dressed in a glittering mantle. She was as fair as the dawn, and her coloring was as if the snow-white lily and the red rose had been mingled together, and her hair was like beaten gold. Her eyes sparkled like the gems called carbuncles. Her mantle was of a material that glittered exceedingly, and all her garments were adorned with gold wherever appropriate, yet they seemed black compared to her radiance. And he desired to see her all the more and he loved her with all his heart and he wanted very much to speak with her and he felt such great love for her that he would rather die there than not speak to her and try to obtain her love. At this the young woman who took care of him came walking in and saw him lost in thought and struck by love as though he did not know what he wanted,

She spoke to him: "What are you pondering?"

"A thought," he said, "which pleases me greatly."

She spoke: "For God's sake, don't conceal the truth from me; how can someone be pleased when enemies are seeking him and want to kill him, unless he preferred death to life?"

"God knows, young lady," he said, "I certainly do not desire my death, but I do like what I have seen and shall like it as long as I live."

She spoke: "I understand fully what you are hinting at. But I can get you out of here at once if you want to leave."

He answers: "I shall first die rather than leave here before the week is out."

Then the maiden spoke: "You are to go to my chamber and wait there until I can take you where I see your heart is most longing to be."

5. About Lúneta's talks with her lady

This maiden was not afraid to tell her lady whatever she wanted, because she was her mistress and counselor. She went to her and said: "Your behavior seems strange to me, for do you think that you can recall to life someone who is dead, your lord, by the grief with which you are torturing yourself?"

"No," she says, "that is not so, but it is better to die of grief than to live."

The maiden spoke: "May God never permit that to come true. May he give you a husband as good and as brave and as powerful, since nothing is impossible for God."

The lady spoke: "Never before have you uttered such a lie, for never before has there been born his equal in the world."

"Íven," she said, "is much worthier if you dare to marry him."

The lady spoke: "Be silent, go away."

The maiden said: "Who will be your knight when King Arthur comes in another week? For there is no knight here who would dare to split shields or dare to ride against the least knight of King Arthur, when he comes with his army, and then you yourself and all your realm will be in his power."

Now she realized that her maiden was giving her wholesome advice, but she had the habit as do other women to deny what is on their mind and to refuse what

"Gakk brott," segir hún, "ok get eigi þvílíks optar, ella geldr þú þess. Svá mælir þú mart at orð þín angra mik."

"Mín frú," sagði hún, "guð signi yðr! Sýnt er nú at kona ert þú ok k`v´enna sið hefir þú. Þær firraz ok felaz ef þeim er ofgott boðit ok heilt ráðit."

Eptir þat gekk mærin í brott. En frúin sat eptir ok íhugaði orð hennar ok fann at hún hafði sannara, ok vildi hún þá gjarna vita hvar sá riddari mætti finnaz er jafngóðr væri hennar riddara. Gjarna vildi hún vís verða; en þó fyrirbauð hún at hún gæti þess.

Mærin mælti: "Þat er eigi fagrt, frú," *kvað⁵¹ hún, "at þú drepir þik sjálf af sorg ok harmi. Þyrm lífi þínu, þvíat eigi sómir þér, svá virðuligri frú, at pína svá mörgum sorgum þitt hjarta. *Íhuga sæmd⁵² ok einkanliga kvensku ok at verja ríki þitt. Eða hyggr þú at allr vaskleiki, drengskapr ok atgervi sé dauðr í bónda þínum? Jafngóðr ok vildri miklu finnz í heiminum."

"Þú lýgr," sagði frúin, "en eigi at síðr nefn mér hann þann er jafnsterkr er sem minn riddari var."

"Þú munt kunna mér óþökk fyrir," sagði mærin, "ef *ek⁵³ ræð þér heilt, ok angraz ef ek segi þér satt."

"Nei, "sagði frúin, "þat skal eigi vera."

Mærin mælti: "Nú ef tveir riddarar herklæðaz til bardaga ok mætaz, <hvárr>⁵⁴ þeira hyggr þú at vildari sé, ef einn vápnsækir annan ok sigrar?"

"Sá sýniz mér vildari," sagði frúin, " er <sigraz>⁵⁵ en hinn er yfir verðr kominn."

"Þú dæmir nú," sagði mærin, "at sá er vaskari er yfirkom bónda þinn ok elti hann hingat í garðinn."

Frúin sagði: "Jafnan mælir þú illsku ok óvizku. Þú ert full af illum anda. Skríð brott sem skjótast ok kom aldri mér fyrir augu þvílík orð at vekja."

"Frú," kvað mærin, "þat vissa ek, at þú mundir mér illar þakkir fyrir kunna, ef ek réða yðr heilræði ok sjálfrar þinnar nauðsyn."

Síðan gekk mærin brottu ok til herra Íven ok þjónaði honum eptir vanda. Frúin sat eptir ok íhugaði hvat mærin hafði sagt ok sá at hún hafði henni heilt ráðit ok hún hafði at röngu ásakat hana.

Ok um morguninn kom mærin aptr ok mælti: "Mín frú," sagði hún, "ek bið at þú *fyrirlátir⁵⁶ mér þat er ek mælta til þín harðliga í gær."

"Ek vil nú," sagði frúin, "þínum ráðum hlíta. Seg mér, ef þú veizt um þann riddara, er þú hefir svá mart um rætt fyrir mér, hvat riddara hann er ok af hverri ætt, ok ef hann er svá mannaðr ok svá ríkrar ættar at hann sómi mér. Þá vil ek gera hann riddara minn ok alls míns ríkis. En verðr þetta þó svá at gera at eigi hrópi menn mik ok mæli svá: 'Þessi er sú er girniz þess er drap hennar bónda.'"

Ívens saga

they most want to have. "Go away," she says, "and don't ever say anything like that again or you will pay for it. You speak so much nonsense that your words annoy me."

"My lady," she said, "God be with you! It is now obvious that you are a woman and behave like a woman. They avoid and hide if offered something good or if given salutary advice."

After that the maiden went away. The lady stayed there, however, and mulled over her words and realized that she really was right, and now she did want to know where the knight could be found who was as good as her knight. She wanted to ascertain this, but she nevertheless forbade her from speaking about this.

The maiden spoke: "That is not nice, lady," she said, "that you kill yourself from sorrow and grief. Spare yourself, because it is not fitting for you, such an honorable woman, to torture your heart with so much sorrow. Consider your honor and especially your standing as a woman and defend your realm, for do you think that all bravery, prowess, and courage have died with your husband? Just as good a man and a more noble one can be found in the world."

"You are lying," said the lady, "but nonetheless name for me the man who is just as strong as my knight was."

"You are not going to thank me for this," said the maiden, "if I give you salutary advice, and you will get annoyed if I tell you the truth."

"No," said the lady, "that won't happen."

The maiden spoke: "Now if two knights get armed for combat and meet, which of them do you think is better if one overcomes the other and is victorious?"

"I think that one is better," said the lady, "who wins rather than the one who is defeated."

"You are now judging," said the maiden, "that the one who defeated your husband is better, the one who pursued him here into the castle."

The lady said: "You always speak maliciously and foolishly. You are full of evil spirits. Get away as quickly as possible and never come into my sight again to broach such a matter."

"Lady," the maiden said, "I knew that you would ill thank me if I gave you good advice of use in your need."

Then the maiden went away and to Sir Íven and served him as she was wont. The lady stayed behind and thought about what the maiden had said and realized that she had given her salutary advice and that she had wrongfully accused her.

And in the morning the maiden came back and said: "My lady," she said, "I ask you to forgive me for speaking so harshly to you yesterday."

"I now want to listen to your advice," said the lady. "Tell me if you know anything about the knight about whom you have spoken so much to me, what kind of a knight is he and of what descent, and if he is so well mannered and of such a noble family that he would be a proper match for me. I would then make him my knight and knight of my realm. But this must be done so that people do not deride me and say 'there goes the woman who lusted after the one who killed her husband.'"

Mærin mælti: "Ekki þurfi þér þat at hræðaz, þvíat hann er sá hinn vaskasti at öllum hlutum er kom ór Benjamíns ætt."

"Hvat heitir hann," sagði frúin.

"Herra Íven," kvað mærin.

"Guð veit," kvað frúin, "þat hefi ek fregit, at hann sé hinn hraustasti ok hinn kurteisasti riddari ok son Urient kóngs. Nær má ek sjá hann?"

"Á sjau nátta fresti," kvað mærin.

"Þat er oflangt," sagði frúin, "eða má ek sjá hann á morgin?"

"Þat veit menn," segir mærin, "þó at hann væri fugl, mætti hann eigi hér vera kominn."

Frúin mælti: "Ofseint er þat."

Mærin sagði: "Ek skal senda eptir honum svá at hann skal hér koma á þriggja nátta fresti, en á þessum tíma samir yðr at spyrja þá ráðs um kónginn er hingat er á ferð, hver til er at halda siðum yðrum ok verja kelduna; ok seg þeim at einn riddari frægr ok ættgóðr biðr yðar ok vill yðr púsa. En þú vit þegar með þessu ráði bleyði þeira, at engi þeira þorir til þess at ráða, ok munu þeir vilja sem þú vilt."

Þá svarar frúin: "Þat veit trú mín at svá hafða ek ætlat at verða skyldi, ok því vil ek játa at svá skal standa. Gakk nú skjótt ok dvel eigi leingr ok ger þat at hann sé í þínu valdi. En ek mun saman samna mínum mönnum."

Ok skildu þær svá ræðu sína.

6. Viðtal Íven<s> ok frúinnar

Nú lét mærin svá fyrir frú sinni sem hún hefði sent eptir herra Íven ok gerði honum hvern dag laug, þvær honum ok kembir ok bjó honum ríka gangveru af nýju skarlati ok gullsylgju setta gimsteinum ok belti gert með ágætri gullsmíð ok mörgum hagleik, beltis púss gullofinn með svá margháttuðu starfi sem kvenna kunnustu finnz vildast at gera; ok bjó herra Íven svá tiguliga ok sæmiliga allskonar. Hún gekk þá til frú sinnar ok sagði henni at sendimaðr hennar er aptr kominn ok hafði sýz sem hygginn sveinn allt þat er henni líkar.

"Hvenær," kvað frúin, "mun Íven hér koma?"

"Frú mín," sagði mærin, "hann er nú hér kominn, ok í minni geymslu er hann nú."

"Gangi hann hingat sem skjótast," sagði frúin, "í leynd, meðan engi maðr er nær oss. Gæt vandliga, at ekki komi hér fleira."

Þá gekk mærin at hitta síra Íven, en eigi birti hún honum sinn fagnað ok mælti: "Nú er frú mín sannfróð um þat at ek hefi leynt þér hér ok tjár þér nú ekki lengr at leynaz, þvíat frú mín veit, at þú ert hér ok ávítar mik ok finnr mér margar sakir. Ok þó hefir hún gefit mér frið at þú skalt fara með mér til hennar, ok skal hún eigi angra þik. Fyrir því óttaz ekki nema þat at mér samir eigi at ljúga at þér né svíkja

The maiden spoke: "You need not fear that because he is the most valiant in every respect among those descended from Benjamin's race."

"What is his name?" said the lady.

"Sir Íven," said the maiden.

"The Lord knows," said the lady, "that I have heard that he is a most courageous and most courtly knight and the son of King Urien. When may I see him?"

"In seven nights' time," said the maiden.

"That is too long," said the lady, "can't I see him tomorrow?"

"Everyone knows," said the maiden, "even if he were a bird, he could not be here by then."

The lady spoke: "That is too slow."

The maiden said: "I will send after him so that he shall come here within three nights, and during this time it is fitting for you to ask for advice from your court in respect to the king who is on his way here, and ask who will hold up your custom of defending the spring. And tell them that an illustrious knight of good family is wooing you and wants to marry you. And you know very well their cowardice, that none of them will dare to take this on and they will want to do what you want."

Then the lady answers: "By my troth, that is what I have intended to happen, and I swear that thus it shall be. Go quickly now and do not delay any longer and do all to get him in your power. In the meantime I shall assemble my men."

At this they ended their talk.

6. The conversation between Íven and the lady

The maiden now pretended to her lady that she had sent for Sir Íven, and every day she prepared a bath for him; she washes him and combs his hair, and got ready for him rich garments of new scarlet and a gold brooch set with jewels and a belt worked excellently in gold and with great skill, a waist purse woven in gold of such varied elegance as the most skilled of women could best fashion; and she readied Sir Íven just as nobly and in every way fittingly. Then she went to her lady and told her that her messenger had returned and had carried out his errand like a clever young man in every way that would please her.

"When," said the lady, "will Íven come here?"

"My lady," said the maiden, "he has already arrived and is now in my care."

"Let him come here as quickly as possible," said the lady, "secretly, when no one is in the vicinity. Make sure that no one else comes here."

Then the maiden went to see Sir Íven; but she did not give away her happiness, and she spoke: "Now my lady has found out the whole truth about my hiding you here and it is no use for you to hide any longer, since my lady knows that you are here, and she rebukes me and accuses me of many things. Nonetheless she has promised me that it will be safe for you to go with me to her, and she will not harm þik. Þvíat mín frú vill hafa þik sem hertekinn mann í sínu valdi, svá vandliga at eigi skal hugr þinn né hjarta vera ór hennar valdi."

"Guð veit," sagði hann, "at þat vil ek gjarna, þvíat þat má eigi angra mik. Hjá henni vil ek vera hertekinn."

"Fylg mér nú," segir hún, "ok hræz ekki ok íhuga eigi at þú munir vera hér angraðr."

Með þessum hætti ógnaði hún honum. Ok því næst gerði hún öruggan um þat er hann beiddi. En þó má vera, at hún tali til ástar hertöku ok kallaði hann því hertekinn at sá er hertekinn er mikit ann. Mærin leiddi nú þangat herra Íven, sem honum vel líkaði ok er þó eigi undarligt at hann íhugaði, þvíat hann vissi eigi fulla friðar ván. Ok er þau inn kómu, þá sat sú hin fríða frú *á einu rauðu silkikulti[57] ok mælti hún ekki í inngöngu þeira. En þó var henni mikil fýst at sjá Íven ok þá nam hann staðar ok þó fjarri henni.

Þá mælti mærin: "Vei sé þeim riddara ok því ófrelsi er býr í ríkri frú[58] ok svá þeim riddara er hvárki hefir mál né vizku, tungu né minni!" Síðan mælti hún til hans: "Gakk hingat ok sit hjá frú minni ok óttaz eigi at hún bíti þik. Bið hana heldr friðar ok sættar, at hún fyrirgefi þér drap ok dauða rauða Sodals bónda hennar."

Ok herra Íven helt þegar höndum saman ok settiz á kné ok mælti: "Frú," sagði hann, "eigi vil ek biðja miskunnar; heldr vil ek þakka yðr þat sem þér vilit af mér gera, þvíat mér mun þat aldri mislíka."

"Já," sagði hún, "ok hvat hefir þú ef ek vil láta drepa þik?"

"Frú," sagði hann, "guð þakki yðr! Aldri skal ek annat mæla en þér ráðit því."

Hún svarar: "Aldri sá ek þann mann fyrr er jafngersamliga gæfi sik undir mína kurteisi ok hæversku, ok nauðgaða ek þik eigi til þess."

"Frú," sagði hann, "engi nauðgun er svá öflug sem sú er nauðgar mik svá [at][59] gera, ok hlýðnaz þér til alls þess er þú vill mér bjóða ok yðr vel líkar, jafnvel þó at hinn mesti háski liggi við; ok ef ek mætti bæta dauða þess er ek drap ok ek[60] misgerða ekki við, þá skyldi ek þat svá vel gera at engi skyldi mega at finna."

"Seg mér nú," sagði hún, "ok ver frjáls af allri klandan minni, misgerðir þú þá eigi mjök við mik, er þú drapt minn bónda?"

"Mín frú," sagði hann, "Guð þakki yðr. Ef herra þinn réð á mik, í hverju misgerða ek þá er ek varði mik? Sá er tapa vill öðrum eða drepa, ok ef sá drepr hann er verr sik fyrir honum, seg mér, ef hann misgerir nokkut í því?"

"Nei," sagði hún, "þat má eigi með sönnu segja. Fyrir því vissa ek," sagði hún, "at ekki mundi þat bæta mitt mál at ek hefði látit drepa þik. En þat vildi ek vita, hvat afli þat er, er mest nauðgar þik? Hvaðan kemr þér sá góðvili, er þú vill svá gersamliga hlýðnaz mér ok mínum vilja, at allt skal upp gefaz þat er ek kærði at þú you. Therefore, you should not be afraid, for it is not fitting for me to lie to you or to betray you. My lady wishes to have you in her power as her captive, however, so entirely that neither your mind nor your heart shall escape her power."

"God knows," he said, "that I want this gladly, since that cannot distress me. In respect to her I want to be a captive."

"Follow me now," she says, "and don't be afraid that you will be harmed here."

In this way she frightened him. But then immediately she reassured him as to what awaited him. It may be that she was talking about a captive of love and therefore called him a captive since anyone who loves greatly is a captive. The maiden now led Íven to the place which he liked very much and yet it is no wonder that he was apprehensive, since he did not have assurance that he was safe. And when they came in, the lady was seated on a red silken quilt and she did not speak when they entered. Yet she was very desirous to see Íven and he then stopped, but rather far away from her.

Then the maiden spoke: "Woe to the knight and the tyranny of a powerful woman and woe to the knight who has neither language nor wit, tongue nor mouth!" Then she spoke to him: "Go forward and sit next to my lady and don't be afraid that she will bite you. Ask her for peace and reconciliation so that she forgive you for the slaying and death of Sodal her husband."

And Íven folded his hands and got down on his knee and spoke: "Lady," he said, "I don't want to ask for mercy; rather I want to thank you for whatever you want to do with me, because that will never displease me."

"Yes," said she, "and what will you say if I want to have you killed?"

"Lady," said he, "may God reward you! Never will I say anything else but that you decide this."

She answers: "Never have I seen a man before who submitted so completely to my courtliness and nobility, and yet I did not force you to do this."

"Lady," he said, "no force is as powerful as that which forces me to do this, and to carry out all that you want to ask of me and that pleases you, even though the greatest danger might be involved. And if I can make up for the death of the one I killed and thereby trangressed against you, then I would do that so well that no one would be able to find fault."

"Tell me now," she said, "and be free of all reproach from me, did you not transgress greatly against me when you killed my husband?"

"My lady," he said, "may God reward you. If your husband attacked me, how did I transgress when I defended myself? Suppose someone wants to destroy or kill another, if the other kills him and defends himself against him, tell me, whether he has transgressed in any way by doing so?"

"No," she said, "that can't be said in truth. For that reason I knew," she said, "that it would not compensate me for my loss if I had you killed. But I want to know what power it is that compels you most? From where do you have that good will that you want to obey me so completely and do my will, and everything will misgerðir við mik? Sit hér nú niðr hjá mér ok tel mér með hverjum hætti þú ert mér svá góðviljaðr."

"Í þvílíkan vilja nauðgar mik mitt hjarta," sagði hann.
"Fyrir hverjar sakir?" segir hún.
"Þín hin fýsiliga fegrð," sagði hann.
"Hvat hefir fegrð mín misgert við þik?" sagði hún.
"Frú," kvað hann, "þvíat hún gerir mik elska."
"Hvern?" sagði hún.
"Sjálfa yðr, frú mín!" sagði hann.
"Já, já," sagði hún, "með hverjum hætti?"
"Með svá miklum ákafa," sagði hann, "at engum kosti má meiri, svá mjök at hvat sem ek at höfumz, þá býr hann allr með þér; líkar mér at vera ok aldri í öðrum stað svá mjök at með þér líkar mér at lifa ok deyja."
"Munt þú þora at verja keldu mína fyrir mínar sakir?" sagði hún.
"Já, guð veit," sagði hann, "fyrir hverjum dauðligum manni."
"Vit þú þat fyrir vísu," sagði hún, "at þú ert við mik sáttr um alla þá hluti er þér vel líkar."

Með þessum hætti sættuz þau með fám orðum. En frúin hafði fyrr verit á stefnu með mönnum sínum.

Þá mælti hún: "Göngum nú héðan í höllina inn, þar sem mínir menn bíða okkar, er mér réðu at giptaz sakir mikilla þurfta, er þeir sjá nú hvat við liggr, ok svá vil ek sem þeir réðu. Ok nú gef ek þér [sjálf]a[61] mik, þvíat eigi samir mér at synjaz góðum riddara ok kóngs syni."

7. Íven fekk frúinnar til púsu

[N]ú hefir mærin sýst allt þat er henni vel líkar. Sjá hin fríða frú leiddi síra Íven inn í höllina, er öll var skipuð af ríkum mönnum ok riddurum. Herra Íven var hinn fríðasti riddari, svá at allir þeir er fyrir sátu, undruðuz vænleik hans ok vöxt ok tiguligt yfirbragð ok stóðu upp allir ok heilsuðu honum ok lutu mælandi millum sín: "Þessi er sá hinn virðuligi herra er púsa skal vára frú. Vei sé þeim er þat líkar illa, þvíat hann sýniz öllum giptuligr. Guð veit, at Rómaborgar yfirvaldsdróttning væri vel púsuð svá virðuligum manni. Makara væri," sögðu þeir, "at þau hefði höndum saman tekit."

Svá mæltu allir þeir er í höllinni váru. Því næst settiz sú[62] hin fríða frú í hit hæsta sæti hallarinnar, svá at hún mátti sjá yfir alla ok allir yfir hana líta. En herra Íven, sakir lítillætis ok at tigna sæmd hennar, léz vilja sitja hjá fótum hennar. En hún tók í hægri hönd hans ok skipaði honum hit næsta sér í it hæsta sæti. Síðan lét hún kalla ráðgjafa sinn ok bað hann birta ráðagerð sína svá at allir megi heyra. Hann var hinn snjallasti ok vel kunnandi ok mælti hann svá hátt at allir innan hallar heyrðu hans orð.

be forgiven of which I have accused you of having transgressed against me. Now sit down next to me and tell me for what reason you are so well disposed toward me?"

"My heart forces this good will on me," he says.

"For what reason?" says she.

"On account of your desirable beauty," says he.

"What misdeed has my beauty done against you?" said she.

"Lady," he said, "because it makes me love."

"Whom?" said she.

"You yourself, My lady," said he.

"Yes, yes," said she, "in what manner?"

"With such vehemence," said he, "that it could in no way be greater, so much that no matter what I do, my heart dwells always with you; I do not wish to be any place else so much as I wish to live and die with you."

"Would you dare to defend my spring for my sake?" she said.

"Yes, God knows," he said, "against any mortal man."

"Then you can be assured," she said, "that you are reconciled with me in every matter that pleases you."

In this way they bcame reconciled with few words. The lady, however, had earlier attended an assembly of her men.

Then she spoke: "Let us go into the hall now, where my men await us who advised me to marry on account of the great need they now perceive to exist, and I want to do as they advised. And now I give myself to you, because it is not proper for me to refuse a good knight and the son of a king."

7. Íven received the lady in marriage

The maiden has now accomplished all that she wanted. The beautiful lady led Sir Íven into the hall which was filled with powerful men and knights. Sir Íven was a most handsome knight, so that all who sat there wondered at his good looks and stature and noble bearing, and all stood up and greeted him and bowed before him while saying to each other: "This is the worthy lord who is to marry our lady! Woe to anyone who is not pleased, for he seems blessed with good fortune in everything. God knows, the sovereign queen of Rome would be well married to such a worthy man. It would be more fitting," they said, "had they taken each other by the hand."

This is what everyone was saying who was in the hall. Thereupon the beautiful lady sat down on the highest seat in the hall, so that she could see all and all could look at her. But on account of his humility and to acknowledge her noble stature, Íven made as if to sit at her feet. But she took him by the right hand and placed him next to her on the highest seat. Then she had her steward called and asked him to announce what he had advised so that all could hear it. He was most eloquent and very knowledgeable and he spoke so loudly that all inside the hall heard his words.

"Herrar," sagði <hann>,⁶³ "oss samir at sjá við vandræðum ok ætla við at sjá ófriði ok óvinum, þvíat öll þau mein er menn verja<z> ok viðr sjá mega minna skaða gera en þau er at óvörum koma. Kóngrinn Artús býr hvern dag ferð sína hingat með miklum fjölda valdra riddara at eyða eign vára. En ef frú vár giptiz, þá leitar hún ráðs við yðr alla. Ok eru enn varla liðnar sjau nætr síðan hún misti sinn bónda. En kvennmaðr má eigi riddari vera né vápn bera. En nú verðr hún at hafa einn hraustan riddara. Aldri fyrr var hún svá mjök þurfi. Nú ráða henni allir at hún fái sér ok oss herra ok höfðingja heldr en niðr falli sá siðr er uppi hefir verit haldit betr en *sex tigu⁶⁴ vetra."

Sem hann hafði svá sagt, þá sögðu allir með samþykkum orðum, at frú þeira sómdi vel at giptaz, ok þá ganga allir ok knésetjaz fyrir hana ok báðu hana þat hafa ok halda sem hinir vinir hennar réðu henni, ok lét hún mjök lengi þurfa at biðja sik sem henni væri þat eigi at skapi. En henni líkaði betr en hverjum þeira; mundi hún eigi at síðr frammi hafa haft sinn vilja, þótt allir hefði í móti mælt, fyrir því at þat er flestra kvenna siðr [ok nátt]úrlig [kyn]fylgja,⁶⁵ at þat sem þeim vel líkar, hvárt sem þat dugir eða [meiðir],⁶⁶ þá skal þat æ fram sem þeim er í hjárta. Fyrir því verðr mörgum vant við at sjá kvenna hver[flyn]di.⁶⁷

Þá mælti frúin: "Góðr riddari," segir hún, "er hér sitr hjá mér, ek hefi frétt mart gott um hans [at]hæfi ok lofsæla meðferð. En hann er son Urient kóngs ok hinn hraustasti riddari; miklu er hann tignari en mér berr. Hann heitir herra Íven, er þér hafit opt heyrt at góðu getit."

Þá stóðu upp allir ok fellu á kné fyrir hana ok báðu hana lengi at hún skyldi giptaz herra Íven, ok um síðir játaði hún sem fyrir þeira bæn. En hún hefði þó gert at þeim öllum mislíkaði. Síðan stóð herra Íven ok festi frúna ok gaf hún sik honum í vald ok allt sitt hertugadæmi, þat er átt hafði Laudun, faðir hennar, er ágætastr var einn höfðingi í Englandi, ok eru af honum ger hin fegrstu hljóð er syngja Valir ok Bretar. Var nú þangat boðit biskupum ok barúnum, jörlum ok riddurum, ok var nú drukkit brúðhlaup þeira með allskyns sæmd ok nógum tilföngum. Stóð þat framan til Jóns vöku aptans. Veittu nú allir herra Íven tign ok lotning, en gleymdu þeim er dauðr var.

8. Íven reið út í móti Artús kóngi⁶⁸

Nú er at tala um Artús kóng. Hann býz nú heiman ok svá vandliga fóru þeir með honum hans riddarar at engi sat eptir at sjá þau undr er þeir höfðu fregit um kelduna ok steinstólpann.

Kóngr setti landtjöld sín umhverfis kelduna, ok er hann sat í landtjaldi sínu, þá tók Kæi til orða: "Ekki sé ek herra Íven hér kominn ok sagði hann þó, þá er hann var víndrukkinn, at hann skyldi hefna frænda síns. Nú má sjá at hann er undan flýinn ok víst var hann þá heimskr, er hann talði á sik ljúganda lof."

"My lords," he said, "it behooves us to foresee difficulties and to prepare for hostilities and enemies, since the harm against which men defend themselves and which they anticipate will do less damage than that which comes unexpectedly. King Arthur is preparing at this moment his journey here with a large assembly of choice knights in order to lay waste our property. But if our lady is to marry, she seeks all of your advice. To be sure, hardly seven days have passed since she lost her husband. But a woman cannot be a knight nor bear weapons. And now she must have a valiant knight. Never before was her need so great. Advise her now to obtain for herself and for us a lord and ruler so that the tradition which has now been kept for more than sixty years will not die out."

When he had said this, they all said with one voice that it was very fitting for their lady to get married, and then they all went and knelt before her and asked her to have and to hold what her friends advised her, and she made them implore her for a very long time as though she was not inclined to do so. But she was more pleased than any of them; she would nonetheless have had her way even though all had spoken against it, since it is the custom of most women and a natural feminine tendency that whatever pleases them, whether it is useful or harmful, will ever be brought about if it is in their hearts. For this reason it is difficult for many to guard against the fickleness of women.

Then the lady spoke: "The good knight," she says, "who is sitting here beside me, I have heard many a good report about his behavior and praiseworthy actions. He is the son of King Urien and a most valiant knight; he is far nobler than befits me. He is called Sir Íven, about whom you have often heard good things."

Then all stood up and fell on their knees before her and pleaded for a long time with her that she marry Sir Íven, and at last she agreed as though because of their pleading. Yet she would have done so even if it had displeased them all. Sir Íven then stood up and betrothed himself to the lady and she gave herself into his keeping as well as her entire duchy, which Laudun, her father, had possessed, who was a most excellent chieftain in England, and the most beautiful lays are composed about him which the Welsh and Bretons sing. An invitation now went out to bishops and barons, earls and knights, and now their wedding was celebrated with all kinds of honor and abundant provisions. It lasted until St. John's Eve. All now bestowed honor and respect on Sir Íven, while they forgot the one who was dead.

8. Íven rides out to meet King Arthur

Now it is time to speak about King Arthur. He gets ready to set out and from first to last his knights went with him so that no one stayed behind in order to see the marvels that they had heard about the spring and the stone pillar.

The king pitched his tents around the spring, and when he sat in his tent, Kay began to speak: "I do not see that Sir Íven has come here even though he said, when he was drunk, that he was going to avenge his kinsman. Now it is obvious that he has fled and he was surely foolish when he became guilty of an idle boast."

Þá svarar Valven: "Þar ámælir þú þér betra manni, ok haf skömm fyrir þín orð, ok svá skalt þú ef þú þegir eigi."

Kæi sagði: "Eigi mun ek nefna hann í degi, ef þér mislíkar."

Kóngr tók þá gullmunnlaugina ok fyldi af vatninu sem mest mátti hann ok steypti yfir stólpann, ok þegar í stað rigndi ok hegldi ok flugu eldingar ok gerðuz þrumur ógurligar ok óðviðri. Ok sem því létti, kom herra Íven ríðandi í mörkina vel herklæddr á góðum vápnhesti ok sterkum ok velhuguðum. Þetta sá Kæi ok bað kóng lofa sér at ríða til einvígis við þenna mann. Ok sem Kæi fekk orlof af kóngi, þá sté hann upp á sinn vápnhest vel herklæddr, ok reið sem ákafast í móti síra Íven ok hvárr móti öðrum. Herra Íven kendi Kæi af vápna búningi ok sem þeir mætaz leggr hvárr til annars ok gekk í sundr spjótskapt Kæi. En herra Íven bar hann langt brott af hestinum ok sneri upp fótum en niðr höfði; festi þá hjálminn í leirinu ok kom hann nauðuliga höfðinu upp; sneriz hann þá á grúfu ok þorði eigi upp at standa. En herra Íven tók hestinn ok vildi ekki gera honum meira.

Eptir þat reið herra Íven til kóngs hirðar ok mælti: "Herra, látit varðveita hest þenna, þvíat þá munda ek ofmikit misgera við yðr, ef ek vildi nokkut þat hafa, er eigi sómdi yðvarri tign."

Þá sagði kóngr: "Hvat manna ert þú, riddari, þvíat ek má eigi kenna þik útan ek hafi heyrt þik nefndan."

"Herra," sagði hann, "Íven er mitt nafn."

Nú liggr Kæi svívirðr ok heldr harmsfullr, neistr[69] ok yfirkominn ok makliga leikinn, þvíat <hann>[70] hafði sagt, at herra Íven mundi eigi þora at bíða hans. En allir fögnuðu misförum hans, þvíat hann átti engan vin í kóngs hirð. Kóngrinn sjálfr gerði sér at gaman, þvíat Kæi hafði sjálfviljandi útan nokkurs manns bæn fengit þessa svívirðing. En herra Valven varð allra fegnastr, þvíat hann elskaði herra Íven yfir alla riddara fram. Kóngr bað nú síra Íven með mörgum blíðum orðum at hann skyldi segja honum, hversu hann var þar kominn. Síðan talði herra Íven alla atburði, hversu hann drap riddarann ok púsaði þá fríðu frú, ok sagði at hún býði Artús kóngi til veizlu, ok kóngr játaði þessu blíðliga. Sendi þá herra Íven einn skjaldsvein kóngs at segja þeim fyrir þangat komu þeira ok láta búa herbergi ok hallir. Ok þegar er frúin heyrði þetta, þá lét hún búa öll hús ok tjalda, guðvef ok pellum. Hún sendi fimm hundruð riddara út í móti kónginum ok ætlar sjálf at taka í hans ístig er hann sté niðr af hestinum. En kóngr sté fyrr niðr af hestinum ok gekk í móti henni ok mintiz við hana með fögrum hálsföngum ok hvárt við annat; ok leiddi hún kónginn svá inn í kastalann. Var kónginum fylgt í hina fegrstu höll. Heyskar meyjar gengu út í móti þeim. Jungfrú Lúneta, sú er hjálpat hafði herra Íven, gekk at herra Valven ok mintiz við hann ok leiddi hann í sitt herbergi ok sagði honum allt hversu hún hafði hjálpat herra Íven ok kom svá þeira tali, at hvárt þeira játaði öðru sína ást ok hún skyldi vera hans frú. Kóngrinn var í þeiri veizlu sjau nætr ok sem hann bjóz í brott, þá talaði herra Valven við herra Íven, at hann skyldi fylgja brott kónginum ok þar eigi lengi vera í þeim kastala ok fordjarfa svá

Valven then answers: "There you are deriding a better man than you, and earn shame for your words, which will happen if you don't keep quiet."

Kæi said: "I won't mention him today if this displeases you."

The king then took the golden basin and filled it with as much water as he could and poured it over the pillar, and at once it rained and hailed and lightning flashed and there was frightful thunder and a terrible storm. And when it let up, Sir Íven came riding into the forest, well armed for battle, on a good charger, both strong and bold. Kæi saw this and asked the king for permission to ride into combat with this man. And when Kæi was given leave by the king, he mounted, well-armed, his charger and rode as quickly as he could against Sir Íven and they confronted each other. Sir Íven recognized Kæi by his armor, and when they met each thrust at the other, and Kæi's lanceshaft splintered. And Sir Íven knocked him far off his horse so that he landed with his feet in the air but his head down; his helmet got stuck in the mud and he could hardly get his head out; he then turned onto his stomach and did not dare get up. Sir Íven took his horse, however, and did not want to harm him any more.

After that Sir Íven rode to the king's court and spoke: "Sir, have this horse looked after, for I would transgress too greatly against you if I wanted to have anything which did not befit your station."

Then the king said: "Who are you, knight; I do not know who you are unless I hear your name."

"My lord," he said, "Íven is my name."

Now Kæi lies disgraced and rather distressed, shamed and overcome and having received what he deserved, because he had said that Sir Íven would not dare to wait for him. And all rejoiced at his mishap because he had no friend in the king's court. The king himself poked fun at him because Kæi had of his own free will and without anyone's request been so disgraced. But Sir Valven was happiest of all because he loved Sir Íven above all other knights. The king now asked Sir Íven with many kind words to tell him how he had come there. Sir Íven then told the entire adventure, how he had killed the knight and then married the beautiful lady, and he said that she was inviting King Arthur to a feast, and the king amiably agreed to accept the invitation. Sir Íven then sent one of the king's squires to announce their arrival and to have lodging and the halls prepared. And when the lady heard this, she had all the chambers readied with tapestries, precious woven cloth and furs. She sent 600 knights to meet the king and she herself intends to hold his stirrup when he dismounted. But the king had already dismounted and went to meet her, and he kissed her embracing her tenderly and she him; and thus she led the king into the castle. People accompanied the king into a most beautiful hall. Courtly maidens came forward to meet them. The maiden Lúneta, the one who had helped Sir Íven, went toward Sir Valven and kissed him and led him into her chamber and told him fully how she had helped Sir Íven. And their conversation got to the point where each declared love for the other and that she should be his lady. The king stayed at this feast for seven days, and when he got ready to sinn riddaraskap ok atgervi; ok þar til gat herra Valven talit fyrir herra Íven, at hann játaði at fylgja honum svá framt sem hann fengi leyfi af frú sinni.

Íven gekk nú til frú sinnar ok mælti: "Mín friðasta frú, þú ert líf mitt ok hjarta, líkams huggan, heilsa ok gleði. Játa mér eina bæn, er ek vil þik biðja."

Ok hún þegar svarar: "Hvat sem þér vilið mik biðja ok yðr líkar, þat skal allt eptir yðrum vilja vera, þvíat þú ert minn herra."

Þá mælti Íven: "Ek biðr at þú lofir mér at fylgja í brott Artús kóngi ok vera í atreiðum með honum, at þeir *haldi⁷¹ mik eigi fyrir meira bleyðimann en áðr."

Hún svarar: "Með einum skildaga lofa ek þér þetta, at þú kom aptr eigi seinna en á tólf mánaða fresti. En ef þú gerir eigi svá ok hafnar þú mér, rjúfandi eið þinn, þá skalt þú afsettr allri minni ást um alla þína lífs daga ok vera sneyptr millum allra dugandi manna þeira er með sæmdum fá sér púsu."

Þá sagði Íven: "Þú setr mér oflangan stefnudag, þvíat ek vil æ sem fyrst finna yðr. En forföll mega mér meina, ef ek em sjúkr eða sárr eða hertekinn."

"Herra," kvað hún, "ek skal at því gera, at þat skal þik ekki tálma. Tak nú fingrgull þetta á þinn fingr, er ek lé þér. En þat hefir þá náttúru, at eigi verðr þú hertekinn ok eigi bíta þik vápn ok eigi fær þú sár né önnur misfelli, ef þú berr þenna stein. Engum manni vildi ek fyrri ljá þetta gull."

Síðan tók hann orlof af frú sinni ok svá Artús kóngr, ok skilduz herra Íven ok frú hans með miklum harmi. Þeir Valven ríða nú út ok var engi sá er í móti mætti standa herra Íven.

Liðu svá tólf mánuðir ok nær þrjú misseri at allir tigna ok þjóna honum ok svá sem systir jarlsins helt mikla veizlu, var þangat boðit kónginum ok öllum hans hinum beztum riddurum. Herra Valven ok herra Íven kómu þar ok slá tjöldum sínum útan borgar, ok er kóngr vissi þat, þá reið hann út til þeira ok fagnaði þeim ok settiz niðr hjá þeim. Ok litla stund hafði hann þar setit, áðr Íven hugsaði til at um var liðit þann tíma, er hans frú hafði honum sett. Var hann nú svá angrsfullr, at náliga gekk hann af vitinu ok skammaðiz sjálfs síns fyrir öðrum riddurum.

9. Ív[en hitti f] harm ok sút⁷²

Sem hann sat með harmi slíkt íhugandi, þá kom ríðandi ein fríð mær fyrir landtjaldit. Hún sté þegar niðr af sínum hesti ok gekk hún inn í landtjaldit fyrir kónginn ok heilsaði honum ok herra Valven ok öllum þeim riddurum, er inni váru ok bar þeim kveðju sinnar frú—útan Íven. Hann kallaði hún sannan svikara ok lygimann ok falsara.

Kvað hún opinberliga ljóst, at hann *kvez vera⁷³ öruggr í ástartrygð, hollr í heitum, sannr í orðum, "en þú ert undirhyggjumaðr, svikall ok þjófr. Mín frú ætlaði depart Sir Valven spoke with Sir Íven and said that he should accompany the king and not stay in the castle any longer and thus ruin his knightly reputation and accomplishments; and Sir Valven was able to talk Sir Íven into agreeing to accompany him provided he could get leave from his lady.

Íven now went to his lady and spoke: "My fairest lady, you are my life and my heart, my comfort, salvation, and gladness. Grant me the boon that I want to ask of you."

And she answered at once: "Whatever you want to ask of me and whatever pleases you shall be done according to your will because you are my lord."

Then Íven spoke: "I ask that you permit me to accompany King Arthur and to be with him in tournaments so that they will not consider me a greater coward than before."

She answers: "On one condition will I permit this, that you come back no later than within twelve months. But if you don't do this and forsake me, breaking your oath, then you shall be quit of all my love for the rest of your life and be dishonored among all those valiant men who honorably get themselves a wife."

Íven then said: "You stipulate too long a deadline for me, since I want to rejoin you as soon as possible. But obstacles may prevent me, should I be sick or wounded or captured."

"Lord," she said, "I shall see to it that such will not hinder you. Put now this ring that I am entrusting to you on your finger. Its nature is such that you will not be captured nor cut by weapons nor will you be subject to wounds or other mishaps if you wear this stone. I have not wanted to entrust this ring to any man before."

Then he took leave of his lady as did King Arthur, and Sir Íven and his lady parted with great sorrow. He and Valven now set out and there was no one who could stand up to Sir Íven.

In this way twelve months passed and nearly a year and a half, and all honor and serve him, and when the earl's sister held a great feast, the king was invited there and all his best knights. Sir Valven and Sir Íven come there and pitch their tents outside the town, and when the king learned this, he rode out to them and greeted them and sat down beside them. And he had been sitting there only for a short while when Íven remembered that the date had passed that his lady had set for him. He was now so griefstricken that he nearly went out of his mind and he was very ashamed before the other knights.

9. Íven experienced sorrow and grief

As he was sitting sunk in thought in his grief, there came a fair maiden riding up to the tent. She dismounted at once and went into the tent before the king and greeted him and Sir Valven and all the knights who were inside and gave them her lady's greetings—but not Íven. Him she called a real traitor and liar and deceiver.

She said it was obviously clear that he had said that he was constant in his love, faithful in his promises, true to his words, "but you are a deceitful man, a þik heilhugaðan, ok kom henni þat aldri í hug, at þú mundir stela ást hennar ok svíkja hana. En þú, Íven, hefir drepit frú mína, þvíat síðan liðnir váru átta dagar ok tólf mánuðir, sem þú hézt henni aptr at koma, þá hefir hún legit í svefnhúsi sínu sorgfulla ok hugsótta ok fær hvárki hvíld nátt né dag. Nú sendi hún þér þau orð at þú vitir hennar aldri optar ok send henni fingrgull sitt."

Herra Íven þagnaði ok vissi eigi hverju hann skyldi svara, þvíat bæði hvarf honum orð ok vizka. Mærin hljóp at honum ok þreif af honum fingrgullit, ok bað kónginn heilan vera ok guði signaðan ok allt hans herlið—útan Íven einn. En hann angraðiz af harmi ok vildi nú þangat fara sem engi maðr þekti hann. Hataði hann þá ekki jafnmjök sem sjálfan sik ok fell þá á hann svá mikil æði, at hann vildi hefna á sjálfum sér, þvíat hann hefir nú týnt allri sinni huggan. Hann fór þá einn saman, þvíat hann vildi eigi huggaz af þeira orðum. Hann hljóp ór landtjaldinu til skógar. Týndi hann þá mjök svá öllu vitinu ok reif af sér klæðin, ok er hann hafði lengi hlaupit, þá mætti hann einum sveini, er fór með boga ok örvar fimm. Hann tók af sveininum bogann ok örvarnar ok hljóp á skóginn ok skaut sér dýr, ok át hrátt kjöt þeira. Ok er hann hafði lengi hlaupit, hitti hann hús eins heremita, ok er einsetumaðrinn sá hann, *þá fann hann[74] at hann hafði ekki fullt vit sitt. Hann gaf honum brauð ok vatn, þvíat hann hræddiz hann ok vísaði honum á brott ok bað þess guð, at hann kæmi þar aldri optar. Íven át brauðit þó at þat væri illa bakat, þvíat þat var blautt ok sáðugt. Aldri át hann verra brauð ok þegar hann var mettr, hljóp hann aptr í mörkina. Hann mundi gerla hvat gott einsetumaðrinn hafði gert honum ok kom enginn sá dagr síðan, er hann gaf honum eigi eitthvert dýr. Sjá góði maðr gerði honum þat til matar ok gaf honum þar með vatn at drekka; ok sem hann hafði lengi svá lifat, sofnaði hann einn dag í mörkinni ok fundu hann þar liggjanda þrjár meyjar er riðu um mörkina ok fylgði þeim frú þeira. Þær litu hann sofanda. Þær stigu af hestum sínum ok gekk ein til þar sem hann lá, ok hugsaði mjök lengi um áðr hún þekti hann. Var hann þá ólíkr því sem fyrr var hann.

Ok sem hún kendi hann um síðir sakir þess sárs er hann hafði í andliti, henni þótti mjök undarligt ok hitti sína frú grátandi ok mælti: "Frú mín," kvað hún, "ek[75] hefi fundit herra Íven, þann bezta riddara er vápn hefir borit. En ek veit eigi fyrir hverja misverka er svá þungliga fallit duganda manni. Þat grunar mik, at hann hafi ofmikinn harm ok hafi týnt viti sínu, þvíat eigi mundi hann ella halda sik svá ef hann væri í fullu viti sínu. Makara væri at hann hefði fulla skynsemi, sem þá er hann hafði bezta, ok ef honum líkaði at dveljaz með oss ok hjálpa yðr, þvíat Aleus jarl hefir mikinn skaða gert yðr í ófriði þeim er hann hefir reist. En ef þessi fengi heilsu ok dvelðiz með yðr, mundi hann skjótt hrinda yðrum óvinum."

"Óttumz þar ekki um," kvað frúin, "með guðs tilhjálp skulum vit at vísu ór koma höfði hans ok hug æðistormi þeim er hann kvelr, nema hann undan flýi. En nú skulum vit heim skunda, þvíat ek á smyrsl þau, er mér gaf Morgna hin hyggna

Ívens saga

traitor and thief. My lady thought you were sincere, and it never occurred to her that you would steal her love and betray her. But you, Íven, have killed my lady, for eight days and twelve months have passed since you promised her that you would return. She has lain in her bedroom grieving and heartsick and finds rest neither night nor day. Now she sends you word that you are to visit her never again and to send back to her her ring."

Sir Íven was silent and did not know how he should respond, for he was at a loss for both words and wits. The maiden ran to him and pulled the ring off him, and she bade the king farewell and asked God to bless him and all his army—except for Íven. And he was distressed because of sorrow and now he wanted to go to a place where no one knew him. He now hated no one as much as himself and such a great madness now befell him, that he wanted to take vengeance upon himself, since he had now lost all his comfort. He went off alone, because he did not want to be comforted by their words. He ran out of the tent and into the woods. There he lost nearly all his reason and he tore his clothes off, and when he had run about for a long time, he met a young man who had a bow and five arrows. He took the bow and arrows from the young man and ran into the woods and shot animals and ate their meat raw. And when he had been running about for a long time, he came upon the house of a hermit, and when the hermit saw him, he knew that he did not have full use of his reason. He gave him bread and water because he was afraid of him and he turned him away and prayed to God that He would never come back. Íven ate the bread even though it was poorly baked, for it was soggy and full of bran. Never had he eaten worse bread, and when he was full he ran back into the woods. He was fully aware what good the hermit had done for him and no day passed that he did not give him some animal or other. The good man fixed it for him to eat and gave him water to drink; and when he had lived this way for a long time, he fell asleep one day in the woods and there three maidens found him who were riding in the forest accompanied by their lady. They saw him sleeping. They dismounted and one of them went over to where he lay, and observed him for a long time before she recognized him. He was at this point very unlike what he had been before.

And when she at last recognized him on account of a scar that he had on his face, she thought this very strange and she approched her lady crying and spoke: "My lady," she said, "I have found Sir Íven, the best knight who has ever borne weapons. But I don't know for what misdeed such a serious misfortune has befallen such a valiant man. I suspect that he suffers excessive sorrow and has lost his senses, for else he would not comport himself in such a manner if he had full use of his reason. It would be more fitting if he had full consciousness, as he did when he was at his best, and if he were willing to stay with us and help you, for Earl Alies has done you great damage through the war that he has waged. But if he were to regain his health and stay with you, he would quickly drive off your enemies."

"Never fear," said the lady, "with God's help we shall certainly dispel from his head and mind the raging storm that is tormenting him, provided he does not flee. Now we must hurry home, since I have a salve which Morgan the Wise gave ok sagði mér, aldri mætti æði né óvit spilla þess manns hug né höfði er smurðr yrði með þessum smyrslum."

Þær fóru þegar sem skyndiligast til kastalans ok tók frúin til bu<ð>ksins er í váru smyrslin, ok bað hana með mikilli vægð, at hún væri eigi ofmild af smyrslunum, útan smyrja höfuð hans ok háls, "en ber ekki víðara á hann." Hún fekk henni nýja gangveru af skarlati ok hin smæstu línklæði ok leiddi *með[76] sér tvá hesta, hinn bezta vápnhest ok hægjan gangara. Ok er hún kom í mörkina, þá batt hún hestana. Því næst gekk hún at honum sofanda ok smurði hann með smyrslunum þar til er ór var allt ór buðkinum. Síðan lét hún hann liggja í sólskininu ok sofa. Þornuðu nú smyrslin á honum. Hún lagði niðr hjá honum gangveruna ok gekk bróttu síðan. Ok er hún var eigi langt komin frá honum, þá nam hún staðar ok vildi vita, hvat hann hefðiz at. Ok litlu síðar vaknaði Íven ok hafði fengit vit sitt. Sá hann sik svartan ok sólbrunninn, nöktan ok hneistan ok vissi eigi hvat valda mundi. Hann sá liggja hjá sér nýja gangveru. Tekr hann þat ráð at hann klæðiz, ok sem hann skyldi ganga, þá var hann orðinn svá máttlauss, at hann gat eigi gengit. Hann sá þá hvar mærin sat á einum gangara ok hafði annan í togi. Mærin reið þá at honum ok léz eigi kenna hann ok spurði hvat manna hann væri.

Hann svarar: "Ek bið þik at þú spyrr mik ekki eptir nafni mínu. En ger svá vel, lé mér eða sel mér þann hest er rennr hjá þér í togi."

Hún svarar: "Gjarna gef ek þér þann sama gangara," ok riðu þau nú bæði saman heim til kastalans ok í höll frúinnar. Frúin gekk þegar í móti honum ok tók við honum með mikilli gleði ok fagnaði. Hafði hann með þeim allskyns hóglífi þat er hann lysti at hafa. Hann var þar sex vikur. Hafði hann þá aptr fengit allan sinn styrk.

Í þenna tíma stríddi á kastalann Aleus jarl ok annat ríki frúinnar ok brendi þá eitt þorp er nær var kastalanum. Þetta sér herra Íven ok biðr frúna láta út blása her sínum móti jarli. Herra Íven bað fá sér vápn þau er hann veldi af þeim er í váru kastalanum. Hljóp hann þá upp á hit bezta ess ok reið svá með öllum herinum út af kastalanum.

10. Íven vann jarlinn

Ok þeg[ar] þeir mættuz, þá lagði herra Íven í gegnum einn riddara með sínu spjóti ok fleygði honum dauðum á jörð. Í þeiri framgöngu drap hann tíu riddara, ok þeir er honum fylgðu dirfðuz nú af hans hreysti ok riddaraskap ok riðu vel fram ok djarfliga. Í þenna tíma gekk sú fríða frú upp í vígskörð kastalans ok mart fólk með henni at sjá þenna bardaga.

"Sé," sögðu þeir er í kastalanum váru, "hversu þessi riddari gengr fram einn fyrir alla, eða hversu hans herklæði eru lituð í blóði þeira er hann hefir drepit, eða hversu hann gengr í gegnum lið þeira."

Ok svá hjuggu þeir vandliga skjöldinn af honum, at ekki beið eptir. En hverr af þeim, er nokkut högg hjó í hann, þá hefndi hann svá vaskliga, at eigi fýsti þann optar til hans at höggva, þvíat hann svefðiz svá þungum svefni, at engi hans kumpánn me, and she told me that never would madness or loss of the senses waste that man's mind or heart who was rubbed with this salve."

They went as quickly as they could to the castle and the lady took the box containing the salve and bade her with great emphasis not to be too generous with the salve, and to rub only his head and neck, "but don't rub anywhere else." She gave her new clothes of scarlet and the finest linen, and she took along two horses, a very fine charger and a gentle palfrey. And when she came into the woods, she tied up the horses. Then she went to him where he was sleeping and rubbed him with the salve until everything was gone from the box. Then she let him lie in the sunshine and sleep. The salve now dried on him. She laid down beside him the clothes and then went away. And when she had not gone very far, she stopped to see what he would do. And a little later Íven woke up and he had regained his senses. He saw that he was black and sunburnt, naked and disgraced, and he did not know the reason for this. He saw a new set of clothes lying beside him. He then decided to get dressed, but when he was going to walk, he had become so weak that he could not walk. He then saw a maiden sitting on a palfrey and she had another on a lead. The maiden then rode up to him and pretended not to know him and asked who he might be.

He answers: "I beg you not to ask for my name. But please do me a favor: lend me or sell me the horse that is running at your side on a lead."

She answers: "I will gladly give you this palfrey," and they rode together back to the castle and to the lady's hall. The lady went to meet him and received him with great gladness and joy. With them he experienced every kind of pleasantness that he desired. He was there for six weeks. By then he had gotten all his strength back.

At that time Earl Aleus was attacking the castle and other parts of the lady's realm and he burned down a village that was near the castle. Sir Íven sees this and asks the lady to assemble her army to fight against the earl. Sir Íven asked that he might take whatever weapons he chooses from those in the castle. He then jumped on the best steed and rode thus with the entire army out of the castle.

10. Íven vanquished the earl

And as soon as they met, Íven thrust his lance through a knight and flung him dead to the ground. In that charge he killed ten knights, and those who accompanied him now grew daring because of his valor and chivalry, and charged forward boldly. At this time the beautiful lady went up to the battlement of the castle as did many people with her to watch the battle.

"See," said those who were in the castle, "how bravely this knight presses forward in front of all others, and how his armor is colored with the blood of those he has killed, and how he presses forward into their ranks."

And they hacked at his shield in such a way that nothing remained. And against each one who struck blows at him, he avenged himself so valiantly that his opponent no longer had any desire to strike at him, for he fell into such a deep sleep that fekk vakit hann. Sem skjöldrinn ónýttiz fyrir honum, þá tók hann spjótit ok braut svá mörg fyrir sínum óvinum at vel <váru> níu tigir fyrir kveld. Ok var þat mest mannspell óvinum hans er hann gerði með spjótinu. En á millum þess er hann braut spjótit ok til þess er hann fekk annat, þá neytti hann sverðsins.

Sem meyjar kastalans líta hann í bardaganum, at hann var svá einkanliga hraustr riddari, þá mæltu þær: "Sæl væri sú er svá dýrligum riddara hefði fengit sína ást, þvíat hann er svá máttugr í vápnaskipti at engi riddari stenz honum. Svá er hann einkanligr fyrir aðra riddara, sem rautt gull fyrir eiri,[77] eða sólar geisli fyrir tungls ljósi. Guð láti oss þat bíða," sögðu þær, "at hann væri várr ok várrar frú ok réði öllu ríki hennar."

Jarlinn helt þá undan ok allir þeir er eptir lifðu af hans liði. En herra Íven ok hans riddarar ráku flóttann svá óhræddir ok öruggir at þeir váru sem steinmúrr stæði um þá ok drápu þeir óvini sína. Jarlinn flýði undan, en herra Íven eltir hann til þess er hann kom í einn brattan veg skamt í brott frá kastalanum ok nam hann þá staðar. En herra Íven tók hann ok reiddi upp sverðit ok ætlaði at drepa hann. En hann bað sér griða ok gaf sik upp í vald hans, þvíat hann mátti hvárki verjaz né undan komaz. Eptir þetta leiddi síra Íven eptir sér jarlinn hertekinn ok gaf hann upp í vald óvina hans ok hugguðuz þeir þá með miklum fagnaði. Frú kastalans reið út í móti þeim með miklum fjölda karla ok kvenna ok fagnaði herra Íven. Hann fekk henni jarlinn ok festi hann henni trú sína at gera allt þat er hún léti sér vel líka. Þat trygði hann henni með góðum vörzlumönnum ok festi henni með öruggum eiðum, at hún ok allt hennar ríki skal hafa frið fyrir honum framleiðis ok öllum þeim er hann má valda ok allan skaða hennar aptr gjalda þann sem hún kann krefja. Nú sem allt var skilt um friðgerð þeira í millum, þá tók herra Íven leyfi brott at fara svá skyndiliga, at ekki tjáði at letja hann ok engum lofaði hann *at veita sér fylgð[78] ok sneriz hann þá á þann veg, er hann fór þangat ok sat þá eptir sú fríða frú reið ok öngruð, þvíat hún vildi jafnan tigna hann ok sæma.

Herra Íven ríðr nú þar til er hann kom í einn djúpan dal ok þykkan skóg. Hann heyrði hörmuligt óp ok læti. Hann stefndi þegar þangat. Hann sá þá eitt mikit león þar í hrísinu ok einn orm, er helt um hala hans ok brendi hann af eitrinu ok eldi er hann blés á hann, svá at lendar leónsins sviðnuðu ok brunn<u> af eitri ok eldi ormsins. Sem herra Íven sá þenna hinn kynliga hlut, þá hugsaði hann með sér, hvárum þeira hann skyldi við hjálpa. Hann sté nú af hesti sínum ok batt hann, at eigi skyldi ormrinn ná honum. Hann brá þá sverði sínu ok huldi sik skildinum at eigi skyldi eldrinn gera honum mein. En ormrinn blés ór kjöptum sínum er svá váru miklir sem ofns munni. En hversu þeir leó skipta með sér ok Íven, þá vill <hann> þó hjálpa honum, þvíat hann undirstóð at leó æpti á hann til hjálpar. Hann höggr þá orminn sundr í miðju ok síðan í sundr í smá stykki, ok er leó verðr lauss, þá hugði herra Íven at hann mundi vilja hlaupa á hann ok bjóz at verja sik. En leó snýr þegar upp á sér maganum ok skreið at honum sem hann vildi biðja sér friðar með tárum, ok gaf sik svá í vald herra Íven. En hann tók því glaðliga ok þakkaði guði, er hann hafði sent honum þvílíka fylgð. Reið nú herra Íven fram í veginn. En none of his companions could awaken him. When his shield had become useless, he took his lance and broke so many against his enemies that they easily numbered ninety before evening came. And it was an exceedingly great destruction of his enemies that he wrought with his lance. And between breaking one lance and reaching for another he used the sword.

When the maidens in the castle look upon him in battle and see that he is such an extraordinarily valiant knight, they spoke: "Blessed is she who has given her love to such a splendid knight, for he is so powerful in combat that no knight can withstand him. He is as superior to other knights as red gold is to iron, or the radiance of the sun to the light of the moon. May God grant us," they said, "that he becomes our lord and our lady's and rules over her entire realm."

Then the earl fled and all who were still alive in his army. Sir Íven and his knights pursued those in flight as fearlessly and undaunted as though they were surrounded by a stone wall and they killed their enemies. The earl fled but Sir Íven pursued him until he reached a steep path a short distance from the castle and then he stopped. And Sir Íven seized him and raised his sword and intended to kill him. But he asked for quarter and surrendered to him, since he could neither defend himself nor escape. Thereupon Sir Íven led the captured earl behind him and handed him over into the hands of his enemies and they were comforted in their great joy. The lady of the castle rode to meet them with a large group of men and women and welcomed Sir Íven. He delivered the earl to her and he gave her his pledge that he would do everything that she desired. He assured her of this by providing guarantors and pledged with solemn oaths that she and her entire realm would henceforth enjoy peaceful relations with him and all those whom he ruled, and that he would compensate her in whatever demands she made for all damages. Now when everything had been settled concerning the treaty between them, Sir Íven took his leave so hastily that it was useless to dissuade him, and he did not let anyone blame him, and he set out on the road on which he had come. And the beautiful lady stayed behind angry and sorrowful because she wanted to honor and exalt him.

Sir Íven now rides until he comes into a deep valley and a thick wood. He heard distressing howling and roaring. He headed in that direction at once. He then saw a large lion there in the clearing and a dragon which was holding it by the tail and was burning it with the poison and the flames that it was spewing on it, so that the lion's loins became singed and burned by the dragon's poison and fire. When Sir Íven saw this strange sight he considered which of them he should help. He now got off his horse and tied it up so that the dragon would not reach it. He then drew his sword and took cover behind his shield so that the fire would not harm him. But the dragon blew fire at him from its jaws which were as large as the mouth of an oven. No matter how the lion and he might deal with each other, Íven nonetheless wants to help it because he realized that the lion was calling on him for help. He then hewed the dragon in two through the middle, and then into small pices, and when the lion is freed, Sir Íven thought that it would want to leap at him and he got ready to defend himself. But the lion immediately turned its belly up and crawled toward him as though it wanted to ask for peace with its tears, and leó hans rann fyrir honum. Þeir váru úti hálfan mánuð í skóginum ok veiddi leónit þeim dýr til matar.

Hann kom þá fram at einum háfum vínviði ok þá sá hann undir fyrr nefnda keldu ok kapellu ok kendi stólpann ok þegar fell á hann svá mikil æði, at hann fell náliga í óvit. En sverðit nýhvatt fell ór slíðrum ok í ærslum hans ok umbrotum skeindiz hann bæði á hálsinum ok undir geirvörtu. En þegar leónit sér þetta, þá tekr hann sverðit með tönnunum ok dregr brott ok setr þat í einn stofn, svá at þat stóð fast, ok hljóp síðan umkringis hann ok hugði dauðan vera ok vildi gjarna drepa sik ok heyrði engi maðr verri læti en þat lét, þvíat þat þóttiz með öllu hafa tapat sínum herra, ok í því vitkaðiz hann. En leónit sá þat, þá nam hann staðar.

Síra Íven kærði heimsku sína, er hann hafði rofit trú sína við frúna ok æpti með miklum harmi ok mælti: "Til hvers skal ek lifa? Vesall maðr var ek, svá ógeyminn. Hvat skal ek útan drepa mik sjálfr? Ek hefi týnt huggan minni ok fagnaði, ok um snúit af sjálfs míns glæp virðing minni, ok vent tign minni í týning, yndi mitt í angrsemi, líf mitt í leiðindi, hjarta mitt í hugsótt, unnustu mína í <ó>vin,[79] frelsi mitt í friðleysi; eða hví dvel ek at drepa mik?"

Þetta heyrði ein vesöl kona er inni var *byrgð[80] í kapellunni, ok kallar á hann ok spurði hvat manna hann væri. En hann spurði hana, hví hún væri þar eða hver hún var.

"Ek em einn veslingr," sagði hún, "svá vesöl, at ekki kvikindi er mér harmsfullara né hugsjúkara."

"Þegi," sagði hann, "harmr þínn er huggan hjá mínum harmi."

"Hversu má þat vera," sagði hún, "þvíat þú ert frjáls at fara hvert er þú vill, en ek em hertekin ok inni byrgð ok þau örlög eru mér gefin, at á morgin skal ek vera drepin sakir illgerða þeira er mik hata. Aldri þjónaða ek til þessara saka. Þeir kalla á mik fyrir svikræði, nema ek veri mik fyrir þeim, ok á morgin brenna þeir mik á báli eða hengja eptir þjófa hætti."

"Nú hit fyrsta," sagði hann, "má ek kenna at ek hefi meira harm en þú, þvíat þú mátt frjálsaz, en ek eigi."

"Nei," sagði hún, "ek má því eigi frjálsaz, at þeir eru tveir riddarar í heiminum at þeir þo[r]i at berjaz einn við þrjá."

Íven mælti: "Því skal hann berjaz einn við þrjá?"

Hún svarar: "Þeir þrír kenna mér svik."

Íven mælti: "Hverir eru þeir tveir riddarar er svá mikit vilja gera fyrir þínar sakir?"

"Þat er herra Valven ok herra Íven; fyrir hans skyld verð ek deyja saklaus í morgin."

Hann svarar: "Ef þú ert sú jungfrú, sem ek hygg, þá skalt þú eigi deyja í morgin, Lúneta, er mér gaft líf í kastala minnar frú. Ok ef þú ert sú, þá em ek Íven;

Ívens saga

thus it surrendered to Sir Íven. And he accepted this gladly and thanked God for having sent him such a companion. Sir Íven now rode on his way. And the lion ran ahead of him. They were in the woods for half a month and the lion hunted wild animals for them for food.

Then he came upon a tall vine tree and then saw under it the aforementioned spring and the chapel and he recognized the pillar and at once such great madness overcame him that he nearly lost consciousness. And the newly sharpened sword fell out of its sheath and in his madness and frenzy he got wounded both on his neck and under the nipples. And as soon as the lion sees this, it takes the sword between its teeth and drags it off and plunges it into a tree stump so that it stuck there, and then it ran around him and thought that he was dead and wanted very much to kill itself, and no one had ever heard worse howling than it let loose, for it thought that it had lost its master for good, and at this he came to. When the lion saw this, it stopped.

Sir Íven bemoaned his folly at having broken his pledge to his lady and he wept in great sorrow and spoke: "For what reason should I live? I was a wretch of a man, so heedless. What am I to do but kill myself? I have lost my consolation and joy, and through my own fault brought down my honor and turned my reputation into loss, my delight into suffering, my life into loathing, my heart into anxiety, my beloved into my enemy, my freedom into outlawry; why do I delay in killing myself?"

A wretched woman who was locked up in the chapel heard this, and she calls out to him and asked who he might be. But he asked her why she was there and who she was.

"I am a poor wretch," she said, "so wretched that no living being is more sorrowful or more griefstricken than I."

"Be silent," he said, "your sorrow is comfort compared to my sorrow."

"How can that be," she said, "since you are free to go wherever you want but I am a captive and locked up and that fate has been decreed for me that tomorrow morning I am to be killed on account of the wickedness of those who hate me. I am not guilty of the charges. They charge me with treachery unless I can defend myself against them, and tomorrow they will burn me at the stake or hang me like a thief."

"Now first of all," he said, "I can prove that I have greater sorrow than you since you can be freed but I cannot."

"No," she said, "I cannot be freed, since there are only two knights in the world who would dare to fight alone against three."

Íven spoke: "Why should someone fight against three?"

She answers: "They are the three who accuse me of treason."

Íven spoke: "Who are the two knights who would want to do so much for your sake?"

"They are Sir Valven and Sir Íven; the latter is to blame that I am to die guiltless tomorrow."

He answers: "If you are the maiden I suspect you are, then you shall not die tomorrow, Lúneta, you who gave me my life in the castle of my lady. And if you eða hverir eru þeir er svik sanna á hendr þér?"

Hún svarar: "Ek em sú víst, er þér hjálpaði, þá er þú vart nauðstaddr ok ek olla því er mín frú vildi púsa þik; ok svá sem þú hafðir rofit stefnudag við mína frú, þá gaf hún mér sök ok varð mér reið. Ok sem hennar ráðsmaðr, sá er jafnan hafði stolit hana sínu gózi, fann at hann mátti mér hefna því at ek vissi hans löstu, svá sem frú mín hafði sagt mér, hataði hann mik nú af illu hjarta ok vill nú láta drepa mik fyrir svik þau er hann kennir mér at ek hafi gert í ykkru sambandi. Engi talaði fyrir mik útan ek ein. Kom þá svá um síðir, at ek fekk misseris dag, at ek fengi nokkurn þann riddara, er mik vildi frjálsa svá at einn berðiz hann við þrjá þá sem fræknastir eru í hirð minnar frú. En ek hefi riðit til Artús kóngs, ok fekk ek þar engan þann er mér vildi hjálpa, þvíat einn riddari hafði tekit brott dróttningina ok reið herra Valven eptir henni, en til herra Ívens kunni engi segja."

Þá svarar Íven: "Mín kæra vina, ver þar af örugg, þvíat ek skal þik frelsa í morgin eða deyja at öðrum kosti."

Síðan reið herra Íven í brott at fá sér herbergi um náttina ok leó hans með honum. En er hann hafði skamma stund riðit, þá kom hann fram ór skóginum ok sá einn kastala mikinn ok sterkligan. En öll heruð umbergis svá at aldri var einn kotbær eptir váru eydd gersamliga. Hann reið at kastalanum ok þegar í stað seig niðr vindabrúin ok reið hann inn í kastalann. Menn óttuðuz hann sakir dýrsins ok báðu hann vera þar vel kominn ok vildu binda dýrit. En hann sagði at þat skyldi þeim eigi skaða gera. Hann reið inn í höllina ok kómu þar riddarar ok heyskar meyjar ok fögnuðu honum með mikilli blíðu. En er *þær[81] gengu brott, var þar allt með hrygð ok angri. Þetta þótti herra Íven undarligt ok spurði húsbónda hví þat sætti.

Herra kastalans sagði: "Ek vildi gjarna segja þér, ef þat angraði þik eigi."

Hann svarar: "Hversu má mik þat [an]gra? Ek bið yðr at þér segit mér."

Herra kastalans svarar: "Einn jötunn hefir gert mér mikinn skaða. Hann vill at ek gefa honum dóttur mína er fegrst er allra meyja. Þessi jötunn heitir Fjallsharfir. Ek átta sex syni, hina fríðustu menn ok góða riddara. Hann hefir drepit tvá í augsýn mér, en fjóra ætlar hann at drepa í morgin, útan ek gipta honum meyna. Hann hefir ok eytt allt kóngs land."

Ok svá sem herra Íven heyrði þetta, talaði hann á þessa lund.

11. Íven drap jötun

"Hví sendir þú eigi eða fórt sjálfr til hirðar Artús kóngs hins kurteisasta, at leita í hans hirð hjálpar, þvíat finnz sá einn í hans hirð er þora mun at stríða í móti jötninum."

Húsbóndi mælti: "Löngu hefða ek nóga viðrhjálp, ef herra Valven hefði verit innan hirðar, þvíat mín kona er hans samborin systir. En einn riddari tók brott

Ívens saga

are she, then I am Íven; but who are the ones who charge you with treason?"

She answers: "Indeed I am the one who helped you when you were in distress and I brought it about that my lady wanted to marry you; and since you did not keep your appointed day with my lady, she blamed me and became angry at me. And when her steward, the one who was constantly stealing her property, realized that he could avenge himself on me for knowing of his misdeeds, since my lady had told me about this, he hated me now with his evil heart, and now he wants to have me killed for the treason he accuses me of, namely what I did in respect to your marriage. No one spoke on my behalf but I myself. Finally it came about that I was given a half year in which to find a knight who wanted to free me and who would fight alone against three who are the most valiant at my lady's court. And I have ridden to King Arthur's court but I got no one there who wanted to help me, because a knight had abducted the queen and Sir Valven was pursuing her, but no one could tell me anything about Sir Íven."

Then Íven answers: "My dear friend, rest assured, for I shall either rescue you tomorrow or else die."

Thereupon Sir Íven rode away to find lodging for himself for the night and his lion went with him. And when he had ridden for a short while, he came out of the woods and saw a large and sturdy castle. And all the surrounding district was terribly laid waste and not a single cottage remained. He rode toward the castle and at once the draw bridge descended and he rode into the castle. People were afraid of him because of the animal, and they welcomed him but wanted to tie up the animal. But he said that it would not hurt them. He rode into the hall and knights and courtly maidens came toward him and welcomed him with great amiability. But when they left, there was nothing but grief and sorrow. Sir Íven thought this was strange and he asked his host why this was so.

The lord of the castle said: "I will gladly tell you this provided it does not distress you."

He answers: "How can this distress me? I ask you to tell me about it."

The lord of the castle answers: "A giant has done me great harm. He wants me to give him my daughter who is the fairest of all maidens. The name of this giant is Fjallsharfir, that is, Mountain Harper. I had six sons, most handsome men and valiant knights. He has killed two of them before my very eyes and he intends to kill the other four tomorrow morning unless I give him the maiden in marriage. He has also laid waste all the king's land."

And when Sir Íven heard this, he spoke in this manner.

9. Íven killed the giant

"Why don't you send someone or go yourself to the court of King Arthur, the most courtly, to ask for help at his court, for there will be someone at his court who will dare to fight against the giant."

The host answered: "I would have had help a long time ago if Sir Valven had been present at court, since my wife is his sister. But a knight has abducted the dróttningina, því at hún var í geymslu Kæi, ok hefir herra Valven farit at leita þeira, ok víst var hún heimsk er hún gaf sik í geymslu þvílíks riddara."

Sem herra Íven hafði heyrt hans harmtölur, þá mælti hann: "Í þenna háska vil ek gjarna gefa mik í morgin fyrir sonu þína ok dóttur svá framt at mik dveli þat eigi oflengi, því at ek hefi játat með handsölum at vera at miðjum degi í öðrum stað."

Húsbóndinn þakkaði honum mikilliga sinn góðvilja ok sendi boð dóttur sinni ok konu ok sagði þeim at þar var kominn sá riddari er berjaz vill við jötuninn. Ok þegar í stað gengu þær fyrir hann ok fellu til fóta honum. Hann gekk móti þeim ok reisti þær upp ok sagði at sakir Valvens skyldi hann þeim við hjálpa. Ok var hann þar um kveldit í góðum fagnaði ok váru nú allir glaðir ok höfðu allir traust á, at hann mundi frelsa þeira kastala sakir síns vaskleiks ok þess kumpáns er með honum fór er leó var. Fór hann síðan at sofa.

Ok um morguninn er lítt var ljóst, þá sá þeir hvar jötunninn fór ok hafði mikinn járnstaf á herðum sér ok svipu í hendi. Hann rak fyrir sér fjóra riddara, sonu hertugans af kastalanum. Hann barði þá sem tíðast, því at þeir váru klæðlausir ok magrir. En dvergr leiddi þá. En jötunninn gekk eptir ok lamði þá með svipunni.

Jötunninn æpti þá á herra kastalans: "Í stað drep ek þína sonu fyrir augum þér útan þú gefir mér dóttur þína."

Ok er Íven heyrði þetta, þá ríðr hann út af kastalanum djarfliga í móti jötninum. En allt þat fólk er í kastalanum var bað fyrir riddaranum, at guð skyldi geyma hans fyrir þessu trölli. Nú hljóp jötunninn þegar í móti með mikilli ógn. En herra Íven rendi at honum djarfliga ok lagði spjóti í hans brjóst, svá at þegar gaus blóðit út. Ok í því bili sló jötunninn til herra Íven með járnstafnum ok barg þá guð er eigi kom á hann svá at hann sakaði. En er leónit sá þat, at hann vildi mein gera meistara hans, þá hljóp hann upp á herðar honum ok beit í háls honum ok reif kjötit af jötninum allt ofan á lendar honum; ok er leónit vildi snúaz í móti jötninum, þá hjó Íven á öxl jötninum, svá at af tók höndina ok fell niðr jarnstafrinn, en annat högg hjó hann á háls honum, svá at af tók höfuðit. Steyptiz þá jötunninn til jarðar ok varð þá svá mikill gnýr at öll jörðin skalf. Þetta sá hertuginn í kastalanum ok allt hans fólk. Hlupu þeir þegar út af kastalanum í móti Íven ok buðu honum kastalann ok sjálfa sik í vald ok báðu hann með sér vera.

Hann svarar: "Með engum kosti má ek þat gera."

Hertuginn bauð honum sonu sína ok dóttur til fylgðar.

Hann neitaði því ok mælti: "Vili þér nokkut þat gera sem ek vil, at þann tíma sem þér fréttit at herra Valven kemr til hirðar Artús kóngs, þá sendit honum syni yðra ok dóttur ok þenna sama dverg."

"Minn herra," sagði hertuginn, "ek bið at þér segit mér nafn yðvart."

"Ekki verðr þat at sinni," sagði hann.

"Hvat skulum vér þá segja?" sagði hertuginn.

"Segit honum at ek köllumz leóns riddari, ok em ek honum mjök kunnigr ok hann mér; ok ef þú finnr hann, seg honum ekki fleira. En vér verðum nú hér at queen, for she was in Kæi's keeping, and Sir Valven has gone in search of them, and surely she was foolish when she entrusted herself to such a knight."

When Sir Íven had heard his sad story, he spoke: "I shall gladly submit to this peril tomorrow morning for the sake of your sons and daughter as long as it does not delay me too long, since I have solemnly promised to be somewhere else at noon."

The host thanked him greatly for his goodwill and sent word to his daughter and wife and told them that a knight had come who was willing to fight against the giant. And at once they approached him and fell at his feet. He went to them and raised them up and said that for Valven's sake he would help them. And he remained there in the evening and enjoyed good hospitality, and all were now cheerful and were confident that he would rescue their castle on account of his valor and that of this companion who traveled with him, namely the lion. Later he went to sleep.

And in the morning when it was barely light, they saw the giant coming and he had a big iron club on his shoulders and a whip in his hand. He drove in front of him four knights, the sons of the duke of the castle. He struck them repeatedly, and they were without clothes and gaunt. And a dwarf led them. The giant, however, walked behind them and beat them with the whip.

The giant then shouted at the lord of the castle: "I shall kill your sons at once before your eyes unless you give me your daughter."

And when Íven heard this, he boldly rides out of the castle against the giant. And all the people who were in the castle prayed for the knight, asking God to protect him against this troll. The giant now ran towards him inspiring great terror. But Sir Íven ran boldly at him and thrust his lance into his breast so that the blood gushed out. At this the giant struck at Sir Íven with his iron club but God protected him so that it did not strike him so as to hurt. But when the lion saw that he wanted to harm its master, it leaped onto his shoulders and bit him in the neck and tore the flesh off the giant all the way down to his loins; and when the lion wanted to attack him again, Íven struck the giant on the shoulder so that the arm came off and the iron club fell down, and he struck another blow on his neck so that the head came off. The giant then pitched to the ground and there was such a great crash that the entire earth shook. The duke in the castle saw this as did all his people. They rushed at once out of the castle to meet Íven and offered to place the castle and themselves into his power and asked him to stay with them.

He answers: "I cannot possibly do that."

The duke offered him his sons and daughter as companions.

He refused this and spoke: "If you wish to do something for me, then when you find out that Sir Valven has returned to King Arthur's court, send him your sons and daughter and this dwarf."

"My lord," said the duke, "I ask you to tell us your name."

"I cannot do so at this time," he said.

"What shall we tell him then?" said the duke.

"Tell him that I am called the Knight with the Lion, and he knows me well and I him; and if you meet him, don't tell him any more. And we must now part here, skilja, ok angrar mik þat mest er ek hefi hér oflengi dvaliz, þvíat áðr miðr dagr er liðinn, þá mun ek hafa ærit at vinna í öðrum stað, ef ek kem þar í tíma."

12. Ív[en]

Nú reið síra Íven sem hann mátti ákafligast þar til er hann kom til kapellunnar. Þá sá hann þar mikit bál hlaðit ok meyna bundna bæði höndum ok fótum. Hún var í engum klæðum útan náttserk ok var þá búit at hún mundi vera köstuð á bálit. Þar var mikill mannfjöldi. Hann hleypti sem ákafast í miðjan flokkinn ok gafz honum þegar rúm.

Hann hleypti þegar at bálinu ok skar af henni böndin ok spurði hvar sá var er henni gaf sakir, "þvíat ek em kominn at verja þitt mál."

Mærin svarar: "Hefði þér síðar komit, þá væri ek skjótt eldr ok aska. En guð gefi þér svá styrk ok mátt, sem ek veit mik saklausa þeira saka er þeir gefa mér."

Þá mælti ræðismaðr ok tveir bræðr hans: "Mikit kant þú ljúga ok er sá vesall er þér trúir heit þín ok fagrmæli, ok tekr sá mikit hlass á hendr sér er hér vill deyja fyrir þik. Hann er einn, en vér erum þrír, ok ræð ek honum at hann flýi undan sem skjótast áðr meira sé at gert."

Herra Íven svarar honum: "Flýi sá undan er hræddr er, en vitið at sönnu, meðan ek em heill skal ek eigi flýja fyrir yðr þrimr. Ek ræð þér at þú gefir upp sakir þær er þú berr at meyjunni, þvíat hún hefir sagt mér upp á sína trú, at aldri gerði hún sinni frú sök né sveik hana. Ok skal ek verja sök hennar meðan ek má."

Þá svara þeir: "Búinn er þér dauði, ef þú kýss þat, en gæt at eigi grandi oss león þitt."

Síra Íven svarar: "Eigi hafða ek león þetta hingat til þess at þat væri berserkr eða hefði einvígi ok eigi beiddumz ek vildara en ek haldi sjálfr. En ef svá verðr at hann hleypr á yðr, þá veriz honum, þvíat ek vil eigi ábyrgjaz verk hans."

Þeir svara: "Nema þú refsir dýri þínu, þá far leið þína, þvíat þú hefir hér ekki at gera, þvíat um allt þetta fylki er öllum mönnum kunnigt, hversu hún sveik sína frú. Væri þat makligast at hún taki fyrir svik sín loga ok bruna."

Þá svarar Íven: "Heilagr andi láti yðr þat aldri gert fá. Ek veit allt þat er sannast er í þessu máli ok láti guð mik eigi fyrr héðan fara en ek hefi frelst hana." Því næst mælti hann til leónsins: "Gakk frá oss," sagði hann, "ok ligg kyrr!"

En hann gerði þegar sem hann mælti. Ok því næst hleyptu þeir allir senn at honum. En hann sneriz í móti þeim ok vildi eigi í fyrstu ákafliga taka í móti þeim. En þeir brutu spjót sín, en hann helt spjóti sínu heilu; en þeir brutu í skildi hans spjótin. En hann þegar hleypti hesti sínum brott frá þeim ok þegar aptr sem skjótast ok mætti hann þá ráðsmanninum er fremstr var þeira ok bar hann af hestinum. Ok and what distresses me most is that I have stayed here too long because before noon is past I have more than enough to accomplish somewhere else, if I can make it in time."

12. Íven

Sir Íven now rode as quickly as he could until he came to the chapel. There he then saw a large bonfire laid and the maiden bound hand and foot. She had no clothes on but a nightshift and she was about to be thrown onto the bonfire. There was a large crowd of people there. He ran as quickly as he could into the middle of the crowd and they made room for him at once.

He then jumped at once onto the bonfire and cut the bonds off her and asked where the person was who was accusing her, "because I have come to defend you."

The maiden answered: "If you had come any later, I would quickly have been nothing but fire and ashes. And may God give you strength and might, inasmuch as I know myself to be innocent of the charges they have brought against me."

Then the steward and his two brothers spoke: "You really know how to lie and the one who believes your oaths and fair words is a wretch, and anyone willing to die for you here takes on a great risk. He is but one and we are three, and I advise him to flee as quickly as he can before anything else happens."

Sir Íven answers him: "Let him flee who is afraid, and know for sure that as long as I am alive I will not flee from you three. I advise you to give up your charges against the maiden, because she has given me her word that she has never committed an offense against her lady nor betrayed her. And I intend to defend her case as long as I can."

Then they answer: "Death now awaits you, if you so choose, but make sure that your lion does not harm us."

Sir Íven answers: "I have not brought my lion here for it to act like a berserker or to engage in single combat, and I don't expect anything better than what I can accomplish myself. But if it should happen that he leaps at you, then defend yourselves, for I will not answer for its actions."

They answer: "Unless you chastise your animal, you can go your way, for you have nothing to accomplish here, since it is known to everyone in this whole district how she has betrayed her lady. It would be most fitting for her to suffer fire and flame for her treachery."

Then Íven answers: "May the Holy Spirit never permit you to do this. I know the whole truth concerning this case and may God not let me depart from here until I have rescued her." Thereupon he said to the lion: "Leave us," he said, "and stay quiet."

And it did at once as he ordered. Thereupon they all rushed at him at once. And he turned toward them and did not want at first to engage them vehemently. But they broke their lances while his remained whole; and they broke their lances on his shield. And immediately he charged on his horse away from them and then at once back toward them as quickly as he could and he met the steward who was varð honum svá þungt af því spjótlagi, at hann lá lengi í óviti. En hinir tveir riðu þá at honum ok hjuggu hann stór högg. En miklu fengu þeir stærri í móti ok varðiz hann svá vel móti þeim tveimr at ekki gátu þeir at honum gert. Því næst stóð upp ræðismaðrinn ok gerði slíkt illt er hann mátti.

Sem leónit sá at þeir veittu herra hans svá stór högg, þá vildi hann eigi lengr dvelja at hjálpa honum, þvíat honum finnz at hann þurfi þá liðveizlu hans. En konur þær allar, er nær þeim váru, báðu þess guð, at þeir skyldu eigi sigraz á honum. Þá kom leó ok réð þegar á ræðismanninn er á fæti var, svá at brynjuhringar hans flugu af honum, sem sáðir væri, ok kipti honum með svá miklu afli, at allt holdit ok húðin gekk af ofan af öxl ok á síðuna svá at öll sýnduz innýflin hans, ok þegar hljóp leónit í móti hinum ok eigi vildi þat aptr snúaz hvárki fyrir höggum né heitum, er herra hans heitaðiz við hann, ok kostaði með öllum mætti at stöðva hann ok aptr at reka. Ok eigi at síðr hljóp hann á þá grimmliga, svá at þeir kærðu mjök áhlaup hans ok særðu þeir hann þá mjök ok mæddu, at Íven reiddiz mjök með harmsfullu hjarta ok skundaði þá með öllu megni at hefna hans, sækjandi þá svá ákafliga, at þeir máttu eigi verjaz honum né standaz högg hans. Ok gáfu þeir sik upp í hans vald sakir viðrhjálpanar þeirar er leónit gerði honum, er þá var mjök[82] sárr orðinn svá at herra Íven angraðiz af hans sárum. Herra Íven *var[83] ok mjök sárr ok þótti honum þá enskis vert hjá því er dýrit var sárt. En nú var annat sem hann vildi. Nú var jungfrú frjálsuð af dauða ok í fullri sætt við frú sína. Síðan eptir dómi váru þeir brendir á báli er meyna fyrirdæmdu. Nú er Lúneta mær frjáls ok fegin, er frú hennar var sátt við hana ok samþykk, ok buðu þá herra Ív<en> fögnuð ok þjónustu sem þeim sómdi, ok þektu þau hann ekki né frú hans. Hann hafði hirt hug sinn ok hjarta. En þó bað hún hann mörgum bænum, ef vili hans væri til at dveljaz þar með þeim svá lengi sem hann vildi ok hægja sér ok leóni.

Hann sagði: "Þat má eigi vera daglangt at ek dveljumz hér fyrr en sú frú fyrirgefr mér illvilja sinn, er reiði hefir á mér."

"Guð veit," sagði hún, "þat mislíkar mér er þú vill eigi dveljaz hér hjá mér. En eigi kalla ek þá frú kurteisa, er reiði hefir á þér. Aldri samdi góðri konu at synja garðshlið sitt svá góðum riddara sem þú ert nema hann hafi ofmikit við hana misgert."

"Frú," sagði hann, "eig eigi lengr við mik, þvíat eigi veit ek hvat til sakanna er, þvíat <ek> vil engum segja nema þeim er kunnigt er."

"Veit engi þá sök nema þit tvau?" sagði hún.

"Frú," kvað hann, "þú *ert[84] hin þriðja."

"S`eg´ mér, herra," sagði hún, "ok far síðan frjáls."

"Þat verðr mér eigi," kvað hann, "þvíat ek á meira at gjalda en ek mega áleiðis koma ok eigi síðr samir mér at leyna þik—en ek köllumz riddari leóns."

Ívens saga

in the lead and knocked him off his horse. And he was so hurt by the lance thrust that he lay for a long time unconscious. And then the other two rode at him and struck him with great blows. But they received much bigger ones in return and he defended himself so well against those two that they could not harm him. Then the steward got up and did as much harm as he could.

When the lion saw that they were dealing his lord such great blows, it did not want to delay any longer in helping him, for it realized that he needed its assistance. And all those women who were near them prayed to God that they should not defeat Íven. Then the lion came and immediately pounced on the steward who was on his feet so that the rings of his chainmail flew off him as though they were bran and it tore at him with such force that all his flesh and skin was torn off him from the shoulder and down the side so that his entrails showed, and the lion leaped immediately at the others and did not want to yield either before the blows or threats that his master threatened it with and tried with all his might to stop it and to drive it back. And nonetheless it leaped on them so fiercely that they complained greatly about its attacks and they then wounded it greatly and tired it out so that Íven became furious with sorrow in his heart and he hurried then with all his might to avenge it, attacking so fiercely that they could not defend themselves against him nor withstand his blows. And they surrendered to him on account of the help the lion had given him, and it was so badly wounded that Sir Íven was distressed on account of its wounds. Sir Íven was also badly wounded but he thought it nothing compared to the animal's wounds. And now something else was as he wanted. The maiden was now rescued from death and fully reconciled with her lady. Afterwards, according to the judgment, the men who had condemned the maiden were burned at the stake. Now the maiden Lúneta is free and happy, since she was reconciled with her lady and at peace, and then they offered Sir Íven hospitality and service as was proper, yet they did not recognize him nor did his lady. He had concealed his thoughts and heart. But she asked him repeatedly, if he was so inclined, to stay there with them as long as he wanted to and for him and his lion to recuperate.

He said: "I cannot stay with you even for a day until that lady forgives me her ill will, the one who is angry with me."

"God knows," she said, "I am displeased that you do not want to stay here with me. And I do not consider anyone a courtly woman who is angry at you. It has never been proper for a good woman to show the door to as good a knight as you unless he has wronged her too grievously."

"My lady," he said, "have nothing more to do with me, because I do not know what the charges against me are, and I do not want to tell anyone about this except for the person who is familiar with the situation."

"Does no one know the cause except you two?" she said.

"Lady," he said, "you are the third."

"Tell me, my lord," she said, "and then you are free to leave."

"That cannot be," he said, "because I have more to make up for than I can bring about and nonetheless it is fitting to conceal this from you: but know that I am called the Knight of the Lion."

"Herra," sagði hún, "hvat þýðir þat, er þú vill svá heita? Vér höfum eigi fyrr sét yðr né heyrt yðvar getit."

"At því megi þér vita at ek em eigi frægr maðr."

"Herra," sagði hún, "ef yðr mishugnaði eigi, vilda ek enn biðja at þér dvelðiz hér."

"Eigi dveljumz ek nema ek vissi fyrir satt at ek væri sáttr við mína frú."

"Góði herra," sagði hún, "guð gefi yðr vel at fara ok snúi harmi yðrum ok hryggleik í huggan ok fagnað, til friðar ok frelsis, yndis ok hóglífis."

"Guð heyri orð þín," sagði hann, ok mælti þá lágt milli tanna sér: "Fá þér lykil at kistu. Þú ert lássinn en ek lykillinn. Þú ert huggan mín þér óvitandi."

13. Af Íven riddara ok leóni hans

Nú fór hann þaðan ok fann engan þann er hann þekti nema Lúnetam. Hún fylgði honum langt á leið ok bað hann at hún skyldi eigi láta upp koma hverr sá var er einn barðiz við þrjá, at frelsa hana undan dauða.

"Herra," sagði hún, "eigi skal þat upp koma af mínum orðum."

Hann bað hana ok með fögrum orðum at þá hún fengi tíma til skyldi hún minnaz hans ok sætta hann við frú sína. Hún sagðiz þat gjarna skyldu gera, ok skilduz þau með því. Var hann nú mjök hryggr af sárum dýrsins, er þat mátti eigi fylgja honum. Hann gerði honum þá rekkju á skildi sínum af mosa ok lagði hann þar í ok bar hann svá allt saman þar til er hann kom í annat garðshlið eins mikils herra. Garðrinn var húsaðr stórum herbergjum ok sterkum, ok fann hann hlið ok var aptr læst, ok kallaði hann, ok var þegar upp látit fyrir honum. Sem hann var inn kominn í garðinn, þá mætti hann þar miklum hirðfjölda, ok allir fögnuðu honum ok tóku við hesti hans ok vápnum. Þegar sem herra þess hins ríka garðs frá þangatkomu hans, þá gekk hann út í garðinn at fagna honum ok með honum hans hin fríða púsa ok synir þeira ok dætr ok herbergði hann með miklum fagnaði.[85]

Fór Íven í þann kastala sem hann hafði unnit jötuninn ok græddi sik þar ok dýr sitt ok reið þegar á brott langt á mörkur ok skóga, þar til er hann kemr á eina borg stóra. Þar réð yfir einn blámaðr.

Hann æpti þegar at Íven reið at portinu ok mælti: "Snú aptr, þú gaurr, ok ríð eigi inn um þetta hlið, ella fær þú skjótan dauða í morgin af mér ok mínum bróður."

"Ek ríð," segir Íven, "hvárt er ek vil fyrir þér."[86] Hann sagði: "Þat er eigi hæverskligt, at fagna svá ókunnum manni."

Þessi kastali var kallaðr Finnandi Atburðr. Hann reið nú inn í kastalann ok mær hans með honum. Hann sá einn sléttan völl ok þar á vel þrjú hundruð meyja. Þær váru magrar ok klæðlausar ok þó allar hinar fríðustu. *Sumar slógu guðvef, en*

"Lord," she said, "what does it mean that you want to be called this? We have not seen you before nor heard you mentioned."

"For that reason you know that I am not a famous man."

"Lord," she said, "if it did not displease you, I would nonetheless ask you to remain here."

"I shall not stay unless I knew for sure that I will be reconciled with my lady."

"Good sir," she said, "may God let you fare well and turn your sorrow and grief into comfort and joy, for the sake of peace and freedom, happiness and a pleasant life."

"May God hear your words," he said, and then spoke in a low voice under his breath: "Get yourself the key to the chest. You are the lock and I the key. You are my consolation but don't know it."

13. About Sir Íven and his lion

Now he left and met no one who knew him, except Lúneta. She accompanied him for some distance, and he asked her not to reveal who it was who had fought alone against three in order to rescue her from death.

"My Lord," she said, "that shall not be revealed through any of my words."

He asked her in fair words that when she had time she should remember him and reconcile him with his lady. She said that she would gladly do so, and at this they parted. He was now very distressed over the animal's wounds and that it could not run along beside him. He then made a bed of moss for it on his shield and laid the animal on it and carried it in this way until he came to another gate of a great lord's stronghold. The stronghold consisted of large and sturdy chambers; and he found the gate but it was locked, and he called out, and at once it was opened up for him. When he came into the courtyard, he met a large crowd of courtiers, and all greeted him and took his horse and weapons. As soon as the lord of this mighty stronghold learned of his arrival, he went out into the courtyard to greet him and his beautiful wife accompanied him as did his sons and daughters. And he lodged there most hospitably.

Íven went to the castle where he had overcome the giant and he recuperated there as did his animal and he then rode off a long way through forests and woods until he came to a large stronghold. A dark fellow ruled over it.

He called out as soon as Íven approached the gate and spoke: "Turn back, you ruffian, and do not ride through this gate, else you will receive a speedy death from my brother and me tomorrow."

"I shall ride," says Íven, "wherever I please in spite of you." He said: "It is not courteous to receive a stranger in such a way."

This castle was called "Encounter with Adventure." He now rode into the castle and the maiden accompanied him. He saw a level field and on it some three hundred maidens. They were gaunt and their clothes in tatters and yet all were *sumar vófu klæði, sumar spunnu gull eða silki, allar váru þær grátandi ok sorgfullar. Íven reið þar at ok spurði hvat því gegndi.*

Ein af þeim svarar: "Guð gæti yðar, herra ok góði riddari, betr væri at þú hefðir aldri hér komit, þvíat margr riddari hefir fyrri freistat at ríða í þennan stað at frelsa oss af vári nauð, ok hafa þeir allir dauða fengit."
"Seg mér, frú," segir Íven, "hvat til ber yðars harms ok skal ek leysa ef ek má."

"Gjarnan vil ek," segir mærin, "segja yður. Þat bar svá til at einn kóngr, Reinion at nafni, af ríki Ungaria reið með sitt herfólk í þenna stað, en hann fórz fyrir tveimr blámönnum bannsettum er honum buðu einvígi, en hann barðiz við þá ok varð um síðir sigraðr ok leysti líf sitt með því at hann skyldi senda þeim þrjú hundruð meyja, hinna fríðustu ok kurteisustu til þrælkunar þar til at einn riddari kæmi ok frelsti oss ok bæri af þeim báðum ok fengi þeim yfirkomit, en sá hefir enn enginn vorðit. Nú ríðit, herra, til eins húsbónda sem at hér er skamt frá yðr ok munu þér fá þar góðar viðtökur, en á morgun eigi þér þetta einvígi hefja, ef þér vilið oss frelsa."

"Ek skal at vísu," segir Íven, "svá gera."[87]
Hann reið í höllina er í var kastalanum. Þar var mikit fólk fyrir, ok var engi svá heyskr at við hans hesti vildi taka eða honum heilsa. Fekk hann þar ekki nema spott ok háðung. Þaðan reið hann í einn fagran grasgarð. Þar var fyrir einn ríkr herra, sá er hann hugði at kastalann ætti, ok hans dóttir it fríðasta creatýr. Þau fögnuðu honum með allri blíðu ok allir þeir er þar váru. Ok váru þegar teknir hestar þeira, ok váru þau þar um náttina í hinni vildustu gleði. Ok þjónaði dóttir húsbóndans herra Íven, ok um morguninn bað herra Íven orlofs húsbóndann at ríða veginn.

En hann svárar: "Herra, gjarna vil ek lofa þér brott at fara. En ek hefi þar eigi vald á, þvíat tveir jötuns synir eru hér, er þú verðr endiliga at stríða við áðr þú ferr héðan, ok svá marga menn hafa þeir svívirt ok yfirkomit sem þér máttuð sjá tölu þeira meyja sem í gærkveld sátt þú, er þeir hafa hér síðan í þrældómi haldit. Nú vil ek gefa þér dóttur mína ok kastalann ok allt mitt ríki, ef þú getr þá yfir unnit."

Herra Íven sagði: "Guð láti mik eigi hana kaupa, heldr skal hún jafnan frjáls fyrir mér."
Húsbóndinn svarar: "Þat sé ek at hugleysi þitt hafnar dóttur minni ok verðr þú þó at berjaz allt at einu."
Í því kómu fram tveir bannsettligir menn stórir sem jötnar ok alla vega illiligir. Þeir höfðu tvær klumbur settar allar járngöddum ok tvá kringlótta buklara. Sem leó leit þá, þá tók hann at grenja ok reiddiz af angri ok knýttiz allr saman sem ígulköttr ok barði jörðina með hala sínum.

En sem þeir sá leóninn, þá mæltu þeir til síra Íven: "Gaurr, rek þú brott león þitt af þessum velli ok kom honum í nokkurn þann stað er hann má ekki mein

Ívens saga

most beautiful. Some were weaving cloth, others garments; some were spinning gold or silk; all of them were crying and were sorrowful. Íven rode up to them and asked what was the matter.

One of them answers: "God keep you, sir and noble knight; it would be better if you had never come here, because many a knight has attempted before to ride to this place to free us from our misery, but all have met death."

"Tell me, lady," says Íven, "what is the cause of your sorrow, for I will relieve it if I can."

"Gladly will I do so," says the maiden. "It happened that a king named Reinion from the kingdom of Hungary rode with his army to this place and he came up against two accursed dark fellows who challenged him to combat. And he fought against them and was at last vanquished and he could keep his life if he sent them three hundred maidens, the loveliest and courtliest there were, as slaves until a knight might come along who freed us and vanquished them both and was able to overcome them, but no one has yet been able to do that. Ride now, lord, to the master of the castle who is a short distance away from here and you will be received well there, but tomorrow you will have to engage in this single combat if you want to rescue us."

"I will most certainly," said Íven, "do so."

He rode into the hall that was in the castle. There were many people there, but no one was so courteous that he wanted to take his horse or greet him. He got there nothing but mockery and ridicule. From there he rode onto a beautiful meadow. There he found a mighty lord who he thought was the owner of the castle, and his daughter, a most beautiful creature. They greeted him with great amiability as did all the others who were there. And their horses were immediately taken and they spent the night being most pleasantly entertained. And the daughter of the lord waited on Sir Íven and in the morning Íven asked the lord for leave to ride on his way.

But he answers: "My lord, I would gladly grant you leave. But I do not have the power to do so, because there are two sons of giants here with whom you will first have to engage in combat before you leave here. They have disgraced and vanquished as many men as the number of maidens whom you saw last night, whom they have since then held in slavery here. Now I want to give you my daughter and castle and my entire realm if you can overcome them."

Sir Íven said: "God keep me from bartering for her, rather she shall always be free on my account."

The lord answers: "I see that your cowardice causes you to reject my daughter and yet you are going to have to fight after all."

At this two accursed men came forward, big like giants and hideous in every respect. They had two clubs studded with iron spikes and two round bucklers. When the lion saw them, it began to roar and became furious with anguish and it curled itself up just like a porcupine and beat the ground with its tail.

And when they saw the lion, they spoke to Sir Íven: "Ruffian, drive your lion off this plain and put him some place where he cannot do us harm—and then come gera—ok kom þangat á völlinn at skemta þér með okkr—en leóninn mun gjarna hjálpa þér ef hann verðr nær staddr."

"Þat sé ek," sagði herra Íven, "at þit óttiz leónit. En vel mundi mér líka at ek sæi hann nokkut þjóna ykkr."

"Menn veit," sögðu þeir, "eigi skal svá vera; heldr skalt þú einn saman at gera slíkt er þú mátt."

"Hvar vili þit at ek láti leónit?" sagði Íven.

Þeir sýndu honum einn lítinn klefa ok báðu hann læsa þar inni. Þat var sem *þeir[88] beidduz. Því næst herklæddiz Íven ok sté upp á sinn hest; en þeir tveir gengu at honum ok gáfu honum svá stór högg með sleggjunum at lítil hjálp varð honum at hjálminum, brynju eða skildi, þvíat þegar þeir lustu á hjálminn, þá bilaði hann ok bognaði ok skjöldrinn brotnaði. Leó er nú harmsfullr ok hryggr í klefanum ok vildi gjarna út komaz, ok hugði hann þá vandliga at ef hann mætti nokkur út komaz, þvíat hann heyrði út höggin. Brauz hann þá um ok fann um síðir eina smugu undir syllina ok komz þar út. En herra Íven var þá mjök móðr, þvíat hann hafði fengit stór högg ok mörg af þessum djöfla sonum ok í engum stað hafði hann getit skeint þá, þvíat þeir váru ofmjök lærðir at skylmaz; en buklarar þeira váru svá harðir, at engi stállig sverð máttu á bíta. Í þessu kom leó á vígvöllinn ok hljóp á annan þeira svá hart at hann fell allr til jarðar ok man aldri upp rísa nema hann fái skjóta hjálp, ok hljóp þá þangat félagi hans at duga honum ok verja sjálfan sik fyrir leóninu, þvíat þat hafði af þeim[89] slitit höndina í axlarliðnum er undir honum lá. Hann varð nú hræddari fyrir leóninu en herra hans, ok sneri baki við herra Íven. Sem hann sá þat, at berr var háls hans, þá hjó hann þegar á hálsinn svá at fjarri kom niðr höfuðit á völlinn ok sté hann þá þegar af hestinum at taka þann af leóni, sem hann helt ok lá hann þá dauðum líkr, þvíat hann mátti hvergi hræra sik.

En mæla mátti hann ok sagði svá: "Góði herra, tak af mér león þinn, at hann slíti mik eigi meir, þvíat þú mátt nú gera þat sem þú vill. En hverr maðr á at finna miskunn er hennar biðr, nema hann finni þann er enga miskunn hefir, þvíat ek má eigi lengr verjaz, ok upp gef ek mik svá gersamliga at eigi þarftu mik at óttaz."

Þá svarar Íven: "Þá hefir leónit fest þér frið, ef þú mátt lifa."

14. Frá herra Íven capitulum

Því næst kom þangat allt fólkit hlaupanda ok stóð umkringis hann ok sá hinn ríki maðr ok hústrú hans fögnuðu honum ok báðu at hann skyldi vera herra þeira ok höfðingi.

"Þess bið ek," sagði hann, "at þér gefið mér frjálsar allar þessar meyjar fátæku, sem hér hafa píndar verit."

Herrann mælti: "Þat geri ek gjarna. En ef þú vill vel gera, þá fá nú dóttur minnar, ok gef ek þér þar með allt mitt ríki."

Ívens saga

here onto the plain to have fun with us—for the lion would like to help you, if it stays near."

"I see," said Sir Íven, "that you are afraid of the lion. I would be very pleased to see it attending to you a bit."

"Everyone knows," they said, "that this shall not happen; you will instead do whatever you can alone."

"Where do you want me to leave the lion?" said Íven.

They showed him a little closet and asked him to lock it in there. He did as they asked. Thereupon Íven got armed and mounted his horse; and the two went at him and gave him such big blows with the clubs that his helmet, byrnie, and shield were of little use, for as soon as they struck his helmet it cracked and bent and the shield broke. The lion is now anguished and sorrowful in the closet and wanted badly to get out, and it considerd carefully as to whether it might get out somehow, because it heard the blows outside. It kept trying to do so and finally found a slit under the sill and got out there. By this time Sir Íven was very tired because he had sustained many big blows from these devil's sons and he had not been able to wound them in any spot because they were too skilled at parrying; and their bucklers were so hard that no steel sword could cut into them. At this moment the lion came onto the battlefield and leaped toward one of them so hard that he fell onto the ground and could never get up again unless he were to find ready help, and his companion then ran to him to help him and to defend himself against the lion, because it had torn the arm off the shoulder of the one who was lying underneath it. He was now more afraid of the lion than of its master and turned back to Sir Íven. When Íven saw that his neck was bare, he struck him so hard on the neck that his head landed far away on the field and he then got off his horse to remove the one that the lion was holding onto and he lay there like a corpse since he could not move at all.

But he could talk and said this: "Good sir, take your lion off me so that he can't tear at me any more, for now you can do with me as you will. And every man ought to receive mercy if he asks for it, unless he meets someone who has no mercy, for I can no longer defend myself, and I give myself up to you so completely that you need not fear me."

Íven then answers: "The lion has then made peace with you—if you stay alive."

14. A chapter about Sir Íven

At once all the people came running and stood around him and the powerful man and his wife received him joyfully and asked him to become their lord and chieftain.

"I ask of you," he said, "that you release to me all those poor maidens who have been tortured here."

The lord spoke: "I shall gladly do so. But if it pleases you, accept now my daughter, and I shall give you with her my entire realm."

Íven svarar: "Ek má eigi fá yðra dóttur sakir undarligra tilfella ok einkanliga sakir meyjar þeira<r> er mér fylgir, þvíat ek hefi játat henni at stríða fyrir hana ok frelsa hennar mál, ef mér endiz líf til."

Herrann bauð honum þá svá mikit gull sem hann vildi sjálfr hafa, en hann neitaði því ok tók hann orlof af húsbóndanum ok dóttur hans ok reið brott af kastalanum ok mær hans með honum. Allar þær meyjar er hann hafði frelsat fylgðu honum ór kastalanum ok lutu honum þakkandi sína lausn ok báðu hann fara í guðs geymslu. Allt staðarfólkit bað hann miskunnar fyrir þau heimslig orð er þeir höfðu til hans talat um kveldit.

Síðan reið hann ok mær hans þar til er þau kómu til þeirar borgar er Artús kóngr sat í með hirð sinni. Þá var kominn sá dagr er meyjunni var eindagi settr at koma með sinn riddara, ok ef þá kemr riddarinn eigi, þá skyldi systir hennar eignaz allt hennar góz. Þá nátt tóku þau sér herbergi útan borgar þar sem engi maðr kendi þau. Herra Valven hafði riðit áðr fyrir nokkurum dögum ór borginni. Hann kom þenna dag ríðandi aptr með þeim vápnum er engi maðr þekti hann. En áðr mátti hann jafnan þekkja at vápnum.

Ok er liðinn var miðr dagr, þá mælti mærin, sú er aferfa vildi systur sína; hún hafði jafnan verit með hirðinni síðan þær systurnar skilduz. Hún mælti til kóngs ok hirðar hans: "Nú bið ek, herra, at þér dæmit mér allt þat góz, er faðir minn átti, þvíat nú er sýnt at systir mín hefir engan riddara fengit fyrir sik, þvíat nú er liðinn inn síðasti dagr okkarrar stefnu."

Í því kom Íven ríðandi ok mærin með honum. En hann hafði byrgt leónit í því húsi er hafði verit um náttina. Þetta sér kóngr, at mærin var komin ok hafði fengit riddara fyrir sitt mál.

Gekk hún þá fyrir kóng ok heilsaði honum ok mælti: "Þessi hinn kurteisi riddari fylgði mér hingat at verja mitt mál, sem guð þakki honum, ok hafði hann þó nógar nauðsynjar þar sem hann var. Nú bið ek at þú, systir, fáir mér mitt góz, þvíat eigi vil ek einn penning af þínu gózi hafa til þess at góðir riddarar beriz eigi fyrir okkra skyld."

Þá svarar hin yngri systir:[90] "Fyrri skal ek brend í eldi en ek gefi þér nokkut til hjálpar."

Þær léttu þá sinni þrætu ok leiddi þá hvár fram sinn riddara. Hljóp þa allt fólkit til at sjá þenna bardaga. Hér varð undarligr hlutr, þvíat hér börðuz þeir tveir menn með heipt er hvárr vildi sitt líf gefa fyrir annars líf. En nú váru þeir dauðligir óvinir ok hvárr vildi öðrum fyrirkoma.

15. Einvígi Íven ok Valvens

Nú ríðr hvárr at öðrum, ok sem þeir saman kómu, þá brutu þeir báðir þau hin digru spjót er þeir höfðu. Hvárrgi mælti orð við annan. En þegar í stað brugðu þeir sverðum ok hjó hvárr til annars með svá ákafri sókn, at engi maðr sá þvílíkit einvígi tveggja manna. Svá urðu miklir brestir af höggum þeira, at heyra mátti fjórar mílur er

Íven answers: "I cannot accept your daughter on account of strange circumstances and especially because of the maiden who is accompanying me, for I have promised her to fight for her and conclude her case successfully, if my life holds out."

The lord then offered him as much gold as he wanted to have, but he refused it and took leave from the master of the castle and his daughter and rode off from the castle, and his maiden with him. All the maidens whom he had rescued accompanied him out of the castle and they bowed before him thanking him for their freedom and bade him go in God's keeping. All the people of that place asked him for forgiveness for the foolish words they had spoken to him the previous evening.

Then he and his maiden rode until they came to the castle where King Arthur was residing with his court. The day had come which had been appointed for her to come with a knight, and if then no knight came, then her sister was to get all her possessions. That night they took lodging outside of the castle where no one knew them. Sir Valven had ridden some days earlier from the castle. That day he came riding back in such armor that no one recognized him. But before this he could always be recognized by his armor.

When noon had passed, the maiden spoke, the one who wanted to dispossess her sister; she had been at the court the whole time since the sisters had parted. She spoke to the king and his court: "I now ask you, lord, that you adjudge to me all the property which my father owned, because now it is clear that my sister has not been able to find a knight for herself, because the last day of our deadline has now passed."

At this Íven came riding together with the maiden. But he had concealed the lion in the house he had been in for the night. The king sees now that the maiden has come and has found for herself a knight to champion her case.

She then went before the king and greeted him and spoke: "This courtly knight has accompanied me here to defend my case—may God bless him—even though he had some pressing obligations where he was. I now ask you, sister, to give me my property, but I do not want a single penny of your property so that good knights shall not fight on our account."

Then the younger sister answers: "I would rather be burned at the stake than give you any assistance."

They stopped arguing then and each then led forward her knight. All the people then ran to see the combat. This was now a strange thing, because here two men were fighting with deadly hatred each of whom would give his life for the other. But now they were deadly enemies and each wanted to destroy the other.

15. Íven's and Valven's single combat

Each now rides at the other and when they met both broke the stout lances they had. Neither spoke a word to the other. And at once they drew their swords and each struck at the other in such a violent attack that no one had ever seen such combat between two men. There were such great clashes from their blows that the stálin mættuz. Þá váru höggnir mjök skildir þeira, hjálmar brotna, en brynjur slitna, en báðir váru sárir ok móðir ok þeir urðu af at fara hestunum. Þá mælti fólkit at þær systr skyldu sættaz, ok skyldi hin ellri hafa þriðjung eða fjórðung af gózinu. En hin yngri vildi þat með engum hætti, þvíat hún þóttiz fengit hafa þann riddara, er engi mundi standaz í öllum heiminum. En hún var bæði heimsk ok illgjörn. Þetta heyrðu riddarar ok hlupu upp ok börðuz hálfu snarpligar en fyrr. Öllum þótti undarligt er svá jafnt var í millum þeira. Börðuz þeir nú svá lengi at daginn tók at kvelda ok ljósit minka. Þá váru þeir svá móðir at armleggir þeira gátu eigi upp lypt sverðunum ok var þeim svá heitt at blóðit vall í sárunum ok líkaði hvárigum at berjaz lengr, þvíat myrk nátt gekk yfir þá. Óttaðiz þá hvárr annan mjök, þvíat hjálmar þeira váru vandliga farnir, ok nam þá hvárrtveggi staðar.

Þá mælti hinn kurteisi Íven: "Herra riddari," kvað hann, "þat hygg ek, at engi maðr þurfi nú at ámæla okkr, þvíat náttin hefir okkr skilit. En svá mikit vil ek um mæla af minni hálfu at þú ert mikils lofs verðr, ok aldri tók ek á minni æfi þvílíkan bardaga, at mik virkti svá af, ok aldri hugðumz ek mega finna þann riddara, er mér kynni svá mörg ok stór högg at veita."

"Guð veit," sagði herra Valven, "þú munt eigi svá mjök sturlaðr af mínum höggum eða móðr, sem ek em miklu móðari af yðrum höggum."

Þá mælti herra Íven: "Ek hygg, ef ek vissa hvat manna þú værir, þá mundi mik mjök angra."

"Ef þú hefir undir nokkurum mínum höggum verit, þá hefir þú þat vel goldit. En eigi skal ek leyna þik nafni mínu. Ek heiti Valven, son Lothi kóngs."

Sem herra Íven heyrði þetta, þá skalf hann allr af angri ok sverðit er hann helt á, er allt var blóðugt, fleygði hann langt á völlinn, ok skjöldinn, er klofinn var, braut hann allan í sundr. Sté þegar af hestinum ok mælti: "Dróttinn guð," sagði hann, "hörmulig torkenning ok mikit misfall, er vit skyldum eigi fyrr kennaz, þvíat ef ek hefða vitat, hefða ek aldri vápn á þik borit. Heldr skylda ek þegar í fyrstu hafa mik upp gefit vápnsóttan ok yfirkominn á vígvelli. Ek em Íven, er ann þér yfir alla lifandi menn, þvíat þú hefir mik jafnan tignat, virt ok sæmt í öllum hlutum, hvar sem ek hefi verit, hvar meir en sjálfan þik. Nú fyrir þat er ek hefi misgert við þik óvitandi, þá vil ek gefa mik yðr í vald yfirkominn, þvíat ek em svá sárr ok móðr, at ek má eigi lengr berjaz."

Þá svarar Valven: "Ek em svá vandliga yfirkominn af þínum stórum höggum ok mæli ek eigi þetta þér til hrósanar, heldr fyrir því, at þótt þú værir mér með öllu ókunnigr, þá vildi ek <heldr> gefaz þér í vald en fleirum höggum við þik skipta."

Ok þegar í stað mintuz þeir við ok kallaðiz hvárr fyrir öðrum yfirkominn. Þetta sér kóngr ok hirðin ok fóru til, viljandi vita hvat olli þeira fagnaði eptir svá mikla hrygð ok langan bardaga. Kóngrinn frétti hverir þeir váru eða hvat olli þeira gleði.

noise could be heard four miles away when the steel met. Then their shields suffered many blows, the helmets broke, the byrnies were slit, and both were wounded and tired and they had to get off their horses. The people then said that the sisters should be reconciled and that the older one should get a third or a fourth of the property. But the younger one in no way wanted to have this, since she had thought she had gotten for herself the knight whom no one on earth could withstand. Moreover, she was both foolish and wicked. The knights heard this and jumped up and fought half again as hard as before. Everyone thought it strange that they were so evenly matched. They now fought so long that the day began to draw nigh and the light dim. They were now so tired that their arms could not raise their swords and they were so hot that their blood boiled in their wounds and neither wanted to fight any longer since the dark night was falling. Each now feared the other greatly, for their helmets were now completely gone, and each then stopped.

Then the courtly Íven spoke: "Sir knight," he said, "I think that no one need now reproach us, for night has parted us. And on my part I want to go as far as to declare that you are worthy of much praise, and never in my life have I engaged in such combat that made me feel such pain, and I never thought I would encounter the knight who could deal me so many and such strong blows."

"God knows," said Sir Valven, "you cannot be so greatly disturbed because of my blows or so tired, since I am much more worn out from your blows."

Then Sir Íven spoke: "I think that if I knew who you were I would be very distressed."

"If you have suffered from my blows, you have also paid back well for this. I am not going to conceal my name from you. I am Valven, the son of King Loth."

When Sir Íven heard this, he trembled greatly from sorrow, and he hurled the sword, which he was holding and which was all bloody, far onto the field, and the shield, which was split, he broke into little pieces. He got off his horse at once and spoke: "Lord God," he said, "what a sorrowful mistake and great misfortune that we should not have recognized each other sooner, for if I had known I would never have borne arms against you. I would rather have given myself up to you vanquished and overcome on the battlefield. I am Íven who loves you above all other living men, for you have always exalted me, esteemed and honored me in every way, wherever I have been, even more than yourself. Now since I have wronged you unwittingly, I want to surrender to you for I am so wounded and tired that I cannot fight any longer."

Valven then answers: "I am so completely vanquished by your great blows, and I do not say this just to praise you but rather that if you were a complete stranger to me I would rather surrender to you than exchange any more blows with you."

And at once they embraced each other and each said that the other had vanquished him. The king and his court see this, and they approached wanting to know what their joy meant after such distress and such a long battle. The king asked who they were and what their happiness meant.

Þá svarar herra Valven: "Ek em Valven, yðvarr systur son, ok í þessum bardaga þekta ek eigi minn félaga Íven, er nú stendr hér fyrir yðr, til þess er hann frétti nafns míns."

Ok sagði þá hvárr öðrum: "Ef vit hefðim lengr bariz, þá hefði hann efanarlaust drepit mik ok hefða ek þá illa farit, þvíat ek fylgða röngu máli."

Þá mælti herra Íven: "Góði herra," sagði hann, "ok mér hinn kærasti, þat þori ek rétt at segja mínum herra kónginum ok hans mönnum, at ek em at vísu yfirkominn af þessum bardaga ok vápnsóttr af herra Valven." Ok var þat lengi at hvárr kendi öðrum sigrinn.

Sem kóngrinn heyrði þetta, þá mælti hann: "Með því móti, at hvárr ykkarr kennir öðrum þenna sigr, þá vil ek vera dómandi ykkarr ok allra yðarra."

Ok festu þau þetta í dóm kóngs. Riðu þeir þá heim til herbergis ok váru dregin af þeim klæðin. Í þessu kom leónit hlaupanda ok urðu menn hræddir mjök.

En herra Íven bað þá eigi hræðaz, "þvíat þetta er minn kumpánn ok ek skal borga fyrir hann."

Leónit hljóp at herra Íven ok fagnaði honum sem hann kunni. Nú undirstóð herra Valven at þetta var sá maðr er leóns riddari var kallaðr ok mesta frægð hafði unnit ok frelsat hafði systurbörn hans.

"Ok hefi ek því," sagði herra Valven, "alla vega órétt við þik gert, ok því bið ek þik fyrirláta mér þat." Síðan váru bundin sár þeira ok fengnir til hinir beztu læknar. Ok sem þeir váru báðir heilir ok vel færir, sagði kóngrinn upp sætt þeira, þat fyrst, at herra Valven ok herra Íven skyldu vera bræðr sem fyrr höfðu þeir verit. En meyjarnar skyldu skipta til helmings allt þat er þær erfðu eptir föður sinn. En þeir Íven ok Valven skyldu ok vera jafnir riddarar kallaðir um alla veröldina síðan.

16. Íven sæt[t]iz við frú sína

Nú sem herra Íven hafði lengi verit með kóngs hirð, þá kom honum í hug sá sami harmr, sem fyrr hafði hann borit fyrir sína frú ok hugsaði þá enn at fara brott ór kóngs hirð á launungu ok ríða til keldunnar ok gera þar mikinn gný ok storm, svá at frú hans skyldi verða at sættaz við hann, "ella skal ek aldri af láta at gera henni ór keldunni eldingar."

Ok því næst fór hann brott ór hirð kóngs svá at engi vissi. En león hans fylgði honum, þvíat aldri meðan hann lifir vill hann láta hans félagskap, ok fóru þeir þar til er þeir kómu til keldunnar, ok gerði hann þá svá miklar eldingar at allir óttuðuz þeir er í borginni váru með frú hans, ok hugðu at öll mundi hún niðr hrapa ok vildu heldr vera á Persidalandi en innan þeira veggja, er svá mjök váru skjálfandi.

Sir Valven then answers: " I am Valven, your sister's son, and in this combat I did not recognize my comrade Íven—who now stands before you—until he asked me my name."

And each then said of the other: "If we had fought longer, he would doubtlessly have killed me and I would have fared ill because I was pursuing a wrongful cause."

Then Sir Íven spoke: "Good sir," said he, "and you who are most dear to me, I dare to say outright to my lord the king and his men that I have indeed been overcome in this battle and have been vanquished by Sir Valven."

And for a long time each kept attributing the victory to the other. When the king heard this, he spoke: "Since this is the case that each of you attributes the victory to the other, I will be the judge in your case as in others."

And they settled this in the king's court. They then rode back to their lodgings and their battle dress was removed. At this the lion came running and people became very frightened.

But Sir Íven told them not to be afraid, "because it is my companion and I shall be its guarantor."

The lion ran toward Sir Íven and greeted him as best it could. Sir Valven now realized that this was the man called the Knight of the Lion, who had won such great fame and rescued his sister's children.

"I have," said Sir Valven, "in every respect done you an injustice, and therefore I ask you to forgive me." Their wounds were then bound up and they got the best doctors. And when they were both hale and fit again, the king pronounced their settlement, that first of all, Sir Valven and Sir Íven were to be brothers as they had been before. And the maidens were to divide equally everything they had inherited from their father. And Íven and Valven were always to be considered equals as knights throughout the world from then on.

16. Íven is reconciled with his lady

When Íven had now been at the king's court for a long time, he recalled the same sorrow that he had suffered earlier on account of his lady, and he again planned to leave the king's court secretly and to ride to the spring and cause there a great din and storm, so that his wife would be forced to become reconciled with him, "else I shall never stop producing lightning storms for her with the spring water."

Thereupon he left the king's court so that no one was aware of it. And his lion accompanied him because as long as Íven lived it never wanted to forsake his companionship, and they traveled until they came to the spring, and he produced there such great flashes of lightning that all who were in the castle with his lady were frightened and they thought that everything would come down on top of them and they would rather have been in Persia than within the walls that were shaking so hard.

Svá váru þeir hræddir um líf sitt, at þeir bölvuðu sínu forellri ok mæltu: "Vei sé þeim er fyrstir settu í þessu fylki bygð ok hús, því at í öllum heiminum er engi sá staðr er mönnum sami meir at hata en þenna, þar sem einn maðr má svá pína oss ok skelfa."

Þá mælti Lúneta: "Frú," sagði hún, "yðr samir at leita ok góð ráð til gefa. Þér munuð engan þann finna, at yðr megi hjálpa í þessi þraut nema fjarri sé leitat, því at engan hafi þér þann í yðru ríki, at hjarta hafi til at verja kelduna ok halda upp sæmd yðarri."

Frúin mælti: "Ekki þarf þess at geta er hér er. Ok af því at þú ert vitr, þá gef nú góð ráð til, því at í þörf skal vinar neyta."

Hún sagði: "Guð gefi at vér mættim þann vaska riddara finna, er jötuninn drap ok sigraðiz einn á þrim riddurum ok leónit fylgir, ok vildi þér hann sætta við frú sína er hann er ósáttr við ok hann elskar framar en líf sitt, ok ef hann væri hér, mundi hann frjálsa yðr ok yðart ríki."

Frúin sagði þá með harmi: "Ek bið þik, at þú farir at leita hans, ok skal ek þá festa þér at allt skal ek þat halda, er nú hefir þú talat."

Mærin mælti: "Mín frú, kunnið mik eigi er ek vil tala svá at ek vil þessi heit yður hafa staðföst, at ek segi honum eigi lygi ok vil ek heyra eið yðarn þar um."

"Þat geri ek gjarna," sagði frúin.

Lúneta tekr þá helga dóma ok fær frú sinni ok mælti: "Eigi vil ek at þér kennið mér í morgin at þér sveríð þenna eið sakir mín heldr sakir sjálfrar yðrar nauðsynjar."

Síðan stafaði hún frú sinni eið á þann hátt, at sá riddari er león fylgir skal sættaz við frú sína ok hvárt þeira við annat, sem þá er blíðaz var með þeim. Ok sem þessi eiðr var unninn, þá var söðlaðr einn hægr gangari, ok þegar í stað sté hún upp á hann ok reið *þar[91] til er hún kom til keldunnar. Þar sá hún herra Íven ok león hans. Sté hún þegar af hesti sínum ok fagnaði honum með mikilli gleði ok hvárt öðru.

"Svá fegin em ek yðrum fundi, at aldri síðan ek var fædd varð ek jafnfegin, útan þá er ek sá þik ríða at bálinu, því at ek hefi eið fengit af minni frú, at hún skal vera þín frú, en þú hennar herra."

Ok er hann heyrði þetta, þá varð hann svá undarliga feginn, því at hann hugðiz aldri þessi spyrja ok mælti: "Þat hræðumz ek at ek fái aldri launat þér þinn góðvilja ok þjónustu, ok kysti hana opt sinnis."

Mærin mælti: "Löngu áðr hafi þér þessa þjónustu af mér skyldat."

Síðan stigu þau á hesta sína ok riðu til kastalans. En er frúin spurði at mærin var komin ok með henni sá riddari er león fylgir, varð hún harðla fegin, því at hún girntiz mjök at sjá hann.

Ok sem síra Íven leit hana, þá lagðiz hann niðr fyrir fætr henni herklæddr, en Lúneta stóð hjá ok mælti: "Frú," sagði hún, "haldið vel eið yðarn ok samþykkið hann við frú sína. En því má engi á leið koma nema þú ein."

Hún tók til hans ok reisti hann upp ok sagðiz allt þat skyldu gera er hún mætti honum til sæmdar.

They were so afraid for their lives that they cursed their ancestors and spoke: "Woe to those who first established their abodes and houses in this county because nowhere on earth is there a place which it is proper for people to hate more than this one, where one man can so torture us and make us tremble."

Lúneta then spoke: "My lady," she said, "it is proper for you to seek and give good advice. You will not find anyone who can help you in this difficult undertaking unless you look far afield, for you have no one in your realm with the courage to defend your spring and uphold your honor."

The lady spoke: "It is not likely that there is anyone here. And since you are wise, give me now good advice, for in need one should have recourse to friends."

She said: "God grant that we find the valiant knight who killed the giant and alone vanquished three knights and whom the lion accompanies. And if you want to reconcile him with his lady, from whom he is estranged but whom he loves above his life, and if he were here, he would rescue you and your realm."

The lady then said with sorrow: "I bid you to go in search of him, and I will pledge to you that I will carry out everything that you have now said."

The maiden spoke: "My lady, do not be angry with me for saying that I want your promise to me confirmed, so that I shall not be telling him a lie, and I want to hear your oath in this matter."

"I will do that gladly," said the lady.

Lúneta then takes some relics and hands them to her lady and spoke: "I do not want you to charge me tomorrow with having sworn this oath for my sake but rather on account of your own need."

She then spelled out the oath for her lady to the effect that the knight who is accompanied by a lion is to be reconciled with his lady, each with the other, just as when they were most dear to each other. And when this oath had been taken, a gentle palfrey was saddled and she mounted at once and rode until she arrived at the spring. There she saw Sir Íven and his lion. She got off her horse at once and greeted him most joyously and he her.

"I am so happy to see you that as long as I've lived I've never been equally happy, except when I saw you ride toward the stake, for I have obtained a pledge from my lady that she will be your lady and you her lord."

And when he heard this, he became exceedingly happy, for he did not think ever to hear this and he spoke: "I am afraid that I shall never be able to reward you for your good will and services, and he kissed her over and over."

The maiden spoke: "You already repaid me for my service long ago."

Then they mounted their horses and rode to the castle. And when the lady heard that the maiden had come and with her the knight accompanied by a lion, she was very happy, for she was most desirous to see him.

And when Sir Íven saw her, he lay down fully armed at her feet, and Lúneta stood beside him and spoke: "Lady," she said, "keep your oath and reconcile him with his lady. For no one can achieve this but you alone."

She reached for him and raised him up and said that everything she could do would be done to honor him.

"Guð veit," sagði Lúneta, "hans sök er undir yðrum vilja ok valdi ok aldri fái þér vildara en þessi er. Guð vili at með yðr búi friðr ok óbrigðilig ástsemd sú er aldri hverfi meðan þit lifit bæði. Fyrirgefið honum, frú mín, nú reiði yðra, þvíat hann á enga frú nema yðr. Þessi er at sönnu herra Íven, yðar húsbóndi."

Frúin hljóp þá upp við ok mælti: "Illa hefir þú svikit mik með vélum þínum, þvíat þú hefir nauðgat mik til at unna þeim er aldri unni ok enskis virði mik. Nú hefir þú dáliga sýst ok illa mér þjónat. Heldr vilda ek alla mína lífsdaga upp neyta við vatn ok vind, eldingum ok illviðri. En ef eigi væri mér hróp eða brigsli ok synd at sverja meineiða, þá skyldi hann aldri með mér fá sætt né samþykki, frið né fagnað sakir enskis þess er hann mætti at gera fyrir þann harm er enn sitr í hug mér ok hann gerði mér af sínum svikum, lygi ok hégóma. En hversu mikit mér þykkir at því vera—þá þarf þat nú eigi upp at telja—þvíat ek verð við hann at sættaz ok samþykkjaz."

Ok sem herra Íven heyrði þetta, þá mælti hann: "Frú, miskunn beiðaz misverkar. Ek hefi dýrt keypt heimsku mína ok óvizku, því gef ek mik sekjan yðr í vald. Ok ef þú vill nú taka við mér, þá skal ek aldri optar misgera við þik."

Hún svarar: "Gjarna vil ek taka við þér, þvíat ek vil eigi rjúfa eið minn, ok vil ek nú gera örugga sætt með okkr ok samþykki ok óspilliligan frið ok undarligan fagnað."

Þá mælti síra Íven: "Þat veit ek, at engi þessa heims hlutr gerir mik fegnara."

Nú hefir herra Íven fengit þann fagnað, er hann hefir lengi til lyst. Ok má því nú hverr maðr trúa, at aldri síðan hann var fæddr varð hann jafnfeginn. Hefir hann nú góðri lykt komit <á> sitt starf, þvíat hann elskar nú frú ok hún hann. Ok gleymir hann nú öllum völkum ok vandræðum af þeim mikla fagnaði er hann hafði af unnustu sinni.

Ok lýkr hér sögu herra Íven er Hákon kóngr gamli[92] lét snúa ór franzeisu í norrænu.

"God knows," said Lúneta, "his case depends on your will and power, and you will never find a better man than this one. God grant that peace and steadfast love dwell with you and never cease as long as you both live. Forgive him now, my lady, your anger, for he has no other lady but you. This is indeed Sir Íven, your husband."

The lady then sprang up and spoke: "You have betrayed me grievously with your tricks, since you have forced me to love one who never loved or cherished me in any way. You have now acted wretchedly and ill served me. I would rather endure for the rest of my life the water and wind, lightning flashes and storms. And if it were not mockery or perfidy or a sin for me to swear false oaths, he would never get conciliation or concord from me, peace or welcome no matter what he might do to alleviate the sorrow which still fills my heart and which he caused me by his betrayal, lies, and falsehood. But no matter how much I dislike that now—it is not necessary to recount it—I shall nonetheless become reconciled and conciliated with him."

And when Sir Íven heard this, he spoke: "My lady, my misdeeds plead for your mercy. I have dearly bought my foolishness and thoughtlessness, and thus I place myself a guilty man in your hands. And if you will now accept me, I shall never again wrong you."

She answers: "Gladly will I accept you, since I do not want to go back on my oath, and I now want to establish a firm reconciliation with you, as well as conciliation and inviolable peace and wondrous happiness."

Sir Íven then spoke: "I know that nothing in the world makes me happier."

Sir Íven has now gained the happiness he has long desired. And everyone can now believe that never before in his life has he been as happy. He has now brought his endeavors to a good end, since he now loves his lady and she him. And now he forgets all the trials and tribulations because of the great joy that comes to him from his beloved.

And the saga of Sir Íven ends here, which King Hákon the Old had ordered translated from French into Norse.

Notes

1   *Kalebrant] *AM 489*.
2   *vaki] vakr *Sth. 6*.
3   *sögðumz] sögduzst *Sth. 6*.
4   *af] ok *Sth. 6*.
5   *hefi] hefir *Sth. 6*.
6   raust] *thus AM 489; lacking in Sth. 6*.
7   *sungu] söngu *Sth. 6*.
8   kátr—köttr] kattr—katr *Sth. 6*.
9   *sungu] söngu *Sth. 6*.
10 *At this point Sth. 6 has a lacuna and the text continues from AM 489*.
11 báróttum] *Reading of* báró- *is uncertain.* dýrmætum *4857*.
12 þat—má] *4857*.
13 dugandi—þótt þú] *4857*.
14 ek—veita] *4857*.
15 þá—þiggja] *4857*.
16 kóngs einn] *4857*.
17 frú—kynni] *4857*.
18 sem hirðinni—Veit ek] *4857*.
19 Nú—launa] *4857*.
20 tekinn—Ek] *4857*.
21 þér—ert] *4857*.
22 maðr—stingr] *4857*.
23 augu—Íven] *4857*.
24 Hún—drykk] *4857*.
25 þeir leituðu] *4857*.
26 *er] at.
27 ok—ganga] *4857*; ok ga[ck] 0000000 þessi huilu *AM 489*.
28 sem—ok] *4857*.
29 En] *4857*.
30 *Chapter heading is taken from Sth. 46; it is illegible in AM 489:* Ca[pitu]l[um] 0000000.
31 með—ok] *4857*.
32 hugsuðu] *4857*.
33 h[ölli]ni] innan hallar *4857*.
34 hurðina] *4857*.
35 hafði] *4857*.
36 ok leituðu] *4857*.
37 drepit hann með] *4857*.
38 *var eigi] eigi var.
39 vápnfimi—þessum] *4857*.
40 með þessum hætti] *4857*.
41 kom mærin] *4857*.
42 þá frú] *4857*.

Ívens saga

43 ór—[gl]ugg] ór lypting *4857*.
44 hún í óvit] *4857*.
45 Hún var skrýdd ... hjá hennar birti] *inserted from Sth. 46; corresponds to OF 1465-1510.*
46 sjá] *4857*.
47 hann á] *4857*.
48 ástbundinn] *the text of Sth. 6 resumes.*
49 *heilt] hellt *Sth 6.*
50 *hún] hann *Sth 6.*
51 *kvað] kann *Sth 6.*
52 *Íhuga sæmd] *AM 489*; *the text in Sth. 6 is corrupt:* ok hugarangri.
53 *ek] ef *Sth 6.*
54 hvárr] *thus AM 489.*
55 sigraz] *thus AM 489.*
56 *fyrirlátir] fyrirlátit *Sth. 6.*
57 *á—silkikulti] *AM 489*; með einum rauðum silkikult *Sth. 6.*
58 í ríkri frú] í ríkrar frú herbergi *AM 489.*
59 [at] *thus in AM 489.*
60 ek ekki] *Sth 6.*
61 [sjálf]a] *489 and catchword in Sth 6.*
62 sú] sú hann *Sth 6.*
63 hann] *AM 489.*
64 sex tigu] *corrected from* be *or* ve *on basis of* Yvain, *v. 2101*: plus de .lx. anz.
65 [ok—kynfylgja] *AM 489.*
66 meiðir] *AM 179.*
67 hverflyndi] *AM 489.*
68 Íven—kóngi] *Sth. 46; the chapter heading is illegible in Sth. 6 and AM 489.*
69 neistr] hneistr *AM 489.*
70 hann] *AM 489.*
71 haldi] *489*; heldi *Sth. 6.*
72 *The heading in Sth. 6 is nearly illegible; the proposed reading is supported by a copy of Sth. 6 made in the nineteenth century by C. R. Unger. Cf. Blaisdell,* Ívens saga, *p. xxi.*
73 kvez vera] *AM 489*; *Sth. 6 writes* hann væri, *which is clearly in error.*
74 *þá fann hann] *AM 489*; ok vissi *Sth. 6.*
75 ek] ef *Sth 6.*
76 með] mér *Sth. 6.*
77 sem rautt gull fyrir eiri] sem vax kerti yfir flot kyndla *AM 489, which corresponds to* Yvain, *v. 3243* si con cierges antre chandoiles.
78 *at veita sér fylgð] *AM 489*; sér at finna *Sth. 6.*
79 <ó>vin] vin *Sth. 6*; óvin *Sth. 46.*
80 byrgð] byrbd *Sth. 6.*
81 *þær] þæt *Sth 6.*
82 mjök] mjök var *Sth. 6.*
83 var] vor *Sth. 6.*

84 ert] er *Sth. 6*.
85 fagnaði] *here begins the second lacuna in Sth 6.*
86 *The italicized text comes from Sth. 46. The text in Sth. 6 actually recommences with the end of a sentence:* di sá þér ófagnað er þér vísaði þangat. *This corresponds to* Yvain, *vv. 5110-11*: Cist ostex vos fu anseigniez / por mal et por honte andurer. *Our edition continues with the next sentence.*
87 Sumar slógu ... segir Íven svá gera] *Sth 46. This text corresponds to* Yvain, *vv. 5188-5340.*
88 þeir] þeim *Sth 6*.
89 þeim] honum *Sth 6*.
90 hin yngri] *thus in Sth. 6 and Sth. 46. From here on the saga confuses the roles of the two sisters and has just the opposite of what we read in* Yvain, *where the older sister is the wicked one and the younger sister the one whom Yvain champions (vv. 6171, 6175). Presumably a copyist rather than the translator is to blame for the confusion.*
91 þar] *missing in Sth. 6.*
92 *The reference is to Hákon Hákonarson who ruled Norway 1217–63.*

PARCEVALS SAGA

VALVENS ÞÁTTR

Edited by Kirsten Wolf

Translated by Helen Maclean

INTRODUCTION

Parcevals saga is an Old Norse translation of roughly the first 6,500 verses of Chrétien de Troyes's *Perceval.* The remainder of the romance, which is devoted to Gawain, is entitled *Valvens þáttr* ("Tale of Gawain") in the manuscripts. Scholars generally assume that the romance was translated at the court of Hákon Hákonarson, king of Norway from 1217 to 1267. Hákon commissioned the translation of Thomas's *Tristan* (*Tristrams saga ok Ísöndar*) and most likely also of Chrétien's *Yvain* (*Ívens saga*).

Parcevals saga is transmitted in two branches, represented by NkS 1794b 4to (ca. 1350, Royal Library, Copenhagen), a fragment, and Stockholm Perg. 6 4to (ca. 1400, Royal Library, Stockholm). The latter contains the entire translation, that is, *Parcevals saga* with the concluding *Valvens þáttr*.

The normalized edition of *Parcevals saga* and *Valvens þáttr* presented here is based on Helen Maclean's diplomatic edition forthcoming in the Editiones Arnamagnæanæ series (Copenhagen).

The texts of both *Parcevals saga* and *Valvens þáttr* are based on Stockholm Perg. 6 4to. The last portion of the lacuna in Stockholm Perg. 6 4to, caused by the loss of a leaf between 45v and 46r, is filled by NkS 1794b 4to.

Where necessary to the sense, emendations and alterations have been made to the texts. Obvious scribal errors, such as misspellings and repetitions, are corrected and marked with an asterisk, the original being given in a footnote. Letters or words assumed to have been inadvertently omitted by the scribe are added in diagonal brackets; letters or words now illegible but assumed to have originally been in the manuscript are printed in square brackets. Where the emendations have support in the seventeenth-century paper manuscripts AM 179 fol., AM 181a fol., or Add. 4859 fol. (which are all derived ultimately from Stock. Perg. 6 4to), the manuscripts in question are listed in the Notes.

The translation aims to present a clear modern English version of *Parcevals saga* and *Valvens þáttr*, while remaining as close to the Icelandic text as possible. Where problems of interpretation and textual difficulties occur, explanatory notes are provided. In order to present a readable English version, a fair degree of freedom has been exercised with regard to punctuation and paragraphing and, in a few cases, syntax. Present tenses of verbs have been altered to past tenses where the mixture of tenses found in the Icelandic text—a feature also found in its French source—might prove a distraction to the reader; but the present tense has been used throughout for the chapter-headings. Some undue repetition, as for example in the patterning of verbs of speaking and saying, has been erased. An attempt has been made—for better or worse—to preserve such distinctive stylistic features as the rhymed sentences and proverbs, the strings of alliterating words, the puns, and the other forms of wordplay in the Icelandic text.

In the Notes, 'the French *Perceval*' refers to *Le Roman de Perceval ou Le Conte du Graal* of Chrétien de Troyes, and all quotations are taken from the critical edition of this work by Keith Busby (Tübingen: Niemeyer, 1993). Translations from the French text are usually taken from D. D. R. Owen, *Chrétien de Troyes. Arthurian Romances* (London: Everyman, J. M. Dent, revised ed. 1993), but in some cases are the translator's. 'Fritzner' refers to Johan Fritzner, *Ordbog over Det gamle norske Sprog*, I-III (Kristiania: Den Norske Forlagsforening, 1886-96), supplemented by Finn Hødnebø, *Rettelser og Tillegg*, IV (Bergen: Universitetsforlaget, 1972). 'Cleasby-Vígfússon' refers to Richard Cleasby and Guðbrand Vígfússon, *An Icelandic-English Dictionary* (Oxford: Clarendon Press, 2nd ed. 1957).

PARCEVALS SAGA

I. Hér byrjar upp sögu ins prúða Parcevals riddara, er enn var einn <af> Artús köppum

Svá byrjar þessa sögu at karl bjó ok átti sér kerlingu. Þau áttu son at einberni er hét Parceval. Þessi karl var bóndi at nafnbót, en riddari at tign. Hann hafði verit allra kappa mestr. Hann hafði tekit kóngsdóttur at herfangi ok settiz síðan í *<ó>bygð,[1] þvíat hann þorði eigi millum annarra manna at vera.

Einn dag þá er Parceval[2] tólf vetra gamall. Hann hafði áðr kent honum skot ok skylmingar, ok svá kunni hann gaflökum at skjóta svá at þrjú váru á lopti senn. Nú sem faðir hans var andaðr, þá hafði Parceval þat til siðar, at hann reið á skóg með fola sinn ok gaflök ok skaut dýr ok fugla. Ok einn dag sá hann ríða fimm riddara, ok hann reið í skóginn, ok einn af þeim sá at piltrinn var skammfulligr ok reið hann til hans ok spyrr, ef hann hefði sét um ríða fjóra riddara ok með þeim tvær konur. En honum varð ekki annat á munni en spyrja riddarann, ef hann væri guð; kvað móður sína hafa sagt sér at ekki væri jafn fagrt sem guð.

Riddarinn svarar: "Ek em eigi guð."
Þá tekr sveinninn á skildi hans ok frétti hvat þat væri. Riddarinn sagði, at þat var skjöldr. Þá spyrr hann at hjalmi hans, brynju, spjóti ok sverði. Riddarinn sagði honum, at þetta váru allt vápn þau er Artús kóngr gaf honum. Hann spurði, hvar sá kóngr var svá örlyndr eða hvárt hann mundi vilja gefa honum vápn.

Riddarinn svarar: "Þess mátt þú freista."
Skilduz þeir nú.
Sv<e>inninn[3] kom til móður sinnar ok mælti: "Ek hygg at ek hafa sét guð í dag, er þú kveðr öllu vera fegra. Sagt er mér at kóngr heitir Artús ok gefr mönnum vápn ok klæði ok þangat vil ek fara."

Móðir hans svarar: "Þeir einir fá þar sæmd er íþróttamenn eru ok örugt hafa hjarta ok sé þó sjálfir vitrir, en þik skortir allt þetta, ok ef þú kemr þar, verðr þú hleginn en eigi gjöfum feginn.

Sveinn svarar: "At vísu skal ek freista."
Ok er móðir hans sá at hún gat eigi latt hann, þá gerði hún honum klæði eptir bónda sið svá sem kotkarlsbarni byrjaði at hafa, fekk honum drymbu nýja, stakk ok hettu ofan ífrá vindinga ok á fætr hriflinga.

THE STORY OF PARCEVAL

I. Here begins the story of the proud knight Parceval, who was another of Arthur's champions

The story begins like this: there lived a man and he had a wife. They had a son, an only child, who was called Parceval. This man was known as a farmer, but in rank he was a knight. He had been the greatest of all warriors. He had taken captive in war a king's daughter, and had later settled down in the wilderness because he could not risk being[1] among other people.

The day came when Parceval was twelve years old. His father had already taught him archery and swordplay, and he could throw javelins so that three were in the air at once. Now after his father's death, Parceval was in the habit of riding into the woods on his pony with his javelins and killing animals and birds. One day he saw five knights riding by, and he rode away into the wood. One of them saw that the lad was shy, and rode after him and asked if he had seen four knights ride past, and two women with them. But he could find nothing to say other than to ask the knight if he were God; he said his mother had told him that nothing was so beautiful as God.

The knight answers: "I am not God."

Then the boy touched his shield and asked what it might be. The knight said that it was a shield. Then he asked about his helmet, coat of mail, lance and sword. The knight told him that these were all arms, and King Arthur had given them to him. He asked where that king was who was so generous, and whether he might be willing to give arms to him.

The knight answers: "You can try it."

Then they parted company.

The boy went back to his mother and said: "I think that today I have seen God, who you say is more beautiful than all things. I have heard there is a king called Arthur who gives people weapons and armour, and I want to go there."

His mother answers: "The only men who win honour there are those who are skilled in arms and who have fearless hearts, though they themselves should also be wise, but you are quite lacking in these things, and if you go there you will be jeered, not cheered with gifts."

The boy answers: "I must certainly try."

And when his mother saw that she could not dissuade him, then she made clothes for him in the country style, such as were suitable for a peasant lad to wear. She gave him new breeches, a smock with a hood, leg-bands,[2] and rawhide brogues for his feet.

Síðan mælti hún: "Minn sæti sonr, ógleðr þú nú móður þína. Uggir mik at ferð þín sé farleysi, en eigi farvísi. Þú hefir hér til verit inn mesti heimdragi ok eigi sét siðu góðra manna. Þú vill vápna beiðaz ok kant eigi vápn bera; ofveykr verðr þú í vápnaskipti."

Þá svarar sve<i>nninn:[4] "Móðir," sagði hann, "engi er með slíku borinn, ok nám kennir fleira en náttúra. Mikit kennir ok venja, ok dirfiz maðr af manni."

Hun mælti: "Eigi eru orð þín með mikilli *bleyði,[5] ef þat er satt er mælt er, at hvatvetna dregr í sína ætt ok at krjúpa skal ef eigi má ganga, þvíat faðir þinn var æ talinn með inum beztum riddurum er í þessu landi váru ok hann ok ek af inum beztum ættum. Auðig várum vit at eignum ok fé ok margir nutu þess ok urðum vit af þessu vinsæl; eyddiz þá ok okkarr kostr ok flýðum vit hingat sem nú erum vit. Nú, góði sonr, ef guð hefr mál þitt til nokkurrar giptu, þá líkz þú feðr þínum. Ver guðhræddr, trúr ok hollr þeim er þú þjónar. Haf þik eigi í heimsku áhlaupum. Haf þik frammi þar sem þér sé til lofs, en eigi til hróps. Fyrirlát þú með öllu rán, þvíat rán aflar guðs reiði. Ver væginn við alla menn ok helzt við konur; ok þó at þik lysti til nokkurrar konu, þá tak eigi meira af henni nauðigri en einn koss. En ef þú plukkar nokkura konu, þá heit ömbun ok halt vel; tak ok því aðeins annars unnustu, nema hugr kenni. Fær þú sigrat einn mann í einvígi, þá drep hann eigi, ok ef þú verðr staddr hjá góðum mönnum, þá verð þú eigi ofhlutsamr í málum manna. Nem æ gott hverr sem kenna vill. Hygg at því at fróðr er hverr fregvíss. Fá þér annathvárt góðan félaga eða engan. Ver lítillátr við góða menn. Hirð eigi um launkonur. Mun þann með góðu er þér gott gerir."

Sveinninn þakkaði henni ok hét at nýta. Hún leiddi hann ór garði með hryggu hjarta ok harmsfullum trega ok skilduz þau við eina brú. Ok er hann leit aptr, þá sá hann móður sína liggja í óviti. En hann gaf ekki gaum at því.

II. Parceval kom til Artús kóngs

Því næst kom hann at landtjaldi einu ok fann þar ekki nema eina konu fagra, þvíat unnasti hennar var eigi heima; var hann farinn á veiðar. Hann talaði við hana blíðum orðum. En hún bað hann brott dragaz sem skjótast, sagði at honum mundi eigi duga, ef unnasti hennar kæmi heim; en <hann>[6] beiddi koss af henni, en hún neitaði. Hann kysti hana þó at nauðgu[7] ok mælti:
"Eigi beiðumz ek meira, þvíat móðir mín fyrirbauð mér at taka konu nauðga."

Then she said: "My sweet son, now you are making your mother unhappy; I fear that your journey will be a foolish venture, rather than a wise undertaking. Up to now you have been a great stay-at-home, and you have not seen the conduct of people of quality. You wish to ask for arms for yourself, yet you do not know how to bear arms; you will prove too feeble in combat."

Then the boy answers, saying: "Mother, no one is born with such abilities, and nurture teaches more than nature. Practice too teaches much, and one man grows bold from another's example."

She said: "Your words do not savour much of cowardice, if there is any truth in the saying that everything, whatever it is, takes after its own kind, and that what cannot walk will crawl,[3] for your father was always counted among the best knights in this land, and he and I come from the best families. We were rich in lands and other possessions from which many people benefited, and because of this we came to be very well thought of; but in the end our resources were exhausted and we fled to this place, where we are now. Now, dear son, if God should favour you with any good fortune, then you will take after your father. Be godfearing, true and loyal to those you serve. Do not take part in foolish attacks. Put yourself forward where it will be to your credit, but not where it will bring you disgrace. Utterly avoid unlawful plunder, because rapine incurs the wrath of God. Be compassionate towards everyone, and especially towards women. And even though you may desire some woman, take no more from her against her will than a single kiss. But should you despoil any woman, promise recompense and keep your promise faithfully. Furthermore, take another man's beloved only if your heart teaches you so. If you should triumph over a man in single combat, do not kill him; and if you are in the company of important people, then do not intrude too much in the affairs of others. Always learn good things from whoever is willing to teach you. Bear this in mind, that it is a wise man who is keen to ask questions. Choose for yourself either an honest friend, or none at all. Be humble in the presence of persons of importance. Have nothing to do with loose women. Reward with kindness anyone who is kind to you."

The boy thanked her and promised to put her advice into practice. Sad at heart, and with painful reluctance, she accompanied him out of the farmyard, and they parted from each other at a bridge. And when he looked back, he saw his mother lying in a faint. But he paid no heed to that.

II. Parceval comes to King Arthur

Next he came to a pavilion, and found no one there but a beautiful woman, as her lover was not at home; he had gone hunting. He spoke pleasantly to her. But she told him to take himself off as fast as he could, saying that it would not be safe for him if her lover were to come home; but he demanded a kiss from her, which she refused. He kissed her nonetheless, against her will, saying:

"I have not asked for more because my mother forbade me to take a woman by force."

Matar beiddiz hann, en hún sagði engan vera. Hann rannsakaði þá ok fann þrjá hleifa ok þar vín með ok tók þat. Hann tók af henni eitt fingrgull ok þó hét hann at ömbuna henni. En hún bað tröll hafa hann allan ok svá hans ömbun.

Síðan reið hann í brott, en unnasti hennar kom heim ok frétti hvat voldi hennar ógleði. En hún sagði, at þar kom einn gárungr ok kysti hana nauðga ok tók af henni fingrgull ok át ok drakk þat er hann <vildi>.[8]

"Þú in illa púta leynir fleira <af>[9] því er hann gerði þér. Þú skalt aldri gott af mér hafa. Hestr þinn skal hafa ekki fóðr, ok þú illt fóstr ok lítinn mat, svá þó at þú megir lifa við til þess er ek veit it sanna af þér. En ef hestr þinn deyr, þá skalt þú á fæti hlaupa. Aldri skalt þú önnur klæði hafa en þessi, ok nökkvið skalt þú ganga allt til þess er ek hefi höfuð þess er þik svívirði."

Nú reið Parceval þar til er hann fann einn akrkarl, er rak asna fyrir sér klyfjaðan með kolameisum. Hann kallaði á hann:

"Þú kolakarl, kenn mér réttan veg til þess kastala er Artús kóngr sitr[10] í er riddara gerir. Þat segja menn, at hann gefi vápn ok klæði riddurum, sæmd ok tign."

"Sveinn," kvað akrkarlinn, "þessi vegr liggr til kastalans er nær er sjó. Þar máttu finna Artús kóng glaðan eða hryggvan."

"Seg mér," sagði sveinninn, "hví segir þú hann glaðan eða hryggvan?"

Kolakarl svarar: "Þat kann ek þér vel segja. Artús kóngr barðiz við Rimeyjaborg ok vann sigr, ok því er hann glaðr. En því er hann hryggr at fjöldi riddara hans sneriz til ýmissa borga, þar sem þeim þykkir hægjast at vera, ok veit hann eigi hvat þeir at hafaz ok er honum þat angr."

Sveinninn reið þann veg sem hann vísaði honum, ok er hann hafði lengi riðit, þá leit hann kastala standa við sjóinn fríðan ok sá hann ríða einn riddara ór hliði kastalans ok helt með vinstri hendi spjót ok skjöld ok beizl, en í hægri hendi bar hann eitt gullker með loki ok *sómdu[11] honum einkar vel herklæðin er hann bar. Þau vápn váru öll með rauðum lit ok öll hans herneskja. Ok sem sveinninn sá þessi herklæði mjök skínandi, þá líkuðu þau honum at fullu ok mælti:

"Þat segi ek guði," segir hann, "at ek skal þessa vápna <biðja>[12] Artús kóng, ok ef hann gefr mér, þá skal ek með fagnaði þau þiggja. Aldri skal ek annarra biðja hann; þessi líka mér at fullu."

Síðan skundaði hann til kastalans, þvíat honum var forvitni á at sjá kóngs hirð ok mætti hann þá riddaranum.

Þá mælti riddarinn til hans: "Sveinn," sagði hann, "hvert vill þú fara?"

"Ek fer til kóngs hirðar at biðja hann gefa mér herklæði þau er þú berr."

"Þú gerir vel," sagði riddarinn. "Far skjótt ok kom aptr ok seg þeim dáliga kóngi, ef hann vill halda ríki sitt fyrir mér, þá sendi hann einhvern mann at verja þat fyrir mér, þvíat ek til kalla, ok seg honum þat til sanninda, ef hann trúir eigi, at ek tók nú rétt frá honum þetta gullker af borði hans."

Parcevals saga

He asked for some food but she said there was none. So he searched around and found three loaves of bread and wine there as well, and he took that. He took a ring from her, though he did promise to recompense her. But she prayed that the troll would carry him off,[4] and his recompense as well.

Finally he rode away; but her lover came home and asked what had made her unhappy. And she said that some half-witted fellow had come by and kissed her against her will, and taken a ring from her and eaten and drunk what he pleased.

"You wicked whore, you are concealing what else he did to you! You shall get no more favours out of me. Your horse shall have no fodder, and you shall have poor treatment and scant food—just enough, though, to keep you alive until I get the truth out of you. And if your horse dies, then you shall go on foot. You shall never have any clothes other than these, and you shall go naked right up to the moment when I take the head of the man who dishonoured you."

Parceval now rode on until he met a farm-hand who was driving before him an ass laden with baskets of charcoal. He called to him:

"Hey, charcoal-burner! Tell me the right way to the castle where King Arthur lives, the king who makes knights. People say that he gives knights weapons and armour, rank and honour."

"Boy," said the farm-hand, "this road leads to a castle beside the sea. There you will find King Arthur, glad and yet sad."

"Tell me," said the boy, "why do you speak of him as glad and yet sad?"

The charcoal-burner answers: "I can readily tell you that. King Arthur fought against Rimeyjaborg[5] and won a victory, and that is why he is glad. But he is sad because a great many of his knights have gone away to various other strongholds where they feel it is most comfortable to be, and he does not know what they are doing, and that is a grief to him."

The boy rode along the path he had pointed out to him, and after he had been riding for a long time he saw a beautiful castle standing by the sea; and he saw a knight riding out of the castle gateway bearing lance, shield, and bridle in his left hand, while in his right hand he carried a golden goblet with a cover. The armour he was wearing suited him extremely well. All the weapons, and his whole suit of armour, were red in colour. And when the boy saw this armour shining brightly, it pleased him greatly, and he said:

"I swear to God that I shall ask King Arthur for these weapons, and if he gives them to me, I shall accept them joyfully. I shall never ask him for any others; I am perfectly delighted with these."

Thereupon he hurried towards the castle, for he was curious to see the king's court, and then he met the knight.

The knight spoke to him then: "Boy," said he, "where are you going?"

"I am going to the king's court to ask him to give me the armour you are wearing."

"You do well," said the knight. "Go quickly and come back again; and tell that good-for-nothing king that if he wants to keep his kingdom safe from me then he should send someone to defend it against me, for I lay claim to it. And if he does not believe it, remind him of this as proof that just now I seized from him this golden goblet from his own table."

Sve<i>nninn¹³ svarar: "Sýsla þér annan sendimann, eigi hirði ek hvat þú segir," ok skundaði fram þar til er hann kom þar sem kóngr var ok sat yfir matborði ok öll hirðin með honum. Reið hann inn í höllina á gólfit, er allt var þilit með marmarasteini allskonar litum. En kóngrinn sat við borðsendann angraðr ok áhyggjufullr. En sve<i>nninn¹⁴ vissi eigi hverjum hann skyldi heilsa, þvíat hann þekti eigi kónginn, til þess er Íonet skutilsveinn kóngs gekk til hans berandi kníf í hendi, þvíat hann skar mat fyrir kónginn.

"Þú maðr," sagði sveinninn, "er knífinn hefir, seg mér hvar kóngrinn er."

En Íonet var inn kurteisasti maðr ok sagði honum með blíðum orðum, hvar kóngr sat.

En hann jafnskjótt skundaði þannig ok heilsaði kónginum. En kóngr sat áhyggjufullr ok svaraði engu.

Sveinninn orti orða á hann í annat sinn ok þagði hann.

Þá mælti sveinninn: "Þat veit trú mín, at þessi kóngr gerir aldri riddara, er engi maðr fær orð af honum."

Ok jafnskjótt býz sveinninn í brott at fara ok sneri hesti sínum til hallarduranna. En hann hafði svá nær riðit kónginum, sem hann vissi ekki gott, ok í því er hann sneri hesti sínum, þá feldi hann hatt kóng<s>ins¹⁵ af höfði honum ok á borðit fyrir hann.

En kóngr hepti þá áhyggju sína ok sneriz at sveininum ok mælti: "Þú, góðr maðr, ert velkominn. Ek bið at þú fyrirkunnir mik eigi, þó at ek þegða, þvíat ek mátta eigi svara þér fyrir áhyggju ok reiði. Inn mesti óvinr minn klandar mik með öfund ok kallar til ríkis míns ok segir at hann skal þat hafa, hvárt sem ek vil eða eigi, ok heitir hann inn rauði riddari. Hann býr í mörk þeiri er heitir Qvinqvarie. En dróttning vár er hér komin at hugga riddara vára er sárir eru, ok hefði mik þat lítt angrat er riddarinn mælti, nema hann gerði þat á ofan mér til svívirðingar, at hann tók brott borðker mitt ok sló víninu öllu í fang dróttningunni ok gekk hún til hvílu sinnar ok vænti ek at eigi finna ek hana heila."

Sveinninn virðir engis þat er kóngr talaði, hvárki um svívirðing né harm hans ok mælti: "Heyr, kóngr," sagði hann, "ger mik riddara, þvíat ek vil þegar í brott fara."

Allir er orð hans heyrðu, heldu hann fyrir heimskan mann, en sá hann þó vera bæði fríðan ok vaskligan.

"Góði vinr," sagði kóngr, "stíg af hesti þínum ok skulu sveinar várir geyma hans, en ek skal veita þér bæn þína. Þigg nú boð mitt, þvíat ek skal sæma þik sem tignum manni heyrir."

Sveinninn svarar: "Eigi sté sá af hesti sínum, er ek fann fyrir útan borgina, ok ger þat skjótt er þú vill gert hafa. Ek vil eigi vera riddari, nema ek hafa öll vápn rauð. Þá gef mér þau er sá hafði er ek fann ok kerit bar í brott."

En Kæi ræðismaðr mælti: "Vinr," sagði hann, "þú mælir rétt. Þau vápn eru þér gefin. Far ok tak þau af riddaranum, þvíat þau skalt þú hafa. Þú gerðir sem *vitr¹⁶ maðr er þú fórt hingat slíks at biðja."

Parcevals saga

The boy answers: "Find yourself another messenger; I care nothing about what you are saying," and he hurried onwards until he came to where the king was. He was sitting at table, and all the court with him. He rode into the hall across the floor, which was all paved with slabs of marble in many different colours. The king was sitting at the head of the table, anxious and ill at ease. But the boy did not know whom he should greet, for he did not recognise the king, until Ionet, the king's page, walked up to him carrying a knife in his hand, since he cut food for the king.

"Hey, fellow," said the boy, "you with the knife, tell me where the king is!"

Now Ionet was the most courteous of men and kindly told him where the king was sitting.

And he at once hastened up to the king and greeted him. But the king sat there, full of unease, and made no reply.

The boy addressed him a second time and he remained silent.

Then the boy said: "It is my belief that this king never makes knights, for nobody can get a word out of him."

And immediately the boy prepared to leave, and turned his horse towards the hall door. But he had ridden nearer to the king than he had realised, and in turning his horse, he knocked the king's hat off his head onto the table in front of him.

Then the king controlled his anxiety and turning towards the boy, said: "My good fellow, you are welcome. I beg you not to think ill of me for keeping silent, for I was unable to answer you from anger and concern. My greatest enemy is persecuting me out of malice and is laying claim to my kingdom; and he says that he will have it whether I will or no. He is called the Red Knight; he lives in the forest named Quinquarie. Our queen had come here to comfort our wounded knights; and what the knight said would have angered me little if, over and above that, he had not done something else in order to humiliate me: he snatched up my goblet and flung all the wine in the queen's face; and she has taken to her bed and I fear that I shall not find all well with her."

The boy paid no heed to what the king was talking about, either about his humiliation or his anxiety, and said: "Listen, king, make me a knight, because I want to be off at once."

Everyone who heard his request thought him a fool; yet they saw nonetheless that he was both handsome and bold.

"Good friend," said the king, "get down from your horse and our grooms will take care of him, and I shall grant you your request. Now accept my offer, for I shall honour you as befits a man of high birth."

The boy answers: "The man I met outside the castle did not get down from his horse; but still, do quickly what you wish to have done. I do not want to be a knight unless I have arms and armour all of red. So give me those belonging to the one I met who was carrying off the goblet."

But Kay, the king's steward, spoke up: "Friend," said he, "you are right in what you say. Those arms are yours. Go and take them from the knight, for you shall have them. You acted like a wise man when you came here to ask for such arms."

"Þegi fyrir guðs skyld, Kæi," sagði kóngr, "hví mælir þú slíkt? Þú ert alls til fúss at spotta ókunniga menn. Þat má vera þó at þessi sveinn sé ungr, at hann sé kominn frá góðum mönnum, þvíat hann hefir fríða ásjónu ok drengiliga. En þat er eitt at atferðum hans, at hann er eigi vanr hirðsiðum. En eigi at síðr má hann verða góðr maðr, ok er þat svívirðing ok drengskaparfall at spotta þvílíkan mann sem hann er. En engum duganda manni berr því at heita er hann má eigi gefa eða hann vill ekki, at hann fái eigi óþokka af þeim er hann heitr ok fyrr var vinr hans, þvíat ef heitin koma eigi fram, þá heitir sá falsari er hét, því er hann mátti eigi eða vildi eigi. Því er betra at heita engu eða þegar gefa er hann heitr, en at afla sér óþokka ok svívirðingar af falsheitum."

III. Parceval drap rauða riddara

Nú sneri sveinninn brott ferð sinni ok útar eptir höllinni ok á miðju hallargólfinu mætti hann einni fríðri ok kurteisri mey ok heilsadi henni ok hún honum ok mælti til hans blíðum orðum:

"Sveinn," sagði hún, "ef ek lifi nokkura stund, þá veit ek at sönnu, sem mér segir hugr, at í öllum heiminum fæz eigi vaskari riddari en þú munt verða." Hún var betr en tólf vetra gömul. Hún mælti þetta svá hátt, at allir heyrðu er í höllinni váru.

Þá hljóp Kæi ræðismaðr at henni ok laust hana svá mikit högg með lófa sínum í reiði á kinn hennar, at hún lá þegar fallin. Sem hann hafði lostit meyna ok hann sneriz aptr, þá stóð kóngsfól á leið hans hjá eldinum, ok er hann gekk nær fólinu, þá skaut <hann>[17] honum með fæti sínum af reiði í miðjan eldinn, þvíat hann hafði talat þvílík orð sem mærin, at sveinninn mundi fá ina mestu sæmd alls riddaraskapar. Nú æpti fólit, er brent var, en mærin grét, er lostin var. En sveinninn skundaði, þvíat engi meinaði honum, eptir rauða riddara. En því næst Íonet, er allir vegir váru kunnir, vildi vera sannfróðr af viðskiptum sveinsins ok riddarans, þvíat hann var jafnan vanr at koma með nokkurum tíðindum. Hann fór annan veg ór kastalanum með kumpánum sínum, ok fóru þeir eina leið þar til er þeir kómu skamt frá því er rauði riddari sat á hesti sínum ok beið atburða ef nokkurr kæmi ór kóngs hirð at berjaz við hann ok verja ríki kóngs er hann til kallaði. Ok því næst kom sveinninn ákafliga ríðandi. En riddarinn hafði niðr sett kerit á meðan hann sat bíðandi, en sem sveinninn sá riddarann ok hverr mátti heyra mál annars, þá mælti sveinninn til hans:

"Legg niðr vápn þín ok ber þau eigi lengr, þvíat Artús kóngr gaf mér þessi vápn."

Þá mælti riddarinn: "Þorir þú at koma hingat ok sækja þessi vápn er kóngr gaf þér? Leyn mik eigi," sagði hann, "ef nokkurr er annarr hingat kominn at verja ríki kóngs fyrir mér."

"For God's sake, Kay, hold your tongue," said the king; "why do you speak like that? You are all too ready to make mockery of strangers. Though this boy is young, he may be descended from good stock, for he has a handsome and bold appearance. The only fault in his behaviour is that he is not familiar with the customs of the court. But none the less he may turn out to be a good liegeman. And it is disgraceful and churlish to mock a person such as he. For it does not become an honourable man to promise what he can not or will not grant, if he is not to earn the contempt of the one to whom he made the promise, who was his friend in the beginning; since if the promise does not come to anything, because he either could not or would not fulfil it, then the person who promised is declared a deceiver. Therefore it is better to promise nothing, or grant immediately what one has promised, than to earn oneself contempt and dishonour by making false promises."

III. Parceval kills the Red Knight

Now the boy turned to go on his way and went through the hall towards the door; and in the middle of the hall floor he met a beautiful and gentle maiden, and he greeted her and she him, and she spoke kind words to him:

"Boy," said she, "as I live and breathe,[6] then I know for a truth, as my heart tells me, that in all the world there will not be found a knight more valiant than you will prove to be." She was more than twelve years old. She said this so loudly that all who were in the hall heard it.

Thereupon Kay the steward leaped at her and in anger struck her such a hard blow on the cheek with the flat of his hand that in an instant she lay prostrate. When, having struck the girl, he turned away again, the king's fool was standing in his way, near the fire, and, as he passed the fool, in his fury he thrust him with his foot into the heart of the fire, because he had spoken words similar to the maiden's, saying that the boy would win the greatest of all chivalric honours. Then the fool, who had been burnt, screamed, and the maiden, who had been struck, wept. But, since no one hindered him, the boy hastened after the Red Knight. And then Ionet, who knew all the paths, wished to learn the truth about the encounter between the boy and the knight, because he was always accustomed to bring tidings. With his companions, he left the castle by another way and they followed a particular path until they arrived close to the place where the Red Knight sat on his horse awaiting adventures, if anyone should come from the royal court to fight against him and defend the king's realm to which he laid claim. And then along came the boy, riding furiously. The knight had set down the goblet while he sat waiting. And when the boy caught sight of the knight, and they were within hearing distance of each other, the boy said to him:

"Lay down your arms, and bear them no longer, for King Arthur has given me those arms."

Then the knight spoke: "Do you dare come here and take these arms which the king has given you? Do not hide it from me," said he, "if someone else has come out here to defend the king's realm against me."

Sveinninn mælti: "Hvat segir þú fjándi?" sagði hann. "Spottar þú mik, er þú vill eigi enn af fara herklæðum mínum? Far af skjótt; ek fyrirbýð þér í at vera lengr."

"Sveinn," kvað riddarinn, "seg mér ef nokkurr riddari kemr at berjaz við mik."

Sveinninn svarar: "Far af herklæðum mínum, ella mun ek þau af þér taka, ok at vísu mun ek ljósta þik, ef þú angrar mik."

Þá reiddiz riddarinn ok tók spjót sitt báðum höndum ok sló sveininn um þverar herðar honum með þeim endanum sem eigi var járnit í svá at hann seig eptir högginu á hals hestinum. Þá reiddiz sveinninn ok réttiz upp ok hristi gaflak sitt ok fleygði at riddaranum með öllu afli ok skaut hann í augat, svá at heilinn fylgði út um hnakkann, en riddarinn féll jafnskjótt dauðr til jarðar.

Þá sté sveinninn niðr ok tók spjót hans ok sverð, en eigi kunni hann at leysa hjálm hans af höfði honum. Gjarna vildi hann ok leysa sverð hans af honum ok vissi eigi með hverjum hætti hann mátti þat gera. Tók hann þá sverðit með skildinum ok kipti ok dró. En þá er Íonet sá at sveinninn kunni ekki at slíku, sté hann af hesti sínum ok mælti:

"Hvat gerir þú, góðr sveinn?" sagði hann.

"Ek hugða at kóngr yðvarr hefði gefit mér þessi vápn, en nú verð ek at brenna þann er dauðr er at köldum kolum, áðr ek ná þeim."

Þá mælti Íonet: "Angraz eigi af þessu, þvíat ek skal öll þessi vápn leysa þér til handa."

"Ger þat skjótt," sagði sveinninn.

Þá kastaði Íonet yfirklæði sínu ok afklæddi riddarann öllum herklæðum. En sveinninn vildi at engum kosti skipta klæðum sínum ok klæðum hans fyrir sakir alls þess er Íonet kunni honum telja. Riddarinn var klæddr inum bezta silkikyrtli ok af ágætum guðvef undir brynjunni, ok eigi mátti Íonet koma honum til at fara af hriflingum sínum ok mælti <hann>[18] svá:

"Spottar þú mik, snápr? Hyggr þú at ek vil skipta mínum klæðum er móðir mín gerði mér fyrir tveimr dögum, skyrtu nýja ok stóra af striga ok þessa hans ina smáskyrtu er ekki er haldit í, kyrtil minn nýjan ok þykkan fyrir þann inn forna ok inn þunna, er engu er nýtr?"

Seint er at kenna fóli vísdóm.

Sveinninn hafnaði öllum klæðum riddarans nema vápnum, ok ekki tjóaði at telja fyrir honum. Því næst herklæddi Íonet hann, færði hann í brynhosur ok útan á hriflinga hans, festi á hann spora af gulli ok færði hann í brynju ok setti hjálm á höfuð honum ok sómdi honum einkar vel. Síðan gyrði hann sveininn með sverði ok kendi honum at bregða ok slíðra. Því næst setti hann fót hans í ístig ok sté hann upp á vápnhestinn. Aldri fyrr kom fótr hans í ístig; vanari var hann ok hrossavendi en spora. Íonet fekk honum merki ok skjöld. Þá mælti sveinninn, áðr þeir skildu:

"Vinr," sagði hann, "tak hest minn ok vit at sönnu, at ek hefi reynt hann at góðum hesti, ok skalt þú þiggja hann af mér; <ek>[19] þarf hann eigi lengr. Tak ok borðkerit ok fær kóngi ok seg honum guðs kveðju af minni hálfu. Þú skalt ok segja

Parcevals saga

The boy replied: "What are you saying, you devil?" said he. "Are you mocking me, that you still will not take off my armour? Take it off quickly; I forbid you to wear it any longer!"

"Boy," said the knight, "tell me if any knight is coming to fight with me."

The boy answers: "Get out of my armour or I shall have to take it off you, and I will strike you for sure if you annoy me."

Then the knight grew angry and, seizing his lance with both hands, struck the boy across the shoulders with the blunt end, so that he slumped over his horse's neck from the blow. Then the boy grew angry and, drawing himself up, he brandished his javelin and let fly at the knight with all his might and pierced him through the eye, so that the brain was dashed out over the nape of his neck, and the knight instantly fell to the ground dead.

Then the boy dismounted and seized the knight's lance and shield,[7] but he did not know how to loosen his helmet from his head. He very much wanted to unbuckle his sword as well, but he did not know how to do that. Then he seized the sword by the guard[8] and pulled and tugged. But when Ionet saw that the boy knew nothing about such matters he dismounted and said:

"Dear boy, what are you doing?"

"I thought your king had given me these arms, but now I shall have to burn the dead man to ashes[9] before I can get them."

Then Ionet said: "Do not let this trouble you, as I shall unfasten all these arms for you."

"Do it quickly," said the boy.

Then Ionet threw off his cloak and stripped the knight of all his armour. But the boy would not on any account change his own clothes for the knight's clothes in spite of everything Ionet could say to persuade him. The knight was clothed in the finest silken tunic of rich velvet under the coat of mail, yet Ionet could not get the boy to take off his rawhide brogues! And he spoke like this:

"You blockhead, are you making fun of me? Do you think that I would exchange my clothes, which my mother made for me two days ago, a big, new canvas shirt for this one of his, this skimpy shirt which is not worth anything, my new, thick tunic for that old, thin one which is fit for nothing?"

It is a slow business, teaching wisdom to a fool.

The boy rejected all the knight's outfit except the arms, and nothing would do to persuade him otherwise. Then Ionet armed him: he put greaves on him, and over his rawhide brogues he fastened spurs of gold, and put him into the coat of mail, and set the helmet on his head—and it suited him extremely well. After that he girded the boy with the sword and taught him how to draw it and sheathe it. Next he placed the boy's foot in the stirrup and he mounted up on the warhorse. Never before had his foot been in a stirrup; also, he was more accustomed to the horsewhip than the spur. Ionet handed him the pennant and the shield. Then, before they parted, the boy said:

"Friend, take my horse and let me tell you truly that I have proved him to be a good horse, and you must accept him from me; I do not need him any longer. Take the goblet too and present it to the king, and greet him in God's name on my mína kveðju meyju þeiri er Kæi laust á hallargólfi, ok seg svá öllum at ek skal svá mikit at gera áðr ek dey, at hún skal segja sik vel hefnda á þeim er hana laust."

IV. Íonet segir kóngi frá Parceval

Síðan skilduz þeir ok fór Parceval leið sína. En Íonet aptr komandi í kóngs höll, þar sem öll hirðin var sitjandi með borðker kóngs, *mælti:[20]

"Herra," sagði hann, "sé hér borðker yðvart, er riddari yðvarr sendi yðr."
Þá mælti kóngr: "Til hvers riddara tali þér?"
Íonet mælti: "Til sveins þess er hér kom í höllina ok yðr bað vápnanna."

Kóngr mælti: "Hversu fekk hann kerit? Var hann svá góðr vinr hans, at hann fekk honum þat at sjálfvilja sínum?"
"Nei, herra," sagði Íonet, "hann seldi honum svá dýrt at hann gaf lífit við, þvíat hann drap hann."
"Hversu barz þat at?" sagði kóngr.
"Eigi veit ek þat víst," sagði Íonet, "en svá bar at í fyrstu, at riddarinn laust hann með spjótshalanum ok gerði sveininum mikit angr. En sveinninn jafnskjótt skaut hann í gegnum í augat, svá at blóð ok heili steyptiz út um hnakkann ok fell hann þegar dauðr á jörð."
Þá mælti kóngr við Kæi ræðismann: "Svívirðliga hefir þú gert við mína hirð, þvíat af illum orðum þínum hefi ek tapat góðum riddara, er mér gerði í dag góða sæmd ok drap inn mesta óvin minn þar sem ek gerða honum enga sæmd."
"Herra," sagði Íonet, "hann sendi ok góða kveðju meynni er Kæi laust honum til svívirðingar ok sagðiz at vísu skyldu hefna hennar ef hann lifir ok kemr þar er hann megi þat gera."
Sem fólit, er sat við eldinn, hafði skilit hvat Íonet sagði, hljóp <hann>[21] þegar upp ok gekk fyrir kóng ok mælti:
"Herra," sagði hann, "nú nálgaz gjafar yðrar ok má nú sjáz hvat gerz hefir um þá er ótrúir ok illir eru, en ek heit yðr at sönnu, at Kæi ræðismaðr þarf ei at ifa um þat at ósynju sá hann sínar hendr ok fætr ok sína heimsku tungu, þvíat áðr þessi misseri líði, mun riddarinn hefna á honum þess höggs, er hann sló mik með fæti sínum ok þess er hann laust meyna, ok svá skal hann kaupa þat dýrt, at hans hægra armlegg skal hann bera brotinn við sína síðu ok þetta skal honum at sönnu verða."

Sem Kæi heyrði þetta, þá varð hann nær sem hann mundi springa af angri ok reiði. En hann þorði þó eigi at ráða á fólit fyrir kóngi er svá nær honum sat.

Þá mælti kóngr: "Kæi," sagði hann, "illa hefir þú gert í dag til mín. Þú hleyptir frá mér sveininum fyrr en hann hefði numit af riddaraligum íþróttum, þvíat ifanarlaust verðr hann inn bezti riddari, ef hann kynni vápn at bera, þar sem nú kann hann ekki at, ok eigi þó at nauðsyn falli til kann hann sverði at bregða. Nú sitr

Parcevals saga   *121*

behalf. You must also give my greetings to that maiden Kay knocked to the floor of the hall; and tell everyone this: that I shall do such great things before I die that she will declare herself well avenged upon the man who struck her."

IV. Ionet tells the king about Parceval

After that they parted company and Parceval went on his way. But Ionet, returning with the king's goblet to the royal hall where the whole court was sitting, announced:

"See, sire," he said, "here is your goblet which your knight has sent you."

Then the king said: "Of which knight are you speaking?"

Ionet said: "Of that boy who came into the hall here and asked you for the arms."

The king said: "How did he obtain the goblet? Was he such a good friend of his that he gave it to him of his own free will?"

"No, sire," said Ionet, "he sold it to him at a price so high that it cost him his own life, for the boy killed him."

"How did that come about?" said the king.

"I do not know for certain," said Ionet, "but it happened like this: that first the knight struck him with the butt-end of his lance and caused the boy great annoyance. But the boy immediately pierced him through the eye so that blood and brains gushed out over the nape of his neck and at once he fell dead on the ground."

Then the king spoke to Kay the steward: "You have treated my court shamefully, for through your wicked words I have lost a good knight who has done me much honour today and killed my greatest enemy, even though I did him no honour."

"Sire," said Ionet, "he also sent good wishes to the maiden Kay struck to humiliate him,[10] and said that he would surely avenge her if he lives and reaches the stage where he is able to do it."

When the fool, who was sitting beside the fire, had taken in what Ionet said, he at once leaped up and went before the king and spoke:

"Sire," said he, "now your gifts draw near[11] and it will now be seen what has happened concerning those who are faithless and wicked; but I promise you truly that Kay the steward need have no doubt about it, that to his own misfortune he used[12] his hands and feet and his foolish tongue, because before this year has passed the knight will avenge upon him that blow which he struck me with his foot, and the one which he struck the maiden. And he shall pay so dearly for it, that he shall bear his right arm broken by his side, and assuredly this will be his fate."

When Kay heard this, he was close to bursting with anger and rage. But even so, he did not dare to attack the fool in the presence of the king, who was sitting so near to him.

Then the king spoke: "Kay," he said, "you have behaved wickedly towards me today. You drove the boy away from me before he had learned the arts of chivalry. For he would without a doubt become the best of knights if he were to understand how to bear arms, about which at present he knows nothing at all, not even how to hann á inum bezta vápnhest<i>, ok ef nokkurr gárungr girniz hest hans ok herklæði, þá mun hann skjótt fá drepit hann." Sá er illa fallinn at berjaz, er eigi kann vápnum verjaz. Sá er vita vill sinn drengskaparleik, þarf drengskap ok vaskleik.

V. [Parceval nam í]þ[r]óttir [at] þ[eim] góða manni

Nú reið sveinninn leið sína um mörkina allt til þess er hann kom þar sem sleit landit ok var skóglaust, ok leit hann þar á eina mikla, ok reið hann um engjar til árinnar, ok er hann kom at ánni, fann hann at hún var mjök djúp ok rann með miklum straumi, ok reið hann ofan með ánni, ok þá sá hann upp koma eitt mikit berg öðrum megin árinnar ok þar á fjóra turna sterkliga og hagliga gerva, en millum turnanna sá hann borgarvegg. Þessi borgarveggr var svá vel skapaðr ok fagr, at hann þóttiz engan hafa sét þvílíkan. Fyrir þessum kastala var ein sterk brú þykk ok há ok fyrir brúarsporðinum sá hann einn turn ok fyrir turninum var ein vindabrú ok *miklar[22] járnrekendr í báðum endum, svá at hana mátti upp vinda. Hún var brú um daga, en um nætr var hún af undin svá at ekki mátti at ganga turninum, svá var hugsat hagliga at þeim mátti ekki ófriðligt granda er þar váru byggjandi.

Nú reið sveinninn at brúnni ok í því bili kom einn dýrligr maðr ok tiguliga klæddr inum bezta guðvef ok hafði sér í hendi til skemtanar mjúkan staf, ok fylgðu honum tveir ungir menn vel klæddir.

En sveinninn komandi mintiz þess er móðir hans kendi honum at heilsa mönnum blíðliga ok mælti: "Þat kendi móðir mín mér, at ek skylda blíðliga heilsa yðr: guð signi yðr."

En sá inn góði maðr fann þegar at hann mundi vera heima alinn ok mælti: "Hvaðan ert þú komandi?"

"Hvaða[n]?" kv[að][23] sveinninn. "Ór hirð Artús kóngs."

"Hvat gerðir þú þar?" sagði hann.

"Kóngrinn gerði mik riddara sinn," kvað hann.

"Guð þakki honum þat," sagði inn góði maðr, "en þat kom mér sízt í hug at hann mundi í slíku fáz. Ek hugða, at hann hefði nóga áhyggju áðr. En hverr gaf þér þessi vápn?"

"Kóngrinn gaf mér," sagði hann.
"Með hverjum atburð?" sagði hinn.
Hann sagði þá allt sem farit hafði ok fyrr segir í sögunni.

Þá spurði sá inn góði maðr: "Hvat kant þú gera með hesti þínum?"
Hann svarar: "Ek kann hleypa honum slétt sem óslétt svá sem ek hleypta hesti mínum inum fyrra, er ek reið heiman frá móður minni."

"Seg mér," sagði hann, "hvat kant þú gera með vápnum þínum?"

Parcevals saga

draw a sword, should the need arise. Now he is sitting on the finest warhorse, and if some prankster takes a fancy to his horse and armour, he will then be able to put an end to him quickly. A man who cannot weapons wield is ill-equipped to take the field. A man who wants to test his manhood needs manliness and hardihood."

V. Parceval learns accomplishments from the worthy man

And now the boy rode on his way right through the forest until he came to where the ground was level and without woods. And there he saw a great river, and he rode across the meadows towards the river. And when he came to the river he found that it was very deep, and it rushed along in a swollen torrent. He rode down along the river and then he saw a great rock rising up on the other side of the river, and on top of it four towers, strongly and skilfully built, and between the towers the wall of the fortress. This fortress wall was so well constructed and beautiful that he thought he had seen none like it. In front of this castle was a strong bridge, stout and high; and fronting the bridge-head he saw a tower, and before the tower was a drawbridge, with great iron chains on both sides so that it could be wound up. It was a bridge during the day, but at night it was raised up so that nothing could attack the tower. So skilfully planned was it that no hostile force could harm the people who were living there.

The boy then rode towards the bridge, and just at that moment there came by a magnificent man, nobly dressed in the finest velvet; he had a light[13] cane in his hand to toy with, and was accompanied by two well-dressed young men.

As the boy drew near he remembered what his mother had taught him about greeting people politely and he said: "My mother taught me that I should greet you politely, so: God bless you."

And that worthy man at once perceived that he must have been brought up at home and he said: "Where have you come from?"

"Where from?" said the boy. "From the court of King Arthur."

"What were you doing there?" he said.

"The king made me one of his knights," he replied.

"God reward him for that!" said the worthy man: "But that is the last thing that would have entered my mind, that he would concern himself with such a thing. I thought that he would have enough to worry about already. But who gave you these arms?"

"The king gave them to me," he said.

"How did that come about?" said the other.

He then related all that had taken place, as has already been recounted in the story.

Then the worthy man asked: "What can you do on your horse?"

He answers: "I can make him gallop over rough and smooth, just as I made my first horse gallop when I rode away from home, away from my mother."

"Tell me," said he, "what can you do with your arms and armour?"

"Ek kann at herklæðaz þeim ok afklæðaz svá sem hann sveinninn afklæddi þann er ek drap ok mik færði í ok ber ek þau léttliga síðan."

"Guð veit," sagði inn góði maðr, "þú ert mjök lofandi. Nú fyrirkunn mik eigi," sagði hann, "er ek spurða þik, hvernin at bar, er þú drapt riddarann."

"Herra," kvað hann, "þat kendi móðir mín mér, at ek skylda samþykkjaz góðum mönnum ok hafa þeira ráð, ok ef ek fylgða góðra manna ráðum ok hygginna, mundi mér hamingja af standa."

Þá mælti inn góði maðr: "Vel sé móður þinni, er hún kendi þér heil ráð ok holl; eða vill þú nokkut fleira mæla?"

"Já, herra," sagði hann, "ek vil [biðja]24 at þér herbergið mik í nátt."

"Gjarnsamliga," kvað hann, "ef þú játar þat er ek bið þik [ok mun]25 þér mikit gagn af standa."

"Hvat er þat?" kvað sveinninn.

"Þat, at þú trúir móður þinni ok mér."

"Gjarna, herra," sagði sveinninn.

"Stíg nu af hesti þínum."

Hann gerði svá. Þá tók annarr þeira við hesti hans, en annarr við herklæðum ok stóð hann í sínum búnaði, hriflingum ok skinnstakki, er móðir hans hafði gert af dýrshúð illa skorin, en verr saumaðr. Þá batt annarr þeira sveinanna spora á fætr þeim góða manni ok sté hann upp á hestinn ok tók í mund[riða]26 skjaldarins ok hengdi á öxl sér. Því næst tók hann spjótit ok mælti til sveinsins:

"[Hy]gg27 at vandliga, hversu þú skalt vápnum stýra ok spjóti halda ok vápnhesti hleypa [ok honum r]ennanda a[p]tr halda."28

Síðan kendi hann honum skildi at halda ok lét síga skj<a>ldarsporðinn29 á hals hestinum, tók spjótit ok breiddi í sundr merkit ok helt því til *lags,30 hleypti þá inum góða hesti er betri var en hundrað marka brends silfrs, þvíat engi honum sterkari né skjótari. Þessi dugandi maðr var fullkominn í öllum riddaraskap ok kunni vel ríða ok skjöld ok spjót bera, þvíat hann hafði þat numit í barnæsku ok líkaði sveininum vel reið hans ok allt þat er hann sá hann gera.

Sem riddarinn hafði sæmiliga riðit, þá reisti hann upp spjót sitt ok merki ok reið til sveinsins ok mælti:

"Vinr," sagði hann, "kant þú at bera með þessum hætti spjót ok skjöld ok stýra svá hesti þínum?"

Sveinninn svarar: "Gjarna vilda ek lifa til þess er ek kynna svá vel ok betri þikki mér sjá kunnasta, en miklar eignir ok fjárhlutr."

"Allt má nema," sagði hann, "ef maðr leitar við ok leggr hug á. En með því at þú hefir eigi fyrr sét at slíku farit, þá er þér þat engi skömm, at þú kunnir eigi. En nú síðan þú hefir sét, þá hefir þú skömm ok skaða ef þú neitar at nema."

Síðan sté hann af hestinum ok lét sveininn upp stíga ok tók hann þegar spjót ok skjöld ok hleypti hesti með öllu afli, ok bar hann þegar svá vel skjöld sinn ok

"I can put them on and take them off in the same way as the boy stripped the man I killed and put me into them, and I have worn them easily ever since."

"God knows," said the good man, "you are greatly to be praised. Now do not be displeased with me," said he, "for asking you how it came about that you killed the knight."

"Sir," he said, "my mother taught me that I should be obedient to people of importance and take their advice, and if I followed the counsel of wise and worthy men, it would bring me good fortune."

Then the worthy man exclaimed: "A blessing upon your mother, that she gave you sincere and sound advice! But do you wish to say anything more?"

"Yes, sir," said he, "I wish to ask you to give me lodging for the night."

"Willingly," he said, "provided you agree to what I shall ask of you; and that will bring you great benefit."

"What is that?" said the boy.

"This: that you put your trust in your mother and myself."

"Willingly, sir," said the boy.

"Now get down from your horse."

He did so. Then one of the young men took charge of his horse and the other of his armour, and he was left standing in his own clothes: in the rawhide brogues and leather tunic his mother had made of deerskin, badly cut and even more badly stitched. Then one of the young men bound spurs on the worthy man's feet; and he mounted the horse and put his hand through the strap of the shield and slung it over his shoulder. Then, taking the lance, he said to the boy:

"Pay careful attention to the way you handle your weapons and hold your lance, and how you put your warhorse to the gallop and rein him in at full gallop."

After that he taught him how to hold a shield: he let the pointed end of the shield slide down on to the horse's neck, took the lance and displayed the pennant and held it in the proper position. Then he put to the gallop the splendid steed, which was worth more than a hundred marks of pure silver, as none was to be found stronger or swifter than he. This honourable man was perfect in all aspects of chivalry and well knew how to ride and bear shield and lance, for he had learned it in childhood; and his riding, and everything that he saw him do, pleased the boy well.

When the knight had ridden splendidly, then he raised aloft his lance and pennant and rode back to the boy and said:

"Friend, are you able to bear lance and shield in this way, and control your horse like this?"

The boy answers: "I would eagerly live for the day when I might understand it so well, and this knowledge seems better to me than vast lands and great wealth."

"Everything can be learned," said he, "if a man tries hard and puts his mind to it. But inasmuch as you have not seen such things done before, then it is no disgrace to you that you are ignorant of it. But now since you have seen it, you will incur disgrace and injury if you refuse to learn."

Thereupon he got down from the horse and made the boy mount up; and he at once took lance and shield and with all his might put the horse to the gallop; and rétt ok beint spjót sitt, sem hann hefði ór barndómi jafnan í atreiðum verit ok riddarabardaga, þvíat hann hafði slíkan vápnaburð af kynfylgju ok náttúru sjálfs síns ok <var>[31] hann inn djarfasti til vápna ok námfúss slíkt at nema.

Góð náttúra er gott nemandi þeim er at góðu eru kunnandi. Gott kemr aldin af góðum viði: svá er ok góðr máðr með góðum siði.

Þá er sveinninn hafði lengi riðit, þá reisti hann upp merki sitt ok reið til riddarans ok mælti: "Segið nú hversu yðr sýniz ek hafa riðit. Aldri sá ek þat er ek vilda jafngjarna kunna sem þetta. Mun þetta nokkut duga mér, ef ek verð þurfi ok legg ek allan hug á? Sæll væra ek ef ek kynna jafnmikit at riddaraskap sem þér."

Þá svarar sá inn góði maðr: "Eigi bilar þik hugr ok ifaz þú eigi í at þú verðr góðr riddari."

Sveinninn svarar: "Aldri verðr mér hugr fyllandi við engan þann er nú er lifandi. Skal ek aldri vera flýjandi meðan ek em upp standandi."

VI. Af góða manni ok Parceval

Nú stígr sá góði maðr annan tíma upp á hestinn ok sýndi honum allt riddaraviðskipti þrimr sinnum ok vápnaburð svá sem hann hafði framast numit, ok sem sveinninn hafði vandliga athugat ok skilit allt þat er hann hafði sét ok sér í brjósti fest, hann sté þá enn upp á hestinn ok gerði vaskliga allt þat er hann hafði sét ok fullkominn at því sem hann hefði jafnan þat eina gert; ok líkaði inum góða manni þat einkar vel. Þá mælti hann til sveinsins:

"Ef þú mætir riddara," sagði hann, "ok lýstr hann þik, hvat vill þú þá at hafaz?"
"Ljósta hann," sagði sveinninn, "þegar jafnskjótt."
"En ef þú brýtr spjót þitt," kvað hann, "hvat vill þú þá at hafaz?"
"Þá ræð ek þegar á hann ok tek ek hann höndum," sagði sveinninn.

"Nei, vinr," kvað riddarinn. "Eigi berr þat svá at gera."
"Hversu þá?" sagði sveinninn.
"Með sverði skalt þú sækja hann," sagði riddarinn, "ok skylming." Ok <var>[32] hann fúss at kenna honum skylming, ok festi spjótsendann í jörðina ok brá sverðinu ok tók skjöldinn ok kendi honum skylming.

Þá mælti sveinninn: "Ek em meistari allra þeira er slíkt kunna. Nam ek slíkt at móður minni at engi má finnaz mér betr[i] skylmandi með sverð ok buklara."

Þá mælti sá inn góði maðr: "Förum heim náttlengis til h[víl]dar[33] ok skalt þú fá at sönnu herbergi ins helga Júlíani."

Því næst tók hvárr þeira í hönd öðrum ok gengu svá til hallarinnar.

Þá mælti sveinninn til ins góða manns: "Herra," sagði hann, "þat kendi mín móðir mér, ef ek þýddumz góðan mann, at ek skylda þegar vita nafn hans. En ef from the first he carried his shield so well, and his lance so straight and level, as though he had been in tournaments and knightly combats ever since childhood, for he had acquired such skill in bearing of arms as a family trait, and out of his own nature, and he was most daring in arms and eager to learn to acquire such knowledge.

Good character brings a good return for those who good things can discern.[14] Good fruit comes from a good tree: so a good man has good habits naturally.

When the boy had been riding for a long time, he raised aloft his pennant and rode back to the knight and said: "Tell me now what you think of my riding. I never saw anything which I so keenly wanted to master as this. Will this help me at all if I come to be in need of it, and I put my whole mind to it? I should be happy if I knew as much about knighthood as you do."

Then the worthy man answers: "You are not lacking in spirit; do not doubt that you will become a good knight."

The boy replies: "Never will anyone living today overwhelm[15] my mind in any way. I shall never take to flight while I can still stand upright."

VI. Concerning the worthy man and Parceval

Then the worthy man mounted once more and demonstrated to him three times all the chivalric manœuvres and the bearing of weapons, to the excellent degree to which he himself had learned it. And after the boy had paid careful attention and understood everything that he had seen and had fixed it in his heart, he then mounted again and valiantly performed everything that he had seen, and he was as perfect in that as though he had done nothing else all his life; and that pleased the worthy man very much. Then he spoke to the boy:

"If you meet a knight," he said, "and he strikes you, what will you do then?"

"Hit him back," said the boy, "instantly."

"But if you break your lance," said he, "what will you do then?"

"Then I will attack him immediately, and grapple him with my hands," said the boy.

"No, friend," said the knight. "That is not the proper way to do it."

"How, then?" said the boy.

"You must attack him with your sword," said the knight, "and use swordplay." And, eager to teach him swordplay, he stuck the butt of the lance in the ground, drew the sword, took the shield, and taught him swordplay.

Then the boy declared: "I am master of all those who can do that. I learned that so well at my mother's house, that you will find no one better than I at fencing with sword and buckler."

Then the worthy man said: "Let us go home to rest for the night and, I promise you, you shall have the lodging of St. Julian."

Thereupon each took the other's hand and so they walked towards the hall.

Then the boy spoke to the worthy man: "Sir," said he, "my mother taught me that if I made the acquaintance of a man of importance I should find out his name hún kendi mér gott, þá vilda ek vita nafn yðvart."

"Ek heiti Gormanz ór Groholi."

Ok þegar kom þar einn ungr maðr með einum möttli at leggja yfir sveininn, at hann skyldi eigi kala eptir þann <hita er hann>[34] hafði fengit af reiðinni.

Síðan gengu þeir til borðs ok áttu þeir borð saman húsbóndi ok sveinninn. Húsbóndi bað at hann skyldi dveljaz með honum um tólf mánaði ok mundi hann kenna honum riddaraskap. En sveinninn neitaði því. Þá bað hann at sveinninn dvelðiz þar mánuð.

Sveinninn svarar: "Ek veit eigi, nema ek sé næri hýbýlum móður minnar ok bið ek guð, at ek mega heim koma ok sjá hana, því at hún lá í óviti af harmi skilnaðar okkar, ok eigi veit ek nema hún sé dauð, ok því verð ek héðan at fara árla í morgin."

Ok sem húsbóndi fann, at ekki tjóaði at letja hann, *þá[35] fóru þeir at sofa. Ok um morguninn í ár lét húsbóndi bera at honum riddaragangveru svá ríka ok dýrliga at vel mátti einn kóngr bera, skyrtu ok brók af hvítu silki, hosur af rauðu eximi, kyrtil af inum bezta guðvef.

Þá mælti riddarinn: "Nú skalt þú klæðaz þessum klæðum ef þér líkar."

Þá svarar sveinninn: "Skár[i] mætti þér mæla at ek taka þau klæði, er móðir mín gerði mér; eru þau e[igi betri] en þessi?"

"Nei," sagði hann, "þau eru miklu dáligri. Þú sagðir, góðr vinr, þá er ek tók þik í mitt herbergi, at þú skyldir vera mér hlýðinn ok eptirlátr."

"Ok þat vil ek gjarna," kvað sveinninn, "ok aldri skal ek yð[ar][36] ráðum hafna."

Síðan klæddiz hann ok fyrirlét hin er móðir hans hafði gert ok gerði aldri betra skipti, ok þá síðan batt riddarinn spora á hægra fót honum. Svá var þá siðr at gera riddara. En aðrir riddarar herklæddu hann. Síðan <tók inn>[37] dýrligi maðr sverðit ok gyrði hann með ok kysti hann ok mælti:

"Nú hefi ek gert þér í þessi þjónustu þá vígslu er guð gaf riddaraskap með allskyns kurteisi ok drengskapardygð. Nú skalt þú muna þat er ek boða þér. Ef berz við einn riddara ok sigraz þú á honum svá at hann biðr sér griða, drep þú hann eigi at vilja þínum. Verð þú eigi ofmálugr eða forvitinn. En ef þú finnr karlmann eða kvennmann þann er þurfi þinna heilræða, þá ráð þeim æ heilt ok þat sem þú hyggr þeim hollast vera ok ræk vel heilaga kirkju ok ver guðhræddr ok bið þann er allt skapaði at hann sjái til sálu þinnar ok geymi þín við syndum ok svívirðingum. En líf þitt þjóni guði til eilifs fagnaðar."

Sveinninn mælti: "Guð þakki yðr fyrir góð ráð ok slíkt sama kendi mér móðir mín."

Húsbóndi sagði: "Haf ekki þetta orðtak lengr at geta móður þinnar við framferðar þínar, þvíat þér verðr þat virt til fólsku."

Parcevals saga

at once. And if she taught me rightly, then I should like to know your name."

"I am called Gormanz of Groholl."

And at once there came a young man with a short cloak to put around the boy so that he should not take cold after the heat he had worked up from riding.

After that they went to table and shared a meal together, the master of the house and the boy. The master proposed that he should stay with him for twelve months and he would teach him the arts of chivalry. But that the boy refused. Then he asked the boy to stay there for one month.

The boy answers: "I do not know if I am near my mother's house, and I pray God that I may be able to go home and see her, for she was lying in a faint from the grief of our parting, and I do not know if she is dead. And so I must leave here early in the morning."

And as the master found that nothing would serve to dissuade him, they then went to rest. And early in the morning the master of the house had a suit of knight's clothing brought to him, so costly and magnificent that a king might well have worn it: shirt and breeches of white silk, hose of red samite, and tunic of the best velvet.

Then the knight said: "Now, if you please, you must dress yourself in these clothes."

Then the boy answers: "You might do better to say that I should put on the clothes my mother made for me; are they not better than these?"

"No," he said, "they are much worse. You said, good friend, when I took you under my roof, that you would be attentive and obedient to me."

"And that I will, gladly," said the boy, "and I shall never disobey your instructions."

And so he dressed himself and laid aside the other clothes which his mother had made; and he never made a better exchange. Then after that the knight bound a spur on his right foot; it was the custom in those days to make a knight by doing that. And other knights armed him. Then the noble man took the sword and girded him with it, and kissed him and proclaimed:

"Now, by this ceremony, I have performed for you the initiation which God ordained for knighthood, together with every kind of courtesy and chivalric integrity. Now you must remember what I command you. If you are fighting against a knight and you gain the upper hand over him, so that he sues you for quarter, do not willingly kill him. Do not be too talkative or inquisitive. But if you find anyone, man or woman, who is in need of wise advice from you, then always advise them wisely with the advice you believe to be most beneficial for them. And revere Holy Church, and be godfearing and pray the One who created all that He take care of your soul and guard you from sin and shame. But let your life serve God, to gain eternal joy."

The boy said: "God reward you for your good counsel; but my mother taught me just the same."

The master of the house said: "Do not use that way of speaking any longer, crediting your mother with everything you do, because that will be regarded as foolishness in you."

Sveinninn spurði: "Hvat skal ek þá segja?"
Hann svarar: "Seg at sá höfðingi kendi þér svá er þik gerði riddara."
Sveinninn sagðiz svá skyldu gera.

Húsbóndi gaf honum spjót með fögru merki. En sveinninn þakkaði honum ok reið nú í brott ok vildi gjarna finna móður sína. Hann reið nú einn þykkan skóg ok þar var hann vanari at ríða en á sléttu, ok reið svá allan daginn, ok at kveldi sá hann einn kastala sterkan ok útan um sá hann ekki nema sjó ok vötn ok autt land. Hann reið at kastalanum yfir eina vindabrú ok barði at portinu, er læst var, ok sá fagra jungfrú í einum glugg, ok þegar hún sá hann bað hún upp láta fyrir honum. Þá kómu þar fjórir riddarar ok létu upp portit ok fögnuðu honum blíðliga. Þeir váru magrir ok litlausir. Hann sá alla borgina auða af mönnum ok öll húsin þaklaus. Frúin lét fylgja honum til einnar hallar; þar váru fyrir tveir aldraðir menn ok ein jungfrú. Hún var svá fögr at engi lifandi *maðr[38] hafði fegri sét. Þau váru öll mögr ok bleik af matleysi. Hún var klædd brúnum purpura. Var honum þar vel fagnat. Váru þá tekin af honum klæði hans ok hestr hans leiddr til stalls ok var honum ekki at gefa nema lítit af hveiti. Þessi jungfrú leiddi hann í eitt fagr<t>[39] hús ok *settuz[40] þar niðr í eina sæmiliga hvílu. Því næst kómu þar þrír riddarar gangandi ok settuz í aðra sæng gegnt þeim, ok töluðu þeir með sér at aldri hefði þeir sét tvá menn fríðari ok sögðu at guð hefði þau saman ætlat. Sveinninn sat ok þagði ok mintiz á ráð húsbónda síns at hann skyldi eigi geraz ofmálugr, ok er jungfrúin sá at hann vildi eigi tala, þá mælti hún blíðliga til hans:

"Hvaðan er yðr koma hingat, herra?"
Hann svarar: "Ek var í nátt í einum ríkum kastala, ok þar var heyskr húsbóndi er heitir Gormanz af Groholi."

Þá mælti jungfrúin: "Rétt segi þér þat, at hann er heyskr *maðr[41] ok einn ríkr kóngr ok er minn móðurbróðir, ok er hans borg full af allskyns gæzku ok þarf <hann>[42] engan óvin sinn at hræðaz, ok í várum kastala eru engar vistir nema fimm munkahleifar, er einn hreinlífismaðr færði mér, ok eitt buzel með vín ok eitt rauðdýri er sveinar várir veiddu í dag."

Ok því næst gengu þau til borðs ok síðan var honum fylgt at sofa. Þar var svá rík sæng at aldri var sá keisari, at eigi mátti vel í sofa. En hann sofnaði skjótt, þvíat hann var áhyggjulauss. Áhyggja bítr sárt sem hildr ok rænir margan sinni hvíld. En þessi var enga hafandi er engu við bjóz háskagrandi.

VII. Harmtölur jungfrúinnar

*En[43] in kurteisa mær er hann herbergði hafði hvárki hvíld né ró, heldr hafði hún andvöku, þvíat hún hefir engan þann mann er hennar máli haldi fyrir hennar óvin þeim er boðit hefir einvígi riddurum hennar ok þorði engi þeira á hendr takaz. *Hún[44] kærir sik nú einsaman með miklum harmi ok stóð upp ór sæng sinni í serk

Parcevals saga

The boy asked: "What shall I say then?"

He answers: "Say that the lord who made you a knight taught you so."

The boy said that he would do so.

The master gave him a lance with a beautiful pennant. And the boy thanked him and then rode away, dearly wanting to find his mother. He then rode through a thick wood, where he was more accustomed to riding than on the plain; and so he rode the whole day, and in the evening he saw a strong castle, and round about it he saw nothing but sea and lakes and waste land. He rode up to the castle over a drawbridge and knocked at the gate, which was locked. He saw a beautiful young lady at a window, and as soon as she saw him she ordered the gate to be opened for him. Then four knights came and opened the gate, and greeted him pleasantly. They were thin and pale. He noticed that the entire stronghold was empty of people and all the houses were roofless. The lady had him escorted to a hall where there were two elderly men and a young lady—she was so beautiful that no person living had seen anyone more lovely. They were all thin and wan from lack of food. She was dressed in brown cloth of purple.[16] There he was well received. Then his armour was taken off and his horse led to stable, but there was nothing to give him except a little wheat. This young lady led him by the hand into a beautiful room and there they sat down on a costly bed. Then three knights walked in and seated themselves on another bed opposite them; and they talked among themselves, saying that never had they seen two young people more handsome, and that God must have meant them for each other. The boy sat there and remained silent, recalling the advice of his master, that he should not be too talkative. And when the young lady saw that he did not want to speak, she spoke graciously to him:

"From where have you come to this place, sir?"

He answers: "I stayed last night in a splendid castle where the master of the house was a courteous man called Gormanz of Groholl."

Then the young lady said: "You are right to say that he is a courteous man, and he is also a powerful king, and my mother's brother. And his stronghold is filled with every kind of luxury, and he need fear none of his enemies; while in our castle there are no provisions save five small loaves[17] which a monk[18] brought me, and a single cask of wine, and one red deer which our servants took in the hunt today."

And next they went to table, and afterwards he was escorted to bed. The bed was so magnificent that there was never an emperor who would not have slept soundly in it. And he fell asleep quickly because he was free from care. Care bites as keenly as contest[19] and robs many of their rest. But this boy was completely carefree, as he dreamed of no peril or injury.

VII. The young lady's lamentations

But the gracious maiden who had taken him in had neither rest nor repose; indeed, she had a sleepless night, because she had not a single man who would defend her cause against her enemy, against the man who had challenged her knights to single combat, which not one of them had the courage to undertake. Now, all alone, she einum ok tók yfir sik eina purpuraskikkju ok lagði sik óhrædd í sjálfrar sinnar ábyrgð, þvíat hún var djörf ok hugsterk, ok þá íhugar hún at ganga til gests síns þangat sem hann var ok kæra fyrir honum á launungu sín vandræði, ok gekk hún í þat svefnhús, sem riddarinn svaf í, þó með mikilli hræzlu ok skjálfta ok lágum gráti, ok kom svá til riddarans at hann svaf ok settiz á kné fyrir sæng hans ok laut yfir andlit hans svá mjök grátandi at hún vætti andlit hans allt í sínum tárum. Nú sem hún hafði þar lengi grátit, þá vaknaði riddarinn ok þótti honum mjök undarligt er andlit hans var vátt ok leit hann þá meyna á knjám sitja fyrir hvílunni ok tók þegar til hennar ok helt henni í faðmi sínum ok mælti kurteisliga til hennar:

"Hví, fríða mær," sagði hann, "kómu þér hér eða hvat er vili yðvarr? Fyrir guðs sakir, seg mér, hví ert þú svá harmsfull, öngruð ok óglöð?"

"Dýrligr riddari," sagði hún, "fyrirkunn mik ei, ok virð eigi mér til svívirðingar at ek em hér komin. Mér kom aldri í hug synd né svívirðing, þó at ek kæma hér náliga nökt. En <ek>[45] em sannliga sá kvennmaðr er sorgfullastr lifir í heiminum ok er nú þat ekki er mik megi hugga, ok þessi skal mín vera in síðasta nátt þessa heims, þvíat þegar dagr kemr, skal ek sjálf drepa mik, þvíat þessi kastali var dýrliga bygðr með þréttan þúsundum vaskra riddara, en nú eru ekki meir eptir en sex tigir riddara. Svá hefir Gingvarus, ræðismaðr Klamadii kóngs ór Suðreyjum leikit við þá, suma drepit, en suma hertekit ok aukit svá mína sorg, at farin er mín hjálp öll ok styrkr fyrir mínum óvinum, ok í þeira grimmleik er minn harmr ok hryggleikr þar fyrir. Nú er svá margr maðr dauðr ok í vandræðum fyrir mik, ok því er þat makligt at ek sé sorgfull. Hafa þeir nú setit um kastalann tólf mánaði svá at þessi Gingvarus ferr aldri héðan, ok vex dagliga hans styrkr, en várr minkar, ok nú eru uppi várar vistir svá vandliga, at eigi er brauð í mínum kastala, ok ef guð gefr oss nú eigi sína miskunn ok hjálpræði, þá verðum vér upp at gefa kastalann, þvíat hann hefir nú enga vörn. Verð ek þá uppgefin með kastalanum öllum kvennmönnum harmsfullari ok hörmuligri, er ek skylda til svá mikils ills vera fædd mér ok öðrum. Eru nú sumir drepnir, en sumir herteknir. Nú skulu þeir mér aldri kvikri ná, þvíat ek hefi í kistu minni einn þann kníf, er ek skal drepa mik með. En *Klamadius[46] skal mik aldri kvika faðma, þó at hann hafi mik með vápnum sótta. En af mér dauðri hirði ek ekki hvat hann gerir. En ek gekk til þess hingat at gera yðr þetta kunnigt, ok vil ek nú aptr snúa ok láta yðr sofa í náðum. Sendi guð yðr gott til handa, hvat sem hann vill gera af várum vanda."

VIII. Parceval talar við meyna

Nú undirstendr Parceval at mærin hafði ekki eyrendi annat, ok því feldi hún tár at hún vildi at hann tæki þetta einvígi á hendr sér ok engi riddari hafði þorat við at hrökkva at verja hana ok ríki hennar.

laments most grievously. She arose from her bed in nothing but her shift, threw over herself a scarlet[20] cloak and fearlessly took the responsibility upon herself, since she was daring and strong-minded. And then she considered going to her guest, where he was, and complaining to him in private of her troubles. She went into the bedchamber where the knight was sleeping, though not without great fear and trembling and muffled weeping, and in this state she came to the knight as he slept and fell on her knees beside his bed and bent down over his face, weeping so much that she made his face all wet with her tears. Now after she had been weeping there for a long time, the knight woke up—and he thought it very strange that his face was wet; and then he saw the maiden on her knees beside the bed and at once reached out to her and, holding her in his arms, spoke to her gently:

"Fair maid," said he, "why have you come here, and what is it you want? For God's sake, tell me why you are so sorrowful, so troubled and unhappy."

"Noble knight," said she, "do not misjudge me, and do not consider it disgraceful on my part that I have come here. Even though I have come here nearly naked, sin or shame never entered my mind. But I am truly the most sorrowful woman alive in this world, and there is nothing that can comfort me now. And this shall be my last night in this world, for as soon as day dawns I shall kill myself. For this castle used to be magnificently garrisoned by thirteen thousand valiant knights, and now there are not more than sixty knights left, so badly has Gingvarus, the steward of King Klamadius out of the Southern Isles,[21] mistreated them, killing some, capturing others, and so increasing my sorrow that all my help and strength against my enemies is gone; and my grief and affliction is on account of their savagery. So many are now dead or in distress because of me, that it is fitting I should be sorrowful on that account. For twelve months now they have been besieging the castle, as if this Gingvarus intends never to move from here. And his power increases and ours decreases daily, and now our provisions are so completely exhausted that there is not even any bread in my castle. And if God does not grant us His help and mercy now, we shall have to surrender the castle, because now it has no defence. Then I shall be given up along with the castle—of all women the most wretched and most woebegone, that I should be born to such great misfortune for myself and others. Already, some have been killed and some captured. Even now, they will never take me alive, because I have in my coffer the very knife with which I shall kill myself. Never while I live shall Klamadius embrace me, even though he may have overcome me with arms. But I do not care at all what he does with me when I am dead. But I came here to make this known to you, and now I will go away and let you sleep in peace. May God bestow on you his largesse, whatever he does in our distress."

VIII. Parceval speaks to the maiden

At this point Parceval perceived that the maiden had no other purpose, but she was shedding tears because she wanted him to take this single combat upon himself, and no knight would have dared to excuse himself from defending her and her land.

Þá sagði Parceval: "Unnasta, hafna sorg þinni ok hryggleik náttlang<t>.[47] Huggaz ok grát eigi lengr. Huggan gef ek þér í móti harmi, því at guð er mildr ok miskunnsamr ok gefi þér meiri miskunn á morgin. Stíg nú upp í sængina, því at hún vinnz okkr vel báðum. Eigi skalt þú fyrirláta mik þat sem eptir er nætrinnar."

Hún sagði: "Ef yðr líkar, vilda ek í brottu."

En hann tekr hana hæverskliga ok lætr undir klæðin hjá sér, ok kunni hún því vel at hann kysti hana, og svá lágu þau alla þá nátt, hvárt í annars faðmi með kossum ok halsföngum allt til þess er dagr var án alla synd. En er dagaði gekk hún í svefnhús sitt ok klæddiz. Engi maðr varð við þetta varr.

Þá var því næst blásit í lúðra at vekja fólkit. Mærin gekk þá til Parceval ok heilsaði honum hæverskliga með blíðum orðum ok mælti:

"Gjarna vil ek biðja yðr at þér dveliz með oss. En af því at vér höfum engan kost, gefum vér yðr blítt orlof at fara hvert er yðr líkar, ok gefi guð yðr aðra nátt blíðari en þér hafið nú átt með oss."

Þá svarar Parceval: "Góð unnasta, þat skal eigi vera náttlangt, at ek leita mér annars herbergis en þessa, ok eigi fyrr en þitt ríki er frjálsat, ef guð lér mér mátt ok afl til þess. En ef ek finn óvin yðvarn ok bíðr hann mín þar sem nú er hann, þá fyrirþykki mér ef hann sitr þar lengi, því at hann hefir gert yðr mikinn harm ok skaða. En ef svá kann til bera at ek drep hann eða sigrumz á honum, þá bið ek at eignaz ástir yðrar. Enga leigu vil ek aðra taka."

Þá sagði mærin honum kurteisliga: "Nú hafi þér beðit mik lítils, herra, ok fátæks hlutar ok skal sá yðr eigi synjaz, því at þér munuð virða mér þat til mikilleiks ok ofmetnaðar, ef ek neita ást yðvarri, en segið eigi at ek eggja yðr til dauða með þeim formála, at ek skylda vera unnasta yðr, því at þat væri ofglæpr ok hörmuligr skaði ok óbætilig vandræði þínum fagra líkama á æsku aldri . . . ."[48]

". . . því[49] trúa þar sem þú ert ókunnigr at þú mundir mega sigraz á mér. Nú íhuga ef þú átt nokkurn ríkan herra þann þér hafið nokkut gott gert ok þú hafir ei honum ömbunat. Send mik þangat ok ger honum kunnigt hversu þú hefir á mér sigraz, ok skal ek þar gefa mik upp í hans vald ok gera allt þat er hann vill.

Þá mælti Parceval: "Ek beiðumz ei framar. Þú skalt fara hingat í kastalann ok segja þessari inni fríðu frú er þar er unnasta mín, at aldri meðan þú lifir skaltu henni á mót gera ok gef þik at fullu í hennar vald."

Þá svarar Gingvarus: "Drep mik heldr því at svá mun hún gera, ef ek kem til hennar, því engi hlutr er sá at hún girniz meir en dauða minn, því ek hefi drepit föður hennar ok gert henni svá mikinn skaða, at á þessum tólf mánuðum hefi ek eytt öllum hennar riddurum ok því vil ek ei vera til hennar sendr, ok ef þú átt nokkurn annan vin, þá send mik til hans, því ek veit at hér <verð> ek þegar drepinn."

Then Parceval said: "My love, for a night put aside your care and sorrow, take comfort and weep no longer. I will give you consolation for your grief, because God is kind and merciful and may show you greater mercy in the morning. Now climb up into the bed, for it is quite big enough for both of us. You shall not leave me for the remainder of the night."

She said: "I would leave, if it please you."

But he takes her gently and puts her under the bedclothes beside him, and she was quite content that he should kiss her; and so they lay all night long in each other's arms, kissing and embracing, right up to the break of day, without any sin whatever. And when dawn came she went back to her own bedchamber and dressed herself. No one was aware of this.

Then shortly afterwards the trumpets were sounded to waken the people. The maiden then went to Parceval and greeted him politely with pleasant words and said:

"I would dearly like to ask you to stay here with us; but as we have no provisions, we freely give you leave to go wherever you please. And may God grant you other nights more pleasant than the one you have just spent with us."

Then Parceval answers: "My dear love, not even for a single night shall I seek for myself any lodging other than this, and not before your land is set free, if God grant me health and strength for the task. But if I seek out your enemy and he invites me to meet him on his own ground, then it will displease me if he continues his siege for long, since he has done you great harm and injury. But if it should so happen that I kill him or gain the upper hand over him, then I beg that I may have your love. I will take no other payment."

Then the maiden said to him graciously: "Now you have asked me for a poor, small thing, sir, and that shall not be denied you, for you will consider it presumption and arrogance on my part if I disdain your love. But do not say that I am urging you on to death by promising in advance that I should be your love, because that would be a terrible sin and a distressing loss and irreparable harm to your fine body in your youth. . . ."[22]

" . . . believe it,[23] inasmuch as you are untried, that you would have had the strength to get the upper hand over me. Now consider whether you have a certain mighty lord who has shown you some kindness and you have not repaid him. Send me to that place and make it known to him how you have got the better of me and there I shall surrender myself to his authority and do all that he wishes."

Then Parceval said: "For my part, I do not ask for more. You shall come into the castle here and tell the beautiful lady there who is my beloved, that never as long as you live will you do anything against her, and you shall put yourself utterly at her mercy."

Then Gingvarus answers: "Kill me instead, because that is what she will do if I go to her. For there is nothing that she personally desires more than my death, as I killed her father and have done her so much harm that during the course of these twelve months I have slaughtered all her knights, and therefore I do not want to be sent to her; so if you have some other friend, then send me to him, because I know that here I shall be killed at once."

Riddarinn mælti: "Þá skal ek senda þik til míns ins bezta vinar ok kurteisasta manns er heitir Gormanz af Groholi. Hann ræðr fyrir einum ríkum stað."

Þá mælti Gingvarus: "Hví vili þér mik þangat senda, sem mestir eru mínir óvinir fyrir, því ef ek kem á hans vald, þá lætr hann mik þegar hengja, því ek[50] drap hans syst[ur]son e[r] þ[en]na kast[ala][51] varði fyrir mér. Þ[ví][52] bið ek at þú d[re]pir[53] mik he[ldr sjálfr],[54] en þú sendir mik í þessa staði."

Þá mælti Parceval: "Þá skalt þú fara á vald Artús kóngs ok segja honum kveðju mína ok bið hann sýna þér þá mey, er Kæi laust fyrir mínar sakir, ok seg henni at ek hefi þik vápnsóttan í hennar vald sent ok ek skal hennar hefna á þeim er hana laust saklausa fyrir mínar sakir."

En Gingvarus sagðiz þangat gjarna fara vilja, ok reið hann nú brott ok allir þeir er um höfðu setit um kastalann. En Parceval reið heim aptr ok riddarar af kastalanum riðu í móti honum ok fylgðu honum inn í staðinn ok váru þá tekin af honum herklæðin.

Þeir spurðu: "Hví vildir þú eigi drepa Gingvarum eða höfðuð hann hingat með yðr?"

Þá svarar Parceval: "Þat hygg ek á trú mína, þá hefða ek illa gert, þvíat *hann hefir[55] drepit marga frændr yðra ok vini ok mundu *þér[56] drepa hann at óvilja mínum ok hefða ek þá eigi mín grið haldit við hann. En af því at hann bað mik miskunnar, þá þyrmda ek honum ok senda til Artús kóngs."

Ok í þessu kom mærin gangandi ok fagnaði honum með gleði ok leiddi hann í svefnhúsit ok huggaði hann með sætum kossum ok halsföngum, ok skemta þau sér þar hvárt í annars faðmi með blíðum ok gamansamligum ræðum. Slíkt höfðu þau fyrir drykk ok vist. Jafngott þótti þeim þat. Ást er öllum hlutum kærari, hverjum þeim er tryggr er elskari.

IX. Frá Klamadio kóngi ok hans mönnum

Klamadius hugsar nú at þenna dag mundi upp gefinn kastalinn í hans vald ok þar mundi engi vörn fyrir vera. Í því kom einn maðr hlaupandi ok sagði kónginum misfarar Gingvari ræðismanns hans ok hann var farinn til Artús kóngs. Kóngrinn spyrr, hvaðan sá ridddari var er hann yfirvann eða hversu þat mátti vera, at nokkurr lifandi maðr mætti hann yfirkoma.

"Eigi veit ek hvaðan sá riddari er," sagði sveinninn, "útan þat sá ek at hann reið ór kastalanum ok með öllum vápnum ok herklæðum rauðum, ok engi hefi ek önnur jafnfögr sét."

Kóngrinn spurði sveininn, hvat til ráðs væri.

Sveinninn sagði: "Skundið aptr, herra, þér sýslið hér ekki nema skaða."

Þá mælti ráðgjafi kóngs: "Þegi, sveinn! Ek skal ráða kónginum miklu betra ráð. Hann skal fram halda ferð sinni ok trúa ekki hégóma þínum, þvíat í Fögruborg

The knight said: "Then I shall send you to my best friend, the most courteous of men, who is called Gormanz of Groholl. He rules over a splendid fortress."

Then Gingvarus said: "Why do you want to send me to the place where most of my enemies are to be found? For if I fall into his power, then he will have me hanged immediately, because I killed his sister's son who defended this castle against me. And so I beg you to kill me yourself rather than send me into these places."

Then Parceval said: "Then you shall go and submit yourself to the authority of King Arthur; and give him my greetings, and ask him to show you the maiden Kay struck on my account. And tell her that I have sent you in defeat into her power, and I am determined to avenge her upon the man who struck her, a blameless maiden, on my account."[24]

And Gingvarus said that he would willingly go there; and then he rode away, along with all the men who had been besieging the castle. But Parceval rode home again, and the knights of the castle rode out to meet him, and escorted him into the fortress, and then his armour was removed.

They asked: "Why did you not want to kill Gingvarus or bring him here with you?"

Then Parceval answered: "By my faith, I believe that then I would have done a wicked thing, for he has killed many of your relatives and friends, and you would have killed him against my will, and then I had not observed my truce with him. But because he begged me for mercy, I spared him and sent him to King Arthur."

And at that moment the maiden came walking in and welcomed him joyfully, and took him into the bedchamber and soothed him with sweet kisses and embraces; and there they amused themselves in each other's arms with gentle and playful conversation. This is what they had instead of food and drink; they thought it just as good. Love is dearer than any thing other to every one who is a true lover.

IX. Concerning King Klamadius and his men

Meanwhile Klamadius thinks that the castle will be surrendered into his power that very day and that there will be no resistance offered. At that moment a man came running up and told the king of the misfortunes of Gingvarus his steward, and said that he had gone to King Arthur. The king asked where the knight had come from who had defeated him, and how it could be that any man alive could possibly have got the better of him.

"I do not know where the knight comes from," said the boy, "except that I did see him ride out of the castle; and all his arms and armour were coloured red, and I have seen no others so beautiful."

The king asked the boy what should be done.

The boy said: "Make a hasty retreat, sir; you will achieve nothing here but disaster."

Then the king's counsellor spoke: "Hold your tongue, boy! I shall give the king much better advice. He must carry on with his campaign and not believe any er nú hvárki matr né mungát ok er allt liðit hungrat, soltit ok meginlaust ok megu ekki vápna neyta. Nú skulum vit ekki láta fleiri riddara ríða at kastalanum en sex tigu, en annat fólk várt skal leynaz, ok mun inn nýi riddari sá er nú skemtir sér við Blankiflúr gera nokkum riddaraskap, ok þegar hann kemr millum várra riddara, þá verðr hann skjótt tekinn ok drepinn, þvíat hann mun ekki mega einn við mörgum, þvíat Fögruborgarriddarar eru soltnir ok huglausir ok munu enga hjálp honum veita. En várir riddarar skulu undan halda í fyrstu. Skulum vér þá komaz milli þeira ok borgarinnar."

Þá svarar kóngr: "Þetta er gott ráð, þvíat [vér höfum fimtán þúsundir fólks][57] ok megu[m][58] vér taka nær sem dau[ða][59] m[enn]."[60]

Nú send[ir][61] Klamad[ius][62] sex tigu riddara til borgarhliðs at sækja at borgarmönnum, ok er þetta sér Parceval, þá lætr hann upp lúka borginni ok reið hann út, ok hverr at öðrum, drap hann hvern er hann náði sínu spjóti til en gaf hesta þeira sínum mönnum þeim er þurftu. Því næst kom fram allt meginliðit er leynz hafði í skóginum, fjögur hundrað riddara ok tvær þúsundir gönguliðs. En hinir biðu þá eigi fjarri borgarhliðinu er opit stóð, ok sá þeir þá er at kómu skaða sinna manna, er drepnir váru ok herteknir ok fóru þeir þá at borginni með lausu liði ok fylktu ekki, en hinir riðu þá inn með fylktu liði ok tóku þá at verjaz vaskliga ok skutu liðit er at fór borginni ok drápu mikinn fjölda allt þar til er styrkr þeira óx með fylktu liði ok þá máttu þeir eigi við standa, þvíat þeir váru fáir ok þungmegnir. Fóru þá sumir upp í turnana yfir þá ok skutu þaðan mikinn fjölda ok kómuz hinir með kostgæfi þeira innan borgar, en þeir er geymdu borgarhliðs, kómu þá lokum ok lásum fyrir borgina.

Nú varð Klamadius kóngr reiðr ok hryggr, er hann var úti byrgðr, en lið hans drepit í borginni.

Þá mælti ráðgjafi hans: "Þat er eigi kynligt at góðum mönnum falli skaði þá er guði líkar, ok sýniz þat í því, at hverjum manni í þessum heimi kann bæði falla vel ok illa, ok þat er nú sannast at sinni at þeir hafa fengit mikinn sigr en vér mikinn skaða. En þér látið út stinga mín bæði augu ef þeir standaz [oss][63] tvá daga. Yðarr er kastalinn ok turninn ef þér dveliz hér. Þá beiðaz þeir miskunnar ok gefa upp kastalann. Ok svá sú in fríða frú er yðr hefir áðr lengi hafnat, mun biðja yðr fyrir guðs sakir, at þér virðiz at fá hennar."

Því næst settu þeir landtjöld sín ok bygðu sér herbergi ok sitja um kastalann. En hinir er í váru borginni fóru af herklæðum ok bjuggu sér þvílíka hvíld sem þeir kunnu bezta fá. En riddara þá er þeir höfðu tekit, létu þeir festa trú sína at þeir skyldu meynni ok allri hennar hirð aldri mótstöðu veita.

of your nonsense, for in Fagraborg[25] there is now neither food nor ale, and the whole army is famished; weak from starvation, they cannot use their weapons. Now we must let no more than sixty knights attack the castle, and the rest of our host must conceal themselves. And this new knight, who is now amusing himself with Blankiflúr, will probably attempt some feat of chivalry; and the moment he gets amongst our knights he will be quickly seized and killed, as he will never be able to hold out on his own, one against many, for the knights of Fagraborg are starving and disheartened and will give him no help. But to begin with our knights must fall back. Then we shall put ourselves between them and the fortress."

Then the king answers: "This is a good plan; since we have a host of fifteen thousand, we can capture them like so many dead men."

Now Klamadius sent sixty knights to the castle gate to attack the people in the stronghold. And when Parceval saw this, then he had the castle thrown open and he rode out and, one after another, he killed every man he could reach with his lance and gave their horses to those of his men who needed them. Then, in their turn, the whole main body of the army, which had been hiding in the woods, moved forward: four hundred knights and two thousand foot soldiers. But the defenders then maintained their position not far from the castle gate, which was standing open, and when those who were attacking saw the destruction of their own men who were being killed and captured, they advanced on the stronghold with a scattered troop, and without drawing up ranks; but then the others rode in among them in battle formation, and began to defend themselves valiantly, and shot at the army which was making an onslaught on the stronghold, and killed a great number, right up to the point when their opponents' strength was increased by the host in battle formation. And then they were not able to withstand them, because they were few in number and hard pressed. Then some went up into the towers above them and from there shot a great many. And the others, with great effort on their part, managed to force their way into the stronghold, whereupon the men who guarded the castle gate promptly shot home the locks and bolts on the stronghold.

Then King Klamadius became angry and distressed that he was shut out and his army was being killed inside the stronghold.

Then his counsellor said: "It is not unusual that, when God wills it, misfortune should befall good men, and that is shown by the fact that both good and bad can happen to each and every man in this world; and on this occasion it is perfectly true that this time they have had a great victory and we have had a great loss. But you may have both my eyes stabbed out if they are able to withstand us for two days. The castle and the tower will be yours, if you stay here. Then they will beg for mercy and surrender the castle; and, moreover, that beautiful lady who has previously refused you for so long will beseech you for God's sake to condescend to take her."

After that they pitched their tents and made sleeping quarters for themselves, and they continue to besiege the castle; whilst the others who were inside the stronghold took off their armour and settled themselves down for whatever rest they could possibly manage to get. But they made the knights they had captured pledge their word that they would never offer any opposition to the lady or any of her court.

Nú sem Klamadius kóngr hafði skipat um kastalann öllum sínum her, þann sama dag gerðiz mikill stormr ok rak þangat í fjörðinn eitt mikit hafskip fullt með vín ok vistir allskonar sem guðs vili var til, ok hinir er í váru kastalanum sendu menn til þeira ok spurðu hvaðan þeir váru eða hvat þeir höfðu innanborðs. Þeir sögðuz vera kaupmenn ok höfðu hlaðit skip sitt með vín ok flúr ok söltuðu fleski, nauta- ok sauðaslátr, baunir ok ertr með nógu öllu því er þurfti at kaupa.

Þeir báðu þá vera guði velkomna ok sögðu: "Vér skulum kaupa allt þat er þér vilið selja," ok lofuðu guð fyrir þeira þangatkomu. Var nú upp skipat öllu því er þeir höfðu í skipinu ok flutt í borgina. Var þar nú af þessu mikil gleði ok höfðu þeir nógan kost um tólf mánaði.

Sem Klamadius heyrði þetta, at þeir höfðu nógan kost, þá angraðiz hann mjök ok bauð riddaranum til einvígis við sik þar á völluna hjá borginni, ok þessu játaði Parceval, ok sem unnasta hans heyrði þetta, þá angraðiz hún mjök. En sendimaðrinn fór heim ok sagði sínum herra Klamadio þat er hann hafði sýst.

X. Parceval vann yfir Klamadium kóng

Þegar um morguninn er sól rann upp, þá krafði Parceval herklæða sinna ok vápna skjótt ok vaskliga. En unnasta hans hafði beðit alla náttina at hann færi eigi til einvígis við Klamadium kóng, þvíat þat hafði áðr engum gefiz. Var hún nú mjök harmsfull ok allir riddarar þeir er í borginni várú þótti hann ráðinn ok báðu hann fara í guðs frið<i>.[64]

En er Klamadius sá hann ríða þangat, varð hann feginn ok þóttiz haf<a>[65] ráð hans allt í hendi, ok þegar þeir mættuz, þá ríðaz þeir at með svá miklu afli ok fullkomnum grimmleik, at hvárr bar annan af hestinum ok lá hvárrtveggi þeira fallinn á vellinum, ok þegar spruttu þeir upp vaskliga ok hljópuz at með mikilli hreysti ok börðuz þeir lengi með sverðum. En inn rauði riddari var fimari ok drjúgari, ok þá er Klamadius tók at mæðaz, þá hjó hinn sem hann væri óðr ok kom svá um síðir at Klamadius bað nauðigr griða inn rauða riddara. Allar eignir sínar bauð hann til lífs sér. En at engum kosti vill hann fara til Fögruborgar í vald *jungfrúnni[66] ok eigi heldr fyrir allan Rómaborgar ríkdóm vill hann fara til kastalans til ins góða manns, er Parceval gerði riddara. Þar kom um síðir, at hann skyldi fara til Artús kóngs ok meyjarinnar er Kæi laust fyrir hans skyld ok segja allt sem farit hafði ok at hann skyldi gjalda hverjum sitt. Síðan festi Klamadius trú sína, at hann skyldi aldri síðan né hans menn gera meyjunni skaða né hennar ríki né mönnum. Alla menn hennar skyldi hann liðuga upp gefa með vápnum ok klæðum. Síðan skilduz þeir.

Fór Klamadius heim ok bað alla menn meyjarinnar þá sem í hans valdi váru frjálsa fara ok liðuga með vápnum ok klæðum. Síðan fór Klamadius kóngr

Now, when Klamadius had drawn up his entire host around the castle, that very day a great storm arose, and by the grace of God there was driven into the firth a large ocean-going ship full of wine and all kinds of provisions. And those who were within the castle sent men to them, and they asked where they were from, and what they had on board. They said that they were merchants and had loaded their ship with wine and flour and salt pork, beef and mutton, beans and peas, with plenty of everything which anyone might want to buy.

They bade them welcome in the name of God and said: "We shall buy everything you are willing to sell"; and they praised God for their arrival. Then everything they had in the ship was unloaded and carried into the stronghold, where because of this there was then great merrymaking, as they had plenty of provisions for twelve months.

When Klamadius heard this, that they had ample provisions, then he became extremely alarmed, and challenged the knight to single combat against him there on the plains beside the fortress, and Parceval agreed to this. And when his love heard this, then she became extremely alarmed. But the messenger went home and told his master Klamadius what he had arranged.

X. Parceval overcomes King Klamadius

In the morning as soon as the sun rose, Parceval swiftly and boldly called for his armour and weapons. But all night long his beloved had begged that he would not go to single combat against King Klamadius, as that had never ended well for anyone before. Now she was very sorrowful, and all the knights who were in the stronghold; but he seemed determined, and they bade him go in God's peace.

But when Klamadius saw him riding towards him, he became jubilant and thought that he had him completely in his power. And as soon as they met together, they charged at each other with such great force and utter savagery that each bore the other off his horse and each of them lay prone on the ground. And at once they sprang valiantly to their feet and leaped at each other with great vigour, and fought for a long time with swords. But the Red Knight was more agile and had greater powers of endurance. And when Klamadius began to lose breath, his opponent hacked at him as if demented, and so it came about at last that Klamadius, against his will, sued the Red Knight for quarter. He offered all his lands in exchange for his life. But on no account would he go to Fagraborg into the power of the young lady, and neither, for all the wealth of the city of Rome, would he go to the castle, to the worthy man who made Parceval a knight. At last it was arranged that he should go to King Arthur and to the maiden Kay struck on Parceval's account, and relate all that had passed, and that he should also restore to every one his rights. After that Klamadius pledged his faith that neither he nor his men would ever again do anything to harm the maiden, or her land, or her people. He was to let all her men, with their weapons and armour, go free. Then they parted company.

Klamadius went home and commanded that all the maiden's followers who were in his power were to go free and unhindered with their weapons and armour.

einsamann til þess kastala er Artús kóngr sat í með þeim sama búnaði er hann hafði
þá er Parceval vann hann yfir, ok skipti hvárki klæðum né vápnum, þvíat þat var þá
siðr at slíkr skyldi hann fyrir þann höfðingja koma er hann var til sendr, sem hann
var þá er hann <var>[67] vápnsóttr.

Nú fóru riddarar meyjarinnar heim til kastala hennar ok urðu allir fegnir ok
þökkuðu guði þeira aptrkomu ok þurftu þau nú engan ófrið at hræðaz. En Klamadius
fór leið sína svá sem fyrr hafði farit Gingvarus hans ræðismaðr ok létti sinni ferð
eigi fyrr en hann kom til Artús kóngs, <þar er hann>[68] sat með dýrligri hirð sinni.
Nú sem riddarar, er fyrir váru, sá Klamadium íðanda um langan veg, sögðu[69]
<þeir>[70] Gingvaro, er þar var kominn ok hafði sýst sitt eyrendi ok var þá með
kóngi í miklum kærleik; ok hann þekti þegar sinn herra ok mælti:

"Heyrið, góðir herrar, kynligan atburð. Ek kenni hér endiliga minn herra
Klamadium kóng, ok ek trúi ok veit at sönnu, at sá inn sami riddari er héðan kom
með rauðum vápnum ok mik sigraðan hingat sendi, hefir nú yfirkomit ok til
miskunnar sent minn herra Klamadium kóng er ek hugða engan lifanda mann mundu
yfirvinna."

Í þessu kom Klamadius ok hljóp þegar hvárr öðrum í mót með miklum fagnaði.
Þetta var á píkisdögum, sem Artús kóngr var jafnan vanr at halda mikla hátíð, ok
var þar nú mikill fjöldi ágætra manna ok hertuga, jarla ok barúna ok valdra riddara.
Nú sem sungin var hámessa ok kóngrinn ok öll hirðin var heim komin í kóngsgarð,
þá kom Kæi ræðismaðr gangandi í höllina í einum ágætum silkikyrtli ok eina kveif
á höfði ok viku allir undan er á hans veg váru, þvíat engi vildi fyrir honum verða
sakir háðs ok spotts er hann hafði við alla með illgirnd, öfund ok undirhyggju.

Hann gekk fyrir kóng ok mælti: "Ef vili yðvarr væri, er tími til borðs."
"Kæi," sagði kóngr, "þat skal at engum kosti fyrr vera, en nokkur ný tíðindi
koma til vár."
Sem kóngr hafði svá sagt, þá kom Klamadius ríðandi í höllina ok gekk þegar
fyrir Artús kóng ok kvaddi hann: "Guð gefi yðr frið ok farsælu, inum ágæta kóngi.
Mik hendir þat at sönnu, sem mælt er, at margr verðr þat at segja, er hann vildi
gjarna yfir þegja. Einn riddari sendi mik hingat á yðvart vald sá er mik sigraði ok
vápnsótti ok fyrir því gef ek mik upp í yðvarn vilja at ek fekk eigi með öðrum hætti
frjálsat mik. Þó veit ek eigi nafn hans. Hann hefir öll rauð vápn ok herklæði, ok
sem ek hygg, þá hafi þér þau gefit honum. Hann bað mik bera kveðju meyju þeiri
er Kæi ræðismaðr yðvarr laust fyrir hans skyld með mikilli svívirðing ok illgirnd,
ok at sönnu sagðiz hann hennar hefna skyldu, ef guð gefr honum líf ok heilsu."

Þá hljóp upp Gerflet kóngsfól, er skilt hafði alla ræðu hans, ok varð svá feginn
at hann æpti svá at öll kóngs hirð heyrði ok mælti:

Parcevals saga

Finally King Klamadius went alone to the castle in which King Arthur was staying, in the same attire he had on when Parceval overcame him. And he changed neither arms nor apparel, because it was the custom at that time that a man should appear before the prince to whom he was sent just as he was when he had been vanquished.

Then the maiden's knights went home to her castle, and everyone was joyful and thanked God for their return; and now they did not need to fear any strife. But Klamadius went on his way, just as Gingvarus his steward had gone before him, and he did not break his journey until he came to where King Arthur was residing with his magnificent court. Then when the knights who were present saw Klamadius come riding from afar, they told Gingvarus, who had already arrived there, had attended to his business, and was now with the king and held in great favour; and he immediately recognised his lord and said:

"Good sirs, listen to an extraordinary thing! I definitely recognise here my lord King Klamadius, and I believe, and indeed I know for certain, that the very same knight who rode out from here with red arms, and who sent me back here in defeat, has now overcome and sent for pardon the one I thought no man alive could vanquish, my lord King Klamadius."

At that moment Klamadius arrived, and at once each of them rushed to meet the other with great joy. This was at Whitsuntide, when King Arthur was always accustomed to hold a great feast, and now a great company of noble men was there: dukes, earls and barons and powerful knights. Now when high Mass had been sung and the king and all his court had come back into the king's palace, then Kay the steward came walking into the hall in a splendid silken tunic and with a cap on his head. And all those who were in his path moved aside, as no one wanted to get in his way because of the scoffing and mockery which he inflicted upon everyone with ill-will, malice, and deceit.

He came before the king and said: "If it be your wish, it is time to go to table."

"Kay," said the king, "that shall on no account take place before some new tidings shall reach us."

No sooner had the king said this than Klamadius came riding into the hall, and straight away came before King Arthur and greeted him: "Renowned king, may God give you peace and prosperity. Truly, it has befallen me as in the saying, that many a man is obliged to reveal what he would dearly have wished to conceal. A knight has sent me here into your authority, one who outmatched me and overcame me in combat, and therefore I surrender myself to your will, because I was not able to redeem myself in any other way. Though I do not know his name, he has arms and armour all of red, and, as I understand, you gave them to him. He asked me to bring greetings to that maiden whom Kay your steward struck on his account most disgracefully and maliciously, and truly he said that he would avenge her if God gives him life and health."

Then up jumped Gerflet the king's fool, who had taken in all of his speech, and he was so overjoyed that he shouted so that all the king's court heard it, and exclaimed:

"Guð veit, herra, at hann mun at sönnu vel hefna þess höggs, er mærin fekk fyrir hans sakir, en Kæi mun bera sinn armlegg sundrbrotinn ok fá af því mikla svívirðing sem verðugt er."

En Kæi, er þetta heyrði, varð svá óðr, at hann mundi á hafa ráðit fólit, ef eigi hefði kóngr svá nær verit. Sem kóngr hafði heyrt hans framburð, þá hristi hann höfuðit ok mælti við Kæi:

"Mikit angr gerðir þú mér þá, Kæi, er þú komt þeim góða riddara frá mér, þvíat sakir þinnar illgirndar ok heimsku tungu fór hann brott ok hefir mik þat angrat jafnan síðan."

Þá kallaði kóngr Gerflet ok síra Valven er með sinni kurteisi ok félagskap bætir hvern duganda mann, er við hann kendiz, ok bað kóngr þá fylgja Klamadio kóngi til lopta þeira er dróttningin var í ok meyjar hennar, ok laut hann kónginum ok fylgði þeim. En er þeir kómu í loptin, þá sýndi herra Valven honum meyna þá er hann[71] var til sendr ok sagði henni eyrendi sitt slíkt sem hún vildi spyrja ok hefnt mundi verða hennar svívirðingar. Liðinn var henni verkr höggs þess er Kæi laust hana, en svívirðing ok sorg mátti hún eigi gleyma. Sá gleymir sorg sinni er huglauss er ok lætr deyja með sér er drengr ok hugsterkr hefir sér til frægðar ok hrindr svívirðing sinni með drengskap.

Nú hefir Klamadius lokit sendiferð sinni ok gerðiz hann þá kóngi handgenginn ok var innan hirðar alla lífsdaga sína ok var vel látinn at öllum riddaraskap, ríkuliga ok virðuliga af allri kóngs hirð, þvíat hann var auðigr at eignum ok vaskr í vápnaskipti, mildr í gjöfum, hygginn í ráðum, blíðr í máli ok reyndr at drengskap, frægr ok fullgerr.

En riddarinn er af honum sótti ríki Blankiflúr meyjar er nú með henni í miklum friði ok fagnaði ok mátti hann nú, ef hann vildi, fá hennar sem ríkr höfðingi ok máttugr. En hugr hans stóð eigi til slíks, þvíat honum kom í hug, hversu hörmuliga móðir hans lét þá er hún skildi við hann ok hún fell af harmi ok lá sem dauð væri. Þetta stóð honum jafnan fyrir gleði, ok fyrir því var öll fýst hans at vita hvat um hana líði ok eigi fyrir allt þetta ríki vill hann hana fyrirláta ok bað þá unnustu sína leyfis til brottferðar, en hún synjaði ok fyrirbauð honum ok stefndi allri hirð sinni saman at biðja hann at vera þar er hann hafði frelsat ok gert frið ok fagnað. En þat tjáði þeim ekki, en því heitr hann ef hann finnr móður sína lífs, þá skal hann fylgja henni þangat ok vera þar framleiðis með þeim. "En ef hún er dauð, skulu þér vísa ván eiga aptrkomu minnar ok skal ek þá vera vörn ok stjórn ríkis ok landa meyjarinnar."

Eptir þat reið hann brott leið sína, ok var þá in fríða ok in kurteisa Blankiflúr hrygg, reið ok harmsfull af mikilli ást er hún hafði á honum; svá ok allir riddarar hennar ok allr borgarlýðr hryggiz af hans brottferð, fylgjandi honum með mikilli

"God knows, sire, that he will indeed fully avenge that blow which the maiden received on his account, and Kay will have his arm shattered and suffer great disgrace from that, as he deserves."

But Kay, who heard this, became so furious that he would have attacked the fool if the king had not been so near. When the king had listened to his outburst he shook his head and said to Kay:

"You caused me great sorrow, Kay, when you drove that good knight from me, because it was thanks to your wicked and foolish tongue that he went away, and that has grieved me ever since."

Then the king called Gerflet and Sir Gawain, who by his fine manners and good fellowship improves every worthy man who keeps company with him, and the king asked them to conduct King Klamadius to the upper rooms where the queen was with her maidens. And he bowed to the king and went with them. And when they came into the upper rooms, Sir Gawain showed him the maiden to whom he had been sent, and he gave her his message, just as she wished to hear, that her humiliation would be avenged. The pain of the blow which Kay had struck her had passed away from her, but she could not forget the shame and the sorrow. A faint-hearted man forgets his sorrow, and lets it die with him, whereas a valiant, strong-minded man wins renown for himself and rids himself of shame with valour.

Now Klamadius had completed his mission, and he was then made officer to the king, and was a member of the king's household all the days of his life, and greatly esteemed by all chivalry, and highly and worthily by all the king's court. For he was opulent in estates and courageous in combat, generous with gifts, discreet in counsel, pleasant in speech and proven in valour, renowned and perfect in every way.

But the knight who had won back from him the kingdom of the maiden Blankiflúr is now with her in great joy and contentment, and he could now, as a strong and powerful lord, marry her, if he wished. But his heart did not incline towards that, because it came into his mind in what a distressed way his mother had behaved when she parted from him, when she collapsed from grief and lay as though she were dead. This always stood in the way of his happiness. And for that reason, his whole desire was to know what might have happened to her, and not for this entire kingdom did he wish to abandon her. And so he asked leave of his beloved to depart. But she refused and forbade it him, and called together all her household to beg him to remain in the place he had set free and to which he had brought joy and peace. But that did not help them at all; he did however promise that if he found his mother alive then he would bring her back with him and remain with them there ever after. "But if she is dead, you shall have a sure hope of my return. And then I shall be the guardian and governor of the maiden's kingdom and lands."

After that he rode away on his journey, and then the gentle and lovely Blankiflúr was distressed, angry and sorrowful because of the great love she had for him; so too all her knights and all the townsfolk were grieved at his departure, escorting tign ok virðing. Munkar ok nunnur skrýdduz ok fylgðu honum sem hann væri heilagr maðr ok skilduz við hann fyrir útan borgina.

XI. Parceval kom <til> [kóng]s ok fiskimanns

Hann reið nú allan þann dag svá at hann mætti engum manni ok engu því er kvikt var at vísa honum veg. Þá bað hann guð af öllu hjarta at hann fyndi veg sinn réttan ok móður sína lífs. Því næst kom hann í dal einn ok á völlu fagra ok slétta. Þar var eitt vatn ok rennandi á með miklum straumi ok þóttiz hann hvergi mega á ríða, þvíat hvergi sá hann grunn. Hann mælti þá:

"Dróttinn guð, ef vili þinn er til at ek mega komaz yfir þetta vatn, þá munda ek finna móður mína ef hún er lífs ok gefa hana til yðvarrar þjónustu."

Hann reið nú með endilangri ánni allt þar til er hann sá einn mikinn hamar ok rann áin hjá hamrinum svá nálæg, at hann mátti hvergi á ána ríða ok eigi yfir komaz á hamarinn. Sem hann nam þar staðar, þá sá hann bát mikinn fara ofan eptir ánni ok váru þar á tveir menn ok nam hann þar staðar ok beið þeira, þvíat hann hugði at þeir mundi þar lenda. Nú köstuðu þeir akkeri í miðri ánni, ok er þeir höfðu festan bát sinn, lét annarr síga öngul sinn ok dró þegar mikinn fisk. En hinn er á landi var vissi eigi, hvat hann skyldi at hafaz, þvíat hann komz hvergi yfir ána. Hann kallaði á þá ok bað þá segja sér fyrir guðs skyld, *ef[72] nokkur brú væri á ánni. Þá sagði sá honum, er frammi var í:

"Yfir þessa <á>[73] er engi brú ok ekki meira skip en þetta, er vit höfum, ok berr þat eigi meira en fimm menn. En fimm rastir eru upp ok ofan ok kemz ekki vætta yfir."

"Segið mér fyrir guðs sakir, hvar ek má hafa herbergi í nátt."

Þá svarar hinn: "Herbergi ok þat annat er þú þarft náttlangt, skal ek veita þér. Ríð þar upp á hamarinn ok mátt þú þá sjá í dalnum eitt mikit hús hjá vatni nokkuru ok skóg þykkan umkringis."

Ok sem hinn hafði þetta mælt, reið hann upp á hamarinn ok sá ekki hús ok mælti: "Sá hefir mjök spottat mik er hingat vísaði mér ok guð gefi þeim skömm er laug at mér."

Því næst le[i]t[74] hann ofan í dalinn ok sá þar upp koma einn háfan turn fagran ok sterkan ok gekk mikit vatn umkringis turninn. Hjá turninum var ein fríð höll ok stefndi <hann> þangat á ok lofaði nú fiskimanninn, er fyrr hafði hann lastat, ok kom hann nú at garðshliðinu ok sá hann þar brú eina er upp mátti vinda, ok er hann var yfir kominn brúna, þá kómu fjórir ungir menn fríðir ok fögnuðu honum ok tóku við hesti hans, en einn þeira færði honum skarlatsskikkju ok gekk hann þá með þeim skemtandi sér til þess er húsherrann var kominn ok leiddu hann tveir sveinar í höllina. En hún var öll með inni fegrstu smíð. Sem Parceval kom inn, þá sá hann sitja einn tiguligan höfðingja í einni rekkju; sú var ríkuliga búin ok var him with great reverence and respect. Monks and nuns put on their ceremonial robes and processed with him as though he were a holy man, and they parted company with him outside the fortress.

XI. Parceval comes to the Fisher King

He rode now all that day meeting no one and no living creature to show him the way. Then he prayed to God with all his heart that he should find his way straight and his mother alive. Just after that he came into a valley and on to beautiful level plains. There was a lake and a river flowing with a strong current, and it seemed to him that he could not ride over it by any means, because nowhere could he see the bottom. Then he exclaimed:

"Lord God, if it be your will that I may cross over this water then I may find my mother, if she is still alive, and dedicate her to your service."

Then he rode all the way along the river until he saw a great hammer-shaped crag, and the river ran so close to the crag that he could not ride into the river, and he could not get past the crag. As he came to a halt there, he saw a large boat sailing down along the river and there were two men in it; and he stopped there and waited for them, as he thought that they would land there. Then they cast anchor in the middle of the river and, when they had made their boat fast, one of them let his hook sink into the water and immediately pulled up a big fish. But the man on the bank did not know what he should do because he was quite unable to cross over the river. He called out to them and begged them to tell him for God's sake if there were any bridge over the river. Then the man who was in the prow of the boat said to him:

"There is no bridge over this river, and no vessel larger than this one we have, and that carries no more than five men. But for five miles up and down the river nobody can get across."

"Tell me, for God's sake, where I may have lodging for the night."

Then the man replies: "I shall give you lodging and everything else you need for the night. Ride up on to the crag there, and then you will be able to see a big house in the valley beside a lake with a thick wood all around."

And after the man had said this, he rode up on to the crag and saw no house, and said: "The man who directed me to this place has made great sport of me, and may God bring shame upon that man who lied to me."

Then he looked down into the valley and there he saw a tall tower appear, beautiful and strong, and a great lake lay all around the tower. Beside the tower was a fine hall, and, now praising the fisherman he had previously blamed, he headed in that direction. And then he came to the gate and saw a bridge there, one which could be drawn up; and when he had crossed the bridge, four handsome young men came and welcomed him, and took charge of his horse. One of them brought him a cloak of scarlet cloth, and then he strolled with them, amusing himself, until the master of the house had arrived, and two youths conducted him into the hall, which was all built with the finest craftsmanship. When Parceval came in hann klæddr inu bezta *sikláti.⁷⁵ Hann var við aldr, ok þó inn fríðasti. Hann sat ok hallaðiz í sængina ok var gerr fyrir honum eldr. Rekkjan er hann sat í var á miðju hallargólfinu. Í þeiri höll máttu rúmliga sitja fjögur hundruð manna. Sem sá inn ríki maðr leit riddarann, þá heilsaði hann honum með blíðum orðum.

"Vinr," sagði hann, "fyrirkunn mik eigi, er ek stóð eigi upp í móti yðr, því at ek em eigi til þess færr sakir krankleika líkama míns."

"Herra," kvað riddarinn, "þess fyrirkann ek yðr eigi at þér gerið sem yðr er hægast."

Ok þá settiz sá fríði maðr upp ok mælti: "Vinr," sagði hann, "stíg upp í sængina ok sit hjá mér." Ok hann gerði svá.

Því næst mælti inn ríki maðr til hans: "Hvaðan komt þú eða hvert er nafn þitt?"

Hann svarar: "Ek kom ór þeim kastala, er menn nefna Fagrakastala, ok svá er hann at sönnu, því at þar fekk ek góðan fagnað."

"Þat veit trú mín," sagði hann, "þú hefir farit ofmikla dagleið."

Í þessu kom þar inn fagr sveinn ok fríðr ok færði þessum inum ríka manni eitt sverð. Ok hann brá sverðinu til hálfs ok sýndiz vera it bezta. Þá mælti sveinninn er þangat bar sverðit:

"Herra, þetta sverð sendi yðr ein fríð mær, frændkona yðr, ok bað at þér skylduð því vel niðr koma." Sem hann hafði þetta mælt, þá gyrði húsbóndi inn nýkomna riddara með sverðinu ok mælti:

"Góðr vinr," sagði hann, "þetta sverð gef ek þér ok hygg ek at þat skal aldri bila í þrautum."

Hann þakkaði húsbónda með fögrum orðum ok var þá geymt sverðit, en hann settiz hjá húsbónda. Í þeiri inni miklu höll var alskemtiligt um at sjáz, ok sem þeir töluðu sér skemtan, þá kom einn fríðr sveinn inn gangandi ok bar í hendi sér spjót eitt ok sneri niðr aurfalnum ok gekk milli þeira er í rekkjunni sátu ok eldsins, svá at öll hirðin sá spjótit, ok undan járninu rann einn blóðdropi ofan eptir skaptinu *at hnefa⁷⁶ sveinsins en þá nam <hann>⁷⁷ staðar.

Sem Parceval sá þetta, þá undraðiz hann með hverjum hætti þetta mátti vera, en þó dirfðiz hann eigi at spyrja með hverjum hætti þat gerðiz, því at hann mintiz hvat sá inn dýrligi maðr hafði kent honum er hann gerði riddara, at hann skyldi eigi vera ofmálugr ef hann kæmi í ókunnan stað ok fyrir því hræddiz hann at spyrja ok vildi eigi angra þá er honum veittu beina.

Því næst kómu inn tveir sveinar ungir ok fríðir, ok báru í höndum kertistikur af brendu gulli, ok tvau kerti á hvárri með skínandi logum sem mest gátu dauðlig augu sét.

Því næst gekk inn ein fögr mær ok bar í höndum sér því líkast sem textus væri, er⁷⁸ þeir í völsku máli kalla braull,⁷⁹ en vér megum kalla ganganda greiða. Af því skein svá mikit ljós at þegar hvarf birti allra þeira loga er í váru höllinni sem stjörnubirti fyrir sólarljósi. Þat var gert með miklum hagleik af gulli ok öllum he saw a majestic lord sitting up in a bed; it was magnificently ornamented, and he was clothed in the finest velvet. He was advanced in years, but even so he was the most handsome of men. He sat in a reclining position in the bed, and a fire had been lit for him. The bed he sat in was in the middle of the hall floor. Four hundred men might comfortably be seated in that hall. When that great man saw the knight, he greeted him with kind words.

"Friend," he said, "do not blame me for not rising to receive you, as I am not capable of that owing to the sickness of my body."

"Sire," said the knight, "I do not blame you for doing what is easiest for you."

And then the handsome man raised himself up and spoke again: "Friend," he said, "come up onto the bed and sit beside me." And he did so.

After that the great man said to him: "Where have you come from, and what is your name?"

He answers: "I have come from the castle people call Fine Castle,[26] and so it is indeed, because there I received a fine welcome."

"My word!" he said. "You have travelled too great a distance for one day."

At this moment a fine, handsome youth came in and to this great man he presented a sword. And he half drew the sword and it appeared to be the finest of weapons. Then the youth who had carried the sword in said:

"Sire, a lovely maiden, a kinswoman of yours, has sent you this sword, and she requested that you should bestow it well." When he had said this, the master of the house girded the newly-arrived knight with the sword and spoke:

"Dear friend," he said, "this sword I give to you, and I believe that it will never fail in times of need."

He thanked the master of the house in gracious words and then the sword was put into safe keeping, and he took his place beside the master of the house. It was very pleasant to gaze around in that great hall; and, as they talked to each other for entertainment, a handsome youth came walking in carrying in his hand a lance, with the spiked butt-end turned downwards, and he passed between the fire and those sitting on the bed, so that all the court saw the lance. And from the blade ran one drop of blood down the length of the shaft to the boy's fist,[27] but then it stopped.

When Parceval saw this he wondered how this could possibly be, but nevertheless he did not dare ask how that came to be, because he called to mind what that admirable man who made him a knight had taught him, that he should not be too talkative if he were to come into an unfamiliar place, and for that reason he was afraid to ask; and furthermore he did not wish to trouble the man who had granted him hospitality.

Next in turn two young and handsome boys came in, and they carried in their hands candlesticks of pure gold and in each were two tapers with shining flames, the brightest that mortal eyes could look upon.

Next in turn a beautiful maiden walked in, and carried in her hands, just as though it were a gospel-book,[28] something which they call in the French language a grail,[29] but we may call 'processional provision.'[30] Such a great light shone from it that at once the brightness of all those flames which were in the hall vanished as dýrstum steinum er í váru veröldunni. Eptir þessari mey gekk önnur mær ok bar í hendi eina tön, ok gengu eptir því sem sveinninn gekk fyrr sá er spjótit bar eptir endilangri höllinni ór einum klefa ok í annan.

Sem Parceval sá þetta, dirfðiz hann eigi at spyrja, þvíat hann hræddiz at honum mundi mein af standa. En svá sem maðr má vera ofmálugr sér til meina, svá má hann ok vera ofþögull sér til skaða, þvíat hvárttveggja má mein gera, ofmælgi ok ofþögli. En hversu sem honum kunni falla, þá spurði hann enskis þess er hann sá.

Því næst fóru menn til borða. Borð húsbónda var af fílsbeini meir en tveggja alna breitt ok kómu þá fyrir þá almargir réttir með inum bezta drykk. Sem þeir váru mettir, kómu fyrir þá allskyns grös ok góðr drykkr ok eptir it skærasta sirop. Síðan mælti húsbóndi til hans:

"Vinr," sagði hann, "nú er tími sofa fara."

Var þá húsbóndi borinn at sofa, þvíat hann gat eigi gengit. Riddaranum var ok fengin góð sæng ok svaf hann þar til dags. Síðan stóð hann upp ok klæddi sik ok þótti undarlig<t>[80] er hann var einsamann ok gekk út ok sá þar hest sinn ok skjöld ok sté á bak ok reið um borgina ok fann engan mann. Þetta þótti honum undarligt er öll borgin var auð af mönnum. Hann reið þá brott af staðnum ok út í skóginn. Þá sá hann manna farveg nýligan ok þar reið hann eptir, ok sem hann hafði lengi riðit, þá sá hann mey eina undir einni eik. Hún æpti ok kærði sik sárliga ok hafði í faðmi sér sinn bónda dauðan. Hún talaði með gráti:

"Súrr ert þú, dauði, er þú tókt mitt líf eigi fyrr en bónda míns ok illt verði þér, hjarta, er þú sp[ri]ngr[81] eigi af hans dauða, þvíat ek vilda dauð vera með honum svá sem mitt líf var kært hans lífi."

Ólík var ást manna forðum, sem hún sýndi í sínum orðum. Þá var trygt þat er nú er hrygt. Þá var blítt þat er nú er strítt.

XII. Parceval f[rét]ti dauða móður sinnar

Sem Parceval heyrði harmtölur hennar, þá heilsaði hann henni, en hún honum ok mælti: "Guði sér þú velkominn."

Hann spurði: "Hverr drap bónda þinn, eða hví ert þú svá harmsfull?"

Hún sagði: "Þenna morgin árla drap hann einn riddari. Þat undra ek, er hestr þinn er svá fullr ok þú hefir haft gott herbergi í nátt, þvíat héðan er hvergi skemra til bygða en fjórir tigir mílna."

Hann sagði: "Ek hafða svá góðan beina í nátt at engi kann at æskja sér betra ok jafngóðan hafða ek eigi fyrri."

"Menn veit," kvað hún, "þú hefir verit at ins góða kóngs ok fiskimanns."

Parcevals saga

starlight vanishes in the light of the sun. It was made with great skill of gold and all the most precious stones which existed in the world. Following this maiden walked another maiden who carried in her hand a vessel,[31] and they walked behind in the same way as the youth who carried the lance walked before, along the full length of the hall, passing out of one chamber and into another.

When Parceval saw this he did not dare to ask about it because he was afraid that harm might come to him from it. But just as a man may be too talkative to his own injury, so may he also be too silent to his own undoing. For both may do harm, excessive talking and stubborn silence. But however it may chance to turn out for him, at that time he asked about nothing that he saw.

Then they went to table. The master's table was of ivory, more than two ells broad. And then there came before them a great many dishes together with the finest drink. When they had eaten and drunk their fill, there came before them herbs of every kind and good drink, followed by the clearest of syrups. Afterwards the master of the house spoke to him:

"Friend," he said, "now it is time to go to sleep."

The master was then carried to bed because he was not able to walk. A good bed was also found for the knight, and there he slept until daybreak. Then he got up and dressed himself, and it seemed to him strange that he was quite alone; and he walked outside and saw his horse and shield there and he got on the horse's back and rode all over the stronghold and not a single soul did he find. This seemed to him extraordinary, that the whole fortress was empty of people. He rode away from the place then and out into the wood. Then he saw a fresh man-made track and he rode along following it; and when he had been riding for a long time, he saw a maiden under an oak tree. She was crying out and complaining bitterly, and she was holding her husband dead in her arms. She was saying through her tears:

"Death, you are bitter, that you did not take my life before my husband's; and may evil befall you, heart, that you do not break at his death, for just as in life I was so dear to him I would dearly like to be dead with him."

Their love was different in former days, as she has shown by what she says. What was then plighted now is blighted. What was then fair is now hard to bear.

XII. Parceval hears of the death of his mother

When Parceval heard her lamentations, he greeted her, and she him, saying: "May you be welcome in God's name."

He asked: "Who killed your husband? Why are you so sorrowful?"

She said: "A knight killed him early this morning. But it amazes me that your horse is so well fed, and that you have had good lodging last night, because from this spot it is no less than forty miles to any dwellings."

He said: "I had such generous hospitality last night that no one could wish for better. And I have never had any so good before."

"It is clear," said she, "that you have been at the good Fisher King's house."

"Svá var satt," sagði hann, "ok ríkan mann fann ek ok kurteisan, ok ek sá í gær kveld tvá menn á báti þá er ek reið upp með ánni ok sat annarr til fiska ok vísaði mér til hýbýla sinna ok herbergði mik ríkuliga."

Þá mælti mærin: "Góði herra, hann var skotinn í bardaga í gegnum bæði lærin ok verðr hann þess aldri heill né hestfærr, ok fyrir því þá er hann vill skemta sér, þá ferr hann at fiskja, ok því sitr hann nærri ánni at honum er þat hægra en at öðrum búum sínum. En hann er þó inn ríkasti kóngr."

"Þat veit trú mín," sagði hann, "at þú segir undarliga, þvíat í gær kveld, er ek kom þar, sýndiz mér mart undarliga yfir þat fram sem ek hefi fyrr sét," ok hefr þá upp ok sagði henni hversu farit hafði.

"At sönnu," sagði hún, "gerði hann þér tiguliga sæmd, er hann setti þik hjá sér. Seg mér," sagði hún, "sátt þú spjótit er oddrinn blæddi á ok er þar eigi á hold né sinar?"

"Já," sagði hann, "at vísu sá ek þat."

"Spurðir þú ekki eptir, hví spjótit blæddi?"

"Nei," sagði hann.

"Svá varðveiti mik guð," segir hún, "at þú gerðir þá illa ok mikla fíflsku, eða hvat heitir þú, vinr?"

En hinn er eigi vissi nafn sitt, nema hann gat til: "Þat ætla ek," sagði hann, "at ek heiti Pacuvaleis." En eigi vissi hann hvár<t>[82] hann sagði satt eða eigi. Ok þegar sem mærin skildi nafn hans, þá stóð hún upp í móti honum ok mælti svá sem reið:

"Vinr," kvað hún, "þú hefir nú skipt nafni þínu. *Illa[83] er þér nú farit, inn veili Parceval, er þú spurðir eigi um spjótit eða ganganda greiðann, þvíat þá hefði bæz inum góða kóngi fiskimanni ok hefði hann þegar orðit heill ok kátr. En nú vit at sönnu, at[84] þér ok öðrum sakir þín skulu falla miklar sakir til fyrir þína ógæfu, en þetta er þér makliga fallit fyrir þat at þú drapt móður þína af harmi, þá er þú hljópt frá henni at óvilja hennar. Ek kenni þik miklu gerr en þú mik, þvíat ek var frá barnæsku minni jafnan með móður þinni ok ert þú minn skyldr frændi. En nú vit at sönnu, at mér er eigi minni harmr af ó[g]æfu[85] þinni en dauða móður þinnar ok þessa riddara, er mér unni um alla hluti fram."

"H[á], frændkona," kvað Parceval, "er þat satt er þú segir mér, lát móður minnar? Seg mér, með hverj[um hæ]tti [var]t[86] þú þess vís?"

"Ek stóð þar rétt íhjá er hún var í jörð lagin."

"Þá miskunni guð sálu hennar," sagði Parceval. "Hörmulig tíðindi eru mér þessi um andlát móður minnar," sagði hann. "Nú með því at hún er jörðuð, þarf ek eigi lengra at fara, þvíat þat var allt mitt eyrendi at sjá hana. Nú verð ek at fara annan veg en ek hafða ætlat, ok ef þú vill fara með mér, þá skal ek varðveita þik, þvíat ekki má sá nú, er hér liggr dauðr. Er þat ok mikil óvizka at sitja yfir honum.

"That is true," he said, "and I found him a noble and courteous man. Yesterday evening when I rode up along the river I saw two men in a boat, and one of them sat watching for fish, and he directed me to his house and entertained me royally."

Then the maiden said: "Good sir, he was wounded through both thighs in battle, and because of this he will never be well nor able to ride. And that is why when he wants to entertain himself, he goes fishing. And he lives near the river because that is easier for him than at his other residences. But nevertheless he is a most mighty king."

"By my faith," said he, "what you are saying is extraordinary, for yesterday evening when I arrived there, many things revealed themselves to me in a wondrous way above and beyond what I have ever seen before"—and then he begins to tell her how it had happened.

"Truly," she said, "he did you a princely honour when he placed you beside him. Tell me," said she, "did you see the lance with the point which bleeds and yet has neither flesh nor sinews on it?"

"Yes, indeed," he said, "I saw that."

"Did you not ask at all why the lance bled?"

"No," said he.

"May God preserve me," says she, "then you committed a great and wicked folly. And what is your name, friend?"

But he, who did not know his name, except that he guessed at it: "I think," said he, "that I am called Parceval the Welshman."[32] But he did not know whether he spoke truthfully or not. And as soon as the maiden had construed his name, she stood up to face him and spoke as if in anger:

"Friend," said she, "now you have changed your name. Now misfortune has come upon you, Parceval the Welsher,[33] because you did not ask about the lance or the processional provision, for then the good Fisher King would have recovered his health and would immediately have become sound in mind and body. But now know in truth that because of you and owing to your ill-luck, grievous misfortunes will befall both you and others. But this has come upon you deservedly because you killed your mother with grief when you ran away from her against her will. I know you far better than you know me, as from my childhood I was constantly with your mother, and you are a close kinsman of mine. But now you may be truly certain that the grief to me for your ill-fortune is no less than for the death of your mother or the death of this knight who loved me above all else."

"Ah, cousin," said Parceval, "is what you are telling me true, about the loss of my mother? Tell me, how were you informed of this?"

"I stood there, right beside the grave, when she was laid in the earth."

"Then may God have mercy on her soul," said Parceval. "These are sad tidings for me of the passing away of my mother," said he. "But now that she has been buried, I need go no further because my whole purpose was to see her. Now I must travel in a direction other than I had planned and, if you wish to come with me, I will protect you, for this man lying dead here can no longer do that. Besides, it is

Förum heldr eptir þeim er hann drap, ok heit ek því með sannindum, at ek skal sigraz á honum eða hann á mér, ef ek má at nokkurum kosti finna hann."

En mærin var harmsfull ok sorgar ok kvez þat með engum kosti vilja at skiljaz við unnasta sinn fyrr en hann væri í jörðu, svá at hvárki æti hann dýr né fuglar. "En ef þú trúir mér," sagði hún, "þá fylg þessari götu. Þar fór sá inn óði ok inn heimski riddari er drap minn unnasta. En þó vil ek eigi eggja þik at honum, þvíat aldri vilda ek at þér stæði mein af mér. Enn vilda ek honum svá mikit illt sem hann hefði sjálfa mik drepit. En hvaðan var þat sverð tekit er þú ert vinstra megin gyrðr með, er aldri var í þurftum reynt? Haf eigi traust á þessu sverði. Ek veit hvaðan þat kom," sagði hún, "ok ek kann þann er smíðaði. Sé við vandliga, þvíat ifanarlaust skal þat svikja þik ok bila þá er þú þarft mest at neyta. Í bardaga mun þat bresta í tvá hluti. En engi er sá er bæta kann, nema þú komir til ins ríka manns er Loth heitir undir Kurvatusfjalli. Þar er sá smíðr er Trehucher heitir, er nú er beztr smíðr í öllum heimi. En þú *ert[87] blektr ef annarr gerir. Harmr er mér," sagði hún, "ef þetta sverð bilar, svá vænligt sem þat er."

Því næst gaf hann henni góðan dag ok fór brott leið sína. En hún sat þar eptir er eigi vildi skilja við dauðan unnasta. Sú er sanna ást hefir á manni, þó at hún karlmann aldri kanni.

XIII. Frá Parceval ok drambláta riddara

Nú ferr Parceval eptir þeiri miklu götu mjök ákafliga allt til þess er hann sá einn riddarahest mjök magran ok svá vesalan, sem óvinir hefði við hann vælt, ok aldri hafði hann sét annat dýr jafn aumt ok vesalt. Á baki honum var mær ein. Hún var völkuð með vesöld ok fátækligum búnaði. Hún var fríð ok vel vaxin. Hörund hennar var allt sem skorit væri ok hún full angrs ok tára, þvíat hún hafði þolt allskyns vesöld. Sem Parceval sá hana, þá skundaði hann eptir henni, ok sem hann nálgaðiz, mælti hún:
"Herra guð, aldri líki þat góðleik þínum at ek hafa svá lengi margfaldar vesaldir ok meinlæti. Frelsa mik nú, dróttinn minn, ór höndum þessa hins miskunnarlausa riddara, er svá lengi pínir mik."

Sem hún hafði svá sagt, kom Parceval ok heilsaði henni, en hún tók kveðju hans með lágri raust ok mælti:
"Herra," sagði hún, "guð gefi vilja yðrum allt þat gott er þú vill; en þó hefi ek nú eigi *rétt[88] beðit."
En Parceval roðnaði af skömm ok spurði hví hún mælti svá. "Þú in fríða mær, eigi minnir mik at ek hafa fyrr sét þik ok þér eigi vitandi né viljandi mein gert."

"Þú hefir þat víst gert, at ek em svá vesöl pínd."

great folly to sit and watch over him. Rather let us go after the man who killed him, and I pledge in all truth that if by any chance I can find him, I shall gain the victory over him or he over me."

But the maiden was full of sorrow and grief and said that on no account did she wish to part from her loved one before he should be laid in the earth, so that neither animals nor birds should eat him. "But if you trust me," said she, "then follow this path. The raving madman of a knight who killed my loved one went that way. But even so, I do not want to incite you against him, as it would never be my wish that you should suffer harm because of me. Yet I could wish on him as much evil as if he had taken my own life. But where was that sword taken from, the sword you are girded with on your left side, which has never been tested in time of need? Put no trust in this sword. I know where it came from," said she, "and I know who forged it. Be absolutely on your guard against it, for without a doubt it will betray you, and fail when you most need to use it. In battle it will break in two. But there is no one who has the skill to reforge it unless you go to the mighty man who is called Loth under Mount Kurvatus.[34] There is a smith there called Trehucher, who is at present the best smith in all the world. But you will be deceived if anyone else should do it. I would be grieved," said she,[35] "if this sword fails—it is so fine-looking!"

After that he wished her good day and went away on his journey. But she, not wishing to part from her dead beloved, remained sitting there; she, who bears a true love towards her man, though nevermore may she claim him as her husband.

XIII. Concerning Parceval and the Haughty Knight

Now Parceval rushes furiously on along the broad path until he saw a knight's warhorse, very thin and wretched, as it had fallen into bad hands, and never had he seen any animal as miserable and wretched. On his back was a maiden. She was racked with misery and in shabby clothing. She was beautiful and well formed. Her skin seemed as if it had been gashed all over, and she was overwhelmed by grief and tears because she had suffered every kind of misery. When Parceval saw her he hurried after her, and as he came near she exclaimed:

"Lord God, in Your righteousness may it never be acceptable to You that I should endure so many miseries and torments for so long. Deliver me now, my Lord, out of the hands of this merciless knight who has been torturing me for so long!"

After she had spoken in this way, Parceval came up and greeted her, but she responded to his greeting in a low voice and said:

"Sir, may God give you according to your desire all the good which you may wish for; but even so, now I have not prayed aright."

And Parceval reddened with shame and asked why she spoke in that way. "Fair maiden, I do not remember that I have ever seen you before, nor have I wittingly or willingly done you harm."

"You have indeed done so, that I, a wretched woman, am tormented like this."

"Guð veit," kvað Parceval, "þess em ek eigi valdandi. En æ vilda ek verða víss hvat vesöld þinni veldr."

"Hai, herra," sagði hún, "miskunna þú þér ok flý undan, at eigi fáir þú vandræði af mér."

"Eigi mun ek undan, meðan ek sé eigi meiri ógn en nú."

"Herra," sagði hún, "fyrirkunn eigi heilt ráð, þvíat ef inn drambvísi riddari kemr heim, drepr hann þik."

"Guð veit," kvað hann, "aldri skal hann því hrósa. Vita vilda ek hví hann kvelr þik svá grimmliga."

En hún talði honum allt sem gengit hafði.

Nú sem þau rædduz við, þá kom inn drambláti heim af veiðiströndu. Ok þegar sem hann sá Parceval, þá æpti hann á hann ok mælti:

"Þú[89] riddari," sagði hann, "er stendr hjá meyjunni, ósynju komt þú hér. Nú vit at sönnu at þér er víss dauði, þvíat þú heptir ferð meyjarinnar. En þó vil ek eigi mein gera þér fyrr en ek hefi talit þér, hverja sök ek gef henni ok hví ek píni hana með svá mikilli svívirðing. Ek var farinn á veiðar í sumar ok lét ek þessa mey eptir í landtjaldi mínu ok unna ek henni um alla hluti fram. En þá bar svá at með einum kynligum hætti, at einn sveinn kom til hennar. En ek fæ hann aldri síðan upp spurt. En sá sveinn kysti hana nauðga svá sem sjálf hún játaði. En þat berr engum manni at trúa, at hann mundi kyssa hana nema hann gerði meira, þvíat koss lokkar konu til hjúskapar; ok allra helzt þar er tvau finnaz saman, þá veitir þat kona sú er kossmildan gerir munn sinn, at slíkt fylgir sem hann vill. En þegar hún kemr í karlmanns leik ok hún finnr, at karlmaðr vill gjarna við hana eiga, *lætr[90] hún sér at engum kosti líka at karlmaðr taki hana nauðga. En þá er svá er gert, fær hún hvárki öfusu né ömbun. Svá hygg ek at þessi minni *unnustu[91] muni hafa tekiz, ok lét hún af sér taka fingrgull mitt, ok í brott bar hann með sér af [mí]num[92] vildustum föngum ok þeim mat er ek hafða mér ætlat. En nú hefir hún fengit svá mikla leigu fyrir sín afbrigði, at þat sannaz á henni er mælt er, at heimsku fylgir heipt ok sá kaupir glæp er gerir ok eigi vill yfir bæta."

Sem Parceval heyrði þetta, þá sagði hann: "Nú hef[ir][93] hún bætt glæp sinn ok innt skript sína, svá at guð mun kunna mikla öfusu fyrir, þvíat þú gefr henni rangar ok illgjarnar sakir. En nú geri ek þik vísan at sönnu, at ek em sá maðr er hana kysti nauðga at fullum óvilja hennar, ok eigi gerða ek henni meira, ok at vísu át ek ok drakk sem mér bar nauðsyn til. En þú gefr henni ranga sök ok illa gátu."

"Ek sver við höfuð mitt," kvað inn drambláti riddari, "at þú hefir nú mælt undarliga ok viðgengit þessum atburðum ok gefit þér sjálfr dauða sök."

"Eigi er dauði minn svá nær sem þú hyggr," kvað Parceval, "en gæt þín at eigi komi í stað dauði at þér."

"God knows," said Parceval, "I am not the cause of this. But all the same I am keen to know for certain what caused your wretched condition."

"Ah, sir," she said, "have pity on yourself and flee from here, so that you do not get into trouble because of me."

"I will not run away while I see no greater threat than I do now."

"Sir," said she, "do not scorn good counsel, for if the Haughty Knight comes back he will kill you."

"God knows," said he, "he shall never boast of that. I should like to know why he torments you so savagely."

And she told him everything that had happened.

Now as they were talking, the haughty man came back from the fishing ground, and as soon as he saw Parceval he shouted to him, saying:

"You, knight," he said, "standing beside the maiden; you have come here rashly and without justification. Know now for sure that death is certain for you, because you are impeding the maiden's journey. But nevertheless I will not do you any harm before I have told you what charge I bring against her and why I torture her in such a shameful way. I had gone away hunting this summer and had left this maiden behind in my pavilion, and I loved her more than anything else. But then it so happened, in an extraordinary manner, that a boy came to her—but I have never been able to find anything out about him since. And this boy kissed her by force, as she herself admitted. But no one would ever believe that he would kiss her unless he did more, because a kiss entices a woman to coition; and most of all when a pair find themselves together, then it happens that the woman who makes free with her mouth in kissing allows things to go the way that he wants. For as soon as she enters into a liaison with a man and finds that the man is very keen to have her, she acts as though she does not like the idea at all that the man should take her by force. But then when the deed is done she gets neither thanks nor reward. I think that it has happened like that with this lover of mine. And she allowed my own ring to be taken from her, and he also carried off with him, out of my choicest provisions, the very food which I had intended for myself. But now she has received such a great reward for her transgression that the saying has been proved true upon her that fury follows folly,[36] and he reaps evil who sows evil and refuses to put his wrong right."

When Parceval heard this, he said: "Now she has paid for her crime and done her penance, in such a way that God must feel mightily well pleased about it, because you are bringing unjust and malicious charges against her. But now I shall make you aware beyond a shadow of doubt that I am that man who kissed her by force, fully against her will, and I did not do anything more to her—and certainly I ate and drank what I needed to. But you are bringing an unjust charge against her and a wicked insinuation."

"I swear by my head," said the Haughty Knight, "that you have now said some amazing things in confessing to these matters, and you have brought upon yourself a charge deserving of death."

"My death is not as near as you think," said Parceval, "but beware that death does not come to you instead."

Því næst riðuz þeir at með öllu afli, ok er þeir mættuz, þá festi hvárr spjót sitt í skildi annars ok fellu báðir til jarðar, svá at bæði spjótin flugu í tvá hluti. Því næst hlupu þeir upp ok börðuz með sverðum ok hjuggu mart ok stórt hvárr annan, ok var bardagi þeira bæði harðr ok mikill, þvíat báðir váru öflugir, harðir ok vápndjarfir. En svá lauk þeira viðskipti at Parceval varð öflugri, fimari ok röskvari ok því drjúgari, sem þeir áttuz lengr við, ok mæddiz inn drambláti riddari, ok bað þá drambátr friðar ok miskunnar, ok fell þá allt drambæti hans ok gerðiz nauðigr lítillátr. En Parceval, er aldri gleymdi heilræðum þess ins góða manns er hann gerði riddara ok kendi einvígissiðu, at hann skyldi eigi þann drepa er friðar beiddiz ok miskunnar, *svarar[94] þessum orðum:

"Riddari," kvað hann, "þat veit trú mín, at enga miskunn skal ek gera þér, nema þú miskunnir unnustu þinni, þvíat aldri þjónaði hún til þvílíks erfiðis sem nú hefir hún af þér hlotit."

Þá svarar riddarinn: "Herra," sagði hann, "ek vil gjarna allt eptir því sem þér vilið bæta við hana þat er ek hefi misgert. Skal ek ok allt þat gera sem þér bjóðið mér. Em ek nú sannfróðr at því at hún er saklaus, ok nú fyrirþykki mér er ek hefi misgert við hana."

"Far nú," sagði Parceval, "til næsta bæjar ok ver þar til þess er hún er at fullu heil. Síðan klæð hana vel ok far til Artús kóngs ok seg honum guðs kveðju ok mína ok gef þik í hans miskunn, ok seg at sá riddari sendi þik er hann *gerði[95] riddara at rauðum vápnum. Þú skalt ok segja öllum riddurum ok hirðmeyjum *okkur[96] viðskipti, ok þeiri meyju ber guðs kveðju ok mína, er Kæi ræðismaðr laust fyrir mínar sakir, ok seg henni svá at ek kem eigi *fyrr[97] í hirð Artús kóngs en ek hefi hefnt hennar svívirðingar á Kæi ok hún skal kalla vel hefnt."

Ridarinn sagði, at hann skal allt fullgera þat er hann skipaði.

Því næst skilduz þeir ok fór riddarinn at græða unnustu sína svá at hún varð heil ok fekk alla fegrð sína aptr ok klæddi hana inum bezta búnaði ok fóru síðan í kastalann þann er Artús kóngr sat í með hirð sinni. Ok sem riddarinn kom, þá gekk hann þegar fyrir kóng ok gaf sik upp vápnsóttan fyrir allri hirðinni í vald kóngs ok bauð allt at gera þat er hann bauð honum ok sagði at "svá bauð sá riddari er beiddiz af yðr rauð herklæði ok þér gáfuð honum."

Sem kóngr heyrði þetta, mælti hann: "Góðr vinr, far af klæðum þínum. Blessaðr sé sá riddari er þvílíkan riddara sendi m[ér][98] ok sakir hans skalt þú v[er]a[99] hér velkominn ok sæmiliga haldinn."

"Herra," kvað hann, "ek verð enn fleira at tala áðr ek fer af herklæðum mínum. En þó vilda ek at dróttningin kæmi ok meyjar hennar at heyra þessi tíðindi, er ek hefi yðr at segja ok sú in fríða mær er lostin var fyrir lítinn hlátr er hún hló."

After that they charged at each other with all their might, and when they met together each of them fixed his lance fast in the other's shield so that both lances flew in two pieces and both men fell to the ground. Whereupon they leaped up and fought with swords, and dealt each other many mighty blows. And their fight was hard and long because both of them were powerful, hardy and dauntless in arms. But their encounter was brought to an end in this way: the longer they fought with each other the more powerful, agile, and vigorous did Parceval become, and therefore he proved the more enduring; and the Haughty Knight became exhausted, and then that haughty man begged for truce and mercy. And then all his haughtiness fell away and against his will he was made humble. But Parceval, who never forgot the sound advice of the worthy man who made him a knight and taught him the rules of single combat, that he should not kill a man who sued for peace and quarter for himself, answered in these words:

"Knight," said he, "by my faith, I shall show no mercy to you unless you show mercy to your loved one, for never did she deserve such torment as she has now suffered at your hands."

Then the knight answers: "Sir," he said, "it is my fervent wish to make good to her all that I have done wrong, in the way you desire. In addition I shall do everything you order me to do. I am now reliably informed of the fact that she is innocent and now I feel grieved that I have acted unjustly towards her."

"Now go," said Parceval, "to the nearest estate and stay there until she has completely recovered. After that, clothe her well and go to King Arthur, give him God's greeting and mine and give yourself up to his mercy, and say that the knight he made Knight of the Red Arms sent you. You must also relate our encounter to all the knights and ladies of the court, and convey God's greeting and mine to the maiden whom Kay the steward struck on my account, and tell her this, that I shall not enter King Arthur's court before I have avenged her humiliation on Kay so that she will say it is well avenged."

The knight said that he would fulfil everything he stipulated.

After that they parted company and the knight went away to restore his love to health so that she became well and regained all her beauty, and he clothed her in the finest attire and afterwards they went to the castle in which King Arthur was residing with his court. And when the knight arrived, he came before the king at once and in the presence of the whole court gave himself up in defeat to the king's authority and offered to do all that he commanded of him, saying that "these were the orders of the knight who asked you for red arms for himself, and you gave them to him."

When the king heard this he said: "Good friend, take off your armour. A blessing on the knight who has sent me such a liegeman! And for his sake you shall be welcome here and be honourably treated."

"Sire," he said, "I am obliged to say yet more before I remove my armour. However it is my wish that the queen and her maidens should come to hear these tidings which I have to say to you, and that lovely maiden who, when she laughed, was struck for a mere laugh."

Ok jafnskjótt sendi kóngr eptir dróttningu ok kom hún þegar með öllum meyjum sínum. Ok þá mælti inn nýkomni riddari:

"Frú," sagði hann, "guðs kveðju sendi yðr einn riddari er ek á mjök at lofa, þvíat hann vápnsótti mik ok gaf í yðvart vald þessa mína unnustu, er nú er hér með mér, ok hann sagðiz eigi fyrr skyldu koma í hirð Artús kóngs, en hann hefði hefnt þeirar svívirðingar er Kæi laust mey yðra."

"Guð þakki honum þat," sagði dróttningin, "ok gjarna vil ek honum ok hans vinum sæmd ok virðing með vináttu veita."

Þá hljóp upp fól kóngs ok æpti hátt: "Kæi, Kæi," sagði hann, "svá hjálpi mér guð at nú er kominn tími svívirðingar þinnar ok dýrt munt þú kaupa þá svívirðing er þú gerðir meyjunni ok mér."

Þá mælti kóngr: "Hó, Kæi, hvat þú vart heimskr þá er þú spottaðir sveininn; þín heimska ok gabb <fældi>[100] hann frá mér, svá at ek hygg at ek sjá hann aldri síðan."

Þá mælti kóngr við riddarann er honum var sendr: "Ek gef þér frelsi þitt svá at þú skalt liðugr af mér vera."

Þá spurði herra Valven: "Hvat riddara er þat er svá mikinn vaskleik hefir gert at vinna þann riddara er vér vitum beztan í þessu landi?"

Kóngr svarar: "Ekki er mér hann kunnigr." Ok sagði þá kóngr herra Valven, hversu hann kom til hans ok hversu Kæi hafði gabbat hann. "En hann hefir mér jafnan síðan fagrliga þjónat, ok vilda ek at vísu finna hann, ok þenna morgin skulum vér fara at leita hans."

Ok þegar um moruninn bjóz kóngr með allri hirð sinni ór Korboel. Þá fór með honum dróttningin ok allar meyjar hennar. Kóngr reið allan þann dag. En er at kveldi kom, þá setti hann landtjald á sléttum völlum ok fögrum ok lá þar um náttina. Í dagan fell mikill snjór ok gerði kalt. Þann dag hafði Parceval árla uppi verit ok reið hann út at leita atburða í herklæðum sínum ok þeira riddara er nokkut vildu við hann eiga. Þá reið hann at þeim sömum völlum er herr kóngsins var á. En þeir váru allir þaktir með snjó, ok er hann kom fram at völlunum, þá sá hann hvar flaug mikill fjöldi anda ok eptir einn valr ok hafði lostit eina öndina svá at hún fell á jörð. Parceval reið þangat er hún niðr fell ok vildi taka hana. Valrinn hræddiz hann ok flaug skjótt ok svá öndin, þvíat hún var lítt sár; en þó hafði henni blætt í snjóinn. Ok sem hann sá þessa hluti, nýfallinn snjó ok it rauðasta blóð, þá kom honum í hug at slíkr litr var í andliti Blankiflúr, unnustu hans, ok var <hann>[101] þat nú svá mjök hugsandi, at hann var öllu öðru gleymandi. Hann gáði enskis annars en sjá hér á. Svá var hann þetta mjök íhugandi, ok svá tók hann þá mjök at unna, at ekki mátti hann þá annat kunna.

And the king immediately sent for the queen and she came at once with all her maidens. And then the newly-arrived knight spoke:

"My lady," said he, "a knight has sent you God's greeting, one I am bound to praise highly because he vanquished me and sent into your keeping this beloved of mine, who is here now with me. And he said that he would not enter King Arthur's court before he had avenged the humiliation which Kay inflicted by striking your maiden."

"God reward him for that," said the queen. "And dearly do I wish to extend to him and to his friends honour and esteem along with firm friendship."

Then the king's fool leaped up and shouted loudly: "Kay, Kay," said he, "so help me God, now the hour of your disgrace has come, and you will pay dearly for the humiliation you brought upon the maiden and upon me."

Then the king said: "Ah, Kay, how foolish you were when you scoffed at the boy! Your stupidity and sarcasm frightened him away from me, so that I think I may never see him again."

Then the king spoke to the knight who had been sent to him: "I grant you your liberty, so that you are released from any duty of service to me."

Then Sir Gawain asked: "What kind of a knight is he, who has performed so great a feat as to vanquish the knight we know to be the best in this land?"

The king answered: "He is not at all well-known to me." And then the king told Sir Gawain how he came to him, and how Kay had ridiculed him. "But he has served me splendidly ever since, and I certainly want to find him. And tomorrow morning we shall go in search of him."

And in the morning the king made himself ready to leave Korboel immediately with all his court. The queen and all her maidens went with him. The king rode all that day. But when it drew towards evening, he set up a pavilion on beautiful level fields and encamped there for the night. At dawn a good deal of snow fell, and it began to grow cold. Parceval had risen early that day and he rode out in his armour to seek adventures and any knights who might wish to have an encounter with him. Then he rode towards the same fields as the king's host was encamped on. And the fields were all covered with snow. And as he came out on to the fields, he saw a large flock of wild duck flying, and a falcon in pursuit, and the falcon had winged a duck so that she fell to the ground. Parceval rode to the place where she came down, wanting to pick her up. The falcon took fright and flew quickly off, and the duck too, as she was only slightly hurt. But even so she had bled on the snow. And when he saw these things, the newly fallen snow and the very red blood, then it came into his mind that such colouring was in the complexion of Blankiflúr, his beloved, and on that so deeply did he reflect that nothing else did he recollect. He cared to do nothing other than to gaze on this. So deeply upon this did he meditate, and so deeply did he then begin to adore, that he was powerless to comprehend anything more.

XIV. Kæi feldr af baki

Nú sá þetta skjaldsveinn einn frá landtjöldum kóngs ok hugði at hann svæfi á baki hestinum. Kóngr var þá eigi klæddr. En sveinarnir gengu til landtjalds kóngsin<s>.[102] Þeir mættu þeim riddara er hét Sigamor. Hann gekk þegar til kóngs ok sagði honum at einn riddari var skamt þaðan sá er svaf á baki hesti sínum. Kóngr bað kalla hann til sín, ok hann reið þegar herklæddr til hans ok mælti:

"Riddari," sagði hann, "þú skalt ríða í stað til kóngs."
Parceval lét sem hann heyrði eigi hvat hann sagði.
Hann mælti þá: "Þú skalt fylgja mér nauðigr til kóngs er þú vill eigi lostigr."

Ok er Parceval sá riddarann ríða at sér, þá sneri hann í móti honum, ok er þeir mættuz, lagði hvárr til annars, ok brast í sundr spjótskapt Sigamors. En Parceval festi spjót sitt svá at hinn kom fjarri niðr, en brynja hans var traust ok hlífði honum við sárum. En hestr hans hljóp til landtjalda kóngs. Vinir Sigamors öngruðuz upp af hans misferð. En Kæi ræðismaðr, er aldri gat haldit sér fyrir heimsku ok hégóma, *mælti:[103]

"Herra," sagði hann, "nú megi þér sjá Sigamor, hversu hann gengr á fæti ok leiðir hestinn, en annarri <hendi>[104] leiðir hann riddarann nauðgan ok yfirkominn ok hefir unnit fagran sigr."

"Kæi," sagði hann, "illa samir þér at spotta dugandi menn. Fær mér nú riddarann ok sjám fyrst at þú sigriz betr."

"Herra," kvað Kæi, "feginn em ek því at yðr líki mín ferð, ok at vísu skal ek þenna riddara til yðvar fara láta með mínu afli. Ef hann vill eigi lostigr, þá skal hann fara nauðigr, ok ek skal þrúga hann at hann segi nafn sitt."

Nú herklæddiz hann ok ríðr til þess er Parceval sat á hesti sínum it sama íhugandi. Sem Kæi kom fram ríðandi at Parceval, mælti hann:

"Knapi," sagði hann, "far til kóngs. Þat veit trú mín, þú skalt fara hvárt er þú vill eða eigi."

Ok er Parceval heyrði orð hans ok heitun, þá reið hann í móti honum, ok er þeir lögðuz til, gekk í sundr spjótskapt Kæi. En Parceval festi spjótit svá at Kæi kom niðr fjarri hestinum, ok við þat brast í sundr armleggr hans, þvíat hann kom þar niðr sem berg var undir, ok sannaðiz þá þat er kóngsfól hafði jafnan spát honum. Nú lá Kæi í óviti, en hestr hans hljóp aptr. Sem kóngs menn sá hann hlaupanda með tómum söðli, hlupu margir á hesta sína, ok er þeir kómu at Kæi, þá hugðu þeir at hann væri dauðr. En Parceval sat með sama hætti sem fyrr, en kóngr reiddiz mjök, er ræðismaðr hans var svá mjök meiddr, ok er hann vissi at hann lifði, þá fekk hann til einn lækni at græða hann; ok þá mælti herra Valven til kóngs:

"Guð veit, herra, at þat er einörð mín, at þat er at engum kosti rétt at angra mann meðan hann er íhugandi einhvern hlut, sem þessir tveir menn gerðu við

XIV. Kay is thrown from his horse

Now a squire from the royal pavilions noticed this, and thought that he was asleep on the horse's back. The king was not yet dressed, but the squires went to his pavilion. They met the knight who was called Sigamor. He at once went to the king and told him that a short distance away was a knight who was asleep on the back of his horse. The king ordered that he be summoned to him. And he at once rode to him fully armed and spoke:

"Knight," said he, "you must ride to the king this instant."

Parceval behaved as though he had not heard what he said.

He then said: "You must come with me to the king, unwillingly if you will not come willingly."

And when Parceval saw the knight riding at him he turned to face him, and when they came together they thrust at each other and the shaft of Sigamor's lance shattered in pieces. But Parceval drove his lance in such a way that the other man hit the ground a long way off; but his coat of mail was stout and protected him from injuries. But his horse galloped back to the king's pavilion. Sigamor's friends became very alarmed at his mishap. But Kay the steward, who could never hold himself back from foolishness and nonsense, spoke up:

"Sire," said he, "now you can see Sigamor, how he goes on foot and leads the horse, but with his other hand he leads the vanquished knight against his will, and he has won a fine victory."

"Kay," he said, "it ill becomes you to mock worthy men. You bring the knight to me now and let us see if you succeed any better."

"Sire," said Kay, "I am delighted that it pleases you for me to go. And certainly I shall force this knight to come to you by my strength. If he will not come willingly then he must come unwillingly, and I shall compel him to tell his name."

Then he had himself armed, and he rode to the place where Parceval was sitting on his horse, pondering as before. When Kay came riding out towards Parceval he spoke:

"Vassal," said he, "come to the king. By my faith, you shall come whether you want to or not."

And when Parceval heard his threatening words then he rode against him and when they clashed together, the shaft of Kay's lance flew into pieces. But Parceval drove his lance in such a way that Kay hit the ground a long way from his horse, and with that his arm broke in two because he landed in a place where there was a boulder beneath him. And what the king's fool had always prophesied of him was then proved true. Now Kay lay unconscious, but his horse galloped away. When the king's men saw him galloping with an empty saddle, many leaped on their horses, and when they reached Kay they thought he was dead. But Parceval sat in the same way as before. But the king was very angry that his steward was so badly injured, and as soon as he knew that he was alive he had a doctor fetched to heal him. And then Sir Gawain spoke to the king:

"God knows, sire, it is my firm conviction that it is by no means right to torment a person while he is pondering some matter, as these two men have done þenna riddara. En ef vili yðvarr væri til, þá vil ek ríða til hans ok biðja hann koma til yðvar."

Sem Kæi heyrði þetta, reiddiz hann ok mælti: "Herra Valven," sagði hann, "þú mátt taka í beizl hans ok leiða hann hingat, þvíat hann mun yðr þegar fylgja, þvíat svá hefir þú margan riddara tekit ok vápnsótt."

"Hó, Kæi," kvað Valven, "þat segi ek þér, ef guð vill, at ek skal hafa þenna riddara til kóngs, svá at hvárki skal minn armleggr b[ro]tna[105] né ór liði ganga. Þú tókt makligan mála f[yrir] þitt st[ar]f.[106] En ek vil e[igi][107] þ[ví]líkan[108] taka."

"Frændi," sagði kóngr, "vel líkar mér, at þú farir, þvíat þú ert vitr maðr ok vel stiltr, ok kom honum hingat með friði."

Ok því næst herklæddiz herra Valven ok reið þangat sem riddarinn var ok mælti: "Bróðir," sagði hann, "gjarna vilda ek heilsa þér ef ek vissa at þinn hugr væri jafnheill til mín sem minn er til þín, ok þó skal ek ræða til þín með góðum vilja, þvíat ek em sendimaðr míns herra Artús kóngs."

Þá svarar Parceval: "Hingat kómu tveir riddarar ok vildu taka frá mér mína íhugan, ok vildu nauðga mér at fara til kóngs, sem þeir hefði mik hertekit ok vápnsótt. En nú em ek áhyggjufullr um eina íhugan er mér vel líkar. En seg mér, góðr vinr, er Kæi ræðismaðr með kónginum?"

"Já," kvað herra Valven, "hann var hér nú fyrir mér ok hefir þú brotit sundr armlegg hans inn hægra."

"Þat væntir mik þá," sagði Parceval, "at ek hafa hefnt meyjar þeirar er Kæi laust fyrir mínar sakir."

"Herra riddari," sagði Valven, "þat segi ek þér at sönnu, at kóngr ferr þín at leita, ok þik vill hann gjarna hitta. Seg mér nafn þitt."

"Parceval heiti ek; eða hvert er yðvart nafn?"

"Ek em kallaðr Valven."

"Já," sagði Parceval, "nú segir þú mér góð tíðindi, þvíat yðvarn félagskap fýsumz ek, ef yðvarr er vili til."

"Guð veit," kvað Valven, "þat vil ek gjarna."

Því næst riðu þeir til landtjalda kóngs. Þá mælti herra Valven: "Förum af herklæðum."

Ok þá lét hann færa Parceval ina beztu guðvefjarskikkju ok *alla ina[109] beztu gangveru. Nú er Parceval vel búinn ok sýniz nú inn fríðasti riddari ok gengu þeir þá til kóngs. Þá mælti herra Valven:

"Herra kóngr," segir hann, "nú hefi ek fengit þann riddara Parceval, er yðr hefir lengi eptir langat."

En er kóngr heyrði þetta, þá varð hann svá feginn, at hann reis þegar upp í móti honum ok bað hann vera guði velkominn ok sór at hann skyldi aldri við hann skiljaz. Í því kom dróttningin. En Parceval gekk þegar í móti henni ok fagnaði henni vel ok sæmiliga. En hún bað hann vera velkominn. Þá mælti hann við mey þá er næst gekk dróttningu, er hló at honum:

"Ek em sá riddari er aldri skal yðr hverfa ef nauðsyn krefr yðr riddarahjálp."

with this knight. But if it were your pleasure, then I should like to ride to him and beg him to come to you."

When Kay heard this he grew angry and spoke up: "Sir Gawain," said he, "you can take hold of his bridle and lead him here, for he will come with you at once, since you have captured and conquered so many knights in that way."

"Ah, Kay," said Gawain, "I tell you that, God willing, I shall bring this knight to the king so that my arm shall neither be broken nor put out of joint. You took a well-deserved wage for your work; but I do not want to take the same."

"Kinsman," said the king, "it pleases me well that you should go, for you are a sensible man, and very level-headed; and bring him here in peace!"

And next in turn Sir Gawain had himself armed and rode to where the knight was, and spoke: "Brother," said he, "readily would I greet you, if I knew that your heart were as whole towards me as mine is towards you, but nevertheless I shall speak to you with a good will, for I am the messenger of my lord King Arthur."

Then Parceval answers: "Two knights came here and wanted to rob me of my meditation, and wanted to force me to go to the king, as though they had captured and conquered me. But at present I am preoccupied with a contemplation which pleases me very much. But tell me, good friend, is Kay the steward with the king?"

"Yes," said Sir Gawain, "he was here just before me and you have broken his right arm."

"Then I believe," said Parceval, "that I have avenged that maiden Kay struck on my account."

"Sir knight," said Gawain, "I tell you truly that the king has come to look for you, and he greatly desires to meet with you. Tell me your name."

"I am called Parceval. But what is your name?"

"I am called Gawain."

"Indeed?" said Parceval. "Now you tell me good tidings, because I desire your friendship, if that is also your desire."

"God knows," said Gawain, "I want that very much."

Next they ride to the king's pavilion. Then Sir Gawain said: "Let us take off our armour."

And afterwards he had brought to Parceval the finest velvet mantle and a suit of clothing all of the best. Now Parceval is well dressed and appears the most handsome of knights, and they then go to the king. Then Sir Gawain spoke:

"My lord king," says he, "now I have captured the knight Parceval whom you have longed for for so long."

And when the king heard this, he was so delighted that he immediately rose up to meet him and bade him welcome in God's name, and swore that he should never part from him. At that moment the queen came in. And Parceval at once went to meet her and greeted her properly and honourably. And she bade him welcome. Then he spoke to the maiden who walked closest to the queen and who had laughed at him:

"I am the knight who shall never turn away from you if necessity causes you to need the help of a knight."

En mærin þakkaði honum sinn góðvil[ja]¹¹⁰ með kurteisum orðum. En Parceval var þar í miklum fagnaði ok fór hann með kóngi til Korbuelborgar.

En á miðjum degi annars dags þá kom þar ein mær ljót ok leiðilig svá at aldri fæddiz fjándligra kvikendi. Hún heilsaði kóngi ok allri hirðinni nema Parceval:

"Hó, Parceval, vei þeim er þér berr kveðju, þvíat þú hefir til ills þjónat þar er þú vildir eigi hjálp veita inum góða kóngi ok fiskimanni með spurdaga þínum, þvíat hann væri heill ef þú hefðir spurt hvat þat var er þú sátt. En þú ert ógiptufullr er þú þagðir gæfuna ór hendi þér."

"Herra," sagði hún, "ek veit kastala er í eru inir fræknustu riddarar tíu ok hálft sétta hundrað ok á hverr þeira ina kurteisustu unnustu. Nú segi ek yðr þessi tíðindi at hverr sá er þar vil reyna riddaraskap sinn, má þar finna röskva félaga ok gjarna vilja þeir reyna útan ef. En sá er eignaz vill höfuðfrægð í öllum heiminum, þá kann ek segja honum, hvert hann mætti sækja ina fríðustu allra meybarna í veröldu, ef nokkurr þyrði til at ríða brott at hrinda þeiri miklu umsát, er um hana sitr í einu miklu fjalli; fá má þar nóga sæmd ok virðing með fjárhlutum."

Slík tíðindi gerir hún þeim kunnig er áðr váru ókunnig. Nú máttu þeir af þessu gera þat er bókin mun í ljós bera.

XV. Af Meliandro ok dætrum Saibaz

Nú sem mærin hafði lokit ræðu sinni, þá reið hún í brott, en herra Valven sagði at hann skyldi þangat fara. En Gerflet sór at hann skyldi fara til prúða kastalans. En Kviderin¹¹¹ kvez þangat skyldu fara sem mærin sat á fjallinu. En Parceval sór at hann skyldi eigi fyrr aptr koma en hann vissi hvat gangandi greiði var. Ok þá hlupu upp sex tigir riddara ok sambunduz at þeir skyldu þat vita hvar sá kastali væri.

Nú sem þeir ræddu þetta, þá kom ríðandi í kóngs höll einn riddari er hét Grandilbrasil ok heilsaði kóngi ok mælti til herra Valven:

"Enga kveðju ber ek þér, þvíat þú drapt minn herra með svá miklum níðingskap, at þú bautt honum eigi til einvígis."

Þá svarar Valven: "Þá er þú vill, skal ek þessa svikræða synja er þú kennir mér."

Þá svarar hinn, at hann skyldi svik á hann sanna, "ok skal þessi bardagi vera fyrir kónginn í Kapalon, er nú er beztr riddari í öllum heiminum."

Þessu játaði herra Valven, ok þegar fór riddarinn í brott. En Valven bjóz þegar ok hafði þá sjau skjaldsveina með sér ok báðu allir hann fara í guðs friði.

And the maiden thanked him for his goodwill with courteous words. And Parceval remained there in great good cheer and accompanied the king to Korbuel castle.

But then at noon the next day there came a damsel so ugly and loathsome that a more fiend-like creature never was born. She greeted the king and all the court except Parceval:

"Ah, Parceval! A curse on the one who brings a greeting to you, for you were in the service of evil when you would not give help to the good Fisher King by asking your question, because he would have been healed if you had asked what it was that you saw. But you are a man doomed to misfortune in that by keeping silent you let fortune slip from your grasp."

"Sire," said she, "I know a castle in which are five hundred and sixty of the most intrepid knights, and each of them has the gentlest of ladies. Now I am telling you these tidings, because whoever wishes to test his knighthood in that place will encounter seasoned men there, and they will eagerly take up the challenge without a doubt. But whoever wishes to gain for himself the highest renown in all the world, then I can tell him where he can seek out the fairest of all maidens in the world, if anyone has the daring to ride out to raise that great siege by which she is being besieged on a high mountain; there is glory and honour in plenty, with wealth too, for the taking."

To them these tidings she makes known, which previously had been unknown. Now they made of this what they might, and that the book will bring to light.

XV. Concerning Meliander and Saibaz' daughters

Now when the damsel had finished her speech she rode away, and Sir Gawain said that he would go to that place. And Gerflet swore that he would go to the Proud Castle. And Kinderin said that he would go to the place where the maiden dwelt on the mountain. But Parceval swore that he would not come back before he knew what the processional provision was. And then sixty knights leaped up and pledged together that they would try to discover where that castle might be.

Now while they were discussing this, there came riding into the royal hall a knight who was called Grandilbrasil, and he greeted the king and spoke to Sir Gawain:

"No greeting do I bring to you, because you killed my lord with such utter villainy that you did not even challenge him to single combat."

Then Gawain answers: "Whenever you wish, I shall prove myself innocent of this treachery which you lay to my charge."

Then the other answered that he would prove him guilty of treason, "and this combat shall take place before the king of Kapalon, who is at present the best knight in all the world."

Sir Gawain agreed to this, and the knight went away at once. But Gawain made himself ready immediately and took seven squires along with him, and everyone bade him go in God's peace.

Sem hann hafði riðit um stund, þá sá hann riddara marga, ok í því mætti hann skjaldsveini leiðanda eina steddu. Þá mælti herra Valven:
"Hverir eru þessir riddarar er hér ríða?"
Hann svarar: "Þessi er Meliander, einn ríkr riddari."
"Ert þú með honum?" sagði Valven.
"Nei, herra, Grediens heitir minn herra."
"Hann kann ek gerla," sagði Valven. "Seg mér, hvar hann er."
"Hann fór til riddara atreiðar, er þeir hafa mælt sín í milli, Meliander ok Saibaz."

"Hversu má þat vera," sagði Valven, "þvíat Meliander var í garði Saibaz, ok er hann fóstrsonr hans?"

"Herra," kvað hinn, "svá er at sönnu, þvíat faðir hans var mikill vinr Saibaz, ok hann var með honum þar til er hann var vaxinn, en þá beiddiz hann ástar dóttur hans er hann unni með allri ást. En hún sagði at hann skyldi fyrr riddari vera. En hann gerðiz þegar riddari sakir ástar hennar; ok þá kom hann til meyjarinnar ok vildi endrnýja ást hennar við sik. En hún sagði at þat mætti með engum kosti vera fyrr en hún hefði sét riddaraskap hans. 'Þú skalt,' sagði hún, 'stefna hingat mörgum riddurum til atreiðar. Þat er hverjum kunnast er hann kaupir dýrast. Tak nú,' kvað hún, 'atreið við föður minn ef þú vill mína ást hafa ok stefn hingat þínum riddurum móti hans riddurum, ok mun ek þá sjá hvern riddaraskap þú gerir fyrir mínar sakir.' En hann þegar sem hún fyrirskildi tók atreið við föður hennar, þvíat hann unni henni svá mikit at hann gerði hvat er hún vildi. En nú eru várir menn mjök þurfandi at þú komir í reiðina með þeim ef þú þorir."

"Vinr," kvað herra Valven, "far leiðar þinnar."
En þá reið herra Valven til landtjaldsins, þvíat eigi var annarr vegr til, ok er hann kom þar, hafði Sa<i>baz saman samnat öllum sínum riddurum, vinum ok frændum. Inir beztu vinir Sa<i>baz réðu honum þat at eiga enga atreið við Meliander, þvíat þeir hrædduz at hann mundi eyða ríki Saibaz. Þá byrgðu þeir öll borgarhlið.

Nú ríðr Valven til eins borgarhliðs, ok er hann sá at byrgt var, þá reið hann út á völlinn ok sté af hesti sínum. Einn kastalamaðr sá hann ok mælti við Saibaz:

"Herra, ek hefi sét tvá riddara er hér eru komnir af liði Artús kóngs ok ræð ek at vér ríðim út ok segir mér svá hugr at vér munum inn betra hlut hafa."

Ok nú ríða þeir út af borginni. En dætr Saibaz gengu upp í *in[112] hæstu vígskörð ok með þeim allr herrinn at sjá samkomu riddaranna, en þat þótti þeim líkt at Meliander mundi þar beztr riddari, en um síðir sá þær þann riddara er hjá borginni var, ok mæltu sumir at hann sé inn hraustasti ok inn vaskasti riddari, ok gera um margrætt. En dóttir Saibaz in ellri, er unnasta var Meliandri, tók at lofa hann ok sagði svá:

"Aldri mun finnaz jafningi Meliand<r>i[113] at öllum hlutum þeim er vaskr riddari þarf at hafa, er bæði er æskiliga fríðr ok inn kurteisasti um alla hluti." Sem

Parcevals saga

After he had been riding for a while, he saw a great many knights; and at that moment he met a squire leading a mare. Then Sir Gawain said:

"Who are these knights who are riding here?"

He answers: "This man is Meliander, a powerful knight."

"Are you with him?" said Gawain.

"No, sir, my lord is called Grediens."

"I know him very well," said Gawain. "Tell me where he is."

"He has gone to the tournament which Meliander and Saibaz have jointly proclaimed to take place between them."

"How can that be," said Gawain, "as Meliander lived in Saibaz' house and he is his foster-son?"

"Sir," said the other, "that is indeed true, for his father was a great friend of Saibaz, and he was with him until he grew up, but then he sought for himself the love of Saibaz' daughter, whom he loved with all his heart. But she said that he should first become a knight. And he had himself knighted at once for the sake of her love; and then he came to the maiden and desired to rekindle her love towards him. But she said that on no account could that be before she had witnessed his prowess as a knight. 'You must,' said she, 'summon many knights here to a tournament. What he buys at dearest cost is what each man values most. Now,' said she, 'take on a tournament against my father if you want to have my love, and summon here your knights to meet his knights, and then I shall see what sort of chivalric deeds you will perform for my sake.' And at once he took on a tournament against her father as she dictated, because he loved her so much that he did whatever she wanted. But now our men have a very great need for you to join in the jousting with them if you dare."

"Friend," said Sir Gawain, "go your way."

But Sir Gawain then rode towards the pavilion because there was no other path to take, and when he got there Saibaz had gathered together all his knights, friends, and kinsmen. Saibaz' best friends advised him to hold no tournament against Meliander as they feared that he might lay waste Saibaz' kingdom. Then they blocked up all the fortress gates.

At this point Gawain rides up to one of the fortress gates. And when he saw that it was blocked up, then he rode out on to the field and dismounted. A man from the castle saw him and spoke to Saibaz:

"Sir, I have seen two knights who have arrived here from King Arthur's company, and I advise that we ride out, as I have a feeling that we will win the day."

And now they ride out of the fortress. But Saibaz' daughters went up to the topmost battlements, and all the host with them, to see the mêlée of the knights, and it seemed likely to them that Meliander would be the best knight there. But eventually the maidens noticed the knight who was near the fortress, and some declared that he was the strongest and most valiant knight, and they talk a good deal about that. But Saibaz' elder daughter, who was Meliander's beloved, started to praise him, speaking in this way:

"Never will there be found an equal to Meliander as regards all those qualities which a valiant knight ought to have; he is not only as handsome as one could hún lofaði hans frægð ok meðferð, þá mælti in yngri:

"Ek sé annan riddara fríðara ok má vera at hann sé hraustari."

Hin reiddiz mjök ok vildi ljósta hana. En meyjar er við váru, bönnuðu henni þat.

En með riddurum varð in mesta atreið ok inn harðasti bardagi ok steyptiz þar margr til jarðar. En af öllum þeim er þar váru, stóz engi Meliandro, þvíat hann steypti hverjum er hann mætti, ok sem spjót hans brast, brá hann sverði sínu ok hjó á báðar hendr svá at engi þorði at bíða hans. Ok unnasta hans varð fegin ok gat eigi þagat.

"Sjáið nú," sagði hún, "engi stenz honum af öllum riddurum ok engi mun í heiminum."

"Guð veit," kvað in yngri systir hennar, "hér er fríðari riddari en hann er." Ok in ellri reiddiz ok laust hana mikit högg ok mælti:

"Víst ert þú mikit fól ok veslingi er þú kallar nokkurn honum jafnan." Ok mæla þær mart til herra Valven. Sumar kalla hann kaupmann, sumar huglausan hirðmann, sumar fagrt fól.

"*Illa[114] samir yðr," segir in yngri dóttir Saibaz, "at ámæla honum, þvíat ek hygg, at hann sé inn bezti riddari ok inn fræknasti af öllum þeim er hér eru nú komnir."

"Eigi er hann fyrir því," sögðu þær, "líkr inum bezta riddara, þvíat þú munt skjótt sjá hann uppi hanga," sögðu þær, "fyrir þær mátvélar er hann gerir hér."

Herra Valven skildi orð þeira ok var honum þat mikit angr, en eigi fór hann at heldr til atreiða, ok heyrði hann at Meliander krafði hvern riddara til atreiðar. Riddararnir börðuz til kvelds, ok einn skjaldsveinn kom til borgarinnar ok hafði byrði sína af spjótskaptabrotum. Sem in heimska mær sá hann, þá mælti hún:

"Víst ert þú bernskr er þú tekr þér slíkt til fjár. Kasta niðr ok gakk hingat. Hér er engi vörn fyrir ok mátt þú taka hér yfrit fé þar sem inn mikli maðr sitr."

Nú gekk hann þangat ok laust hestinn ok mælti: "Seg, fantr," segir hann, "hverjum sætir þú hér?"

"Far brott, fóli," kvað Valven, "ella fær þú skömm." En hann þorði eigi at tala fleira.

Þá rénaði bardaginn ok váru margir riddarar drepnir, en sumir handteknir, ok fengu borgarmenn inn betra hlut, en kastalamenn inn lægra. En svá var mælt þeira í milli, at engir menn skyldu koma til dugnaðar hvárigum við sik. Nú mun lukt verða þeira gerða, at eigi mun hvárumtveggjum sigr verða.

Parcevals saga

wish, but also the most courteous of men in all respects." As she was praising his renown and his bearing, then the younger one spoke:

"I see another knight who is more handsome, and it may be that he is braver."

The other sister became very angry and wanted to strike her. But the maidens who were present prevented her from doing that.

But between the knights there was the greatest tournament and the hardest conflict, and many there fell headlong to the ground. But of all those who were there, no one was able to withstand Meliander, for he overthrew everyone he could, and when his lance shattered, he drew his sword and hewed on both sides, so that no one dared to await an encounter with him. And his beloved was delighted and could not hold her tongue.

"Look now," said she, "out of all the knights no one can stand up to him and no one will in all the world!"

"God knows," said her younger sister, "here is a knight more handsome than he is!" And the elder sister was angry and struck her a hefty blow and said:

"Indeed you are a big fool and a little brat that you call anyone equal to him." And the maidens talk a great deal about Sir Gawain. Some call him a merchant, some a cowardly courtier, some a handsome fool.

"It ill becomes you," says the younger daughter of Saibaz, "to criticize him, because I think that he is the best knight, and the boldest, of all those who have come here today."

"He is not necessarily because of that," said the maidens, "a match for the best knight, because you will soon see him hanged on high," said they, "for the foul moves[37] he is making here.

Sir Gawain understood what they were saying and that caused him great distress, but for all that he did not join in the tournament, even though he heard Meliander summon every knight to the tournament. The knights fought until evening. But a squire came to the fortress carrying his load of lance-shaft fragments. When the foolish maiden saw him, then she said:

"Really, you are childish for taking such things as booty! Throw them down and come this way. Nothing is being defended here and you can pick up wealth in abundance, over there where the big man is sitting."

Without more ado he walked over there and struck the horse and said: "Tell me, vagabond, what are you sitting here for?"

"Go away, fool," said Gawain, "or else you will be shamed." And he[38] did not dare to say any more.

Then the battle abated, and many knights were killed and some captured, and the men of the fortress had the better of it and the castle men the worse. But it was agreed between them that no men should come to the assistance of either side. Now must their deeds be brought to a close, lest victory should fall to either of those.[39]

XVI. Valven vann yfir Meliandrum

Nú skiljaz þeir ok reið allt borgarliðit inn ok fylgði herra Valven, ok við borgarhliðit mætti hann ráðgjafa Saibaz ok bauð hann honum herbergi með hæverskum orðum.

"Herra riddari," sagði hann, "til reiðu er yðr mitt [herbergi][115] [áðr greitt]."[116]
"Guð þakki yðr, herra," kvað Valven.
Ok [síðan][117] leiddi hann riddarann í sitt herbergi ok spurði ef riddarinn hefði eigi verit í bardaganum, en hann [sagði][118] honum it sanna, at hann hafði á holm skoraz við einn riddara. Riddarar Saibaz ræddu [sín á millum ok][119] sögðu hann vera ónýtan dreng, ok allra mest dóttir hans inn ellri fyrir sakir syst[ur][120] 00000000 ókunnandi.

Hún mælti þá til föður síns: "Hér er kominn einn falsari í borgina ok kallaz riddari, þvíat hann vill svá koma af sér[121] 0000000000000 þjófr, þvíat hann ferr bæði með skjöld ok önnur hervápn. Nú láttú svívirðliga refsa hann. En hann er herbergðr með Gario."

En kóngr jafnskjótt fór þannig. Sem herra Garius leit hann, þá spurði hann hvat hann vildi.

"Ek fer," sagði kóngr, "at skemta mér."
Gar<ius>[122] svarar: "Þar megi þér nú sjá inn fríðasta riddara alls heimsins."

"Þat veit trú mín," sagði kóngr, "at honum fer ek at leita ok vil ek láta refsa honum, þvíat hann kallaz riddari."

"Hó, herra, þess bið ek, at þér gerið honum enga svívirðing svá góðum riddara í mínum herbergjum."

"Nei," sagði kóngr, "aldri skal hann af mér svívirðr né þín hýbýli."

Þá mælti Garius: "Komið nú í mín herbergi ok sjáið minn gest."
Sem herra Valven leit kónginn kominn, þá stóð hann upp í móti honum með kurteisum orðum ok settiz niðr ok herra Valven í millum þeira. Kóngrinn spurði, hvaðan hann var eða hví hann var eigi at atreiðinni. Hann sagði kóngi allt it sanna at hann skyldi eiga atreið fyrir kóngi í Kapalon, en kóngr bað honum þegar ærna fjárhlut[i. En] hann sagði at vegr hans lá um fátæk lönd.

"Guð þakki yðr, herra," kvað Valven, "en ek hefi nóga fjárhluti þá sem ek hafða heiman."

Í því kom in yngri kóngsdóttir ok mælti til herra Valven: "Herra," sagði hún, "systir mín hefir bart mik fyrir yðrar sakir, ok bið ek at þér hefnið mín."

"Jungfrú," kvað hann, "hvat hefir þat við mik at gera?"
Þá mælti kóngr: "Hún er bernsk, herra, gefið ekki gaum at orðum hennar."
"Herra kóngr," kvað Valven, "at sönnu væra ek þá ókurteiss, ef ek vissa vilja hennar ok synjaða ek henni einn hlut. Seg nú, jungfrú," sagði hann, "hversu skal ek gera þér rétt af systur þinni?"

"Með þeim hætti," sagði hún, "at þér farið á morgin í riddaraatreið."

XVI. Gawain overcomes Meliander

Now they separated and all the company from the fortress rode inside, and Sir Gawain followed after, and at the gate of the fortress he met Saibaz' counsellor, and he in polite words offered him lodging.

"Sir knight," said he, "my lodging is already prepared and at your disposal."

"God reward you, sir," said Gawain.

And after that he conducted the knight into his own lodging and inquired if the knight had not taken part in the combat, but he told him the truth, that he had accepted a challenge to single combat against a knight. Saibaz' knights talked among themselves and declared him to be a worthless fellow, and most of all his elder daughter because of her sister 00000000 ignorance.[40]

She then said to her father: "An impostor has come here into the fortress and he calls himself a knight, because he hopes in this way to exempt himself from 0000000000000 thief,[41] because he travels both with a shield and other weapons of war. Have him shamefully punished now. He is lodged with Garius."

And the king went there at once. When Sir Garius saw him, he asked him what he wished.

"I am going," said the king, "to amuse myself."

Garius answers: "Now you will be able to see there the most handsome knight in all the world."

"By my faith," said the king, "I am going to look for him, and I want to have him punished because he calls himself a knight."

"Ah, sire, I beg that you do not do any dishonour to him, to such a good knight, in my lodgings."

"No," said the king, "he shall never receive dishonour from me, nor shall your house."

Then Garius said: "Come into my lodging now and see my guest."

When Sir Gawain saw that the king had arrived he rose up to meet him with courteous words; and they both sat down with Sir Gawain between them. The king asked where he was from, and why he was not at the tournament. He told the king the whole truth, that he was pledged to engage in combat before the king of Kapalon. And the king immediately offered him sufficient provisions, saying that his route lay through poor lands.

"God reward you, sire," said Gawain, "but I have plenty of provisions which I have brought from home."

At this point the king's younger daughter came in and spoke to Sir Gawain: "Sir," said she, "my sister has hit me because of you, and I beg you to avenge me."

"Young lady," said he, "what has that to do with me?"

Then the king spoke: "She is a child, sir; pay no heed to what she says."

"Lord king," said Gawain, "truly then I should be discourteous if I knew her wishes and I denied her a single thing. Tell me now, young lady," said he, "how I may put things right for you regarding your sister?"

"Like this," she said; "by taking part in the tournament tomorrow."

"Frú," sagði hann, "þat skal ek gjarna gera at vera riddari þinn nokkura stund í morgin."

"Guð þakki yðr, herra," sagði hún, "ok gefi yðr sigr ok sóma."

Nú reið kóngr heim ok hafði dóttur sína í faðmi sér ok spurði með hverjum hætti þær deildu. En hún sagði allt it sanna til, at systir hennar lofaði Meliandrum yfir <alla>[123] riddara. "En ek sagða þenna betra vera. En systir mín barði mik af því, ok því vilda ek sjá atreið þeira."

"Dóttir," kvað kóngr, "þú skalt senda þessum riddara gullstúku þína ok mun hann þá betr muna þik í bardaga."

"Þat vil ek gjarna," sagði hún.

Sem kóngr kom heim, spurði in ellri, hvaðan hann bar dóttur sína, "er ekki kann útan spott ok gabb."

Þá svarar kóngr: "Þú hefir gert systur þinni svívirðing, en angrat mik, er þú hefir bart hana, en svívirt sjálfa þik."

En er hún heyrði orð föður síns, þá reiddiz hún ok þagnaði.

Nú fara menn at sofa. En er dagr kom, stóð upp in yngri kóngsdóttir, ok sem hún var ríkuliga búin, þá gekk hún þangat sem herra Valven var ok mætti honum er hann gekk frá kirkju ok mælti:

"Guð blessi yðr, herra," sagði hún, "nú vil ek biðja yðr at þér berið gullstúku mína á spjóti yðru í dag, at ek mega þekkja yðr í bardaganum."

"Guð þakki yðr," sagði hann, "þat skal ek gjarna gera."

Því næst herklæddiz allt liðit ok reið út af borginni. En allar meyjar ok konur gengu í vígskörð borgarinnar ok Meliander reið ekki fjarri hálfa mílu fram á völlinn frá liðinu, ok er unnasta hans sá þetta, mælti hún:

"Nú megi þér sjá inn bezta riddara, ok af sínum vaskleik verðr hann inn bezti kóngr, ok engi er hans jafningi í öllum heiminum."

Sem hún mælti þetta, hleypir herra Valven móti Meliandro sem skjótast gat hestrinn borit hann. En hinn þegar sneri í móti honum ok festi spjót sitt í skildi herra Valven, svá at spjótit flaug í sundr í marga hluti. En herra Valven festi sitt spjót í skildi hans ok gerði honum mikit angr, svá at hann bar hann af hestinum ok kastaði honum á völlinn. En herra Valven tók hest hans ok fekk skjaldsveini sínum ok mælti:

"Far ok fær inni yngri kóngsdóttur þessa mína fyrstu gjöf." En hann tók þegar hestinn ok færði meyjunni.

En hún þakkaði þríföldum þökkum ok mælti við systur sína: "Svá sýniz mér sem Meliander hafi ofan stigit sem vaskr riddari ok vildi eigi gera erfiði fótum sínum, þvíat herðar hans ok höfuð kómu fyrri niðr ok er þar nú fagrt til at líta er hjalmr hans er dreginn leiri, er áðr var gulli. Sæl er sú jungfrú er slíkan riddara á, þvíat svá liggr hann nú kurteisliga flatr við jörðina sem dúfa undir slagneti er hún sér grimman hauk fljúga, ok eigi þorir hann heldr at hræraz en húkandi heri fyrir hundi, ok mjök er nú niðr drepit ofdrambi þess, er þú segir beztan riddara í heiminum."

"Lady," said he, "that I shall gladly do, to be your knight for a little while in the morning."

"God reward you, sir," said she, "and grant you victory and honour."

Now the king rode home holding his daughter in his arms and asked how they had quarrelled. And she told the whole truth about it, that her sister had praised Meliander above all the knights. "But I said that this one was better. But my sister hit me for that; and that is why I wanted to see their prowess in jousting."

"Daughter," said the king, "you must send this knight a golden sleeve of yours, and then he will more easily be reminded of you in the battle."

"That I will, gladly," she said.

When the king came home, the elder one asked from where he was carrying his daughter, "who is good for nothing but scoffing and mockery."

Then the king answers: "You have done your sister a dishonour, and grieved me, by striking her; but you have shamed only yourself."

But when she heard what her father said she became angry and fell silent.

Now everyone went to bed. But when daybreak came, the king's younger daughter got up and, when she was richly dressed, she went to the place where Sir Gawain was staying and met him as he was coming from church, and spoke up, saying:

"God bless you, sir. Now I wish to ask you to carry my golden sleeve on your lance today, so that I shall be able to recognize you in the battle."

"God reward you," said he, "that I shall gladly do."

Immediately afterwards all the company had themselves armed and rode out from the fortress. But all the maidens and women went up to the castle battlements. And Meliander rode out into the field not far short of half a mile ahead of the company, and when his beloved saw this she said:

"Now you can see the best knight of all, and on account of his valour he will become the best of kings, and no one is his equal in all the world."

Just as she said this, Sir Gawain charged against Meliander as fast as his horse could carry him. But the other immediately turned to face him and thrust his lance into Sir Gawain's shield so that the lance flew apart in many pieces. But Sir Gawain thrust his lance into his shield and did him great mischief, so that he bore him off his horse and flung him onto the ground. But Sir Gawain caught his horse and handed it over to his squire, saying:

"Go and give this to the king's younger daughter as my first gift." And he at once took the horse and presented it to the maiden.

And she thanked him thrice over, and said to her sister: "It looks to me as though Meliander has come down off his horse like a valiant knight, not wanting to give his legs the trouble, because his head and shoulders came down foremost, and there now it is sweet to behold that his helmet, which was golden before, is dragged in the mud. Happy is the young lady who has such a knight, since he is now lying in such an elegant fashion flat to the ground just like a dove under a fowling-net when she sees a fierce hawk flying. And he does not dare move any more than does a hare on his hunkers in front of a hound; and now the pig-headed conceit of the one you say is the best knight in the world has taken quite a hammering!"

En hin varð mjök reið ok vildi ljósta hana, en meyjarnar stóðu fyrir, er hjá váru. Nú hafði Valven sótt þrjá aðra hesta ok gaf einn húsbónda sínum en tvá dóttur hans ok lauk þá bardaganum. En hváratveggju lið kölluðu Valven beztan riddara ok reið hann nú heim til húsbónda síns ok mætti þá meyjunni. Hún mælti:

"Guð þakki yðr yðvarn góðvilja. Gott má ek frá telja hraustan riddaraskap með lítillæti, kurteis<i>[124] með fögru blíðlæti."

XVII. Af herra Valven. Capitulum

Sem þau töluðuz við, þá kom faðir hennar ok spurði riddarann at nafni.
"Valven heiti ek," kvað hann.

Sem kóngrinn skildi, at þetta var herra Valven, þá þakkaði hann honum þangatkomu sína ok bauð honum alla þá hluti er í hans valdi váru, ef hann vildi dveljaz með honum; en þat stoðaði ekki. Jungfrúin bað hann fara í guðs friði ok muna sik. "Gjarna," sagði hann.

Nú reið hann þat sem eptir var dagsins, ok bað hann kóng ok alla aðra lifa í guðs signan, ok kom at kveldi þar sem bú var eins hreinlífismanns ok svaf þar um náttina. En í dagan reið hann þaðan, ok sem hann hafði lengi riðit, mætir hann miklum fjölda riddara ór einum kastala ok váru þar margir sveinar leiðandi veiðihunda. En síðan riðu tveir menn ok var annarr ungr ok fríðr. Hann heilsaði herra Valven ok tók í hönd hans ok mælti til hans:

"Ek bið yðr at þér farið til kastala várs í várt herbergi, þvíat nú er dagr mjök liðinn ok tími at hvílaz, ok ek á þar systur ok mun hún yðr vel fagna."

Hann mælti til þess riddara, er reið með honum: "Fylg þessum riddara til systur minnar ok bið hana fagna honum sem bezt. Síðan skunda aptr til mín."

Ok þá fylgði herra Valven honum þangat sem hverr maðr hataði hann ok vissi hann þó ekki til þess, þvíat hann kom þar aldri fyrr ok sá hann við engu. Því næst hugði hann at kastalanum ok sá at hann stóð við sjó ok umhverfis hann þykkir skógar. Þá sá hann um alla borgina at hún var skipuð með ríku fólki. Nú stigu riddararnir af hestum sínum ok gengu til herbergis, þar sem mærin var. Þá mælti riddarinn:

"Jungfrú," sagði hann, "þenna mann sendi bróðir þinn þér ok bað at þú skyldir gera við hann sem bezt. En ek skal nú til hans ríða."

En mærin sagði: "Kom hingat, inn góði riddari, ok sit hjá mér."

Nú sitja þau þar ok ræða um ástarþokka ok fellr saman lunderni þeira, ok bað þá herra Valven, at hún skyldi vera unnasta hans. En hún játaði því blíðliga ok kystuz þau með sætum halsföngum. Þetta sá einn heimskr ribbaldi ok kendi þegar Valven ok æpti hárri röddu:

"Guð gefi þér svívirðing, kona, er þú elskar þann er þú ættir mest at hata, þvíat hann drap föður þinn." Hann hljóp þegar út ór húsinu ok at óvörum herra Valven. En hún fell þegar í óvit.

But her sister became furious and wanted to strike her, but the maidens who were near by prevented this. By now Gawain had captured three other horses, and he gave one to his host and two to his host's daughter, and then the tournament came to an end. But both companies acknowledged Gawain as the best knight, and presently he rode home to his host and then met the maiden. She said:

"God reward you for your goodwill. Well can I tell of bold knighthood with humility, courtesy with sweet gentility."

XVII. A chapter about Sir Gawain

As they were talking together, her father came and asked the knight for his name.

"I am called Gawain," he said.

When the king realised that this was Sir Gawain, he thanked him for coming there and offered him everything in his power if he would stay with him; but that was to no avail. The young lady bade him go in God's peace and remember her. "Gladly," said he.

Now he bade the king and all the others remain in God's blessing, and he rode for what was left of the day, and in the evening he came to a place where there was the dwelling of a hermit,[42] and he slept there for the night. But at break of day he rode away, and after he had been riding for a long time, he met a large company of knights coming out of a castle, and there were many boys leading hunting hounds. But following them rode two men and one was young and handsome. He greeted Sir Gawain and, grasping his hand, said to him:

"I entreat you to go to my lodging in my castle, for now the day is far spent and it is time to rest; and I have a sister there and she will make you very welcome."

He spoke to the knight who was riding with him: "Take this knight to my sister and ask her to receive him in the best way she can. Then hurry back to me."

And so Sir Gawain accompanied him to the place where every man hated him—but he knew nothing of this, however, as he had never been there before, and he was not at all on his guard. Then he turned his attention to the castle and saw that it stood beside the sea, with thick woods all around it. Then he observed that the whole stronghold was occupied by folk of distinction. Now the knights dismounted and walked to the chamber where the maiden was. Then the knight spoke:

"Young lady," said he, "your brother sends this man to you and begs that you should treat him in the best way you can. But now I must ride back to him."

And the maiden said: "Come here, my good knight, and sit by me."

Now they sit there and talk of love, and they become one in mind; and then Sir Gawain pleaded that she should be his beloved. And she warmly consented to that, and they kissed each other and embraced fondly. A stupid ruffian caught sight of this, recognised Gawain immediately, and shouted out in a loud voice:

"God send you shame, woman, that you love the man you ought to hate the most, for he killed your father." He dashed off out of the house at once, taking Sir Gawain completely by surprise. And the lady fainted on the spot.

En þegar hún vitkaðiz mælti hún: "Nú er okkr víss dauði," sagði hún, "þvíat hér kemr allr borgarlýðr ok drepr þik, en ek verð þann dag at deyja af harmi, en þó er þessi kastali svá sterkr, at einn vaskr *maðr[125] má verja hann fyrir mörgum mönnum."

Hann svarar: "Grát eigi, unnasta, þvíat ek skal verja hann fyrir öllum þeim er til koma meðan ek held heilu sverði mínu."

En inn heimski ribbaldi hljóp um alla borgina ok æpti at Valven var þar kominn er drepit hafði herra þeira, ok þegar herklædduz þeir allir ok gengu at kastalanum ok brutu upp dyrnar, en hverr var til dauða dæmdr er sverð Valven náði til. Ok er þeir sá at þeir gátu eigi unnit, þá fóru þeir til ok grófu grundvöllinn ok vildu svá ná honum. Þá kom Grandilbrasil riddari ok fyrirbauð þeim at gera mein herra Valven, en þeir sögðu at þeir skyldu þó drepa hann, þó at þeir verði hann. Grandilbrasil reið þá[126] í brott ok mætti kónginum er hann reið til kastalans ok sagði honum hvar komit var. "En ek hefi stefnt herra Valven, sem yðr er kunnigt, til einvígis, ok er þessi sá riddari er þér herbergðuð í kastalanum yðrum ok sómir yðvarri tign með engum hætti, at á yðrum gest sé unnit." En kóngr sagði at svá skyldi vera, ok nú kom kóngr at kastalanum ok fyrirbauð sínum mönnum at gera nokkut mein herra Valven, ok þegar í stað gáfu þeir upp atsóknina.

Kóngs ráðgjafi mælti til hans: "Þat er mitt ráð, herra, at láta herra Valven fara liðugan héðan at sinni, þó at hann hafi mikit brotit með yðr, þó með þeim hætti, at tólf mánaða frest sé á einvígi þeira Grandilbrasil ok komi hann þá með þessum hætti sem fyrr segir, þá er tólf mánuðir eru liðnir, ok trúlofi yðr at færa þat spjót er blæðir ór oddinum, ef hann kann þat fá; ella ef hann vill þat eigi, þá látið taka hann ok binda."

Kóngr mælti: "Þetta er it bezta ráð." Ok þessir kostir váru nú gervir herra Valven. Ok hann trúlofaði þat sem kóngr beiddiz, ok sem þetta var gert, þá sendi hann heim skjaldsveina sína með hestum sínum, nema Guingvillot einn, ok skilduz þeir við hann með miklum harmi ok tók hann nú orlof af kóngi ok reið leið sína.

XVIII. Parceval skriptaz við heremitam. Capitulum

En nú er at segja frá Parceval, at hann lifir svá fimm vetr, at hann kom hvárki til kross né kirkju, svá var honum mikill hugr á at fremjaz at riddaraskap, ok leitaði allra inna hörðustu riddara ok fann engan svá röskvan at hann sigraðiz eigi á honum, ok fóru svá út þessir fimm vetr, at honum kom aldri guð í hug. Ok þat var einn langa frjádag, at hann reið um eina eyðimörk. Hann mætti þrimr riddurum ok tuttugu konum ok gengu öll berfætt í ullklæðum. Þeir spurðu hví hann ríði svá ríkuliga. En hann frétti hví þeir gengi svá fátækliga.

But as soon as she came round she cried: "Now death is certain for us," said she, "because all the townsfolk will come here and kill you, and on that day I will die of grief; but on the other hand, this tower is so strong that one valiant man can defend it against many men."

He replies: "Do not weep, my love, for I shall defend it against all those who come against us as long as I can keep my sword in one piece."

But the stupid ruffian dashed around the whole town and shouted out that Gawain, who had killed their lord, had arrived there; and they all armed themselves at once and attacked the tower and broke down the door. But every one who came within reach of Gawain's sword was doomed to death. And when they realised that they could not succeed, then they started to dig at the foundations, wanting to get at him that way. Then the knight Grandilbrasil arrived and forbade them to do Sir Gawain harm. But they said that they would kill him nonetheless, even though they[43] might defend him. Grandilbrasil then rode away and met the king as he was riding back to the castle, and told him how things stood. "But, as you know, I have challenged Sir Gawain to single combat, and this is the knight to whom you have given lodging in your castle, and it is in no way befitting to your majesty that your guest should be killed." And the king said that it should be as he said; and now the king arrived at the castle and forbade his men to do any harm to Sir Gawain, and they gave up the attack then and there.

The king's counsellor spoke to him: "It is my advice, sire, to let Sir Gawain go from here unhindered this time, even though he has wronged you greatly; with this provision, however, that there be twelve months' grace before the single combat between him and Grandilbrasil, and then let him come back as previously stated, when twelve months are up, and pledge his faith to bring you the lance which bleeds from the point, if he can obtain it; otherwise, if he does not wish to do that, then have him seized and bound."

The king said: "This is the best plan." And these conditions were now put to Sir Gawain. And he pledged his faith to do what the king requested, and when this was done, he sent his squires home with his horses, excepting only Guingvillot, and they parted from him with great regret. And presently he took leave of the king and rode on his way.

XVIII. A chapter in which Parceval goes to confession with the hermit

But now it must be told about Parceval that he lived five years in such a way that he visited neither cross nor church, such a great desire had he to advance himself in chivalry; and he sought out all the most hardy knights and found none so valiant that he did not gain the victory over him. And these five years passed by so that God never came into his mind. And it was on one Good Friday that he was riding through a wilderness. He met three knights and twenty women who were all walking barefoot and wearing woollen garments. They asked why he was riding so richly; but he inquired why they were walking so poorly.

Þeir sögðu: "Veizt þú eigi at nú er sá dagr er Kristr þoldi dauða til lausnar öllu mannkyni? Ok er þat eigi riddarasiðr at ríða þá á þeim degi."

"Hvaðan kómu þér nú?" sagði hann.
"Héðan ór mörkinni frá einum ágætum guðsþjónustumanni."
"Hvat gerðu þér þar?" kvað Parceval.
"Þat sem allir kristnir menn eru skyldir at gera, játning synda sinna, ok tókum hjálpræði til yfirbóta."

Sem Parceval <var>[127] slíkt skiljandi, þá komz hann við mjök í hjarta sínu ok kom honum í hug hversu ferliga hann hafði lifat, ok mælti hann þá til riddaranna:

"Mér líkar at fara til þessa einsetumanns, ef ek má finna hann." Ok þeir þegar vísuðu honum á þann veg sem þeir fóru frá hans.

Síðan skilduz þeir ok reið Parceval þann veg sem þeir höfðu vísat honum, ok er hann hafði lengi riðit, þá kom hann at hýbýlum ins góða manns ok sté þar af hesti sínum ok fór af herklæðunum öllum ok festi hest sinn, ok síðan gekk hann inn í kapelluna til ins góða einsetumanns ok sá þar einn prest ok einn lítinn prestling ok höfðu þeir þá ina hæstu tíðagerð. Þá bað Parceval sér miskunnar með knéföllum ok tárum ok fullkominni iðran, ok sem sá inn heilagi maðr fann lítillæti hans, þá kallaði hann Parceval til sín, ok fell hann þá á kné fyrir heremitanum ok kvez vera mjök þurftugr hans heilræða til umbóta sinna synda. Þá bað heremita hann játa syndir sínar.

"Herra," kvað Parceval, "nú eru liðnir fimm vetr síðan ek bað mér guð miskunnar, ok enga trú hafða ek til hans. Ek hefi þat eitt gert á þessum fimm vetrum er illt er." Síðan segir hann honum alla atburði þá er hann hafði sét með kóngi fiskimanni ok kvez af því haft hafa jafnan inn mesta harm, er hann spurði <eigi>[128] um spjótit eða ganganda greiðann. "Ok fyrir þessar sakir hefi ek misgleymt trú minni."

"Vinr," sagði sá inn góði maðr, "hvert er þitt nafn?"
"Parceval heiti ek," sagði hann.

Inn góði maðr mælti: "Mikill harmr er þat er þér hefir svá misfallit, fyrst um móður þína er þú skildiz svá við hana at hún vildi eigi. Þat er þér ok mikil synd er þú spurðir eigi um ganganda greiðann ok um spjótit er jafnan blæðir ór oddinum, ok værir þú löngu týndr, ef þú hefðir eigi notit bænar þeirar er hún bað fyrir þér ok þá af guði. Ek em móðurbróðir þinn, en sá inn ríki fiskimaðr er sonr kóngs þess er sér lætr með slíku þjóna ok þér fagnaði. En þat er einn heilagr hlutr, er inn ríki maðr lætr bera fyrir sér til hugganar ok upphalds sálu sinnar ok lífs; er þessi inn heilagi hlutr andligr, en eigi líkamligr. Þar hefir hann nú verit sjau vetr. En þú, frændi, gæt nú héðan af sálu þinnar ok gakk jafnan til kirkju fyrr en í nokkurn stað annan ok hlýð messu með lítillæti til guðs. Ver lítillátr ok þjónustufullr öllum þurftugum. Nú skalt þú vera hér með mér þessa tvá daga."

They said: "Do you not know that today is the day on which Christ suffered death for the redemption of all mankind? And it is not the custom of knights to ride so on that day."

"Where have you just come from now?" said he.

"From out of the forest here, from a most worthy servant of God."

"What did you do there?" said Parceval.

"That which all Christian men are duty-bound to do: the confession of their sins; and we received helpful counsel concerning repentance."

When Parceval understood this, his heart was touched very much, and it came into his mind how abominably he had lived; and then he said to the knights:

"I should like to go to this hermit, if I can find him." And straight away they pointed out to him the path by which they had travelled from him.

After that they parted company and Parceval rode along the path which they had pointed out to him; and after he had been riding for a long time, he came to the good man's dwelling, and there he got down from his horse and took off all his arms, and tethered his horse, and after that he walked into the chapel to the good hermit. And there he saw a priest and a little acolyte and they were at that moment celebrating the highest of all divine services. Then, on his knees, and in tears, and with utter repentance, Parceval prayed for his own forgiveness. And when the holy man perceived his humility, he called Parceval to him, whereupon he fell to his knees in front of the hermit, and declared himself to be sorely in need of his healing counsel for the amending of his sins. Then the hermit bade him confess his sins.

"Sir," said Parceval, "now five years have passed since I prayed to God for my forgiveness, and I have had no belief in Him. During these five years I have done only what is evil." Then he relates to him all the events that he had witnessed in the company of the Fisher King, and said that he had always felt the greatest grief about this, that he did not ask about the lance or the processional provision. "And as a result of these offences I have forgotten my faith."

"My friend," said the good man, "what is your name?"

"I am called Parceval," he said.

The good man said: "Indeed that is a great affliction which has befallen you in this way: first, with regard to your mother when you parted from her in the way you did against her wishes. It is also a great sin on your part that you did not ask about the processional provision and about the lance which unceasingly bleeds from its point. And you would have been long since lost if you had not had the benefit of the boon which she begged for you, and received from God. I am your mother's brother, and the mighty fisherman is the son of the king who has himself served with that thing and who received you with good cheer. But that is a holy thing which the mighty man causes to be borne before him as a consolation and sustenance for his soul and his life; this holy thing is of the spirit, not of the flesh. He has been there for seven years now. But you, kinsman, take care of your soul from now on and always go to church before you go to any other place, and hear Mass with humility towards God. Be humble and obliging to all needy people. Now you shall remain here with me for these two days."

Ok svá gerði hann ok nam á þessum tveimr dögum eina góða bæn ok lifði síðan sem góðr kristinn maðr. Hann reið nú brott ok létti eigi fyrr en hann kom til Fögruborgar, ok varð Blankiflúr unnasta hans honum harðla fegin ok allir aðrir þeir sem þar váru fyrir. Fekk Parceval þá Blankiflúr ok gerðiz ágætr höfðingi yfir öllu ríki hennar, svá ágætr ok sigrsæll, at aldri átti hann svá vápnaskipti við riddara, at eigi sigraðiz hann, ok mætti hann öllum inum snörpustum riddurum er váru um hans daga.

Ok lýkr hér nú sögu Parceval riddara.

And so he did, and in those two days he learned by heart a good prayer, and lived ever after as a good Christian man. Now he rode away and did not stop until he came to Fagraborg, and Blankiflúr his beloved was overjoyed to see him again, and so were all the others who were there. So Parceval married Blankiflúr and became a splendid ruler over all her kingdom, so famous and victorious that never did he have an encounter with any knight in which he did not gain the victory. And he fought all the fiercest knights who were alive in his day.

And now here ends the story of Parceval the Knight.

VALVENS ÞÁTTR

I. Nú hefr hér upp öðru sinni ok segir af stórvirkjum herra Valven ok hans ferðum. Sem hann reið af kastalanum þeim er hann hafði í verit, gekk fólkit at milli dagverðarmáls ok nóns ok báðu hann hvergi fara. Þá kom hann at eik einni mikilli. Sá hann þar liggja einn riddara heldr lágt ok mjök sáran ok eina mey halfdauða ok mjök syrgjandi.

"Seg mér," kvað Valven, "er þessi riddari lífs, þá vek ek hann."

"Guð láti þik aldri svá mikit angr gera honum."

"Ek skal svá vekja hann," sagði herra Valven. Ok hann hrærði hógliga sporann er hann hafði á fæti sér með spjóti sínu. Ok er hann vaknaði, mælti hann:

"Hundraðfaldar þakkir geri ek þér, er þú vaktir mik svá hógliga. Nú bið ek þik, at þú ríðir eigi þenna veg fram, þvíat einn riddari sitr á veginum, er Baredogane heitir. Engi riddari kom enn kvikr af hans fundi, nema ek einn, svá leikinn sem nú mátt þú sjá, þvíat ek hygg at ek lifi eigi til kvelds."

"Herra," kvað síra Valven, "til þess em ek hér kominn, at ek skal at vísu fram halda til þess er ek verð sannfróðr, hvat því veldr er þú segir, engan aptr koma frá hans fundi."

"Þess bið ek, herra," kvað riddarinn, "at þér ríðið þenna veg aptr ok ef ek em dauðr, gefið þessi mey yðvart hjálpræði."

Herra Valven játaði. Ok nú ríðr hann í brott um einn mikinn eyðiskóg, ok um síðir sá hann einn kastala mikinn ok sterkan ok var einsvegar *sjór[129]; þar váru um sterkir veggir ok traustir múrar. Herra Valven reið inn í borgina um eina steinbrú ok er hann kom í miðja, þá sá hann þar fagran völl ok *olifatré[130] ok þar undir eina *ina[131] fríðustu mey ok kurteisliga klædda. Hún mælti hárri röddu:

"Heill svá riddari," sagði hún, "þyrm hesti þínum. Þú ríðr heims<k>liga.[132] Þú þarft eigi svá mjök at skunda reið þinni."

"Jungfrú," sagði hann, "hví svarar þú mér svá styggliga?"

"Þvíat ek hræddumz, at þú mundir taka mik í brott með þér," sagði hún. "En ek veit at þú ert ekki svá góðr riddari, at þú þorir at taka hest minn ór þessum grasgarði, er hér er fram, ok síðan er þú hefir fengit hestinn, fylgi ek þér eigi til gagns, heldr til písla ok meinlæta, er á þik skulu falla af minni fylgð."

"Jungfrú," segir Valven, "ek skal gjarna gera yðvart boð, ok hald hesti mínum meðan, þvíat hann mátti eigi ríða í garðinn."

Mærin svarar: "Ek skal geyma hann fyrir öllum þeim er eigi vilja hafa hann."

THE TALE OF GAWAIN

I. Now here the story begins a second time and tells of the great deeds of Sir Gawain and of his travels. As he rode out of the castle he had been in, the inhabitants approached between breakfast time and nones and begged him not to leave. Then he came to a great oak tree; there he saw a knight lying quite quietly[44] and in severe pain, and a maiden, half dead[45] and grieving deeply.

"Tell me," said Gawain, "is this knight alive? If so, I shall waken him."

"God forbid that you should ever cause him such great distress."

"I shall waken him like this," said Sir Gawain. And with his lance he gently touched the spur on the knight's foot. And when he awoke he said:

"I give you thanks a hundredfold that you woke me so gently. Now I beg you not to ride onward along this pathway, because a knight who is called Baredogane is barring the road. No knight has yet emerged alive from an encounter with him, save I alone, and, as you can see here, I have been so roughly treated that I think I shall not live until evening."

"Sir," said Sir Gawain, "I have come here in order to keep on going, and I shall certainly keep pressing forward until I am fully acquainted with the reason for what you are saying, that no one comes back from an encounter with him."

"Sir," said the knight, "I beg that you ride this way on your return, and if I am dead, give your advice and assistance to this maiden."

Sir Gawain consented. And now he rode away through a great wild wood, until at last he saw a castle, large and strong, with the sea on one side of it. Around it there were stout walls and solid battlements. Sir Gawain rode into the stronghold over a stone bridge, and when he reached the heart of it he saw there a fair meadow[46] and an olive tree, and under the tree a most beautiful maiden, splendidly attired. Speaking in a loud voice, she said:

"Hey there, knight! Spare your horse; you ride like a fool. You have no need to be in such great haste in your riding."

"Young lady," he said, "why do you respond to me so angrily?"

"Because," said she, "I am afraid that you might carry me off with you. But I know that you are not such a good knight that you dare to get my horse out of this garden which is in front of us here. And after you have fetched the horse I shall accompany you, not for your benefit, but rather to bring on you torments and troubles which will fall on you from my company."

"Young lady," says Gawain, "I shall willingly do your bidding. Hold my horse in the meantime, because he cannot be ridden into the garden."

The maiden answers: "I shall protect him from all those who do not[47] wish to have him."

Hann gekk í grasgarðinn ok sá þar mikinn fjölda karla ok kvenna ok mæltu allir í senn:

"Vei verði þér, in bannsetta mær, svá mörgum dugandi mönnum sem þú hefir fyrirkomit með hörmuligu lífláti, ok þú mundir eigi þenna hest taka, ef þú vissir hversu margar ógiptur þann mann *henda[133] er hann leiðir brott."

Hann hirti ekki hvat þeir sögðu ok tók hestinn. En allt fólkit hafði hryggan hug fyrir hans sakir. Hann sá hvar skamt frá sat einn riddari mikill vexti ok æpti á hann ok segir:

"Tak eigi hestinn, þvíat þótt þú leiðir hann héðan, þá verðr hann skjótt af þ[ér][134] tekinn, [ok][135] þat hræðumz ek, at þar látir þú lífit með."

Hann gaf ekki gaum at orðum hans [ok][136] leiddi brott hestinn ok til meyjarinnar. Hans höfuð var annan veg svart, en annan veg hvítt, e[n][137] all[r][138] [a]nnars[139] staðar var hann blóðrauðr. Allr búnaðrinn var af gulli. Hann vildi setja m[e]yn[a][140] á bak hestinum. Þá mælti hún grimmliga:

"Fyrr vilda ek at minn líkami væri s[æ]rðr[141] í sundr en þínar hendr kæmi nær honum, ok ver eigi svá djarfr at þú komir nær [mér],[142] því at engum kosti vil ek þína þjónustu."

Hún steig á hest sinn sjálf ok bað hann ríða leið sína. "En ek skal fylgja þér til skammar ok svívirðingar ok þat skalt þú fá á þessum degi."

Herra Valven svarar engu ok reið leið sína þar til er hann kom til eikrinnar, þar sem hann skildiz við [meyn]a[143] ok riddarann, er mjök var þurfandi hans hjálpar. En herra Valven kendi allskonar grös, því[at][144] hann var inn bezti læknir ok valdi þau er bezt tóku verk ór sárum, ok tók hann þau [er][145] hann kom at eikinni. Þá mælti mærin:

"Góði herra," sagði hún, "nú hygg ek at hann sé dauðr."

[En] [herr]a[146] Valven kendi at hann var allr varmr. Þá tók hann grösin ok batt við sárin. En riddarinn kendi sik nær heilan, ok þá sá þeir einn skjaldsvein ríðanda svá ljótan ok illiligan, at hann mátti engan veg fjándligri vera, þó at hann hefði fæddr verit í helvítis hýbýlum, ok líkari var hann djöfli en manni. Riddarinn bað herra Valven taka hestinn af skjaldsveininum.

Þá gekk herra Valven móti honum ok mælti: "Hvert ríðr þú, sveinn? "

Hann svarar heimskliga: "Þú inn vándi gaurr," sagði hann, "hvat varðar þik þat? Guð gefi þínum líkama svívirðing."

En herra Valven laust hann á halsinn svá mikit högg at þegar fell hann í óvit. En herra Valven tók þegar hest hans. Ok er hann vitkaðiz, mælti hann:

"Snápr," sagði hann, "nú hefir þú lostit [mik, en][147] spá mun ek þér spá, at sú sama hönd, er þú laust mik með, mun verá af þér höggin."

En síra Valven hirði ekki hvat hann sagði ok gekk aptr með hestinn til riddarans ok þá it fyrsta þekti riddarinn herra Valven, ok þá fekk herra Valven meynni sinn

He walked into the garden and there he saw a large company of men and women. They all spoke in chorus:

"Woe betide you, you accursed maiden, so many honourable men have you destroyed with grievous loss of life! And you would not touch that horse if you knew how many misfortunes will befall the man who leads it away."

He paid no heed to what they said and took the horse. But the hearts of all the people were heavy on his account. He saw that there was a knight sitting a short way off, tall in stature, who shouted to him, saying:

"Do not take the horse, for even though you lead it out of here, it will be quickly taken from you, and what I fear is that you will lose your life in the process."

He paid no heed to what he said and led the horse away to the maiden. Its head was black on one side and white on the other, but everywhere else it was all blood-red. All its trappings were of gold. He wished to seat the maiden on the horse's back; but then she spoke savagely:

"I would sooner my body were cut to pieces than that your hands should come near it; and do not be so presumptuous as to come near me, for on no account do I want your services."

She mounted her horse by herself and told him to ride on his way. "But I shall accompany you to your shame and disgrace, and that you shall suffer this very day."

Sir Gawain made no answer and rode on his way until he came to the oak tree where he had parted company with the maiden and the knight who was greatly in need of his help. For Sir Gawain, since he was the finest of physicians, was acquainted with all kinds of herbs, and he picked out those which most effectively took pain out of wounds, and he brought them with him when he came to the oak tree. Then the maiden spoke:

"Good sir," she said, "now I think he is dead."

But Sir Gawain felt that he was warm all over. So he took the herbs and bound the wound with them. And the knight felt himself to be almost healed. And then they saw a squire riding along, so misshapen and hideous that he could not possibly have been more fiend-like if he had been born in the house of hell, and he was more like a devil than a man. The knight told Sir Gawain to take the horse from the squire.

Then Sir Gawain walked towards him and said: "Where are you riding off to, boy?"

He answers boorishly: "You evil ruffian," said he, "what business is that of yours? May God send shame upon you."

But Sir Gawain struck him such a hefty blow on the neck that he fell senseless on the spot. And at once Sir Gawain took his horse. And when he had recovered his senses, he exclaimed:

"Idiot! Now you have struck me, but I will declare a prophecy to you, that the selfsame hand with which you struck me shall be hewn from you."

But Sir Gawain paid no heed to what he said and walked back with the horse to the knight. And then for the first time the knight recognised Sir Gawain. Then hest ok setti hana í söðulinn með góðvilja, ok meðan hann [g]erði[148] þat, þá tók riddarinn hest hans ok hleypti í brott. Þá kallaði herra Valven á hann hlæjandi:

"Herra riddari," sagði hann, "þú gerir mikla heimsku, er þú hleypir hestinum svá hart. Stíg af ok fá mér, þvíat þú munt gera þér mikinn skaða, ef sár þín rifna aptr."

"Þegi," sagði riddarinn, "tak þann hest er skjaldsveinninn átti. Sá er þinn inn bezti kostr, þvíat ek hefi nú þinn hest ok skal ek honum í brott ríða."

Valven svarar: "Nú gerir þú órétt við mik, þvíat ek kom hingat at hjálpa þér, en þú launar mér illt fyrir gott, er þú tekr hest minn með svikum frá mér. Nú fá mér hann aptr ef þú vill eigi vera svikari."

Hann svarar: "Ek vilda nú svá hafa hjartat ór brjósti þér, sem ek hefi hestinn."

Þá spurði herra Valven: "Hvat hefi ek misgert við þik?"

Hann sagði: "Þú lézt einn tíma binda mik sem þjóf ok lézt mik eta m[eð][149] hundum um[150] fullan m[á]n[u]ð."

[Herra Valven svarar:] "Ert þú [Gerrmers er] meyna tókt nauðga? Nú hugða ek at þú mundir meira virða þann 000000000 ek ger[ð]a við þik, en 000 þann er þú hafðir fyrir misverka þína."

Ok þegar í stað reið <hann>[151] eptir unnustu sinni.

En sú [in][152] illa mær hló þá, sú er Valven fylgði, ok mælti:

"Falsari ok glópr," sagði hún, "nú hefir þú þ[itt ess].[153] Stíg nú upp á hest skjaldsveinsins. Vilda ek nú at hann yrði at[154] þá 000000 skepna, ok nú vil ek gjarna fylgja yðr, þvíat nú ert þú sæmiliga [búinn][155] at v[erja][156] þik fyrir einum vöskum riddara eða fylgi veita þvílíkri mey, sem þú hefir til þín tekit. Ríð nú essi þínu ok lát sjá, hversu fagrliga þat springr. Mun nú sannaz it fornkveðna orð, at fé er dróttni líkt ok slíkr er sá, sá er á baki sitr, sem hinn er 0000[157] ok þó varla svá vel, ok til þess skal ek fylgja þér er þú fær meiri svívirðing."

Ríðu þau nú þar til er þau kómu fram ór skóginum á fagrar sléttur ok fyrir þeim varð eitt mikit vat[n, en][158] öðrum megin inn fegrsti kastali. Í þessum kastala sá hann *ina[159] fríðustu höll með [mör]gum[160] gluggum ok þar í sátu inar fegrstu meyjar ok konur. Þær váru allar klæddar inum fegrstum klæðum. Þar sá hann ok ágæta grasgarða með ilmandi jurtum ok grösum.

II. 000000000000000000000000

*Nú sem sú in illa mær, er Valven fylgði, steig niðr af hesti sínum, fann hún á ströndunni[161] einn bát ok sté þar á með hesti sínum, þvíat hún hafði þá leið fyrr farit. Hún mælti þá til herra Valven:

Parcevals saga

Sir Gawain fetched the maiden her horse and set her in the saddle with a good will. And while he was doing that, the knight took his horse and galloped away. Then Sir Gawain called to him, laughing:

"Sir knight," said he, "you are doing a very foolish thing, making the horse gallop so hard. Get off him and bring him to me, for you will do yourself grave harm if your wounds rip open again."

"Hold your tongue," said the knight. "Take the horse that the squire had—that is your best plan, because I have your horse now and I am going to ride it away."

Gawain answers: "Now you are acting unjustly towards me, because I came here to help you, but you are rewarding me evil for good by treacherously taking my horse from me. Now fetch it back to me, if you do not want to be a traitor."

"Right now," he replies, "I would like to have the heart out of your breast, just as I have the horse."

Then Sir Gawain asked: "What wrong have I done to you?"

He said: "You once had me bound like a thief and you made me eat with dogs for a full month."

Sir Gawain answers: "Are you Gerrmers who took the maiden by force? Now I should have thought that you ought to value more highly that 000000000 I did for you than that 000 which you received for your misdeeds."[48]

But instantly he rode off after his beloved.

But then that evil maiden, the one who accompanied Gawain, laughed and said:

"Swindler! Imbecile!" said she. "Now you have your steed! Now climb up on to the squire's horse. I wish now that he would turn into 00000 then 000000 creature,[49] and now I dearly want to accompany you because now you are honourably equipped to defend yourself against a valiant knight or to grant escort to a maiden such as you have taken under your wing. Ride your steed now and let us see how prettily it leaps. Now the old saying will be proved true, that the animal matches its master, and the one who sits on the horse's back is just like the one who 0000, and yet hardly as well.[50] And I shall accompany you until you suffer more humiliation."

Now they rode on until they emerged from the woods on to beautiful level plains and before them lay a great stretch of water and, on the other side, the most beautiful castle. In this castle he saw the most magnificent hall with many windows, and inside sat the loveliest maidens and ladies; they were all dressed in the finest of clothes. He also saw there splendid gardens with sweet-scented herbs and plants.

II. 000000000000000000000000

Now when the evil maiden who was accompanying Gawain got down from her horse, she found a boat on the shore, and stepped on board with her horse, as she had travelled that way before. Then she spoke to Sir Gawain:

"Gaurr," sagði hún, "far hingat með hest þinn ok flý undan þeim er eptir ferr, þvíat ek veit, at þú þorir[162] eigi at bíða hans."

Valven sá þá á bak sér, at þar reið at honum Gerrmers, sá er hann hafði áðr grætt ok sat á sjálfs hans hesti með öllum nýjum ok góðum herklæðum.

Hann mælti: "[A]ld[ri][163] vil ek undan flýja."

Hún svarar: "Þess er ván, þvíat þú hefir inn vaskasta hest, ok mun *þat[164] skemtan þikkja at inum fögrum meyjum er í kastalanum eru, hversu þitt [ess][165] springr fagrliga í móti þínum óvin eða hversu herfiliga hann fellir þik af baki [eða][166] hversu hæðiligr þú verðr í ykkrum viðskiptum."

Herra Valven svarar: "Vera skal nú annathvárt, at hann skal hafa líf mitt ok hestinn með, elligar skal ek ná honum af þeim níðingi."

Ok þegar ríðr þessi riddari at honum á sjálfs hans hesti er skjótari var en fugl. En Valven s[neri][167] hesti sínum í móti ok kom honum eigi ór sporum, en þó lagði hvárr í annars skjöld svá at báðir söðulbogar herra Valven klofnuðu. En spjót riddarans gekk í sundr í skildi hans, en herra Valven lagði í gegnum skjöld riddarans ok brynju ok hratt honum halfdauðum á jörð. Hann hljóp þá upp á hertekinn hest sinn ok varð hann þá fegnari en nokkurn tíma fyrr jafnlitlum hlut, ok þegar mærin sá þetta, þá fór hún þegar yfir vatnit til kastalans. En herra Valven gekk til strandarinnar ok fann hvárki bátinn né meyna.

Þá sá hann einn kaupmann róa frá kastalanum ok þegar hann kom at landi, þá gekk <hann>[168] fyrir herra Valven ok heilsaði honum af hendi þeira meyja er í kastalanum váru, ok báðu at "þú skyldir lúka mér þann skatt, er þú ert þeim skyldugr."

"Vinr," sagði herra Valven, "þat vilda ek gjarna játa þér, eða hverr er sá tollr?"

Kaupmaðr sagði: "Þú vápnsóttir hér einn riddara á þessum velli ok eru þat hér lög at ek á hest hans."

"Þat veit menn," sagði Valven, "þat eru mér hörð lög, at ek fá þér hestinn, en vera sjálfr á fæti."

Hann svarar: "Herra," sagði hann, "þá geri þér mér ofvald, þvíat aldri var hér sá riddari feldr á þessum velli, at ek hefða eigi annathvárt hest hans eða riddarann þann sem feldr var."

Valven svarar: "Tak þú riddarann grandalausan fyrir mér."

Ok jafnskjótt fekk hann riddarann í vald kaupmannsins. En hann þakkaði honum.

Herra Valven spurði, ef hann vissi nokkut til meyjar þeirar er honum fylgði þangat.

Kaupmaðr svarar: "Spyr ekki eptir henni. Hún er fjándi, en ekki mær. Hún hefir margra góðra riddara lífláti valdit á þessum velli. En nú bið ek yðr at fara til

"Ruffian," said she, "come on board here with your horse and flee from the man who is following behind, for I know that you do not dare to stay and encounter him."

Then Gawain saw that, hard on his heels, Gerrmers, the very man he had just healed, was riding straight for him fully armed in good, new armour and seated on Gawain's own horse.

He said: "Never will I turn tail."

She answers: "That is to be expected, since you have the most mettlesome horse, and it will be considered an entertainment by the beautiful maidens who are in the castle, to see how prettily your steed springs to meet your foe, or how shamefully he knocks you off your horse, or how contemptible you will turn out to be when the two of you have an encounter together."

Sir Gawain answers: "Now, it must be one thing or the other: either he will take my life and the horse as well, or else I shall get him away from that traitor."

And straight away this knight charges at him on his very own horse which was swifter than a bird. And Gawain turned his horse around to face him, but could not get him to budge an inch;[51] but all the same, each thrust into the other's shield, so that both Sir Gawain's saddlebows were sliced in two, but the knight's lance shattered on Gawain's shield. But Sir Gawain thrust right through the knight's shield and his coat of mail, and flung him half dead to the ground. Then he leaped up on to his captured horse and he was more joyful then than at any time before for so slight a matter. And as soon as the maiden saw this she immediately crossed the water to the castle. But Sir Gawain went to the shore and found neither boat nor maiden.

Then he saw a merchant rowing from the castle and, as soon as he came to land, he walked up to Sir Gawain and greeted him on behalf of the maidens who were in the castle, "and they requested that you should pay to me the fee which you owe to them."

"Friend," said Sir Gawain, "that I would willingly grant you, but what is this fee?"

The merchant said: "You overcame a knight here on this field, and it is the law here that I am entitled to his horse."

"To be sure," said Gawain, "that is a hard law for me, that I should give you the horse and go on foot myself."

He answers: "Sir," said he, "then you are acting in a bullying manner towards me, because never was there a knight unhorsed here on this field without my having either his horse or the knight himself who was unhorsed."

Gawain answers: "Take the knight with no opposition from me."

And immediately he delivered the knight into the power of the merchant and he thanked him.

Sir Gawain asked if he knew anything of the maiden who had accompanied him there.

The merchant answered: "Do not ask about her. She is a devil: she is no damsel. She has doomed to death many good knights on this field. But now I invite you herbergis með mér í kveld." Ok þat þiggr herra Valven ok er þar um náttina í góðum fagnaði.

Um morguninn spurði herra Valven, hverr þann inn fríða kastala ætti.

Húsbóndi sagði: "Fyrir honum ræðr ein tigulig dróttning er hann lét gera. Hún hefir með sér ina ríkustu riddara ok ina fræknustu til bardaga. Hún á eina dóttur er nú er frægust í heiminum. En þessi höll er þú sér hér, er svá með gjörningum ger, at þar má engi svikari í koma. Í kastalanum eru margar fríðar meyjar ok stórar eignir, ef þær mætti njóta. Hyggja þær þat sem aldri mun verða, at þar komi sá riddari, er þeim haldi uppi með sínum styrk ok þeim fái allt þat er þær eigu. En fyrr en sá riddari fæðiz, verða öll vötn í heiminum einn jökull en sá sé nokkurr at órkomi gjörningum ór höllinni. En þat er ein hvíla, er engi kemz kvikr ór, sá er í sez."

"Þess skal ek freista," kvað Valven, "í þá rekkju at setjaz."

"Nei, fyrir guðs sakir," sagði kaupmaðr, "fyrirfar eigi þínum fagra líkam."

"Efanarlaust skal ek þangat fara," sagði herra Valven. Ok síðan gengu þeir þangat, ok sem húsbóndi sá hann setjaz í hvíluna, bað hann guð miskunna sál hans ok gekk brott síðan ok vildi eigi sjá dauða hans.

Nú settiz herra Valven í rekkjuna ok helt fyrir sik skildinum, ok honum óvaranda lukuz upp hurðir allar ok gluggar á höllinni, ok inn flugu með gjörningum því líkast sem it þykkasta mý í sólarhita allskonar lásbogabroddar í skjöld hans svá þykkt at um síðir stóð hverr í öðrum, en herra Valven fekk eigi sét hverir skutu, ok vildi hann nú eigi hafa þar komit fyrir þúsund marka brends gulls. En því næst lukuz aptr allir gluggarnir ok kipti hann þá í brott broddunum *ór[169] skildinum ok fyrr en hann brott kæmi öllum, þá koma honum ný vandræði þau at einn akrkarl laust svá mikit högg á hurðina, <at> hún upp flaug, ok í því hljóp inn einn leó undarliga mikill ok grimmr með gapandi munni ok réð þegar á Valven. Ok sem hann hafði lostit klóm sínum í gegnum skjöld hans, þá kipti leó herra Valven at sér með svá miklu afli, at hann gat eigi staðiz ok fell mikit fall, ok hann þegar skjótliga upp hljóp ok hjó snarliga til leónsins ok af honum höfuðit ok fætrna fremri er fastir váru í skildinum, ok sem hann hafði drepit dýrit, settiz hann aptr í *rekkjuna,[170] ok þá kom þegar húsbóndi hans í höllina ok fann hann sitjanda í *rekkjunni[171] ok mælti til hans:

"Herra," sagði hann, "ek segi yðr at sönnu, nú þurfi þér ekki at óttaz. Farið nú af herklæðum yðrum, þvíat þér hafið nú sigraz af öllum undrum ok sjónhverfingum er svá lengi hafa verit í þessi höll. En nú skal aldri þvílíkt koma hér síðan. Ert þú nú hér kominn þér ok oss til fagnaðar."

Því næst kómu þar margar fríðar meyjar með allskonar stren<g>leikum[172] ok buðu hónum allar sína þjónustu ok tók þá ein herklæði hans, en önnur hest til góðrar gæzlu. En í því kom inn ein fögr mær ok hafði ágætt höfuðgull með dýrum steinum. En hár hennar var þó gullinu fegra, ok öll var hún in fríðasta, sem sjálf

Parcevals saga

to come and take lodging with me tonight." And Sir Gawain accepts that, and spends the night there, and is well entertained.

In the morning, Sir Gawain asked who owned that beautiful castle.

His host said: "A noble queen rules over it, and she had it built. She has around her the most outstanding knights, the most dauntless in battle. She has one daughter, who is now greatly renowned in the world. But this hall which you see here is constructed with enchantments in such a way that no traitor is able to enter into it. Inside the castle are many beautiful maidens; and great inheritances, if only the maidens were able to enjoy them. They believe—something which will never come to pass—that a knight will arrive there who will uphold them with his strength and restore to them all that they possess. But all the waters of the world will become a glacier before that knight is born, before there should be such a man to take away the enchantments from the hall. That is in the form of a bed, and no one who sits down on it comes out of it alive."

"I must try that," said Gawain, "to sit down on that bed."

"No, for God's sake," said the merchant, "do not destroy your fine body."

"I must go there, without a doubt," said Sir Gawain, and then they walked to that place, and when the host saw him seat himself on the bed he prayed God to have mercy on his soul, and afterwards he walked away, not wanting to see his death.

Now Sir Gawain seated himself on the bed, and held his shield in front of him, and without his expecting it all the doors and windows in the hall opened and in flew by enchantment—just like the thickest clouds of midges in the heat of the sun—all kinds of crossbow bolts into his shield, so thickly that eventually they were sticking in each other. But Sir Gawain could not see those who were shooting. And now he would not have set foot in the place for a thousand marks of pure gold. But next, all the windows closed, and he then started pulling the bolts out of his shield, but before he got them all out, fresh dangers presented themselves to him—namely, that a churl struck the door such a massive blow that it flew open, and in that instant in leaped a lion, incredibly huge and ferocious, with gaping jaws, and he went for Gawain at once, and after he had driven his claws right through his shield, then the lion dragged Sir Gawain towards him with such great force that he could not keep his feet, and he took a heavy fall. But he leaped up like a shot and swiftly dealt a blow to the lion, hewing off its head and the forepaws which were stuck fast in the shield. And when he had killed the beast, he sat down again on the bed, and then immediately his host came into the hall and found him sitting on the bed. And he spoke to him:

"Sir," he said, "I tell you truly, now you have nothing to fear: take off your armour right away, for you have now gained the victory over all the wonders and illusions that have existed in this hall for so long. But now such things shall never occur here again. You have now arrived here as a blessing for yourself and for us."

After that many handsome youths came in, with stringed instruments of every kind, and they all offered him their service; and then one took his armour and another his horse into safe keeping. And at that moment in came a beautiful maiden, and she was wearing a splendid golden headdress set with precious stones. But her náttúran mátti bezt skapa. Með henni gengu margar fríðar meyjar. Herra Valven heilsaði þeim með mikilli blíðu. En þær sögðu honum kveðju dróttningar. "Ok hún hefir saman látit kalla allt sitt *fólk[173] ok vill at allir þjóni yðr ok yðr fyrir eiginn herra hafa." Hann þakkaði þeim. Hún fekk honum þá eina svá ríka gangveru, at engi var svá kurteiss, at eigi væri fullsæmilig at bera. Meyjarnar gengu þá í brott ok báðu herra Valven þar bíða í turninum. Hann gekk þá upp í turninn ok sá hann aldri fegra landsleg. Hann sá meyjarnar ganga ok svá hvar dróttningin stóð öðrum megin í kastalaglugginum.

Hún mælti þá: "Hér ferr in bannsetta mær er í gærkveld fylgði yðr hingat, en nú fylgir henni inn bezti riddari er í heiminum er, er heitir Prinzmaz. Hann hefir margan góðan riddara drepit í augliti váru við ána."

"Frú," kvað herra Valven, "ek mun fara at tala við meyna. Vit áttum nokkut vantalat í gærkveld."

Dróttningin fyrirbauð honum brott at fara.

"Aldri vili guð þat at þér haldið mik hér sem hertekinn."

Dróttning mælti: "Eigi skalt þú í brottu fara, nema með þeim hætti, at þú komir hér í kveld, ef þú ert lífs."

Valven sagði: "Þat skal ek gjarna gera, ef ek em heill ok sjálfviljugr, ef þer veitið mér aðra bæn í móti, at spyrja mik eigi nafns míns um sjau daga."

Dróttning mælti: "Aldri skal ek þat gera, ef þér fyrirþykkir í."

Gekk hann þá út í turninn ok herklæddiz, en dróttning ok meyjar hennar urðu allar hryggvar ok þjónuðu honum allar. Fór hann þá á bátinn ok húsbóndi hans með honum, ok er þeir váru á land komnir, þá tók herra Valven hest sinn ok steig upp á hann.

Þá mælti riddarinn: "Unnasta," sagði hann, "hverr er þessi riddari?"

"Þat hygg ek," sagði hún, "at þetta sé sá riddari, er mér fylgði hingat í gærkveld."

"Guð veit," kvað hann, "því em ek feginn. Ek skal svá steypa honum, at aldri kunni hann frá segja."

Ok jafnskjótt hleypti hann hestinum at herra Valven ok hvárr at öðrum. En er þeir mættuz af ákafri rás hestanna, þá lagði herra Valven riddarann í gegnum báða armleggina ok bar hann af hestinum ok kastaði á jörðina. En hann hljóp þegar upp ok brugðu sverðum sínum ok börðuz um stund ok þó tjóaði riddaranum ekki, þvíat hann mæddi blóðrás, svá at hann gaf sik upp í vald herra Valven. En hann fekk hann vápnsóttan í vald húsbónda sínum.

En sú in illa mær sté þá af hesti sínum, ok kom þá herra Valven til hennar ok kvaddi hana kurteisliga ok bað hana fylgja sér.

"Hei, hei, herra," sagði hún, "vel kant þú hrósa sjálfum þér. Aldri verðr þú jafngóðr riddari sem minn riddari var. Þú hefir opt þat heyrt, at inn dáligri kann

Parcevals saga

hair was yet brighter than the gold. And she was in every respect the most lovely creature that Nature herself could possibly shape. With her walked many lovely maidens. Sir Gawain greeted them with great gentleness, and they conveyed to him a welcome from the queen; "and she has caused all her people to be called together and desires that everyone should serve you and accept you as their own lord." He thanked them. She then brought him a suit of clothing so magnificent that there was no one so stately that it would not be wholly honourable for them to wear. The maidens then walked away, and prayed Sir Gawain to wait there in the tower. Then he climbed up into the tower, and never had he seen a fairer landscape. He observed the maidens strolling about, and also saw where the queen was standing at the opposite window of the castle.

Then she spoke: "Here comes that accursed maiden who accompanied you here yesterday evening, but now the best knight in the world, who is called Prinzmaz, is escorting her. He has killed many a good knight by the river before our very eyes."

"Lady," said Sir Gawain, "I must go and speak to the maiden. We had something that was left unsaid yesterday evening."

The queen forbade him to leave.

"May it never please God that you should hold me here like a captive."

The queen spoke: "You shall not go away save on condition that you come back here tonight if you are alive."

Gawain said: "That I shall willingly do if I have my health and my own free will, if you grant me another request in return: not to ask me my name for seven days."

The queen said: "I shall never do that if it is displeasing to you."

Then he walked out of the tower and had himself armed. But the queen and her maidens all became distressed and they all attended upon him. Then he went on board the boat and his host with him, and when they had come to land, Sir Gawain took his horse and mounted upon him.

Then the knight spoke: "Love," he said, "who is this knight?"

"I suspect," she said, "that this may be the knight who brought me here yesterday evening."

"God knows," said he, "I am delighted at that. I will knock him down so hard that he will never live to tell the tale."

And straight away he galloped his horse at Sir Gawain and each one charged at the other. But when they clashed together with a furious rush of horses, then Sir Gawain thrust the knight right through both arms and bore him off the horse and flung him to the ground. But he leaped up at once and they drew their swords and fought together for a while, but even so, that did the knight no good at all, for the loss of blood exhausted him, so that he gave himself up into Sir Gawain's power. But he handed the vanquished knight over into the authority of his host.

But that evil maiden then got down from her horse, and thereupon Sir Gawain came to her, greeted her courteously, and asked her to accompany him.

"Hey, hey, sir!" said she, "you certainly know how to vaunt yourself! You will never become as good a knight as my knight was. You have often heard, that the sigraz á inum vildra. En ef þú vill fylgja mér hér upp í brekkuna, sem viðrinn stendr ok þat fremja, sem unnasti minn er vanr at gera svá opt sem ek vilda, þá skylda ek halda þik fyrir jafngóðan riddara sem hann ok gera þik jaf<n>kæran[174] mér sem hann."

"Frú," kvað herra Valven, "eigi vil ek fyrirláta þinn vilja at gera ok fylgja þér."

Hún sagði: "Guð láti þik þat sjá at aldri komir þú heill aptr."

III. Valven reið Háskavað

Nú fóru þau leið sína, hún fyrir, en hann eptir. En er kastalameyjar sá at hann reið í brott með henni, þá öngruðuz þær mjök ok mæltu:

"Nú er oss vei," sögðu þær, "er vér erum hjálplausar, sem vér sjám þann inn dýrliga fara sér til skaða ok dauða, þvíat þaðan hefir engi lifandi maðr komiz. At sönnu várum vér þá heimskar er létum hann brott fara." Með þessum hætti var harma þeira um herra.

En in illa mær leiddi hann undir viðinn, ok sem þau váru þar komin, mælti herra Valven við hana:

"Má ek nú aptr fara í leyfi þínu eða vill þú at ek gera fleira, svá at ek tapa eigi ástarþokka þínum?"

Þá svarar mærin: "Sér þú," kvað hún, "þetta it djúpa vatn er hér er hjá okkr ok bakkar báðum megin? *Unnasti[175] minn fór hér um í hvert sinn er ek vilda at lesa mér blóm grasa þeira er hinum megin eru á engjunum."

"Áin er djúp," kvað hann, "ok sé ek eigi, hversu ek má yfir komaz er bakkarnir eru svá hávir báðum megin."

"Þess leitaða ek," kvað in illa mær, "þvíat ek veit, at þú ert huglauss ok þorir eigi at ráða á ána, þvíat þetta heitir Háskavað."

Þá reið síra Valven at ánni ok sá at svá var djúp at hvergi sá grunn ok rann með æðistraumi, svá at bárur fellu sem á sjó. Hann hafði heyrt þat sagt at sá, er þetta vað ríði ok yfir kæmiz, mundi fá allskyns sæmd. Hann sló nú hest sinn sporum ok hleypti á ána ok hestrinn svamm svá at með guðs náð komz hann yfir ána. Tók þá Valven söðul af honum ok strauk af honum vatn ok síðan söðlaði hann hestinn ok sté á bak ok reið. Hann sá fyrir sér einn riddara. Hann fylgði einum sparrhauki eptir fuglum. Hann var allra þeira riddara fegrstr, er hann hafði sét. Þar heilsaði hvárr öðrum. Riddarinn spurði hví hann hefði þá illu mey með sér. "Eða hvar er hennar félagi?"

Valven sagði: "Ek átta við þann riddara vápnaskipti, er fjörðungum hafði merki lit, ok feldi ek hann af hesti ok fekk ek hann yfirkominn varðmanninum, þvíat hann sagðiz hann eiga."

worse man may chance to gain the upper hand over the better man. But if you are willing to come with me up here on to the hill where the tree is and perform what my love is in the habit of doing as often as I may desire, then I would deem you as good a knight as he, and hold you as dear to me as he."

"Lady," said Sir Gawain, "I will not desist from performing your desire and escorting you."

She said: "May God see to it that you never come back in one piece."

III. Gawain rides across the Perilous Ford

Now they proceed on their way, she in front and he behind. But when the maidens of the castle saw that he was riding away with her they became extremely agitated and exclaimed:

"How wretched we are," said they, "since we are helpless, when we see that splendid man going to his ruin and death; because from that place no man living has ever returned! We were foolish, and no mistake, when we let him go away." In this manner they expressed their sorrows about their lord.

But the evil maiden led him under the tree. And when they had arrived there Sir Gawain spoke to her:

"Do I now have your leave to turn back, or is it your wish that I do more, so that I do not lose your affection?"

Then the maiden answers: "Do you see," she said, "this deep water which is here beside us, with banks on both sides? My love crossed over here, whenever I wished, to gather flowers for me from those plants which are in the meadows on the other side."

"The river is deep," he said, "and I do not see how I can manage to get across when the banks are so high on both sides."

"That is what I expected," said the evil maiden, "because I know that you are spineless and do not dare to tackle the river. For this is called the Perilous Ford."

Then Sir Gawain rode to the river and saw that it was so deep that nowhere could he see the bottom, and it ran with a raging current so that billows were formed just as in the sea. He had heard it said that he who should ride through this ford and succeed in getting across it would win every conceivable glory. Without more ado he struck his horse with the spurs and galloped full tilt at the river, and the horse swam so that by the grace of God he managed to get across the river. Then Gawain took the saddle off him and wiped the water off him and after that he saddled the horse and got on his back and rode away. He saw a knight in front of him; he was flying a sparrowhawk at some birds. He was the most handsome of all the knights that he had ever seen. They greeted each other there. The knight asked why he had the evil maiden with him, "and where is her partner?"

Gawain said: "I had a fight with that knight whose heraldic device had coloured quarterings, and I knocked him from his horse, and delivered him in defeat to the watchman because he said that he was to have him."

"Þat veit menn, at hann sagði þér satt. En þessi in vánda mær var mín unnasta um hríð, en eigi syndguðumz ek við hana ok ekki fekk ek af henni nema illt. Fylgða ek henni lengi ok þó nauðigr ok drap ek einn þann mann er hún unni mikit. Síðan gaf hún mér sakir ok skildiz við mik ok tók sér þann riddara, er þú feldir af hesti, ok var hann inn vaskasti ok þorði hann þó aldri þetta vatn at ríða ok aldri þorði hann míns fundar at bíða, ok svá mikit afreksverk hefir þú gert í dag, at þú munt lofaðr vera umfram alla riddara í allri veröld af þinni hugprýði."

Þá svarar Valven: "Eigi hefir unnasta mín satt sagt mér þá er hún sagði, at unnasti hennar reið jafnan þetta vatn at taka sér blóm."

"Vei verði henni," kvað riddarinn, "svá mikinn hégóma sem hún sagði þér, ok væri henni þat makligt at hún druknaði í þessu vatni, þvíat hún er full af fjándans flærð ok illsku. Nú bið ek at hvárr festi öðrum trú sína, at hvárr segi öðrum allt þat er spyrr ok engu af leyni."

Festi nú hvárr öðrum trú sína.

IV. Viðtal Valven ok Grinomelas

Nú spyrr Valven: "Hverr á þessa ina fögru borg er ek sé?"
Riddarinn svarar: "Hana á ek ok allt þat er til liggr."
"Hvert er nafn þitt?" sagði Valven.
Riddarinn svarar: "Ek heiti Grinomelas."
"Ek hefi heyrt þín getit," kvað Valven, "at þú ert einn inn ágætasti riddari ok mikill höfðingi, eða hvat heitir sjá inn fríði kastali, er ek svaf í í nátt?"

Sem Grinomelas heyrði at hann hafði verit í kastalanum um náttina, þá varð hann reiðr ok sneri þegar undan sem mest mátti hann.

Þá æpti herra Valven á hann ok mælti: "Herra riddari, ríð eigi á brott. Minz, at þú festir mér trú þína at segja mér allt þat er ek spyrða."

Riddarinn nam staðar ok mælti: "Bölvuð sé sú stund er ek gerða nokkurn tíma félagskap við þik, þvíat þú ert inn mesti ljúgari, þvíat sá er engi lifandi maðr, er í þenna kastala þori at koma. En ef þú hefir verit þar, seg mér þaðan nokkur ný tíðindi ok sýn at ek mega vita at þú hefir verit þar."

"Guð veit," kvað herra Valven, "at ek lá í nátt í *rekkju[176] þess ins mikla undrs, er ek hygg at hvergi finniz annat slíkt." Hann sagði þá riddaranum öll þau undr ok vandræði, er hann fekk í *rekkjunni.[177] "En ef þú mistrúir þetta, þá ríð nær ok sé at hér standa klær leónsins í skildi mínum."

Þá mælti riddarinn: "Ek bið, herra, at þér fyrirgefið mér þau orð er ek talaða til yðvar."

"Þat geri ek gjarna," sagði Valven.

"That is right; he told you the truth. But this spiteful maiden was my love for a while. But we did not sin together, she and I, and I got nothing from her but malice. I escorted her for a long time, and against my will at that, and I killed the one man whom she loved dearly. Afterwards she held me to blame for it and parted from me and took up with the knight whom you unhorsed, and he was an exceptionally courageous man, but even so never did he dare to ride over this water, and never did he dare to await an encounter with me. And so great a deed of prowess have you performed this day that you will be praised above and beyond all the knights in all the world for your bravery."

Then Gawain answers: "So my love did not tell me the truth when she said that her lover was always riding across this water to pick flowers for her."

"May sorrow befall her," said the knight, "that she told you such a monstrous lie! It would serve her right if she drowned in this water, for she is full of the devil's deceit and evil. Now I beg that each of us pledge his faith to the other, that each should tell the other everything that is asked of him, and keep nothing back."

So each pledged his faith to the other.

IV. The conversation of Gawain and Grinomelas

Now Gawain asks: "Who owns this fine stronghold that I see?"

The knight answers: "I own it and all that belongs to it."

"What is your name?" said Gawain.

The knight answers: "I am called Grinomelas."

"I have heard it reported of you," said Gawain, "that you are a knight of the highest renown and a great lord. But what is the name of the beautiful castle that I slept in last night?"

When Grinomelas heard that he had spent the night in the castle, he grew angry and immediately backed away from him as far as he could.

Then Sir Gawain shouted to him, saying: "Sir knight, do not ride away. Remember that you pledged me your faith to tell me everything that I might ask."

The knight drew rein and said: "Cursed be the hour that I ever entered into a fellowship with you, for you are the biggest liar ever, as there is no man living who dares to set foot in that castle. But if you have been in it, give me some fresh tidings from the place, and visible proof, that I might know that you have been there."

"God knows," said Sir Gawain, "that last night I lay in the Bed of the Great Marvel, and I believe that nowhere is there to be found another like it." He told the knight then all the marvels and perils which he had endured in the bed. "But if you do not believe this, then ride closer and see that here are the claws of the lion sticking in my shield."

Then the knight said: "I beg, sir, that you forgive me those words which I spoke to you."

"That I do gladly," said Gawain.

Riddarinn mælti: "Þat kom mér aldri í hug, at sá mundi neinn vera dauðligr maðr í heiminum at þetta mundi þora at gera sem nú hefir þú gert. Nú seg mér, ef þú spurðir ina hvítháru dróttningu, hvaðan hún kom."

"Nei," sagði herra Valven, "þat kom mér eigi í hug."

Riddarinn mælti: "Hún er at sönnu móðir Artús kóngs."

"Þat veit trú mín," kvað herra Valven, "at fyrir fjórum tigum vetra átti Artús kóngr enga móður."

"Þvíat þann tíma, er faðir hans var í jörð," sagði riddarinn, "þá kom hún hingat með öllu fé sínu ok lét gera þenna kastala. Ek veit at þú sátt aðra dróttning, þá ina hávu ok ina fríðu konu Lot kóngs, föður þess manns er guð láti skjótt illa fara, er heitir Valven."

"Gerla kenni ek þann mann, ok þat veit ek fyrir vissu, at hann átti enga móður lífs fyrir tíu vetrum."

"Júr," kvað hann, "ifaz ekki um. Ok eptir móður sinni kom hingat ein frú með kviku barni ok er nú in fríðasta jungfrú í þessum kastala ok er sú mín unnasta. Ok ef Valven, bróðir hennar, væri nú hér, þá skyldi hann at engum kosti kvikr í brottu komaz, ok svá mjök hata ek hann, at með mínum höndum skylda ek skera ór honum hjartat."

"Þat veit trú mín," kvað herra Valven, "ef ek ynna einnihverri góðri konu eða mey, þá skylda ek at vísu sakir hennar virðuliga unna allri ætt hennar."

"Já," sagði hinn, "þat samir vel at gera. En hverju sinni er mik minnir um herra Valven, at þá faðir hans drap minn föður, þá má ek [e]kki[178] gott vilja honum, þvíat hann drap sinni hendi tvá systrunga mína. En þú þjóna mér um þat er ek bið þik, at þú fær í kastalanum unnustu minni fingrgull þetta ok seg henni at ek treystumz mjök ást hennar, þvíat þau orð hefir hún sent mér, at hún vildi miklu heldr, at Valven bróðir hennar væri deyðr illum dauða, en ek fenga skeinu á minsta fingri. Nú seg henni guðs kveðju ok mína."

Herra Valven sagði þá: "Gjarna skal ek yðvart eyrendi gera."

Riddarinn mælti: "Vita vilda ek nafn yðvart áðr vit skildim."

"Guð veit," kvað herra Valven, "aldri skal ek leyna nafni mínu. Ek em at sönnu sá sami Valven, er þú hatar svá mjök."

Þá svarar hinn: "Þú ert inn heimskasti er þú sagðir mér nafn þitt þar er þú veizt at ek hata þik til dauða. Illa er nú er ek hefi eigi vápn mín, þvíat nú rétt skylda ek höggva höfuð af þér. En ef þú þorir at bíða mín, þá skal ek ríða heim eptir vápnum mínum; ella leggjum stefnu hér með okkr at líðinni viku, ef þú vill at fleiri sé hjá *okkar[179] einvígi."

Þá svarar herra Valven: "Betr þætti mér, ef yðr líkar, at þetta einvígi sé uppgefit, þvíat ek vil gjarna bæta við þik þat er þú segir mik hafa misgert ok þik svá sæma sem bezt geta samit vinir hváratveggju."

The knight said: "It never entered my mind that there might be any mortal man in the world who would dare to do what you have just done. Now tell me if you asked the white-haired queen where she came from?"

"No," said Sir Gawain, "it did not enter my mind."

The knight said: "She is in truth the mother of King Arthur."

"By my faith," said Sir Gawain, "for forty years King Arthur has had no mother."

"That is because at the time when his father was laid in the earth," said the knight, "she came to this place with all her treasure and caused this castle to be built. I know that you saw another queen, the tall and beautiful wife of King Lot, the father of that man I hope God may suffer to come speedily to grief, who is called Gawain."

"I know that man through and through, and I know for a certainty that he has had no mother living for ten years."

"Oh yes he has," said he, "be in no doubt about it. Following her mother, she came to this place, a lady with a living child in her womb, and now that child is the most beautiful young lady in this castle, and she is my love. But if Gawain her brother were here now, then he should not by any means escape from here with his life, for so much do I hate him that with my own hands I would cut the heart out of him."

"Upon my word," declared Sir Gawain, "if I loved any worthy lady or maiden then I should surely for her sake love and honour all her family."

"Yes," said the other, "that is the proper thing to do. But every time that I think of Sir Gawain and remember that his father killed my father, then I cannot wish him any good, and furthermore he killed with his own hand two cousins of mine. But as for you, do me a service concerning something that I ask you: take this gold ring to my love in the castle, and tell her that I trust greatly in her love, for she has sent me messages that she would much rather that her brother Gawain were put to a cruel death than that I should suffer a scratch on my little finger. Now give her God's greeting and mine."

Sir Gawain then said: "I shall do your errand willingly."

The knight said: "I should like to know your name before we part company."

"God knows," said Sir Gawain, "I will never conceal my name. I am in fact that very Gawain you hate so much."

Then the other man answers: "You are the stupidest of men to have told me your name when you know that I hate you to death. Now it is a pity that I do not have my weapons, for right now I would hew your head off you. But if you dare stay for me, then I shall ride home for my arms; or else, if you wish that more people should be present at our single combat, let us arrange a meeting here between us after a week has passed."

Then Sir Gawain answers: "It would seem better to me, if it please you, that this single combat should be abandoned, for I dearly want to make amends to you for the wrong which you say I have done and honour you in such a way as might best bring credit upon our friends on both sides."

Hinn neitaði því þverliga ok bað hann gera annathvárt at bíða meðan hann sækti herklæðin eða leggja við hann vikudag at vera þar kominn at berjaz við sik ok senda mann til Artús kóngs at hann væri hjá þeira einvígi. Þessu játaði herra Valven.

Þá mælti riddarinn: "Fylg mér nú ok mun ek vísa þér *it[180] bezta vað, er á er ánni."

"Guð veit," kvað herra Valven, "at hvárki vil ek vað né brú yfir ána hafa, at eigi spotti mik sú in illgjarna mær, þvíat ek skal at vísu halda þat er ek hét henni."

Því næst hleypti hann at ánni. Flaug hestrinn þegar yfir undir honum svá léttliga, at honum varð ekki at meini ok komz hann heill yfir ána. Sem mærin sá hann aptr kominn ok stefndi þangat er hún var, þá hvarf jafnskjótt frá henni it illa lunderni hennar, ok bættiz hugr hennar, ok iðraðiz hún þá alls þess er hún hafði mælt ok misgert við hann. Batt hún þá hestinn við viðinn ok gekk í móti honum ok laut honum ok heilsaði með blíðum orðum ok bað at hann skyldi miskunna henni.

"Herra," sagði hún, "hlýð, meðan ek tel yðr, þvíat ek hefi lengi verit í reiðlyndi ok skapillsku til allra þeira er mér hafa fylgt. Þessi riddari," sagði hún, "er talaði við þik hinum megin árinnar ok guð gefi skömm ok svívirðing, hafði til mín mikla ást, ok kom hann þeiri illa niðr, þvíat hann gerði mér mikit angr ok þungan harm, þvíat hann drap þann riddara, er unnasti minn var. Síðan vildi hann lokka mik til ástar sinnar ok gera mik hórkonu sína, en þat tjéði honum alls ekki. Sem hann fann at ek vilda þat með engum kosti, þá stalz hann frá mér. Síðan hafa komit margir riddarar ok fylgt mér ok hafa farit illum förum, þvíat síðan ek tapaða unnasta mínum, þá var mér angr ok órói at lífi mínu, svá at ek hirta ekki hvat ek gerða heimsk ok fólsk í orðum ok svá vandliga týnt ok tapat allri hógværi ok kurteisi, at engi gat bætt né blíðkat mik með fortölum eða heilum ráðum. En nú herra," sagði hún, "tak svá mikla refsing á mér, at þat spyriz hvarvetna, svá at engi kvennmaðr dirfiz at misgera svá mikit við karlmann, sem ek hefi gert."

Ok er herra Valven hafði heyrt orð hennar, þá sagði hann henni með blíðum orðum: "In fríða ok in fagra, til hvers skylda ek taka refsing á þér? Þat samir eigi riddaraskap mínum at angra kvensku þína. Þat kom mér aldri í hug, at ek skylda þér nokkut mein gera. Stíg nú á hest þinn ok förum bæði samt til kastalans."

"Yðvarn vilja," sagði hún, "skal ek gjarna gera."

Síðan riðu þau til húsbónda herra Valven, er ferjuna átti, ok flutti hann þau með fagnaði yfir ána til kastalans.

The other flatly refused that and urged him to do either one thing or another: to wait while he fetched his armour, or to agree with him on a day on which to present himself there to fight against him and to send a messenger to King Arthur that he might preside over their single combat. Sir Gawain agreed to this.

Then the knight said: "Now come with me and I will show you the best ford there is across the river."

"God knows," said Sir Gawain, "I will use neither ford nor bridge over the river, lest that spiteful maiden should mock me, for I shall certainly hold to what I promised her."

After that he galloped towards the river. At once the horse under him sailed over so effortlessly that nothing hindered him and he got safely across the river. When the maiden saw that he had come back and was heading in her direction, then her evil mood immediately left her and her mind was restored to health. And she then repented of all that she had said and done against him. Thereupon she tied her horse to the tree and walked to meet him, and knelt to him and, greeting him with gentle words, begged that he should have mercy on her.

"Sir," she said, "listen, and I will tell you why I have long been hot-tempered and evil-minded towards all those who have escorted me. This knight," said she, "who talked with you on the other side of the river—may God bring shame and dishonour upon him—had a great love for me, and it had terrible consequences,[52] because he caused me great distress and grievous sorrow, for he killed the knight who was my love. Afterwards he wanted to lure me into loving him and make me his whore. But that did not do him any good whatsoever. When he found that I was in no way willing for that, he slunk away from me. Since then, many knights have appeared and escorted me, and have come to bad ends. For after I lost my love, then for me my whole existence turned to distress and restlessness, so that I cared not a whit for what I did; I was stupid and foolish in my words and so utterly destroyed and lost where any tranquillity of mind and gentleness were concerned, that no one was able to heal or humour me either by persuasion or by good counsel. But now, sir," said she, "inflict such a heavy punishment on me that it will be reported everywhere, so that no woman will ever again dare to abuse a man as grossly as I have done."

And when Sir Gawain had heard her account, then he responded to her in gentle words: "Fair and lovely lady, why should I inflict punishment on you? It would be unworthy of my knighthood to offend your womanhood. It never entered my mind that I should do you any harm. Now mount your horse and let us both go to the castle together."

"I will gladly do as you wish," said she.

Accordingly they rode to Sir Gawain's host, who had the ferry, and he took them over the river to the castle with great joy.

V. Valven kemr heim til kastalans

Nú mælti ferjumaðrinn: "Mær," kvað hann, "margir riddarar hafa þér fylgt ok flestir óbæriligan skaða fengit af þínum félagskap. Þat hefir mér þó eigi verit til svá mikils fagnaðar sem til mikils fjár, því́at allir hafa í mitt vald komit, þeir sem þeim megin árinnar hafa sigraðir verit. Nú er þat mikil gæfa at þessi inn dýrligi herra hefir niðrbrotit svá *lágt[181] þína angræði."

Síðan riðu þau til kastalans. En dróttningarnar ok meyjarnar ok öll hirðin gengu út í móti þeim ok urðu mjök fegnar, er hann var aptr kominn, ok leiddu þær hann í höllina. En þá mey, er Valven hafði þangat, leiddu dróttningar með sér í sitt herbergi ok fögnuðu henni með blíðu ok kurteisi.

Ok sem hirðin öll hafði niðr sez, þá stóð herra Valven upp ok tók í hönd systur sinni ok setti hjá sér í *rekkju[182] undranna ok mælti: "Hér er, jungfrú, eitt fingrgull, er einn riddari sendi þér ór þeim kastala, er hinum megin er árinnar, ok ástsamliga kveðju, ok sagði svá at þú ert hans unnasta."

"Herra," sagði hún, "aldri sá ek hann ok aldri hann mik. En guð þakki honum góðvilja ástar sinnar, er hann hefir lengi haft til mín, ok víst hefir hann beðit mín. En eigi skal ek þat ljúga at yðr at ek hefi játat at vera hans unnasta."

"Avui," kvað herra Valven, "mun þat satt vera, sem hann hrósaði at þú vildir heldr, at Valven þinn eiginn <bróðir>[183] væri drepinn illum dauða, en hann fengi einn verk í nagl sinn?"

"Guð veit," kvað hún, "þat vilda ek aldri, ok eigi hugða ek at hann væri svá óhæverskr, þvíat nú hefir hann at sönnu sjálfan sik svikit, er hann sendi mér þvílík boð, þvíat Valven veit eigi, at ek sé fædd, ok því hefir hann mikit logit, þvíat herra Valven vilda ek eigi at yrði nokkut til meins."

Þá mælti dróttning sú in ellri: "Sé, hversu sæmiliga þau sitja eða hversu fagrliga þau tala ok guð gæfi, at nú hefði hann púsat hana ok ynni henni svá mikit, sem Eneas Latínu."

In yngri dróttning mælti: "Hví segir þú svá, móðir? Mér sýnaz lík augu þeira ok mikill ættarsvipr með þeim. Ok þess bið ek guð, at hann unni henni sem systur ok á þann hátt hvárt þeira öðru."

Litlu síðarr stóð herra Valven upp ok gekk til sætis síns, en allt fólk er í var staðnum var honum til þjónustu ok kölluðu hann herra sinn ok lávarð. Þá var ok full öll höllin af fólki. Hann sá einn ungan ok hæverskligan mann. Hann kallaði hann til sín ok mælti leyniliga til hans:

"Af því at ek hefi valit þik einn af öllum er hér eru inni til trúnaðarmanns, þá bið ek at þú ríðir með mínu eyrendi til míns herra Artús kóngs."[184]

V. Gawain comes back to the castle

Now the ferryman spoke: "Maiden," said he, "many knights have escorted you and most of them have suffered intolerable injury from associating with you. For me however that has not been so much a source of pleasure as of treasure, for all those who have been defeated on that side of the river have come under my authority. Now it is great good fortune that this splendid lord has so utterly humbled your vicious temper."

Then they ride to the castle. But the queens and the maidens and all the court came out to meet them, and they rejoiced greatly that he had come back, and the maidens conducted him into the hall. But the queens took with them into their chamber the maiden Gawain had brought there and greeted her with gentleness and courtesy.

And when the whole court was seated, Sir Gawain stood up and took his sister by the hand and seated her beside him on the Bed of Marvels, and said: "Young lady, here is a gold ring which a knight from the castle on the other side of the river has sent you, along with a loving greeting, and he has made a declaration that you are his love."

"Sir," said she, "never have I seen him, nor he me. But God reward him for the favour of the love which he has long had towards me. And certainly he has paid court to me. But I shall not lie to you about it, that I have promised to be his love."

"Alas!" said Sir Gawain. "Can what he boasted of be true, that you would far rather that Gawain, your own brother, were put to a cruel death than that he should suffer a twinge in his fingernail?"

"God knows," she declared, "I would never want that, and I did not imagine that he could be so uncouth. For now he has betrayed himself indeed by sending me such messages, because Gawain does not know that I have been born, and he has told a great lie about that, for I would not wish that anything should harm Sir Gawain."

Then the queen, the elder one, spoke: "See how becomingly they sit and how beautifully they talk, and God grant that now he had married her and loved her as much as Æneas loved Latina."[53]

The younger queen said: "Why do you speak in that way, mother? It seems to me that their eyes are alike and that there is a strong family resemblance between them. And I pray to God that he love her as a sister, and that each of them love the other in that way."

A little later Sir Gawain stood up and went to his seat. And all the people who were in the household were in attendance upon him and hailed him as their lord and master. At that time the whole hall was also full of folk. He noticed a particular young, well-mannered man. He called him to him and spoke to him in secret:

"Since I have singled you out from all who are in here as worthy of my trust, I pray you that you ride with my message to my lord King Arthur."[54]

Variants

1 *<ó>bygð] *AM 179 fol.*; þá bygð *Stock. Perg. 6 4to.*
2 Parceval] Parceval var *Stock. Perg. 6 4to.*
3 Sv<e>inninn] *AM 179 fol., AM 181a fol., Add. 4859 fol.*
4 sve<i>nninn] *AM 179 fol., AM 181a fol., Add. 4859 fol.*
5 *bleyði] bleiði ok *Stock. Perg. 6 4to.*
6 <hann>] *AM 179 fol., Add. 4859 fol.*
7 at nauðgu] *AM 179 fol.*; at nauðga *Stock. Perg. 6 4to.*
8 <vildi>] *AM 179 fol., AM 181a fol., Add. 4859 fol.*
9 <af>] *AM 181a fol., Add. 4859 fol.*
10 sitr] *AM 179 fol, AM 181a fol., Add. 4859 fol.*; eitr *Stock. Perg. 6 4to.*
11 *sómdu] sómdi *Stock. Perg. 6 4to.*
12 biðja] *AM 179 fol, AM 181a fol., Add. 4859 fol.*
13 Sve<i>nninn] *AM 179 fol., AM 181a fol., Add. 4859 fol.*
14 sve<i>nninn] *AM 179 fol., AM 181a fol., Add. 4859 fol.*
15 kóng<s>ins] *AM 179 fol., AM 181a fol., Add. 4859 fol.*
16 *vitr] *AM 179 fol., AM 181a fol., Add. 4859 fol.*; vittr *Stock. Perg. 6 4to.*
17 <hann>] *AM 179 fol., AM 181a fol., Add. 4859 fol.*
18 <hann>] *Add. 4859 fol.*
19 <ek>] *AM 179 fol., AM 181a fol., Add. 4859 fol.*
20 *mælti] ok mælti *Stock. Perg. 6 4to.*
21 <hann>] *Add. 4859 fol.*
22 miklar] *Add. 4859 fol.*; mikil *Stock. Perg. 6 4to.*
23 Hvað[an] kv[að]] *AM 181a fol., Add. 4859 fol.*
24 [biðja]] *AM 179 fol., AM 181a fol., Add. 4859 fol.*
25 [ok mun]] *AM 179 fol., AM 181a fol., Add. 4859 fol.*
26 mund[riða]] *AM 179 fol., Add. 4859 fol.*
27 [Hy]gg] *AM 179 fol., AM 181a fol., Add. 4859 fol.*
28 [ok honum r]ennanda a[p]tr halda] *AM 181a fol.*
29 skj<a>ldarsporðinn] *AM 181a fol., Add. 4859 fol.*
30 *lags] *AM 179 fol., AM 181a fol., Add. 4859 fol.*; lagi *Stock. Perg. 6 4to.*
31 <var>] *AM 181a fol., Add. 4859 fol.*
32 <var>] *AM 179 fol., AM 181a fol., Add. 4859 fol.*
33 h[víl]dar] *AM 181a fol., Add. 4859 fol.*
34 <hita er hann>] *Add. 4859 fol.*
35 *þá] *AM 181a fol., Add. 4859 fol.*; þó *Stock. Perg. 6 4to.*
36 yð[ar]] *AM 181a fol., Add. 4859 fol.*
37 <tók inn>] *AM 181a fol.*
38 *maðr] mann *Stock. Perg. 6 4to.*
39 fagr<t>] *AM 179 fol., AM 181a fol., Add. 4859 fol.*
40 *settuz] *AM 181a fol., Add. 4859 fol.*; settiz *Stock. Perg. 6 4to.*
41 *maðr] mann *Stock. Perg. 6 4to.*
42 <hann>] *AM 181a fol., Add. 4859 fol.*
43 *En] *Add. 4859 fol.*; Sem *Stock. Perg. 6 4to.*

44 Hún] *AM 181a fol.*; Nu *Stock. Perg. 6 4to.*
45 <ek>] *AM 179 fol., Add. 4859 fol.*
46 *Klamadius] Clamadius *Add. 4859 fol.*; Clamidius *Stock. Perg. 6 4to.*
47 náttlang<t> *AM 179 fol., AM 181a fol.*
48 aldri] *Here one leaf of Stock. Perg. 6 4to is missing.*
49 því] *NkS 1794b is used to cover the last portion of the missing text in Stock. Perg. 6 4to.*
50 ek] *With this word Stock. Perg. 6 4to recommences.*
51 syst[ur]son e[r] þ[en]na kast[ala]] *AM 179 fol., AM 181a fol., Add. 4859 fol.*
52 Þ[ví]] *AM 179 fol., AM 181a fol., Add. 4859 fol.*
53 d[re]pir] *AM 179 fol.*
54 he[ldr sjálfr]] *AM 181a fol., Add. 4859 fol.*
55 *hann hefir] *NkS 1794b 4to*; þa hefða ek *Stock. Perg. 6 4to.*
56 þér] *AM 181a fol., Add. 4859 fol., NkS 1794b 4to*; þeir *Stock. Perg. 6 4to.*
57 [vér höfum fimtán þúsundir fólks]] *AM 179 fol., AM 181a fol., Add. 4859 fol.*
58 megu[m]] *AM 181a fol., Add. 4859 fol.*
59 dau[ða]] *AM 179 fol., AM 181a fol., Add. 4859 fol.*
60 m[enn]] *AM 179 fol., AM 181a fol.*
61 send[ir]] *AM 179 fol., AM 181a fol., Add. 4859 fol.*
62 Klamad[ius]] *AM 179 fol., AM 181a fol., Add. 4859 fol.*
63 [oss]] *NkS 1794b 4to.*
64 frið<i>] *AM 181a fol., Add. 4859 fol.*
65 haf<a>] *AM 179 fol., AM 181a fol., Add. 4859 fol.*
66 *jungfrúnni] *AM 179 fol., Add. 4859 fol.*; jungfrúin *Stock. Perg. 6 4to.*
67 <var>] *AM 179 fol., AM 181a fol., Add. 4859 fol.*
68 <þar er hann>] þar eð hann *AM 179 fol.*
69 sögðu] *Add. 4859 fol.*; ok sögðu *Stock. Perg. 6 4to.*
70 <þeir>] *Add. 4859 fol.*
71 þá er hann] *repeated in Stock. Perg. 6 4to.*
72 *ef] *AM 179 fol., AM 181a fol., Add. 4859 fol.*; er *Stock. Perg. 6 4to.*
73 <á>] *AM 179 fol., AM 181a fol.*
74 le[i]t] *AM 179 fol., AM 181a fol.*
75 *sikláti] ciclade *Stock. Perg. 6 4to.*
76 *at hnefa] at nefi *Stock. Perg. 6 4to*; af nefi *AM 179 fol., AM 181a fol., Add. 4859 fol.*
77 <hann>] *AM 179 fol., AM 181a fol., Add. 4859 fol.*
78 er] *changed to* en *in Stock. Perg. 6 4to*; en *AM 179 fol., AM 181a fol., Add. 4859 fol.*
79 braull] *possibly an error for* graull.
80 undarlig<t>] *AM 179 fol., AM 181a fol., Add. 4859 fol.*
81 sp[ri]ngr] *AM 179 fol., AM 181a fol., Add. 4859 fol.*
82 hvár<t>] *AM 179 fol., AM 181a fol., Add. 4859 fol.*
83 *Illa] *AM 179 fol., AM 181a fol., Add. 4859 fol.*; Illi *Stock. Perg. 6 4to.*
84 sönnu, at] *repeated in Stock. Perg. 6 4to.*
85 ó[g]æfu] *AM 179 fol., AM 181a fol., Add. 4859 fol.*

86 hverj[um hæ]tti [var]t] *AM 179 fol., AM 181a fol., Add. 4859 fol.*
87 *ert] ert eigi *Stock. Perg. 6 4to.*
88 *rétt] *AM 181 fol., Add 4859 fol.*; rot *or* ror *Stock. Perg. 6 4to.*
89 Þú] *AM 179 fol., AM 181a fol., Add. 4859 fol.*; Þú *or* Þá *Stock. Perg. 6 4to.*
90 *lætr] ok lætr *Stock. Perg. 6 4to.*
91 *unnustu] *AM 179 fol.*; unnasta *Stock. Perg. 6 4to.*
92 [mí]num] *AM 179 fol.*
93 hef[ir]] *AM 179 fol., AM 181a fol., Add. 4859 fol.*
94 *svarar] ok svarar *Stock. Perg. 6 4to*; mælir *Add. 4859 fol.*
95 *gerði] *AM 179 fol., AM 181a fol., Add. 4859 fol.*; gerða *Stock. Perg. 6 4to.*
96 *okkur] *AM 179 fol.*; okkr *Stock. Perg. 6 4to.*
97 *fyrr] *AM 179 fol., AM 181a fol., Add. 4859 fol.*; fyrri *Stock. Perg. 6 4to.*
98 m[ér]] *AM 179 fol., AM 181a fol., Add. 4859 fol.*
99 v[er]a] *AM 179 fol., AM 181a fol., Add. 4859 fol.*
100 <fældi>] *AM 181a fol.*
101 <hann>] *AM 179 fol.*
102 kóngsin<s>] *AM 179 fol.*
103 *mælti] *AM 179 fol., AM 181a fol., Add. 4859 fol.*; ok mælti *Stock. Perg. 6 4to.*
104 <hendi>] *AM 181a fol., Add. 4859 fol.*
105 b[ro]tna] *AM 179 fol., AM 181a fol., Add. 4859 fol.*
106 f[yrir] þitt st[ar]f] *AM 179 fol., AM 181a fol., Add. 4859 fol.*
107 e[igi]] ei *AM 179 fol., AM 181a fol., Add. 4859 fol.*
108 þ[ví]líkan] *AM 179 fol., AM 181a fol., Add. 4859 fol.*
109 *alla ina] *Add. 4859 fol.*; allri inni *Stock. Perg. 6 4to.*
110 góðvil[ja]] *AM 179 fol., AM 181a fol., Add. 4859 fol.*
111 Kviderin] *possibly a copying mistake for* Kinderin.
112 *in] inu *Stock. Perg. 6 4to.*
113 Meliand<r>i] *AM 179 fol., AM 181a fol., Add. 4859 fol.*
114 *Illa] *AM 179 fol., AM 181a fol., Add. 4859 fol.*; Illi *Stock. Perg. 6 4to.*
115 [herbergi]] *AM 181a fol., Add. 4859 fol.*
116 [áðr greitt]] í nátt *AM 181a fol., Add. 4859 fol.*
117 [síðan]] *AM 181a fol., Add. 4859 fol.*
118 [sagði]] *AM 181a fol., Add. 4859 fol.*
119 [sín á millum ok]] *AM 181a fol., Add. 4859 fol.*
120 syst[ur]] *AM 179 fol., AM 181a fol., Add. 4859 fol. After this word there is a space for 8 letters in Stock. Perg. 6 4to, but the text is distorted and illegible. A space of a quarter of a line is left after* systur *in AM 179 fol.*
121 *Between* sér *and* þjófr *there is in Stock. Perg. 6 4to a space for 13 letters, but the text has been obliterated. AM 179 fol.:* sér útreiðinni sem þjófr; *AM 181a fol.:* sér váða, ok er hann heldr þjófr; *in Add. 4859 fol., the phrase is rewritten:* því hann vill sem þjófr forðaz útreiðina.
122 Gar<ius>] *AM 179 fol., AM 181a fol., Add. 4859 fol.*
123 <alla>] *AM 181a fol.*
124 kurteis<i>] *AM 181a fol.*

125 *maðr] *AM 181a fol., Add. 4859 fol.*; mann *Stock. Perg. 6 4to.*
126 reið þá] *repeated in Stock. Perg. 6 4to.*
127 <var>] *AM 179 fol.*
128 <eigi>] ei *AM 179 fol., AM 181a fol., Add. 4859 fol.*
129 *sjór] sjór at *Stock. Perg. 6 4to.*
130 *olifatré] olivetre *Stock. Perg. 6 4to.*
131 *ina] *Add. 4859 fol.*; inu *Stock. Perg. 6 4to.*
132 heims<k>liga] *AM 181a fol., Add. 4859 fol.*
133 *henda] hendir *Stock. Perg. 6 4to.*
134 þ[ér]] *AM 181a fol., Add. 4859 fol.*
135 [ok]] *AM 179 fol., AM 181a fol., Add. 4859 fol.*
136 [ok]] *AM 179 fol., Add. 4859 fol.*
137 e[n]] *AM 179 fol.*
138 all[r]] *AM 181a fol., Add. 4859 fol.*
139 [a]nnars] *AM 179 fol., AM 181a fol., Add. 4859 fol.*
140 m[e]yn[a]] *AM 179 fol., AM 181a fol., Add. 4859 fol.*
141 s[æ]rðr] *AM 181a fol., Add. 4859 fol.*
142 [mér]] *AM 181a fol., Add. 4859 fol.*
143 [meyn]a] *AM 179 fol., AM 181a fol., Add. 4859 fol.*
144 því[at]] *AM 179 fol.*
145 [er]] *AM 179 fol., AM 181a fol., Add. 4859 fol.*
146 [herr]a] herra *AM 179 fol.*
147 [mik, en]] *AM 179 fol., AM 181a fol., Add. 4859 fol.*
148 [g]erði] *AM 179 fol., AM 181a fol., Add 4859 fol.*
149 m[eð]] *AM 179 fol., AM 181a fol., Add. 4859 fol.*
150 um . . . þann er] *Very difficult to read or completely illegible in Stock. Perg. 6 4to. The text of AM 179 fol. covering this section is as follows:* ok refsa mér hæðiliga. Herra Valven svarar: "Ek hugða þú mundir meirr virða þann beina sem ek nú gerða þér að dauða kominn heldr en harka þann sem. *In AM 181a fol., three whole lines of manuscript are left blank, and the text recommences with* þann er. *In Add. 4859 fol., two and 3/4 lines are left blank, and the text recommences with* þann er.
151 <hann>] *AM 179 fol., AM 181a fol., Add. 4859 fol.*
152 [in]] *AM 179 fol., AM 181a fol., AM 4859 fol.*
153 þ[itt ess]] *Mostly illegible in Stock. Perg. 6 4to;* þitt *AM 179 fol.*; þín rétt *AM 181a fol., Add. 4859 fol.*
154 at . . . skepna] *After* at *the text of Stock. Perg. 6 4to is illegible before and after* þa, *though* skepna *is clear. AM 179 fol. has* hrossi ok armasta skepna; *AM 181a fol. and Add. 4859 fol. have* hrossi, því þat er ræk skepna.
155 [búinn]] *AM 181a fol., Add. 4859 fol.*
156 v[erja]] verjaz *AM 181a fol., Add. 4859 fol.*
157 0000] undir *AM 179 fol.*; á er sét *AM 181a fol.*; á er setit *Add. 4859 fol.*
158 vat[n, en]] *AM 179 fol., AM 181a fol., Add. 4859 fol.*
159 *ina] inu *Stock. Perg. 6 4to.*
160 [mör]gum] *AM 179 fol., AM 181a fol., Add. 4859 fol.*

161 *Nú ... á ströndunni] *Add. 4859 fol.*; Sem sú in illa mær, er fylgði Valven, [+ kom þar *AM 179 fol.*] steig hún af hesti sínum ok fann á ströndunni *Stock. Perg. 6 4to.*
162 þorir] *repeated in Stock. Perg. 6 4to.*
163 [A]ld[ri]] *AM 179 fol., AM 181a fol., Add. 4859 fol.*
164 *þat] þeim *Stock. Perg. 6 4to.*
165 [ess]] *AM 179 fol., AM 181a fol., Add. 4859 fol.*
166 [eða]] *AM 181a fol., Add. 4859 fol.*
167 s[neri]] *AM 179 fol., AM 181a fol., Add. 4859 fol.*
168 <hann>] *AM 179 fol., AM 181a fol., Add. 4859 fol.*
169 ór] ok *Stock. Perg. 6 4to;* ór *AM 179 fol., AM 181a fol., Add. 4859 fol.*
170 *rekkjuna] *AM 179 fol., AM 181a fol., Add. 4859 fol.*; rjukkjuna *Stock. Perg. 6 4to.*
171 *rekkjunni] *AM 179 fol., AM 181a fol., Add. 4859 fol.*; rjukkjunni *Stock. Perg. 6 4to.*
172 stren<g>leikum] *AM 179 fol., AM 181a fol., Add. 4859 fol.*
173 *fólk] *AM 179 fol., AM 181a fol., Add. 4859 fol.*; fólkt *Stock. Perg. 6 4to.*
174 jaf<n>kæran] *AM 179 fol., AM 181a fol., Add. 4859 fol.*
175 *Unnasti] *AM 179 fol., AM 181a fol., Add. 4859 fol.*; Unnasta *Stock. Perg. 6 4to.*
176 *rekkju] *AM 179 fol., AM 181a fol., Add. 4859 fol.*; reiukkju *Stock. Perg. 6 4to.*
177 *rekkjunni] *AM 179 fol., AM 181a fol., Add. 4859 fol.*; rjukkjunni *Stock. Perg. 6 4to.*
178 [e]kki] *AM 179 fol., AM 181a fol., Add. 4859 fol.*
179 *okkar] *AM 179 fol., AM 181a fol., Add. 4859 fol.*; ock⁰ *Stock. Perg. 6 4to.*
180 *it] *AM 179 fol., AM 181a fol., Add. 4859 fol.*; er *Stock. Perg. 6 4to.*
181 *lágt] *AM 179 fol.*; langt *Stock. Perg. 6 4to (and Add. 4859 fol);* laugt *AM 181a fol.*
182 *rekkju] *AM 179 fol., Add. 4859 fol.*; reiukkju *Stock. Perg. 6 4to;* reikkju *AM 181a fol.*
183 <bróðir>] *AM 179 fol., AM 181a fol., Add. 4859 fol.*
184 *Here the text of Stock. Perg. 6 4to breaks off.*

Notes

1 could not risk being] *Literally, 'did not dare to be.'*
2 leg-bands] vindingar *'windings' are what are now called 'puttees.'*
3 *Or, 'where there's a will, there's a way.'*
4 *Or, 'that the devil would take him'; i.e., 'she told him to go to hell.'*
5 Rimeyjaborg] *The text here implies that Arthur fought against 'the city of the Rim isles.' The French Perceval states that Arthur with his entire army has been fighting against King Rion, the King of the Isles (vv. 850-52). The error has been caused by textual transmission rather than mistranslation. It is probable that the phrase was written* Rion eyia k, *'Rion king of the Isles,' which at some stage in the process of copying became miswritten, giving rise to the Stock. Perg. 6 4to reading* Rimeyia b.
6 As I live and breathe] *Literally, 'if I live any time at all.'*
7 shield] *The text reads* sverð *'sword,' but considering the context this must be an error for* skjöld *from* skjöldr *'shield.'*
8 guard] *The text uses the word* skjöldr *'shield' here, in its meaning of 'protection, guard.'*
9 I shall ... ashes] *This renders the French Perceval:* Mais ains avrai par carbonees / Trestot esbrahoné le mort *(vv. 1136-37), 'I'll have chopped the corpse up into steaks,' and the word* carbonees, *'steaks, or, pieces of meat grilled on an open fire' may have prompted the phrase* brenna ... at köldum kolum, *'to burn ... to cold ashes, to utterly destroy' here. The phrase is however very common in Icelandic texts.*
10 to humiliate him] *Literally, 'as a humiliation to him,' i.e., in order to humiliate, or disgrace, Parceval. The French Perceval states that Kay attacked and struck the maiden 'out of spite and malice towards him':* Por mal de lui et por despit *(v. 1249).*
11 Now your gifts draw near] *This translates the French Perceval:* Ore aprochent vos aventures; / De felenesses et de dures / En verrez avenir sovent *(vv. 1257-59) 'the time of our adventures is now approaching: you will often see hard and terrible ones befall us.'*
12 used] *Literally, 'saw.' The Icelandic at* ósynju sá hann *translates the phrase* mar vit *(v. 1262) in the French Perceval, where* mar *means 'unfortunately, to his ill fortune.'*
13 light] *Literally, 'pliable, flexible,' or 'smooth.'*
14 *More literally, 'Good nature obtains good for those who know good'; turned into normal Icelandic* 'Góð náttúra nemr gott fyrir þá sem kunna gott.' *'Nature' is the innate character and ability which Parceval has inherited from his good family.*
15 overwhelm] *The text of Stock. Perg. 6 4to clearly reads* fyllandi, *the pres. part. of the verb* fylla, *'to fill, make full'; AM 179 fol.* fullandi *and AM 181a fol.* fillandi *support this. Parceval is declaring that never will his mind be perturbed (filled or overcome with fear) by any challenger on earth.*
16 purple] *The noun* purpuri, *'purple, a costly material,' refers to the cloth, not the colour, of her dress.*

17 small loaves] *The French Perceval has the word* miches *(v. 1910) 'manchets, small loaves of bread made with white flour,' which is translated as* munkahleifar, *'monks' loaves.'*

18 monk] *In the French Perceval he is a prior (vv. 1911-12). The Icelandic word* hreinlífismaðr, *'a pure-living man' is especially used of a man in monastic orders or a hermit, and is used again of the hermit at whose dwelling Gawain stays the night at the beginning of Chapter XVII.*

19 contest] *or 'battle, fight.' Although* hildr *is clearly written, and does alliterate with* hvíld, *it is to be wondered whether the phrase was not originally* Áhyggja bítr sárt sem bíldr, *'Care bites as keenly as a blade.'*

20 scarlet] *The* purpuraskikkja *here means 'a cloak or mantle of scarlet dye.'*

21 the Southern Isles] *The Hebrides,* Suðreyjar. *In the French Perceval, when Perceval's mother tells her son of his lineage, she twice mentions 'the Isles of the Sea' (vv. 416; 418-19; 425-26), which have been identified with the Hebrides by some scholars.*

22 because . . . youth] *This unfinished part of the sentence corresponds to the French Perceval*: Que ce seroit trop grans damages; / Que vostre cors ne vostre eages / N'iest teus, ce sachiez asseür, / Que vos a chevalier si dur / Ne a si fors ne a si grant, / Come est cil qui la hors atant, / Vos peüssiez contretenir / N'estor ne bataille soffrir *(vv. 2117-24).*

23 " . . . believe it] *The story recommences at the point when Gingvarus is begging for mercy after he has been defeated by Parceval. His argument is that no one who had not been present would have believed that Parceval could have killed him in armed combat, and that it would bring much more glory to Parceval if he were to allow Gingvarus to go to a great lord and tell how he had been defeated.*

24 *It is difficult to reproduce in English the wordplay of* er hana laust saklausa fyrir mínar sakir; *even the (archaic) 'sackless for my sake' fails to take account of the play on* laust *and* (sak)lausa.

25 Fagraborg] *'Fair Fortress,'* 'Biaurepaire *(v. 2386) in the French Perceval.*

26 Fine Castle] *or, 'Fair Castle.' The name* Fagrakastali *is used as an alternative to* Fagraborg, *and the play is on* Fagra- *and* fagnað *'welcome.'*

27 fist] *The reading* at nefi sveinsins *in Stock. Perg. 6 4to would translate 'to the boy's nose'(!) and may have come about because of a (possibly simply careless) confusion of the weak masculine noun* hnefi *(dat.* hnefa*) with the neuter noun* nef *(dat.* nefi*). The paper mss., which all derive from Stock. Perg. 6 4to, compound the problem rather than solving it by substituting* af *for* at, *giving the reading 'from the boy's nose.' The French Perceval has:* Et jusqu'a la main au vallet / Coloit cele goute vermeille *(vv. 3200-3201). However, the scribe of the vellum ms. may not have intended 'nose' at all, if he was using the Norwegian spelling of* hnefi *without the initial* h, *and if here, as in many other instances elsewhere in the ms., he has written the ending* -i *for the expected* -a.

28 gospel-book] *Rather than the Icelandic form* texti, *the Latin form* textus *is used here, in its medieval Latin meaning of 'gospel-book, evangelistary': a book containing the four gospels, usually bound in a cover richly ornamented with precious metals, ivory, or precious stones. The phrase* því líkast sem textus væri *refers to*

Parcevals saga   213

the way in which the maiden carries the grail, that is, with reverence, in a solemn manner, as though she were carrying a gospel-book.

29 grail] *It is very likely that the word in question here had a capital letter in the earlier ms. or mss., and that the spelling* braull *in Stock. Perg. 6 4to is simply a copying mistake for* Graull, *as upper case* G *and lower case* b *would be distinguishable only by the curvature of the ascender. Almost all the mss. of the French* Perceval *here spell the word* graal *(v. 3220); there is one isolated instance of* greel.

30 processional provision] gangandi greiði *in Icelandic:* gangandi, *pres. part. of* ganga, *'to walk, go on foot' (of people); 'pass, move from place to place' (of things), and* greiði, *wk. masc. noun, which Cleasby-Vígfússon glosses as 'disentanglement, arrangement, ordering; entertainment, refreshment,' and Fritzner as 'explanation, by which a matter or case is cleared up, or the truth is got at; deliverance (in childbirth); waiting, attendance, service, assistance which a guest receives on coming to a house.' The key elements in the phrase seem to be firstly, that of mobility, and secondly, that of the provision of a service or, possibly, of nourishment.*

31 vessel] *or perhaps, 'dish.' This word,* tön *in Stock. Perg. 6 4to, is a hapax legomenon, and its meaning is not clear. It is a feminine noun, but is probably not related to the feminine noun* tönn *'tooth, walrus tusk,' though Cleasby-Vígfússon (under* tönn, *sense 2) states that this word can also be used of an ivory box. It translates the French* tailleoir d'argent *(v. 3231) 'a silver carving-dish'; two of the French mss. have the reading* une taule *for this line.*

32 Parceval the Welshman] *The French* Perceval *reads:* Perchevax li Galois *(v. 3575). The spelling of the second element of* Pacuvaleis *may be influenced by the French.*

33 the Welsher] inn veili. *Fritzner, under sense 2 of the adj.* veill, *gives 'ussel, som ikke duer til noget': 'wretched, miserable, mean, good-for-nothing.' The French* Perceval *reads:* li chaitis *(v. 3582) 'wretched, unfortunate.' There is some word-play on* -valeis *and* veili.

34 to the mighty man . . . Kurvatus] *The text of the French* Perceval *for this passage reads* Au lac qui est soz Cothoatre *(v. 3675) 'to the lake below Cothoatre' (perhaps Scottewatre, the Firth of Forth). It is possible that* lac *was corrupted in ms. transmission to* loc *and then* loth, *which was then taken to be the name of a 'mighty man' (cf. the spelling* Loth *[v. 8135] for Gawain's father King Lot). It may be just possible (but not very likely) that the relative particle in* er Loth heitir *refers to place, not person: 'where it is called Loth.'* Cothoatre *has become* Kurvatusfjall.

35 *In almost all of the mss. of the French* Perceval, *this is spoken by Perceval; the Berne ms., however, has the maiden say it, as here.*

36 *or, 'injury follows folly';* heipt *probably means his hatred, or fury, towards her, but just possibly it may mean the injury which she is now suffering.*

37 foul moves] *The word* mátvélar *translates the French* larrecin vilain et fol *(v. 5089) 'base and foolish larceny'; and while Cleasby-Vígfússon takes the form to be* matvælar, f. pl., *'petty larceny of food,' Fritzner takes it as* mátvélar, f. pl., *meaning 'chess moves in order to achieve checkmate and win the game' in the*

figurative sense of 'wicked, nasty, dirty tricks,' and gives an explanation of the connection of larrecin *with chess by relating it to Medieval Latin* latrunculus, *'a chess-piece.'*

38 he] hann *in the text here might be considered ambiguous, but the French Perceval makes it clear that the squire is meant:* Maintenant cil de lui s'esloinge, / Ne ne fu tex que puis osast / Parler de rien qui li grevast *(vv. 5154-56) 'He does promptly leave him, not being a man who would dare after that to speak of anything that might annoy him.'*

39 lest . . . those] *or, 'so that the victory will not fall to both of them'(?). The French Perceval does not help to resolve this difficult passage. The problem is that* hvárumtveggjum *can mean 'to both' or 'to either' of the two sides, and it is not clear whether the parties desire an outright winner in the tournament (though this is presumably the case) or whether they are going to aim for an 'honourable draw,' in which case a translation such as 'lest one or the other should win or lose' may be appropriate.*

40 *For this section, The French* Perceval *has:* Et s'aisnee fille travaille / De quanques ele puet et set / Por sa seror que ele het *(vv. 5210-12) 'And his elder daughter uses every argument she can possibly produce because of her hatred for her sister.' The script of Stock. Perg. 6 4to is so distorted that it is difficult to determine whether 6 is meant to be attached to* kunnandi, *but this is assumed in the translation. The bridging phrase might have been something like 'tries everything she knows,' using* kunnandi.

41 because . . . thief] *The French* Perceval *text for this passage reads*: Et einsi les costumes emble / Por che que chevaliers resamble, / Si se fait franc en ceste guise / Quant il va en marcheandise (vv. 5225-28) *'he gets out of paying dues because he looks like a knight, and that's how he gets himself exempted when he goes trading.' AM 181afol.: 'because he wishes to get out of danger, but he is actually a thief' seems the best of the paper mss.' attempts to make sense of the passage.*

42 hermit] *The word* hreinlífismaðr *can refer to a hermit or a monk; cf. 'monk' in Ch. VI. The phrase* þar sem bú var eins hreinlífismanns *translates the French* Perceval: En une obedïence *(v. 5657), 'at the hospice of an abbey or monastery,' but although* bú *means a 'household, establishment, holding,' the* hreinlífismaðr *seems to be alone, and therefore the word is perhaps best rendered 'hermit.'*

43 they] *In the French* Perceval *(vv. 6934 ff.), Guigambresil seems to have returned to the castle alone, as is also implied of Grandilbrasil up to this point. It is possible either that the scribe mistakenly wrote* þeir *for* hann, *'he' (and indeed one paper copy, AM 181 afol., corrects to* hann *here), or that* þeir *is a mistake for* þér, *'you' (polite form), taking the phrase* even though you might defend him *as direct speech. In the latter case the verb would need the 2nd pers. pl. ending.*

44 quite quietly] *The text* heldr lágt *is based on the lines in the French* Perceval: Li chevaliers pasmés se fu / Sovent del mal qu'il ot eü, / Tant qu'en la fin se reposa *(vv. 6557-59) 'The knight had fainted many times from the pain he felt before finally lying quietly.' It appears that* lágt, *from* lágr, *adj., 'low,' is used here in the sense of 'quietly'; cf.* með lágri raust, *'in a low voice,' Chap. XIII.*

⁴⁵ half-dead] *This is another instance of textual corruption. For Stock. Perg. 6 4to* halfdauda *(unnormalised spelling), AM 573 4to reads* halldandi i har ser *(unnormalised spelling). Compare the French* Perceval, *which reads:* Mais ele ot ses dois en sa trece / Fichiez por ses chaveus detraire *(vv. 6544-45) 'but she had her fingers thrust into her tresses in order to tear out her hair.' It is easy to see that* halldandi *could become corrupted to* halfdauda, *and then the reference to hair would have been omitted as meaningless.*

⁴⁶ meadow] völlr *'plain, field, paddock' is used to render the French* prael *(v. 6676) 'a planted courtyard, small meadow.'*

⁴⁷ (sic).

⁴⁸ *The French* Perceval *text for the relevant parts of Gawain's speech is:* Es tu dont che, Greoreas, / Qui la damoisele preïs / Par force et ton buen en feïs? *(vv. 7118-7120);* Ne je ne pens mie ne quit / Que tu por cest nesfait me haces / Ne que por che nul mal me faces, / Que jel fis por loial justise, / Qui est establie et assise / Par toute la terre le roi *(vv. 7126-7131) 'Are you then that Greoreas who took that damsel by force and had your will of her? ... I don't think it credible that you hate me for this 'misdeed' or seek my harm on account of that, since I did it in the exercise of rightful justice as established and maintained throughout the king's land.' The text of AM 179 fol. translates: 'I should have thought you ought to value more highly the service I did for you just now when you were on the verge of death, than make a fuss about what . . . '*

⁴⁹ I wish . . . creature] *The French* Perceval *reads:* Car fust ore li ronchis ive / Qu'a l'escuier tolu avez! *(vv. 7154-55) 'If only the nag you took from the squire were a mare!' AM 179 fol. reads: 'mare; and the most wretched creature'; AM 181a fol. and Add. 4859 fol.: 'mare, because that is a loathsome creature.'*

⁵⁰ Now . . . well] *There is no source for this part of the maiden's speech in the French* Perceval. *For the missing word(s), AM 179 fol., taking* er *as the verb 'is,' supplies 'under'; AM 181a fol. supplies 'is sat upon(?)'; Add. 4859 fol. supplies 'is sat upon.'*

⁵¹ budge an inch] *The phrase* kom honum eigi ór sporum *may be punning here on* spor *'track' and* spori *'spur' which have identical forms in the dat. pl.: 'could not get him to move out of the tracks, budge' or 'could not get him to move out by spurs.' Both ideas are present in the French* Perceval: C'onques li ronchis ne se muet, / N'esperoner tant ne le puet / Que il le puisce removoir *(vv. 7341-43) 'because the nag does not move and he cannot make it stir however hard he spurs it.'*

⁵² had . . . consequences] *For this section the French* Perceval *reads:* S'amor en moi mal emploia, / Qu'il m'ama et je haï lui *(vv. 8934-35), 'wasted his love on me, because he loved me and I hated him.' The phrase* ok kom hann þeiri illa niðr *'in that (love) he fell down badly' (or 'came to grief, made a terrible mistake') causes difficulty because the grievous consequences are felt by the maiden, not by the knight.*

⁵³ Latina] *Lavinia, who is mentioned in Books vi, vii, xi, and xii of Vergil's Æneid, was the daughter of King Latinus of Latium, and was given in marriage to Æneas. The name* Latina, *which could be seen as the feminine form of her father's*

name, possibly originated owing to miscopying at some stage the French Perceval *form* Lavine *(v. 9059), as* v *and* t *are palæographically quite similar.*

[54] *The point at which the text breaks off corresponds to the French* Perceval: — Frere, fait il, dont iras tu / A mon seignor le roi Artu *(vv. 9097-98), and Chrétien de Troyes's text continues after this point to v. 9234.*

EREX SAGA

Edited and Translated by

Marianne E. Kalinke

INTRODUCTION

Erex saga is an Icelandic version of Chrétien de Troyes's *Erec et Enide*. Preserved in its entirety only in post-medieval Icelandic manuscripts, it shows the most marked deviation not only from its source in respect to content and structure but also in respect to style from the other translations known or thought to have been produced at the Norwegian court of King Hákon Hákonarson (r. 1217-63). While some scholars consider *Erex saga* a Norwegian translation, others read the extant text as an extensively revised Icelandic redaction or even as an Icelandic translation preserved more or less in its original state.

The saga transmits the basic plot of the French romance, but in greatly reduced form. Furthermore, it rearranges and condenses episodes, adds two new adventures, and supplies a brief epilogue. There are also changes in motivation and characterization, and there is an unmistakable clerical tone to the text. In effect, the saga restructures the romance through the omission or rearrangement of material as well as through the interpolation of new episodes, and this results in a tightly structured work in which the adventures escalate in difficulty at the same time that they mirror or contrast with each other. Comparison of *Erex saga* with its French source demonstrates that the sequence of events in the saga is the result of a systematic and intentional revision of the work's structure. To achieve this, the Icelandic author/redactor even went so far as to borrow an episode featuring a flying dragon from *Þiðreks saga*, a compilation of tales about Dietrich von Bern, translated from German sources in the thirteenth century, presumably in Norway. Furthermore, the two robber episodes in *Erec et Enide* are conflated into one in *Erex saga*, presumably on the basis of a similar episode in *Þiðreks saga*, from which supplementary material seems to derive. *Erex saga* also differs markedly in style from the other translations of Arthurian narratives thought to have been produced in the thirteenth century. These are characterized by a rhythmic alliterative and often tautological language—an exemplary text is *Möttuls saga*—very little of which is still evident in *Erex saga*. In this respect, the saga appears to mimic the laconic style prevalent in the classical Icelandic sagas.

Erex saga is the most problematic of all the Arthurian narratives inasmuch as it is extant in its entirety only in two seventeenth-century paper manuscripts, AM 181b fol., from around 1650, which also contains *Möttuls saga*, and Stockholm 46 fol., which also contains *Ívens saga*. The latter manuscript was written by Jón Vigfússon, and the text appears in columns taking up only half the page; this suggests that it was to have been accompanied by a translation, presumably into Swedish. Two small vellum fragments from around 1500 (Lbs. 1230 III), strips that were used in book binding in the seventeenth century and which contain a mere twenty lines combined, transmit the beginning of the saga. The two paper manuscripts are not copies of the same manuscript, but both appear to derive from fourteenth-century manuscripts: Stockholm 46 from the so-called *Ormsbók*, and AM 181b from Sth. 6 4to, a large codex of romances, when this manuscript was still complete. I have chosen to edit AM 181b, the lead manuscript in Blaisdell's critical edition, but it could just as well have been Sth. 46.

As is the case with the other texts in this anthology, the orthography has been normalized. Mistakes, for example, in grammar, have been emended and marked with an asterisk; support for emendations is provided in the Notes. Whenever Sth. 46 deviates from AM 181b but its variants are supported by the text in *Erec et Enide*, the reading of Sth. 46 has been chosen. The notes clarify all interventions in the text of AM 181b. Chapter 6 contains a long list of wedding guests, corresponding to vv. 1934-2006 in *Erec et Enide*, but in many instances the names are garbled. The edition follows the list in 181b, the manuscript edited here, unless a variant in Sth. 46 reflects or corresponds to the reading in Chrétien's romance.

The two manuscripts disagree in chapter division, AM 181b containing 14 chapters and Sth. 46 one less. The latter manuscript, unlike AM 181b, carries chapter titles and these are given in the Notes.

Erex saga lacks the profusion of alliterative and synonymous collocations that are the hallmark of the thirteenth-century translations of courtly French literature, but now one or the other manuscript still contains this feature. Examples of semantic and alliterative doublets in AM 181b are *kastala sterkan ok stóran, hreysti ok riddaraskap, í hernaði . . . ok ófriði, eignum ok óðulum* in ch. 3; *sigraðr ok yfirkominn* in ch. 4; *undirhyggju né illvilja* in ch. 5; *vald ok megn* in ch. 6; *virðingu ok vináttu* in ch. 7; *skömm ok skaða* in ch. 8; *lausn ok lífgjöf* in ch. 9. A number of collocations are found only in Sth. 46, and these have been noted. The sporadic occurrence of alliterative and semantic couplings now in one, now in the other manuscript suggests that the original translation of *Erec et Enide* contained this stylistic feature, but that it gradually disappeared in the course of transmission.

Foster W. Blaisdell and I translated *Erex saga* in 1977 into English. Our translation represented "a conflation of the primary manuscripts . . . with Chrétien's text as [the] 'guide.'" The translation in this volume is based on the manuscript edited, that is, AM 181b, and is quite different in many respects from the earlier translation. The saga is characterized by a paratactic style, by frequent shifts in tense, and toward the end of the work by the use of the present participle, a stylistic feature of many of the translated sagas. Where possible, these idiosyncrasies are preserved in the translation.

The edition of *Erex saga* is based on Foster W. Blaisdell's *Erex saga Artuskappa* (Editiones Arnamagnæanæ, B, 19), referred to as *FWB* in the Notes. References to Chrétien de Troyes's *Erec et Enide* are to Mario Roques, *Les Romans de Chrétien de Troyes* édités d'après la copie de Guiot (Bibl. nat. fr. 794). I. *Erec et Enide* (Paris: Librairie Honoré Champion, 1968).

EREX SAGA

Saga þessi er af riddara einum er Erek hét, son Ilax kóngs—Erek var einn af tólf köppum Artús kóngs ins ríka ok ins ágæta—ok frá inu kringlótta borði hans.[1]

Hér hefz saga af Erex Artús kappa.[2]

I. Kapituli[3]

<Þ>at er upphaf þessarar frásögu, at *Artús[4] kóngr sat í sínum kastala, er Kardigan hét. Þat var páskatíð ok helt þá enn virðuliga sína hirð, sem vanði hans var til, svá at engi þóttiz sét hafa slíka kóngsprýði. Með honum váru tólf spekingar hans ok ráðgjafar, er sátu at hans kringlóttu borði.[5] Einn af þeim var sonr Ilax kóngs, mikill kappi í riddaraskap, fríðr sýnum ok íþróttamaðr mikill, eigi ellri en hálfþrítugr, er saga þessi gerðiz. Hann hét Erex. Hann var vel virðr af kóngi ok dróttningu ok allri hirðinni. Þá mátti sjá margan góðan riddara, kónga ok jarla ok aðra dýra menn, bæði unga ok gamla, ok fúsir frammi at hafa sinn *röskleik[6] fyrir dýrum mönnum. Margar váru dýrar konur ok meyjar í hirð dróttningar; ok váru þeir allfáir, er eigi höfðu kosit sér unnasta. Skemtan var þar at heyra ok hafa, sem hverr vildi kjósa; hverr talaði við sína unnasta ok annat þat er lysti; hverr var við annan eptirlátr ok góðviljaðr.

Ok sem allir váru sem glaðastir, kveðr kóngr sér hljóðs ok mælti: "Yðr er kunnigt, at hér á skóginum er einn hjörtr, er vér fám aldri veiddan. Nú sá sem þat vinnr, skal kjósa einn koss af þeiri fríðustu jungfrú sem í er hirð minni. Ok því sé allir búnir á morgin, þeir sem mér vilja fylgja."

Valven, ágætr riddari, systurson kóngs, svaraði máli kóngs: "Herra," segir hann, "af þessari ferð mega hljótaz stór vandræði, þvíat fyrri munum vér berjaz en <þola þat at>[7] annars unnasta sé fríðari kölluð en annars."

Kóngr reiddiz orðum hans ok mælti: "Hvárt <sem> þér líkar vel eða illa, Valven, þá skal fara sem áðr; þvíat engi þjónustumaðr á at neita því, sem hans meistari býðr honum."

THE SAGA OF EREX

This saga is about a knight whose name was Erex, the son of King Ilax—Erex was one of the twelve champions of King Arthur, the powerful and excellent—and about King Arthur's Round Table.

The saga of Erex, Arthur's champion commences here.

Chapter I

At the beginning of this story King Arthur was at his castle, which was called Kardigan. It was Eastertide and once again he then held a splendid court as was his wont, so that no one thought he had ever seen such royal splendor. With him were his twelve wise men and counsellors who sat at his Round Table. One of them was the son of King Ilax, a great champion in knighthood, handsome in appearance and a man of great accomplishments, no more than twenty-five years old when this saga took place. His name was Erex. He was greatly esteemed by the king and queen and the entire court. One could see there many a good knight, kings and earls and other noble men, both young and old, eager to show off their prowess before noble men. There were many noble women and maidens in the queen's retinue; and they were very few who had not chosen a beloved. There was entertainment to be heard and had, whatever each wanted to choose. Each knight spoke with his beloved and engaged in whatever else he desired. Everyone was gracious and well-disposed towards each other.

And when all were in the best of spirits, the king called for silence and spoke: "It is known to you that here in the forest there is a hart which we have never been able to hunt down. Now whoever succeeds in doing so, will receive a kiss from the most beautiful maiden in my court. Therefore, let all be ready tomorrow morning who want to accompany me."

Gawain, an excellent knight, the son of the king's sister, responded to Arthur's speech. "My Lord," he says, "great difficulties may come from this expedition, for we would rather fight than let someone else's beloved be declared more beautiful than one's own."

The king became angry at his words and spoke: "Whether you like it or not, Gawain, we shall do as I have said, for no vassal must refuse to carry out what his lord commands."

II. Kapituli

<Á>rla um morgininn ríðr kóngr á skóginn með hirð sinni. Eltir nú hverr sem má hjörtinn: sumir æptu, sumir blésu í lúðra, ok varð þar þá ok glam mikit af hestagneggjum ok hundageyji;[8] en Artús kóngr er fremstr á hlaupara einum sterkum ok mjök skjótum. Dróttningin reið ok í skóginn með sinni hirð ok með henni hinn ungi Erex á góðu essi er komit var af Spánialandi. Yfirklæði hans var af rauðu silki, kyrtill af hvítum purpura, hosur af silki, bitill af silfri, söðull af fílsbeini, sporar af brendu gulli. Dróttning reið svá mikit á skóginn at engi fylgði henni nema Erex ok ein jungfrú. Þau nema stað í einu rjóðri langt frá öðrum mönnum. *Erex hafði[9] ekki vápn nema eitt sverð. Þau stíga af baki sínum hestum ok láta renna af þeim mæði. Þessu næst sjá þau ríða fram ór skóginum einn riddara alvápnaðan ok með honum eina fríða mey, ok fyrir þeim einn ljótr dvergr á stórum hesti, hafandi eina as<n>asvipu.[10]

Dróttning mælti nú við meyna: "Far þú ok bið þenna riddara til mín koma. Ek vil vita, hverr hann er."

Mærin fór nú ok kemr þar sem dvergrinn er. Hann talar til hennar: "Þú, jungfrú," segir hann, "seg mér, hvers þú leitar."

Mærin svarar: "Dróttning sendi mik til þessa riddara at vita, hverr hann er, ok bað hann til sín koma."

Dvergrinn mælti: "Snú aptr; eigi kemztu lengra fram."

"Góði dvergr," segir mærin, "lát mik koma fram minni ferð."

Dvergrinn reiddiz henni ok slær til hennar með svipunni á höndina svá at blóðit rann um hana alla. Ok við þat snýz hún aptr *grátandi[11] ok segir dróttning<u> sína ferð.

Hún mælti: "Víst er þetta eigi kurteiss riddari, er hann vill þola sínum dverg óhefnt þetta níðingsverk, at gera einni mey slíka skömm. Ok þú, hinn góði riddari Erex, ríð fram ok vit, hverr hann er."

Hann hleypir nú at fram þar sem dvergrinn er. Hann kallaði á Erex ok mælti: "Snú aptr, þú fól; eigi kemz þú fram lengra."

Erex segir: "Skríð burt, þú leiðilig skepna; en ek mun fara minn veg fyrir þér," ok skaut honum frá sér.

"Nei, nei," segir dvergrinn, "ek hræðumz ekki þik, því at minn meistari hefnir mín skjótt, ef þú gerir mér illt."

Hefr síðan upp svipuna báðum höndum ok slær Erex á hálsinn, svá at húðin fylgði svipunni ok honum lá við óviti. Varð hann við þetta bæði *hryggr[12] ok reiðr, ok hefndi sín þó eigi at sinni því at hann treysti sér eigi *með[13] vápnlausu við ókunnan mann at berjaz alvápnaðan; snýr aptr við svá búit ok segir dróttningu af ferðum sínum ok <at> sér væri til fallnar tvær skammir, "en sú þó einka verst, er ek þorða ekki at hefna mín. En *þess[14] sver ek, dróttning," segir hann, "at ek skal eigi fyrr aptr koma til hirðar Artús kóngs en ek hefi hefnt þessarar þinnar ok minnar skammar, eða fá aðra hálfu meiri. Skal ek nú ríða eptir þeim skyndiliga. Ok lifið í guðs gleði."

Chapter II

Early in the morning the king rides into the forest with his retainers. Everyone who can now pursues the hart. Some shouted, some blew their trumpets, and there was then a great din because of the neighing horses and baying hounds. And King Arthur was foremost on a strong and very swift charger. The queen also rode into the forest with her retinue and along with her young Erex on a fine horse which had come from Spain. His outer garment was of red silk, the tunic of a precious white cloth, his hose of silk; the horse's bridle bit was of silver, the saddle of ivory, the spurs of pure gold. The queen rode so hard into the forest that no one followed her but Erex and a maiden. They stop in a clearing far off from the others. Erex had no weapon but a sword. They get off their horses and let them rest. Thereupon they see riding out of the forest a knight, completely armed, and with him a beautiful maiden, and ahead of them an ugly dwarf on a large horse, holding an asswhip.

The queen now said to the maiden: "Go and ask this knight to come to me. I want to know who he is."

The maiden left now and comes to where the dwarf is. He speaks to her: "You, maiden," he says, "tell me, for whom you are looking."

The maiden answers: "The queen sent me to this knight to find out, who he is, and she asked that he come to her."

The dwarf spoke: "Turn back; you will not get any farther."

"Good dwarf," says the maiden, "let me get on with my errand."

The dwarf got angry at her and strikes her hand with the whip so that the blood ran all over it. And at that she turns back crying and tells the queen about her errand.

She spoke: "Certainly this is not a courteous knight who would let go unavenged his dwarf's perverse behavior—to bring such disgrace on a maiden. But you, my good knight Erex, ride there and find out who he is."

He rides off now to where the dwarf is. He called out to Erex and spoke: "Turn back, you fool; you won't get any farther."

Erex says: "Creep off, you loathsome creature; I'll keep on my way whether you like it or not," and he shoved him aside.

"No, no," says the dwarf, "I'm not afraid of you, for my master will avenge me at once if you do me harm."

He then raises the whip with both hands and strikes Erex on the neck so that the skin came off with the whip and Erex lost consciousness. At this Erex was both distressed and angry, yet he did not avenge himself on the spot because he did not trust himself to fight unarmed against a stranger who was fully armed. Under these circumstances he turns back and tells the queen about his errand and that a double disgrace had befallen him—"but what is worst is that I did not dare avenge myself. However, this I swear to you, my queen," he says, "that I shall not return to King Arthur's court until I have avenged both your dishonor and mine, or else get another even greater. I shall now ride after them swiftly. May God grant you joy."

And the queen thanks him for his words. She and the maiden wished him luck more than a hundred times over at their parting. Now Erex rides off, but the queen

En dróttning þakkar honum sín svör. Heilsa þær honum meir en hundraðtíð at skilnaði. Nú ríðr Erex burt, en dróttning dvalðiz í skóginum eptir þar til at kóngr kemr at með sínum mönnum. Hafði kóngr veitt hjörtinn. Ríða nú heim til kastalans; fara síðan til borða.

Ok er allir váru sem glaðastir, þá tók kóngr til orða: "Nú vil ek þann koss þiggja hér af þeiri fríðustu jungfrú, sem ek hefi til unnit með mínu spjóti."

Við þessa beiðslu varð sundrþykki mikit, svá búit var at öll hirðin mundi berjaz, því hverr kallaði sína unnustu fegrsta. Ok er í þessum váða stóð, kveðr dróttning sér til hljóðs ok fær þat. Segir nú Artús kóngi frá þeim atburðum, sem í skógnum höfðu gerz um burtför Erex. Bað hann bíða þar til um þenna koss er fréttuz ný tíðendi. Játaði hann því gjarna ok öll hirðin.

III. Kapituli[15]

<E>rex ríðr nú, sem fyrr var sagt, eptir riddaranum allt til aptans, þar til er þeir koma í einn kastala sterkan ok stóran. Þar var mart fólk ok mikil gleði; en hverr þeira lét sína gleði, þá þeir sá þenna vápnaða riddara, ok fylgðu honum til herbergja. Engi lét sem Erex sæi. Hann reið nú fram þar sem einn gamall maðr sat á skörum kastalans lítt klæddr ok fríðr sýnum ok nokkut sorgmóðr. Þessi hinn gamli maðr biðr Erex velkominn með sér, ok þat þiggr hann gjarna. Stígr þar af baki, en húsbóndinn kallar sína dóttur at taka hans hest. Mærin var í einum línkyrtli fornum ok slit<n>um, en þó eigi at síðr var allr hennar líkami svá fríðr, at Erex þóttiz enga slíka sét hafa. Þar fylgðu allir líkamans burðir ok kurteisi, svá at sjálf náttúran undraðiz at hún var svá fríð sköpuð.[16] Ok þegar feldi hann allan sinn elskuhug til hennar.[17] En er hún sá Erex, þá feldi hún allan sinn elskuhuga til hans, ok þótti þó undarligt, er hún skyldi kunna at elska ókunnan mann. Stóð nú hvárt ok horfði á annat. Þetta sér húsbóndinn, tekr nú hest hans ok leiðir hann til stalls ok gefr honum korn ok mungát.[18] En jómfrúin þjónar Erex ok leiðir hann til sætis, ok skemtir hvárt öðru með blíðu.

Ok sem húsbóndinn kemr inn, fagnar Erex honum allvingjarnliga ok talar til hans: "Þín dóttir er hin fríðasta mær í allri veröldinni; en þat undra ek, at hún er svá fátækliga klædd. En yðr af at segja, þá er þat minn vili ok bænarstaðr at þú giptir mér þessa jungfrú; ok betr ann ek henni en gulli ok ríki míns föður. Ok skal yðr þat fyrir sæmd verða, ef ek má. Vil ek eigi mínu nafni leyna: ek heiti Erex, sonr Ilax kóngs; hefi ek verit með Artús kóngi fimm ár. Ok við þessa jungfrú vil ek bæði lifa ok deyja. Nú gerið sem yðr líkar um várt erendi."

Húsbóndinn varð glaðr við er hans ætt var honum vitanlig orðin, ok mælti: "Opt hefi ek heyrt þín getit at hreysti ok riddaraskap, ok at engum kosti vil ek því neita at gipta þér mína dóttur, ef þat er hennar vili. Ok eigi er hún af því fátækliga klædd at hún sé þrælborin, þvíat Melan jarls son[19] var móðurbróðir hennar. En svá stayed behind in the forest until the king arrives with his men. The king had bagged the hart. They now ride back to the castle; then they proceed to table.

And when all were in the best of spirits, the king began to speak: "Now I want to collect from the most beautiful maiden that kiss which I have earned with my spear."

At this request there arose great discord, so that all the retainers nearly came to blows, since each considered his beloved the most beautiful. And when the situation had reached such a dangerous point, the queen asks to be heard and this is granted. She now tells King Arthur of the events that had occurred in the forest in respect to Erex's departure. She asked him to delay the kiss until they received news. He granted this gladly, as did the entire court.

Chapter III

Erex rides now, as was told earlier, after the knight until evening, when they come to a strong and large castle. There were many people there and great mirth, but everyone ceased being merry when they saw the armed knight, and they followed him to his lodgings. No one acted as though he saw Erex. He now rode on and up to where an old man sat on the steps of the castle, poorly dressed but handsome in appearance and somewhat sorrowful. This old man bids Erex welcome, and he gladly accepts that. He dismounts there, and the host calls his daughter to take his horse. The maiden was dressed in an old and tattered linen dress, yet nonetheless her entire body was so beautiful that Erex thought he had never seen anyone like her. In addition she had such bearing and such fine manners that Nature herself was astounded that she was created so beautiful. And at once he fell very much in love with her. And when she saw Erex, she fell very much in love with him, yet she thought it strange that she should be able to love a stranger. Each stood now and looked at the other. The host sees this; he now takes his horse and leads it to the barn and gives it grain and brew. And the maiden waits on Erex and leads him to a seat, and they converse pleasantly with one another.

And when the host comes in, Erex greets him in a most friendly manner and speaks to him: "Your daughter is the most beautiful maiden on earth; but I wonder why she is so poorly dressed. But I must say, it is my desire and request that you give me this maiden in marriage; and I shall love her more than the gold and wealth of my father. And this will redound to your honor if I may do so. I do not want to conceal my name: I am Erex, the son of King Ilax; I have been with King Arthur for five years. And with this maiden I want both to live and die. Now do as you please concerning this matter."

The host was happy when he found out about his family, and spoke: "I have often heard your bravery and chivalry mentioned, and by no means do I want to refuse to give you my daughter in marriage, if that is her will. And she is not poorly dressed because she is born in thralldom, for Melan, the son of an earl, was her mother's brother. But I have engaged in warring and enmity for such a long time that I have lost both my possessions and patrimony. Formerly I was wealthy and lengi hefi ek í hernaði verit ok ófriði at bæði hefi ek týnt eignum ok óðulum. Ek var fyrri ríkr ok mikils ráðandi af höfðingjum; en nú þykkir engum um mik vert síðan fátæktin sótti mik. En þess væntir mik at af viti ok kvennligum listum hafi mín dóttir eigi síðr en vænleik. Ok nú segi hún sinn vilja."

En þat var auðsótt við hana, ok fara þar nú festar fram. Ganga síðan til borðs ok eru nú glöð ok kát. Einn steikari var þar at matgera en engir þjónustumenn aðrir. Erex spurði, hverr sá riddari væri er um kveldit reið í kastalann með jungfrúna ok dvergrinn þeim með fylgjandi, ok hvaðan þat fólk var sem at þar lék.[20]

Húsbóndinn svaraði: "Þessi riddari heitir Malpirant;[21] hann er hinn mesti kappi ok íþróttamaðr. Hefir hann margan góðan riddara yfirunnit. Hann stofnar hvert ár einn leik, ok nú í morgin skal hann vera. Hann er svá orðinn, at þessi riddari á einn spörhauk af gulli gerðan; þar er undir ein stöng sjau alna löng af silfri ger. Hana skal setja niðr í einn völl. Þessi riddari á fríða unnustu. Ok ef nokkur riddari er svá djarfr at þessa stöng vili burt bera fyrir <sakir>[22] sinnar mjófu[23] ok sér eigna þenna spörhauk, þá skal hann ríða í turniment ok berjaz við Malpirant. Liggr þar við líf ok góz, hvárr sem sigraðr verðr."

Nú segir Erex hvat hann dregr til þessarar ferðar, ok hverju hann átti at ömbuna þeim riddara.

"Já," segir húsbóndinn, "ek vil fá þér til þessa einvígis bæði góð vápn ok góðan hest."

Erex þakkaði honum sinn góðvilja. Síðan gengu þau til at sofa. Var Erex lítt hugsjúkr um hag sinn. Um morguninn stendr Erex upp ok gengr til kirkju ok lét segja sér messu De Spiritu Sancto.[24] Evida, hans unnasta, kom einnig, ok fálu sik guði á hendr. Síðan herklæddiz hann eptir dagdrykkju, stígr á sitt ess, ok studdiz hvárki við stigreip né söðulboga, ok reiddi með sér sína mjófu. Hennar búningr var fára penninga verðr.

IV. Kapituli[25]

<E>rex ríðr nú á þann völl, sem leikrinn var stofnaðr. Hann sér hvar stöngin er ok spörhaukrinn, sem honum var frá sagt, ok þar *nærri[26] hinn röskvasti riddari Malpirant á góðum hesti ok hans mjófan ok hinn leiði dvergr með ljótu andliti. Var þar mikit fjölmenni samankomit, ok vogaði engi at ráða til hauksins.

Nú ríðr Erex fram ok grípr stöngina ok kallar hárri röddu svá at allir heyrðu er hjá váru: "Þessa stöng er ek held á ok þann spörhauk er hér er á, þá ber ek burt, ok hann vil ek sverði verja fyrir skyld minnar mjófu, ef nokkurr þorir til at kalla."

Við þessi orð hleypr Malpirant fram með mikilli reiði ok mælti: "Þat veit trúa mín," segir hann, "at þú talar sem einn snápr, þvíat þenna hauk skaltu dýrt kaupa, had great authority among chieftains, but now no one considers me worth anything ever since poverty overtook me. But I suspect that my daughter is no less endowed in intelligence and womanly accomplishments than in beauty. Now let her speak her own mind."

And that was easily obtained from her, and the betrothal now takes place. Then they go to table and they are now happy and cheerful. There was one cook to prepare the food but no other servants. Erex asked who the knight was who rode into the castle with the maiden and the dwarf accompanying them, and from where the people came who were amusing themselves there.

The host replied: "The name of this knight is Malpirant; he is an outstanding champion and man of accomplishments. He has overcome many a good knight. Each year he arranges a contest, and this will now take place tomorrow. It is arranged so that this knight has a sparrowhawk made of gold; under it is a pole seven ells long and made of silver. He is going to set it down on a plain. This knight has a beautiful beloved. And if there is any knight so bold as to want to carry off this pole for the sake of his own maiden and to take possession of this sparrowhawk, then he must ride in the tournament and fight with Malpirant. Both life and possessions are at stake for the one who is defeated."

Erex now tells what brought him on this journey and what he had to repay that knight.

"Yes," says the host, "I will get you for this combat both fine weapons and a fine horse."

Erex thanked him for his kindness. Then they went to sleep. Erex was little concerned about his affairs. The next morning Erex gets up and goes to church and had the Mass "De spiritu sancto" said. Evida, his beloved, also came and they commended themselves into God's keeping. Then, after the morning draught, he gets armed, mounts his horse, and he supported himself with neither stirrups nor saddle bow, and his maiden rode along with him. Her attire was worth little money.

Chapter IV

Erex now rides onto the plain where the contest was to take place. He sees the pole and the sparrow-hawk that he had been told about and nearby the most valiant knight Malpirant on a fine horse as well as his maiden and the loathsome dwarf with the ugly face. A great crowd had come together and no one dared to claim the hawk.

Now Erex rides forward and takes hold of the pole and calls out in a loud voice so that all heard who were present: "This pole which I am touching and this sparrow-hawk which is on it, I shall carry off, and I intend to defend it with a sword for the sake of my maiden, should anyone else dare to claim it."

At these words Malpirant rode forward in great anger and spoke: "Upon my word," he says, "you talk like a fool, for you are going to pay dearly for this hawk, and both our lives are going to be at stake."

"Yes, yes," says Erex, "come forward if you dare, for I shall not fail."

ok þar skal við leggja beggja okkarra líf."

"Já, já," segir Erex, "kom til ef þú þórir, þvíat ek bila ekki."

Nú ríðaz þeir svá hart at, at allr þeira söðulreiði gengr í sundr, ok bar hvárr annan aptr af hestunum, ok kómu standandi á jörð. Síðan brugðu þeir sínum sverðum ok hjugguz til grimmliga, svá hart ok snart at skildirnir brustu, hjálmarnir stukku, en brynjurnar slitnuðu, ok hvárrtveggi var svá sárr ok móðr at varla fengu þeir staðit.

Malpirant mælti þá til Erex: "Hvílumz við!"

"Nei," segir Erex, "fyrr skaltu fá hér mart stórt slag, þar með láta lífit, ella skal ek dauðr liggja."

Reiddi síðan upp sverðit báðum höndum ok *sníðr[27] hjálminn ok mikit stykki af hausinum. Fell Malpirant við höggit til jarðar, en Erex á hann ofan, búinn til at höggva hann.

Malpirant mælti: "Miskunna þú mér, góði riddari, þvíat mitt góz ok líf er í þínu valdi. Skal ek ok mín unnasta þjóna yðr meðan við lifum bæði."

Erex segir: "At vísu ertu dauða verðr fyrir þá skömm er *þinn[28] dvergr gerði mér í gær ok minni *jungfrú,[29] þvíat ek em sá riddari *er þú sást í rjóðrinu, ok vildir þú eigi hegna honum fyrir sína dirfð."[30]

Malpirant svaraði: "At sönnu hefi ek illa gert, en þó vilda ek gjarna at þú gæfir mér líf."

Erex segir: "Með því þú ert nú kominn á mitt vald yfirgefinn,[31] þá skaltu fara í stað í kastalann Kardigan með þína unnustu ok dverg, ok gef þik á vald dróttningar til slíkrar miskunnar er hún vill þér gert hafa. Seg at í morgin skal ek þar koma með mína unnustu."

Þessu játar Malpirant gjarna ok dvelr ekki sína ferð, þvíat hann vil halda heit sinnar trúar ok *orð[32] þau er hann hafði við Erex hér um. Snýr burt af kastalanum. Stóðu vinir ok frændr hryggir eptir ok harma hans ósigr. Malpirant ríðr nú til þess er hann kemr í kastalann Kardigan til hallar kóngs, ok stígr af baki. Valven ok Kæi, ræðismaðr Artús kóngs, ok margir riddarar váru þar fyrir, ok spyrja tíðenda, þvíat þeir sá hans skjöld höggvinn, brynju slitna ok hann sjálfan særðan stórum sárum.

Hann svarar: "Góðir drengir," segir hann, "hvar er dróttningin? Þvíat ek á við hana skyld erendi ok henni munu góð þykkja; *em[33] ek skyldugr á trú mína henni fyrstr ný tíðendi at segja."

Nú tók Valven í hönd honum ok leiðir hann fyrir kóng ok dróttningu, ok hans unnustu ok dverg. Kveðr hann kónginn kurteisliga; gengr síðan fyrir dróttningu ok fellr allt til jarðar fyrir henni, heilsandi á hana kurteisliga ok vegliga, ok mælti síðan svá at allir heyrðu er hjá váru:

"Frú dróttning," segir hann, "ek em sigraðr ok yfirkominn ok hingat sendr, ok mín unnasta ok dvergr, til slíkrar miskunnar, sem þér vilið á gera. En mik hefir sigrat hinn röskvasti riddari Erex í einvígi. En hann er kátr[34] í kastala þeim er Roson heitir, ok hans unnasta, er hann hefir sér nýpúsat. Er hún svá fögr ok kurteis, at víða um lönd fær eigi hennar líka. Varð ek aldri fyrr sigraðr í einvígi. Gerið nú skjótan órskurð á várt mál eptir yðvarri miskunn meir en várri tilgerð. Segi ek yðr at hann kemr hér á morgin með sína fríðu unnustu."

Now they rode so hard at each other that all their saddle harness broke, and they knocked each other off their horses, and they ended up standing on the ground. They then used their swords and struck fiercely at each other, so hard and fast that their shields broke, the helmets went to pieces, and their chain mail was rent, and each of them was so wounded and tired that they could hardly stand up.

Malpirant then spoke to Erex: "Let us rest!"

"No," says Erex, "you will instead receive many fierce blows and also surrender your life or else I will lie dead here."

He then raised his sword with both hands and he cuts into the helmet and a big piece off the skull. At this blow Malpirant fell to the ground, and Erex on top of him, prepared to slay him.

Malpirant spoke: "Have mercy on me, good knight, for my life and goods are in your power. I and my beloved will serve you as long as we both live."

Erex says: "Surely you are deserving of death on account of the disgrace that your dwarf brought on me yesterday and on my maiden, for I am the knight whom you saw in the clearing, and you did not want to punish him for his brazenness."

Malpirant answered: "I certainly have done ill, and yet I would like you to spare my life."

Erex says: "Since you have come into my power, defeated, you must go at once to the castle Kardigan with your beloved and dwarf, and give yourself up to the queen and seek whatever mercy she will see fit to grant you. Tell her that I intend to come there tomorrow with my beloved."

Malpirant gladly agrees to this and does not delay in setting out, for he wants to keep his pledge and the promise that he had given Erex in this matter. He rides off from the castle. Friends and relatives remained behind sorrowful and they grieve over his defeat. Malpirant now rides until he comes into the castle Kardigan and to the king's hall, and he dismounts. Valven and Kæi, King Arthur's steward, and many knights were there, and they ask for news, since they saw that his shield was shattered, his chain mail rent, and he himself covered with great wounds.

He answers: "Good fellows," he says, "where is the queen? For I have pressing business with her and she will be pleased by this; I am bound by oath to relate the news to her first."

Valven now took him by the arm and leads him before the king and queen, and his beloved and dwarf as well. He greets the king courteously; then he goes before the queen and falls on the ground before her, greeting her courteously and nobly, and then he spoke so that all who were there could hear him:

"My lady, the queen," he says, "I have been defeated and overcome and sent here, along with my beloved and dwarf, to seek such mercy as you are willing to grant. The most valiant knight Erex has defeated me in single combat. But he is in good spirits in the castle called Roson, along with his beloved, whom he has recently married. She is so beautiful and well-bred that in the whole wide world her equal is not found. Never before have I been defeated in single combat. Now pass swift judgment in our case, more in keeping with your mercy than our merit. I can tell you that he will come here tomorrow with his beautiful beloved."

The queen spoke: "Certainly you are worthy of death for the disgrace your dwarf brought on my maiden and my knight, and you are not worthy of receiving

Dróttning mælti: "Sannliga ertu dauða verðr fyrir þá skömm er þinn dvergr gerði minni mey ok mínum riddara, ok ert engrar miskunnar verðr fyrir <af> oss. En af því at þat er mestr sigr at sigra reiði sjálfs síns en *hjálpa[35] óverðugum þeim er þarf, þá stattu upp, riddari, með þinni fylgð, ok skaltu vera hér velkominn."

Hann þakkar nú dróttningu sitt líf ok þetta frelsi. Síðan fær dróttning menn til at taka við hestum þeira ok klæðum ok geymdu. Hún fekk ok lækna til at græða hans sár, ok var þetta gert allt með lítillæti ok auðmjúkri þjónustu. Síðan gerði Artús kóngr hann hirðmann sinn; var hann þar vel virðr í góðu yfirlæti.

V. Kapituli[36]

<Þ>at er at segja frá Erex, at hann sat í sama kastala eptir þetta einvígi. Jarl einn þessa kastala hét Balsant. Hann býðr Erex með mörgum mönnum til veizlu ok hvat af sér at þiggja er hann vildi. En hann vildi til sama herbergis heim ríða með sínum húsbónda ok unnustu. Ok sem jarlinn veit þat, gerir hann þar veizlu af sínum kosti ok fylgir honum sjálfr[37] með sínum mönnum, ok lofa allir Erex fyrir þetta afreksverk. Ok árla annan dag býr Erex sik til ferðar. Jarlinn fær honum til fylgðar þrjá tigu riddara ok gefr honum tvau ess ok marga aðra gripi ok ríðr í veg með þeim, ok skilja með vináttu.

Nú ríðr Erex ok hans frú í kastala þann er Artús kóngr sat í. Gengr kóngr sjálfr ok hefr frúna af baki. Ok tekr dróttning við hennar geymslu ok sér at hennar klæðnaðr hefir beðit hennar örlætis; ok þat bráz eigi, þvíat dróttning klæðir þegar meyjuna guðvefjar kyrtli með dýrligum búningi, eigi minna verðr en tíu merkr gulls; þar með guðvefjar skikkju, fóðraða hvítum skinnum en reflaða svörtum safala ok gullhlöðum, *sett þar[38] er bæta þótti. Birti víða af þeim búningi, en þó bar *meira ljóma[39] af hári meyjarinnar en af gullhlöðunum. Síðan tekr dróttning í hönd henni ok leiðir hana inn með sínum meyjum til hallar kóngs. Var kóngr þá fyrir með sinni hirð ok Erex. Kóngr stóð upp móti dróttningu ok setti meyjuna *niðr[40] hjá sér ok horfði á hana, ok öll hirðin, ok undruðu hennar fegrð. En hún hafði roðnat nokkut er hún var inn leidd í höllina, þvíat hún var eigi vön dagliga þvílíku fjölmenni. Ok var hennar andlits litr sem hin rauða rósa með samtengðan hvítan lit sem lilja, eða hit rauða blóð í nýfallinn snæ, eða sólar birti í heiðríkju veðri. Mátulig váru hennar tiltæki í sessi ok göngu ok öllu athæfi.

Nú talar dróttning til kóngsins: "Mikillar sæmðar er sá verðr er svá mikla prýði vann[41] ok hreysti ok slíka mey flutti til várrar hirðar. Ok því sé hann öllum oss velkominn."

"Satt er þat," segir kóngr, "ok eigi hefi ek sét fríðari mey. Ok ef þat er samþykki hirðarinnar ok allra dómr, at hún megi vel fríðust ok kurteisust heita af öllum mercy from us. But since it is the greatest victory to overcome one's own anger and help those unworthy but in need, stand up, knight, with your retinue, and be welcome here."

He now thanks the queen for his life and his freedom. The queen then gets men to take their horses and appurtenances, and they took care of them. She also got doctors to heal his wounds, and all of this was done with great humility and gentle service. Afterwards King Arthur made him his retainer; he was greatly esteemed there and enjoyed good favor.

Chapter V

That is to be told about Erex that he remained in the same castle after this single combat. The name of an earl of this castle was Balsant. He invites Erex together with many men to a feast and offers to grant him whatever he wanted. But Erex wanted to ride to the very lodging where his host and his beloved were. And when the earl learns this, he arranges a feast at his own expense and he himself accompanies him with his men, and all praise Erex for this valiant deed. And early the next day Erex prepares for his journey. The earl provides him with a retinue of thirty knights and gives him two horses and many other valuable gifts and accompanies him part of the way, and they part in friendship.

Now Erex and his wife ride to the castle where Arthur was residing. The king himself goes to lift the lady from the horse. And the queen takes her under her wing and sees that her clothing is in need of her generosity. And that was not lacking, for the queen at once dresses the maiden in a robe of precious material with costly ornaments, not worth less than ten marks of gold; along with this a mantle of precious cloth, lined in white fur and bordered with black sable and gold lace, placed to best advantage. Her apparel cast off great radiance, yet more light was reflected from the maiden's hair than from the gold lace. The queen then takes her by the hand and leads her with her maidens to the king's hall. The king was there with his court and Erex. The king stood up for the queen and he sat the maiden down next to him and he gazed on her as did the whole court and they were astonished at her beauty. And she had blushed somewhat when she was led into the hall, since she was not ordinarily accustomed to such a large crowd. And the color of her face was like the red rose commingled with a white color like that of the lily, or like the red blood in newly fallen snow, or the radiance of the sun in crystal-clear weather. Her comportment in sitting and walking was proper, indeed her entire conduct.

The queen now speaks to the king: "That person is worthy of great honor who showed such great bravery and valor, and who has brought such a maiden to our court. And therefore may he be welcome among all of us."

"That is true," says the king, "and I have never seen a more beautiful maiden. And if it is the consensus of the court and their judgment that she can indeed be considered the most beautiful and well-bred of all the maidens at our court, then I meyjum í várri hirð, þá vil ek þann koss af henni þiggja sem ek vann til með mínu spjóti. Nú unnið henni sannmælis um þetta mál, en dæmið mér þenna koss."[42]

Lauk kóngr svá sinni ræðu at allir játa með einni röddu, at hún ein muni maklig at þiggja af kóngi þenna koss fyrir sína fegrð.[43]

Síðan var þat allra dómr, ok því næst snýr kóngr at jungfrúnni ok mælti: "Þú, hin fríða mær, þenna koss gef ek þér af engri undirhyggju né illvilja, heldr af heilagri ást ok góðum hug—þvíat þat skal þér heimilt—meðan við lifum bæði, fyrir útan allan illan grun."

VI. Kapituli[44]

<N>ú biðr Erex Artús kóng at veita sitt brúðlaup, ok játar kóngr því. Sendir þegar boð um allt sitt ríki, kóngum ok jörlum ok öðrum höfðingjum, at þeir komi allir til at *pikkisdögum,[45] er sumir kalla pentecost eða hvítasunnu, í Linkólni, en at öðrum kosti hefði þeir hans reiði. Erex sendir nú þrjá tigu riddara eptir föður ok móður sinnar unnustu með góðum hestum ok dýrum klæðum. Hann gerir ok orð Ilax kóngi, föður sínum, at hann komi til brúðkaupsins á nefndum dögum. Ok eptir kóngs boði kemr þar saman mikit fjölmenni ok dýrir höfðingjar, þeir sem ek mun nú fram telja. Fyrst kom Ilax kóngr, faðir hans, með fimm hundruð riddara vel búna. Þar næst kemr Variens, kóngr af Salicusborg, með sex hundruð riddara vel búna. Þá kom Aretus kóngr með sínum tveimr sonum, ágætum *mönnum, með[46] tíu hundruð riddara; þeir höfðu allir síð skegg ok engi yngri en sex tigu vetra. Þessu næst kemr Baldvin kóngr með sjau hundruð riddara; allir höfðu þeir grán eða hvítan hauk vel mútaðan.[47] Þessu næst kemr Parsius kóngr af Rumil—hann var ungr kóngr ok fríðr—ok með honum átta hundruð riddara ok ungra manna,[48] ok hafði engi skegg. Hér eptir kom Erbilis[49] dvergakóngr ok með honum fimm hundruð dverga—hann var sjálfr dvergr[50]—ok með honum Barit ok Rinald, bræðr hans. Þar næst kom Skati jarl ok Algeyr jarl, bróðir hans, af Andigónie með fjögur hundruð riddara. Þar kom Marginus af Starlzborg með þrjú hundruð riddara; Jötun jarl ok Berald jarl með tvau hundruð riddara; þeir váru af Floresborg. Þar næst kom Arasade jarl af ey þeiri er Visio heitir, með þrjú hundruð riddara, af þeiri ey er hvárki er í ormr né padda; þar verðr ok hvárki ofheitt né ofkalt ok eigi vetr. Þar kom Krafse ok Slention, miklir höfðingjar, ok Gorgunr, bróðir þeira—þeir váru af Flandrisborg[51] ór Flæmingjalandi—með níu hundruð riddara. Þar næst kómu þeir hertogar ok greifar: Gorgum hertogi, Langalíf ok Flavent, bræðr hans, Galadin ok Ralaun, Klerus, Rodian ok Rinald, ok hinn mikli Askantan ok mart annarra höfðingja; þessir höfðu þrjár þúsundir manna.

Nú er komit til Artús kóngs mikit fjölmenni,[52] er víða um heiminn höfðu til sótt. Ok er kóngr leit yfir þetta fjölmenni, þykkir honum mikit sitt vald ok megn, er mikill hlutr heimsins skal undir hann þjóna ok mektugir höfðingjar; ok glez nú í sínu hjarta en miklar sik eigi af þegnavaldi; gleðr nú ok sæmir þá alla er komnir

Erex saga

want to receive from her the kiss that I won with my spear. Grant her now a fair decision in this matter, and award me this kiss."

The king ended his speech so that all assented with one voice that she alone was deserving to receive from the king this kiss on account of her beauty.

This then was everyone's decision and thereupon the king turns to the maiden and spoke: "You, my beautiful maiden, I give you this kiss without any guile or evil intention, rather out of sacred love and with a pure heart—for this is your due—as long as we both live, without any evil suspicion whatsoever.

Chapter VI

Erex now asks King Arthur for permission to hold his wedding and the king agrees to this. He sends an invitation at once throughout his entire kingdom, to kings and earls, and other chieftains, for all of them to come to Lincoln at *Pikkisdögum*, which some call Pentecost or Whitsun, or else they will experience his wrath. Erex now sends thirty knights, along with fine horses and precious clothing, for the father and mother of his beloved. He also sends word to King Ilax, his father, to come to the wedding on the appointed days. In keeping with the king's invitation, there assembled a great crowd and noble chieftains, whom I shall now enumerate. First there came King Ilax, his father, with five hundred well-attired knights. Then there came Variens, king of Salicusborg, with six hundred well-attired knights. Then came King Aretus with his two sons, excellent men, with one thousand knights; they all had long beards and none of them was younger than sixty years. Then there came King Baldvin with seven hundred knights; they all had a grey or white, well moulted falcon. Then there came King Parsius of Rumil—he was a young king and handsome—and with him eight hundred knights and young men, and none had a beard. After them came the dwarf-king Erbilis and with him five hundred dwarfs—he himself was a dwarf—and with him Barit and Rinald, his brothers. Then there came Earl Skati and Earl Algeyr, his brother, from Andigonie with four hundred knights. There came Marginus of Starlzborg with three hundred knights; Earl Jötun and Earl Berald with two hundred knights; they were from Floresborg. Then there came Earl Arasade from the island called Visio, with three hundred knights, from the island on which there are neither snakes nor toads; there it gets neither too hot nor too cold, and there is no winter. There came Krafse and Slention, great chieftains, and Gorgunr, their brother—they came from Flanders in Flæmingjaland—with nine hundred knights. Then there came the following dukes and counts: Duke Gorgum, Langalíf and Flavent, his brothers, Galadin and Ralaun, Klerus, Rodian and Rinald, and the mighty Askantan and many other chieftains; these had three thousand men.

Now there has come to King Arthur a great crowd, which had come from all over the world. And when the king looked over this great crowd, his power and might seemed great to him, since a large part of the world is subject to him as well as mighty chieftains; and he now rejoices in his heart but does not pride himself on account of his power over vassals. He now bestows joy and honor on all those who váru til hans, ok setr þetta brúðlaup með allri prýði ok gleði. Dubbar hann margan ungan mann til riddara, gefr þeim öllum einföld vápn ok ágæt klæði ok góða hesta.[53]

Ok nú er púsanar dagr kemr, er eptirfrétt nafni meyjarinnar, sem skyldugt er í guðs lögum, en hún nefndiz Evida, ok eigi vissi Erex fyrr hennar nafn. Erkibiskup af Cantuaria púsaði þau saman, ok leið þessi dagr með fögnuði. En at kveldi leiðir dróttning jungfrúna til sængr, en Erex leiddu kóngar ok jarlar ok biskupar ok aðrir dýrir höfðingjar. Ok er þeira hjúskapr helgaðr með bænahaldi ok allskonar prýði. Stóð þetta brúðlaup yfir hálfan mánuð[54] með allri blíðu ok allra handa gleði. Ok at veizlunni liðinni váru höfðingjarnir virðuligum gjöfum útleystir, ok engi fór þaðan gjafalauss.

En áðr höfðingjarnir riðu burt, biðr Valven Artús kóng ljá til viku frest at hafa burtreið, ok *at þeir riddarar megi fá[55] sitt lof er mesta frægð vinna ok riddarar prófi sik. Ok þessu játar kóngr ok býðr öllum á þann kost. Mátti þar líta margan riddara vel búinn með góðum hestum ok gullofnum klæðum ok ágætum vápnum. Tókz þar hinn snarpasta atreið.[56] En í öllum þeim mannfjölða fekkz engi líki Erex útan herra Valven: þeir váru jafnir á riddaraskap. Báru þeir nú frægð ok lof af kóngi ok dróttningu ok af öllum höfðingjum ok þar með af öllum almúganum. *Endaz[57] með þessu þessi burtreið at höfðingjarnir skiljaz með vináttu, ok fer hverr heim til síns ríkis.

VII. Kapituli[58]

<E>rex biðr kóng ok dróttning gefa sér gott orlof heim til síns föður, þvíat hann hafði langan tíma í burt verit. Kóngr ok dróttning veita honum þetta ok fá honum sæmiligt föruneyti, ok skiljaz með mikilli virðingu ok vináttu. Ríðr hann til borgar síns föður með sína frú,[59] ok gengr kóngr sjálfr með lærðum mönnum[60] móti sínum syni með sinni hirð með processioni[61] ok leiða hann til hallar með allskonar skemtan,[62] ok var þar fyrir búin ágæt veizla.

Síðan sez Erex um kyrt ok ann svá mikit sinni unnustu at hann fyrirlætr alla gleði ok skemtan ungra manna. Vel er hann virðr af öllum góðum mönnum, en þó fær hann nokkut ámæli fyrir sitt hóglífi.[63] Ok angrar þat hans frú mjök er hún heyrir honum hallmælt.

Ok einn morgin, er hún liggr í sæng hjá bónda sínum ok hún hyggr at hann sofi, talar hún lágt fyrir munni sér ok mælti:

"Harmr er mér þat, herra minn, er þú fær ámæli fyrir þá ást er þú hefir á mér, ok þínu hóglífi."[64]

Erex heyrði orð hennar ok sprettr upp þegar í stað, klæðir sik ok mælti til hennar: "Bú þik í stað með þínum bezta búnaði, þvíat í dag skulum við af þessari had come to him, and he arranges this wedding with great splendor and good cheer. He dubs many a young man a knight, gives them all uniform weapons and excellent clothing and fine horses.

And now when the day of the wedding arrives, the maiden is asked for her name, in accordance with God's laws, and she says that her name is Evida, and Erex did not know her name before. The archbishop of Canterbury joined them in matrimony, and this day passed with rejoicing. And in the evening the queen leads the maiden to bed, while kings and earls and bishops and other noble chieftains led Erex. And their marriage is consecrated with prayers and all kinds of ceremony. This wedding lasted over half a month with every gaiety and all kinds of good cheer. And at the conclusion of the festivities the chieftains were sent off with precious gifts, and no one left there without a gift.

But before the chieftains rode away, Valven asks King Arthur to delay the departure for a week and hold a tournament, so that those knights might earn his praise who win the greatest fame and so that the knights might prove themselves. And the king agrees to this and invites all to be his guests. One could see there many a well-equipped knight on a fine horse and with gold-worked clothing and excellent weapons. The most intense jousting took place there. And in that entire crowd there was found none to equal Erex except for Sir Valven: they were equals in knighthood. They earned fame and praise from the king and queen and from all the chieftains as well as from all the commoners. With this the tournament comes to an end and the chieftains part in friendship, and everyone goes home to his realm.

Chapter VII

Erex asks the king and queen to grant him leave for a time to go home to his father, because he had been away for a long time. The king and queen grant him this and give him a suitable retinue, and he parts from them with great honor and friendship. He rides to his father's castle with his wife, and the king himself goes to meet his son accompanied by learned men, and in a procession with his retainers and they lead him to the hall with all kinds of celebration, and there an excellent banquet had been prepared.

After this Erex settles into a life of ease, and he loves his beloved so much that he forsakes all the pleasures and amusements of young men. He is esteemed by all good men, and yet he receives some blame for his life of ease. And it distresses his wife greatly when she hears him reproached.

And one morning, as she is lying in bed beside her husband and she thinks that he is sleeping, she speaks low to herself and said:

"It distresses me, my lord, that you are reproached on account of the love you have for me and for your life of ease."

Erex heard her words and immediately jumps up, gets dressed, and spoke to her: "Get ready at once in your best attire, for today we shall both ride from this borg bæði ríða, ok eigi lengr vil ek þola ámæli fyrir mitt hóglífi[65] af þeim landsmönnum."

Hún iðraz nú orða sinna, en klæðiz þó með mikilli sorg.[66] Herra Erex tekr nú sín herklæði ok þeira hesta, söðlar þá ok setr á bak sína frú. Síðan gengr hann til síns föður ok segir honum sína ætlan. En hann angrar mjök ok alla hirðina hans tiltekju, ok fá þó ekki atgert. Hleypr síðan Erex á sinn hest ok ríðr með sína frú[67] út af staðnum ok ekki manna með honum, þvíat hann heitr hverjum dauða sem honum vildi fylgja, ok því þorði þat engi at gera.

Hann ríðr <nú á>[68] þá mörk er Hervida[69] heitir. Þar lágu úti átta spillvirkjar er drápu menn ok ræntu fé. Ok því eyddiz þar almannavegr, ok var þat mörgum mikit mein. Erex biðr nú sína frú ríða fyrir sér ok óttaz ekki *herfurður[70] eða hverr váði sem at hendi ferr, ok tala ekki við sik. Þau ríða nú lengi um skóginn þar til at þau[71] sjá einn kastala, ok þar úti fyrir þrír alvápnaðar[72] riddarar, allir sitjandi á góðum hestum, ok skemta sér. Ok veit Erex at þeir eru spillvirkjar. Ok er þeir sem í kastalanum váru sá ferð hans, kalla þeir á sína kompána ok segjaz sjá einn riddara velbúinn ok með honum fríða[73] mey.

Þá mælti einn: "Þat veit trúa mín," segir hann, "at ek skal eiga hans frú, þvíat ek em yðvarr húsbóndi,[74] því á ek fyrstr at kjósa af váru herfangi."
Annarr mælti: "Ek skal eiga hans sverð."
Þriði mælti: "Ek skal eiga hans brynju."
Hinn fjórði mælti: "Ek skal eiga hans skjöld ok spjót."
Hinn fimti mælti: "Ek skal eiga hans hjálm, merki ok gyrðil."
Hinn sétti mælti: "Ek skal eiga hans öll klæði."
Hinn sjaunda mælti: "Ek skal eiga hans hest ok söðulreiði."
Þá mælti hinn átti: "Þér skiptið ójafnt við mik ok rangliga, ok með því <at> ek fæ ekki fé, þá skal ek eiga hans hægri hönd, fót ok lífit með."

Nú ríða þessir þrír fram at Erex sem búnir váru, en hinir herklæðaz á meðan, er í kastalanum váru, ok búaz at veita lið sínum kompánum ef þarf.

Nú sér Evida, hvar þessir þrír riddarar ríða ok láta ófrýnliga. Hún minniz á þögn er henni var skipuð, en má þó ekki annat fyrir ástar sakir við Erex en snúa nú aptr ok segir honum, þvíat hún var langt fram undan í veginn *riðin.[75] Fær hún óþökk af honum þar fyrir. Ok jafnskjótt er þeir finnaz, leggr einn þeira til hans í skjöldinn, ok beit ekki á en lagit hljóp út af ok niðr í völlinn, en hann laut eptir. Erex sló hann með sinni burtstöng svá fast á hálsinn er augun hrutu ór honum; fell hann til jarðar í óvit, ok hestr hans trað hann til jarðar undir fótum til dauðs. Annarr höggr sínu sverði í skjöldinn svá fast at festi í skildinum. Erex snarar svá skjöldinn at hinum varð laust sverðit, ok slær hann svá fast með skjaldar röndinni í höfuðit[76] at heilinn lá úti. Þriði snýr undan, skýtr hann þann í gegnum með spjóti; fell hann dauðr á jörð. Í þessu kómu at fimm þeira kompánar. Tekz þar hin snarpasta orrusta castle, and I don't intend any longer to tolerate reproach for my life of ease from my countrymen."

She now regretted her words and got dressed with great sadness. Sir Erex now takes his armor and their horses, saddles them, and lifts his wife onto the horse. Then he goes to his father and tells him what he intends to do. And he is very sad, as are the retainers, at his plans, but he cannot do anything about it. Erex then jumps on his horse and rides away from there with his wife, and there were no men with him, because he threatens with death anyone who wanted to follow him, and thus no one dared to do that.

He now rides into the forest that is called Hervida. Eight robbers lay out there who killed men and stole their possessions. And thus they laid waste the highways and were the source of harm to many a one. Erex now bids his wife ride ahead of him and not to be afraid of any ghosts or any other danger they might encounter, and not to talk to him. They now ride for a long time in the forest until they see a castle, and outside it three fully armed knights, each sitting on a fine horse, and they are amusing themselves. But Erex knows that they are robbers. And when those who were in the castle see him coming, they call out to their companions and say that they see a well-equipped knight and with him a beautiful maiden.

Then one of them spoke: "Upon my word," he says, "I shall have his lady, because I am your master; therefore, I have first choice from our booty."

The second spoke: "I shall have his sword."

A third spoke: "I shall have his chain mail."

The fourth spoke: "I shall have his shield and spear."

The fifth spoke: "I shall have his helmet, standard, and girdle."

The sixth spoke: "I shall have all his attire."

The seventh spoke: "I shall have his horse and saddle harness."

Then the eighth spoke: "You are sharing unfairly and not equally with me, and since I am not getting any property, I shall have his right hand, foot, and also his life."

Now these three who were ready rode at Erex, but the others, who were in the castle, got armed in the meantime and prepare to lend help to their companions if necessary.

Evida now sees where these three knights are riding and behaving in a threatening manner. She remembers that she has been ordered to keep silence, but she cannot do anything else on account of her love for Erex than turn back now and tell him, because she had ridden far ahead on the path. She gets ingratitude from him for this. And as quickly as they meet, one of them makes for his shield, and it did not strike home but bounded into the ground, and he along with it. Erex struck so hard with his lance at his neck that his eyes flew out of his head; he fell unconscious to the ground and his horse trampled him with his hoofs to death. The second struck so hard at the shield with his sword that it stuck fast. Erex turned the shield in such a way that the sword came loose, and with the shield's edge he strikes him so hard on the head that the brains fell out. The third retreats and he ok lauk svá at Erex feldi þá alla, en varð lítt sárr. Tekr hann vápn þeira ok hesta,[77] ríðr með sína frú í kastalann, sefr þar um náttina, ok var þar ekki manna fyrir.

VIII. Kapituli[78]

<U>m morgininn í ár ríðr Erex af kastalanum ok læsir honum sterkliga. Hefir hann þaðan átta hesta klyfjaða með herfang, ok var þó meira eptir. Ríðr hans frú fyrir, en hann rekr hestana eptir, ok fara svá marga daga, en liggja úti um nætr, unz þau koma í eina borg, er Pulchra heitir. Þar réð fyrir Milon jarl. Þar tekr Erex sér náttstað innan borgar hjá einum bónda. Allir undruðuz hennar fegrð.[79] Þetta var sagt jarlinum. Hann gengr síðan móts til við Evida ok Erex ok fagnar þeim vel ok sezk niðr hjá þeim,[80] en þó kendi hann þau ekki. Þó var hans auga hvergi útan á Evida ok eigi síðr hans hjarta, ok allr þóttiz hann brenna fyrir ástar sakir, ok talar til hennar leyniliga:

"Heyr mik, hin fríðasta kvinna í allri veröldinni. Þín fegrð sigrar alla veraldar makt, ok lofaðr sé guð sem kann svá skapa fríða skepnu. Mitt hjarta stiknar allt fyrir þína fegrð. Skaltu mín frú vera ok alla hluti skipa í mínu ríki eptir þínum vilja."

Hún segir: "Guð gæti þín, jarl. Þú ert ríkr höfðingi ok af guði skipaðr at hefja hans kristni ok refsa ranglátum, en ek em bundin í helgum hjúskap, ok munt þú eigi vilja ræna skaparann tveimr sálum senn ok kaupa þér ok mér helvíti."

Jarlinn svarar: "Svá fastliga er mér þetta í vilja komit, at ek missi eigi þenna kost fyrir allt veraldar gull, ok ek skal þín fá[81] en þíns bónda höfuð af slá, þótt þar liggi guðs reiði á. Ok ertu svá ær ok vitlaus, at þér þykkir betra at fylgja einum falsara fátækjum en sitja í hásæti hjá mér ok stýra öllu mínu ríki með mér?"

Evida angrar nú mjök, ok tekr þó snjalt ráð ok skjótt ok mælti svá: "Herra," segir hún, "ek finn þinn vilja öruggan til mín. Ok því vil ek þat gjarna gera, ef þér hlítið mínum ráðum: látið okkr hjón bæði sofa í friði í nátt, at ek sýnumz eigi ráða honum bana eða samþykki hans dauða,[82] en at morgni lát mik brott taka frá honum ok mun mitt mál svá betr fyrir mælaz[83] ok gerið sem yðr líkar við hann. Ok gefit mér trú at halda öll yðar orð ok heit við mik[84] ok fáið mér yðvart innsigli í pant."[85]

Þessu játar jarlinn glaðliga ok gerir svá; gengr síðan burt með sínum mönnum. En þau Erex ok Evida[86] fara til náða. Ok þegar þau ganga í sæng, segir hún Erex allt þeira viðskraf ok sýnir honum innsigli jarlsins til jartegna. Ok jafnskjótt klæðiz hann, ok búaz þau burt ok riðu út af staðnum ok gáfu bónda góðan hlaupara fyrir sinn greiðskap.

pierces him with his spear; he fell dead to the ground. At this their five companions approach. A most fierce battle ensues and ended when Erex felled them all, but he was little wounded. He takes their weapons and horses, rides with his wife into the castle, sleeps there for the night, and there was no one else there.

Chapter VIII

Early the next morning, Erex rides from the castle and locks it securely. He takes along from there eight horses loaded with booty, yet there was still more left behind. His wife rides ahead of him while he drives the horses behind, and they travel in this way for many days, but at night they sleep outdoors, until they come to a castle that is called Pulchra. Earl Milon was the ruler there. Erex gets lodging for the night inside the castle with a franklin. All marveled at Evida's beauty. This was reported to the earl. He subsequently went to meet Evida and Erex and he welcomes them and sits down beside them, even though he did not know them. His eyes are nonetheless nowhere but on Evida and no less his heart, and he thought he was all aflame with love, and he speaks to her secretly:

"Listen to me, most beautiful of women on earth. Your beauty conquers all the might of the world, and praised be God for being able to create such a beautiful being. My heart is burning up on acount of your beauty. You are going to become my wife and govern everything in my realm in accordance with your will."

She says: "God keep you, earl. You are a powerful chieftain and appointed by God to promote His Christianity and punish the unrighteous, but I am bound in holy matrimony, and you would not want to rob the Creator of two souls at once and in return earn eternal hell for you and me."

The earl answers: "My will is so set on this that I would not lose this chance for all the gold in the world, and I intend to have you and to strike off your husband's head, even though this will incur God's wrath. And are you so so mad and witless that you think it better to accompany an impoverished swindler than to sit at my side on a throne and to rule my entire realm with me?"

Evida is now very distressed, but she wisely and quickly hits on a plan and spoke thus: "Sir," she says, "I think that I can trust your plans for me. And therefore I will gladly do so if you heed my advice: let my husband and me sleep in peace tonight, so that it will not appear that I caused him to be slain or agreed to his death, but in the morning have me taken away from him, and my situation will then appear more positive, and do as you wish with him. And give me assurance that you will keep your word and your promises to me, and give me your signet ring as a token of your pledge."

The earl assents to this gladly and does so; then he leaves with his men. But Erex and Evida go to rest. And as soon as they are in bed, Evida tells him everything they had said and shows him the earl's signet ring as proof. And he dresses very quickly and they prepare to leave and ride out of the place, and they gave the franklin a fine charger for his hospitality.

Ok sem jarlinn verðr þessa víss, herklæðiz hann skjótt ok hans riddarar, hundrað til samans, ásamt hans ráðgjafa, er Bolvin hét, ok ríða hart eptir Erex, ok finna hann við einn skóg á sléttum völlum. Jarlinn ok ráðgjafinn váru lengst fram undan liðinu. Evida segir Erex eptirreiðina, ok fær hún óþökk af honum þar fyrir. Þó snýr hann aptr móti Bolvin ok leggr sínu spjóti í gegnum hann ok kastar honum dauðum af hestinum. Í því kemr at Milon jarl ok leggr í skjöldinn Erex, svá at rifnaði yzti hlutr[87] í sundr, ok hefði Erex dauða af fengit, ef brynjan hefði eigi hlíft honum, ok varð hann þó mjök sárr. Hann höggr í sundr spjótskaptit fyrir jarlinum ok annat högg hans kom í hjálm jarls, ok þat var svá mikit, at hann sneið af allan kopprinn[88] af hjálminum, ok fylgði þar með hárit ok hausfillan[89] ok þar með eyrat, ok sverðit kom[90] niðr á öxlina; sneið af þat er tók, svá at jarlinn misti höndina, ok fell hann við þetta í óvit af hestinum til jarðar. Erex forðar sér á skóginn, en jarlsmenn koma þar at sem hann liggr, ok styrma yfir honum, en sumir ríða eptir Erex.

Í því raknar jarlinn við ok kallar hárri röddu, biðr engan svá djarfan at eptir honum ríði eða mein geri, ok talar svá: "Guð hefir réttum dómi yfir oss komit. Ek vilda honum dauða fá, en hans vitru konu skömm ok skaða ofan á, en þat er nú á mér niðr komit, er minn æzti ráðgjafi er dauðr, en ek sárr. Fari sem guð vill ok ráði, hvárt ek lifi lengr eða skemmr. En at vísu skal þessa óhefnt af mér, ok skulu þau í friði fara fyrir mér."

Snýr jarlinn aptr við þetta, en Erex ríðr nú sinn veg þann dag um skóginn, ok taka þau náttstað í einu rjóðri um kveldit, ok bindr sár sitt. En at morni riðu þau af skóginum fram hjá einum kastala. Af þeim kastala ríðr út einn riddari svá stórr ok þrekligr, at Erex þóttiz engan annan þvílíkan sét hafa. Hann hafði öll vápn gulli búin með vænt ess. Hans söðulreiði var af purpura ok bliat,[91] en hans merki af baldikin, allt gullskotit.

Hann ríðr hart at Erex ok talar til hans: "Þú, riddari," segir hann, "fá mér þína fríða unnustu, því at þat sómir vel <at> hún skuli mín vera, ok hana vil ek gjarna fá ok þar lífit leggja á."
Erex segir: "Ek em lítt til einvígis færr, en fyrr vil ek berjaz en láta mína unnustu, því at ek hefi réttara at mæla."
Hefz hér upp hin snarpasta orrusta ok svá sterklig atreið, at þeir fara báðir aptr af hestunum ok koma standandi á jörð, ok bregða sínum sverðum. Ok höggr hvárr til annars í ákafa, til þess er þeir eru svá móðir ok sárir,[92] at þeir geta varla reitt sverðin. Ok um síðir standa þeir á knjánum. Ok gengr svá at Evida grætr sárliga er hún sér farar síns bónda, svá at hún liggr stundum í óviti af harmi. Nú biðr kastalamaðrinn hvíldar, ok fær hann þat,[93] ok spyrr Erex at nafni. En hann segir, at hann skal fyrri segja sitt nafn, ok svá gerir hann ok mælti:

"Ek em ríkr[94] kóngr at löndum ok auðæfum, svá at mér þjóna fjórir jarlar ok sjau greifar ok mikit annat stórmenni. En nafn mitt er Guimar ok em ek systurson Ilax kóngs. En nú segið mér yðvart nafn. En aldri fann ek *betra[95] riddara en þik."

And when the earl discovers this, he arms quickly, as do his knights, a hundred in all, as well as his counsellor, whose name was Bolvin, and they ride hard after Erex, and they meet him by a wood on a level plain. The earl and the counsellor were far ahead of the group. Evida tells Erex about the pursuit, and for this she is reproached by him. Nonetheless, he turns back toward Bolvin and thrusts his spear through him and casts him dead from the horse. At this Earl Milon comes and strikes Erex's shield, so that the outermost edge is cracked, and Erex would have been killed if the chain mail had not protected him, and he was nonetheless badly wounded. He cuts in two the earl's spearshaft and another of his blows strikes the earl's helmet, and that was such a great blow that he cut the top round off the helmet, along with the hair and the scalp and the ear, and the sword came down on the shoulder; it cut off everything in its path, so that the earl lost his arm, and at this he fell unconscious from his horse and to the ground. Erex escapes into the forest, but the earl's men reach the place where he is lying and crowd around him, but some ride after Erex.

At this the earl regains consciousness and calls out in a loud voice; he orders all not to be so bold as to ride after him or do him harm, and he speaks thus: "God has shown His justice to us. I wanted to bring about his death and in addition the shame and disgrace of his wise wife, but it has now befallen me that my chief counsellor is dead while I am wounded. May things turn out as God wills and may He decide whether I am to live any longer or not. I will surely not take vengeance for this, and they are to go in peace as far as I am concerned."

At this the earl turns back, while Erex rides on his way that day through the forest, and in the evening they settle for the night in a clearing, and he bandages his wounds. And in the morning they ride out of the forest and toward a castle. A knight rides out of this castle, so large and strong that Erex thought he had never seen one like him. All his weapons were ornamented with gold and he had a handsome horse. His saddle cloth was of purple and other precious cloth, while his standard was of baldachin, shot through with gold.

He rides hard at Erex and speaks to him: "You knight," he says, "give me your beautiful beloved, because it is quite fitting that she be mine, and I desire to have her and will stake my life on this."

Erex says: "I am little prepared to fight in single combat, but I would rather fight than lose my beloved, because I have a greater right to her."

Now a most fierce battle begins and such strong jousting that they both slide backwards off their horses, landing on their feet, and they draw their swords. And each strikes vehemently at the other until they are so tired and wounded that they can hardly raise their swords. And at last they are brought to their knees. And it turns out that Evida cries sorely when she sees how things go for her husband, and at times she loses consciousness because of her grief. The man from the castle now asks for a rest and he gets that and he asks Erex for his name. But Erex says that he should first give his own name, and that is what he does, and he spoke:

"I am a powerful king in respect to lands and possessions, so powerful that forty earls and seven dukes and many other great men serve me. My name is Guimar and I am the son of King Ilax's sister. But now tell me your name. I have never encountered a better knight than you."

Erex segir nú sitt nafn, föður ok ætt. Ok nú kastar riddari Guimar sverðinu ok rennr á háls Erex ok fagnar honum blíðliga ok biðr af sér reiði ok býðr honum alla kosti. Erex gefr honum upp sína reiði fyrir frændsemis sakir, ok ríða heim til kastalans, ok dvalðiz þar hálfan mánuð. Græðir Erex sár sín. Ok þegar sem honum er aptrbata, býz hann burt, ok vill eigi föruneyti með sér hafa. En *Guimar,[96] frænda sinn, biðr hann veita sér lið ef þarf. Hann játar því gjarna, ok skiljaz með vináttu. Harmar hann þat mjök, er hann vill enga menn með sér hafa ór sínu ríki, þar at hann eigi þó margar torfærur um at fara.

IX. Kapituli[97]

<N>ú ríðr Erex marga daga til þess er hann kemr á einn eyðiskóg þykkvan ok víðan. Taka þau sér þar náttstað í einu rjóðri. Ok um miðnætti heyra þau mikinn grát ok ill læti. Erex stendr upp ok tekr hest sinn ok ríðr eptir þeim látum, þar til er hann sér eina konu grátandi, hlaupandi um skóginn. Hún reif af sér klæðin ok þreif í sitt hár. Hann spyrr, hvat hún grætr.

Hún svarar: "Ek var rík kona ok átta ek mér ágætan bónda. Við riðum á þenna skóg með tuttugu riddara ok mikilli gleði. En at oss kómu tveir jötnar í gærkveld ok drápu alla riddara, en tóku bónda minn harðliga ok börðu ok bundu á bak, en ek kómz undan. Em ek nú ok[98] vesöl orðin. Tóku þeir ok vára hesta ok klæði. Eru þeir skamt héðan. Nú várkunnið mér minn harm, þótt þér fáið eigi meira at gert, þvíat ófært er við þá at eiga."

Erex mælti: "Grát eigi, kona, ok bíð mín hér. En at vísu skal ek þá finna ok freista, hvat ek fæ at gert."

Hann tekr Evida af baki, harmsfulla um ætlan síns bónda. Hann hleypir nú í burt í skóginn sem harðast. Ok brátt getr hann at líta hvar tveir jötnar fara. Ok rekr annarr þeira marga hesta klyfjaða af góðum vápnum ok dýrum klæðum; annarr ríðr miklu síðar ok hefir hest í togi. Á honum var alnöktr maðr, ok bundnar hendr á bak aptr, en fætr niðr undir kvið, svá barðr ok víða[99] lamðr at hestrinn ok maðrinn flóði allr í blóði ok víða runnu þá blóðlækir af honum á jörðina, ok var hann nú svá[100] nær kominn at bana.

Erex snýr at þeim er með manninn ferr, ok mælti til hans: "Góði herra," segir hann, "lát lausan þann mann, sem svá er hörmuliga haldinn, ok haf þar fyrir mína vináttu."

Jötunninn lítr til grimmliga ok mælti: "Dragztu burt, þú leiðr skálkr, vilir þú líf hafa. En aldri frelsar þú manninn af *minni hendi."[101]

Erex mælti: "At vísu skal ek frelsa hann, ef ek má."

Jötunninn hló at honum ok mælti: "Þú fól talar sem einn snápr, þvíat ekki hefir þú meira við mik at gera en lamb við león."

Erex saga

Erex now reveals his name, that of his father and his family. And the knight Guimar now casts his sword away and throws his arms around Erex's neck and greets him warmly and asks him not to be angry and offers to place everything at his disposal. Erex gives up his anger for the sake of the family relationship, and they ride to the castle, and they stayed there for half a month. Erex sees to his wounds. And as soon as he has recovered, he gets ready to leave, but he does not want anyone to accompany him. Guimar, his cousin, however, offers to grant him assistance should there be need. He gladly agrees to this and they part in friendship. He is very distressed that he does not want to take any men along from his kingdom, though he has yet many difficulties to surmount.

Chapter IX

Erex now rides for many days until he comes to a desolate thick and deep forest. They settle there for the night in a clearing. And at midnight they hear much weeping and wretched sounds. Erex gets up and takes his horse and rides after the sound until he sees a woman crying, running about in the forest. She is tearing her clothes off and pulling at her hair. He asks what she is crying about.

She answers: "I was a wealthy woman and had an excellent husband. We were riding in this forest with twenty knights, and in good spirits. But two giants came at us yesterday evening and killed all the knights, but they took my husband by force and struck him and tied him on the back of a horse, but I got away. I have now become a miserable woman. They also took our horses and clothing. They are a short distance from here. Now take pity on my grief, even though you cannot do anything else, since it is impossible to deal with them."

Erex spoke: "Do not cry, woman, and wait for me here. I will most surely find them and try to see what I can do."

He takes Evida off her horse; she is griefstricken because of her husband's plans. He now rides away into the forest as fast as he can. And soon he catches sight of the two giants. One of them is driving many horses loaded with fines weapons and costly clothes; the other is riding far behind and he has a horse in tow. On it was a stark naked man, and his hands are tied behind his back, but his feet underneath the horse's belly; he was so beaten and badly whipped that the horse and man were dripping all over with blood and streams of blood were running from him onto the ground, and he was now quite close to death.

Erex turns to the one who is walking alongside the man, and spoke to him: "My good sir," he says, "let this man go, who is in such a pitiful state, and you will be rewarded with my friendship."

The giant looks fiercely at him and spoke: "Get yourself away from here, you loathsome scoundrel, if you want to live. You will never free the man out of my keeping."

Erex spoke: "Most certainly do I intend to free him, if I am able."

The giant laughed at him and spoke: "You fool talk like an idle braggart, for you are no more a match for me than a lamb is for a lion."

Erex höggr til jötunsins með sínu sverði á öxlina ok sneið um þvert brjóstit ok út um síðuna annars vegar, ok steypir honum dauðum af hestinum. Í þessu kemr at hans kompánn ok reiðir upp stóra járnklumbu ok slær til Erex. Hann brá fyrir sik skildinum af öllu afli, ok lamðiz hann allr. En höggit kom á háls hestinum ok fell hann dauðr til jarðar. En Erex hafði þykk mikinn af högginu, þótt eigi kæmi glöggt á, <en> hann ómætti af ok rasaði til jarðar.[102] Þetta sér jötunninn ok reiðir upp kylfuna af öllu afli ok ætlar at slá hann í höfuðit, svá at heilinn liggi úti. Erex spratt á fætr ok hleypr aptr í millum fóta honum. Þetta högg varð svá mikit at járnkylfan sökk at höndum honum í jörðina, ok laut hann mjök eptir högginu. Erex reiðr nú upp sverðit tveim höndum af öllu afli ok höggr á hrygginn jötninum ok sníðr hann sundr í miðjunni. Síðan leysir hann hinn bundna riddara ok fréttir hann at nafni. En hann fellr fram til jarðar fyrir hans fótum, ok þakkar honum fagrliga sína lausn ok lífgjöf ok mælti:

"Nafn mitt er Kalviel. Ek em ættaðr af Karinlisborg. Mín unnasta heitir Favida, dóttir Ubba jarls af Buderisborg. En ek em hertogi af Folkborg. Nú gef ek mik ok mína unnustu til æfinligrar þjónustu, þat allt at gera er þér bjóðið oss."

Erex mælti ok þakkar honum sitt boð, segiz eigi þann þrælka sem guð hefir frelsat með sinni miskunn, en *bað hann ríða[103] til Artús kóngs ok segja honum sannendi af sínum ferðum. En hann játar því gjarna. Tóku síðan hesta sína ok allt herfangit, er jötnarnir höfðu með farit, ok finna sínar unnustur. Varð þar fagnafundr mikill með þeim. Skilja síðan með vináttu, ok ríðr Kalviel til hirðar Artús kóngs ok segir frá ferðum Erex. Ok varð kóngr glaðr við þessa sögu ok svá hans hirð,[104] ok fagna hans undarligum röskleik.

X. Kapituli[105]

<F>rá Erex er þat at segja, at hann ríðr lengi um skóginn ok hans unnasta, ok hafa enga fæðu útan aldin af viðu<m>. Ok einn dag heyra þau ógurlig læti. Því næst sá þau hvar einn flugdreki flýgr ok hefir einn mann í sér alvápnaðan ok hefir sólgit hann meir en í beltisstað. Hann lifði enn. Drekanum varð maðrinn þungr, ok flaug lágt. Erex harmar nú dauða dýrðligs drengs ok heitr af öllu hjarta á guð sér til hjálpar en manninum til lífs. Ríðr síðan fram at honum með öruggu hjarta. Vill heldr missa sitt líf en leita eigi við at hjálpa þeim manni, ok höggr á bæxl drekanum svá <at> hann kiknaði. Við þetta högg lætr hann upp manninn ok vendir sér at Erex, ok hleypr nú at honum með *gapanda[106] munni. Erex hleypr af baki hestinum ok leggr sínu spjóti í munn drekans af öllu afli til hjartans; ok fell hann dauðr á ess Erex, ok fekk þat þegar bana. Nú gengr Erex at þeim manni sem á vellinum lá í óviti, ok hans frú Evida, ok leita þau honum lífs sem þau mega. Ok sem hann raknar við, þakkar hann þeim hjartanliga sína lífgjöf. Þá spyrja þau hann at nafni.

Erex strikes at the giant's shoulder with his sword and cuts down through the chest and out again on the other side, and he casts him dead off his horse. At this his companion comes up and raises a big iron club and strikes at Erex. He protects himself with his shield with all his might, but he was severely injured. And the blow strikes the neck of the horse and it falls dead to the ground. But Erex got quite a thump from the blow, even though it did not come straight at him, and he was stunned by it and fell to the ground. The giant sees this and raises up the club with all his might and intends to strike him on the head so that his brains spill out. Erex jumped to his feet and runs behind him through his legs. This blow was so hard that the iron club sank into the ground all the way up to his hands, and he was all bent over from the blow. Erex now raises his sword with both arms and all his might and strikes at the giant's back and cuts him in half. Then he frees the tied up knight and asks him for his name. But he falls to the ground at his feet, and thanks him deeply for having freed him and saved his life, and spoke:

"My name is Kalviel. My family is from Karinlisborg. My beloved's name is Favida; she is the daughter of Earl Ubbi of Buderisborg. But I am the duke of Folkborg. I now offer myself and my beloved to be in your service for all time, to do everything you ask us to do."

Erex spoke and thanks him for his offer; he says that he would not enslave someone God has freed in his mercy, but he asked him to ride to King Arthur and tell him what truly happened on his journey. And he says that he will gladly do this. They then took their horses and all the booty that the giants had been transporting, and they look for their beloveds. A very joyful reunion took place. They then part in friendship, and Kalviel rides to the court of King Arthur and tells him about Erex's adventures. And the king and his court were glad at this news and they celebrate his marvelous prowess.

Chapter X

About Erex it is to be told that he rides for a long time in the forest with his beloved, and they have no food other than the fruit from the trees. And one day they hear dreadful sounds. Thereupon they saw a winged dragon flying aloft, and it has an armed man in its jaws, and it has swallowed him all the way up to his waist. He was still alive. The man was heavy for the dragon and it was flying low. Erex is distressed at the death of a valiant fellow and he calls with all his heart on God to help him and to save the man's life. Then he rides at the dragon with a confident heart. He would rather lose his life than not seek to help the man, and he strikes at the dragon's shoulder so that it recoiled. At this blow it lets go of the man and turns toward Erex and rushes at him with gaping jaws. Erex jumps off his horse and thrusts his spear with all his might into the dragon's jaws and all the way to the heart; and it falls dead on Erex's horse, and the horse was killed at once. Erex now walks over to the man who is lying unconscious on the ground, and his wife Evida and they try to revive him as best they can. And when he comes to, he

Hann svarar: "Ek heiti Plato, Vigdæiborgar hertogi, systurson herra Valvens af Artús kóngs[107] garði. En þessi dreki tók mik í morgin sofanda af mínum skildi. Ok er mín frú ok hirðsveinar skamt á burt héðan leitandi mín. Nú gef ek mitt ríki ok mik í þitt vald."

Nú þakkar Erex guði, er hann hefir frelsat svá góðan riddara, þvíat gerla kennir hvárr þeira annan, ok varð þar fagnaðarfundr með þeim. Ok skjótt koma þar menn Plato ok hans unnasta, sorgmóð af hans burthvarfi, ok ætlaði hann dauðan. Ok er þau sá hann frelstan[108] ok formerktu hann lífs vera ok vita hversu at hefir borit, verða þau fegnari en frá megi segja, fallandi til fóta Erex, þakkandi honum merkiliga þenna sigr ok mildiverk, bjóðandi honum sína fylgð ok þjónustu. En hann því skjótt neitti ok biðr þau fara til Artús kóngs ok segja honum hvat til tíðenda hefir borit í þessari ferð. En þau gera svá, ok þó nauðig. Skilja svá við hann at sinni.

En Erex ríðr um skóginn með sína unnustu langa hríð, unz hann sér hvar ríða sjau menn *alvápnaðir.[109] Reka þeir marga hesta klyfjaða af dýrum gripum til eins kastala er skamt stóð þaðan, ok þar á fjóra riddara bundna ok sára ok fjórar jungfrúr harla vænar. Ok þeir sjá hvar Erex ríðr, ok þegar snúa þrír[110] at honum, en fjórir ríða til kastalans at geyma herfangit.

Sá sem fyrir þeim var, kallar hárri röddu: "Þú, riddari," segir hann, "ríðr sem fól í hendr oss öllum. En ef þú vilt líf hafa, þá fá oss vápn þín ok klæði, hest ok unnustu, en gakk í línklæðum einum—vilir þú líf hafa—ok berfættr, ok þakka oss æfinliga lífgjöf."

Erex svarar: "Þessir eru ójafnir kostir, ok dýrt skulu þér mitt líf áðr kaupa en þér fáið þat."

Nú ríðr <hann> at þeim ok leggr sínu spjóti fyrir brjóst einum þeira ok hrindr honum dauðum af hestinum. En til annars höggr hann sinni hægri hendi með sverði um þvert andlitit ok í sundr hausinn[111] svá at heilinn lá á jörðinni. En hinn þriði sneri undan við fall sinna félaga, ok fær skjótan dauða, þvíat Erex höggr á hans bak, svá at hann tók sundr í miðju. Í því kómu at honum fjórir, ok riðu allir senn at Erex; ok var höfðingi þeira verri einn viðreignar en hinir allir. Fær Erex nú mörg sár ok stór, ok svá rifna upp hin fornu sár. En svá lýkr, at Erex fellir þá alla. Enda er hann þá mjök yfirkominn af sárum ok mæði. Ok þó ríðr hann skjótliga þangat, sem hinir bundnu váru, ok leysir þá. Spyrr þá síðan at nafni.

En sá segir, er fyrir þeim var: "Ek heiti Juben, hertogi af Freiheimi, en þessir eru þrír mínir bræðr, Perant ok Jochim ok Malcheus, hertogar af Manaheimi. Eru þessar várar unnustur. En vér fréttum til þessara illvirkja ok hugðum at frelsa með várri frægð þessa vegu,[112] en viljum þér nú[113] gjarna þjóna."

Erex mælti: "Þér, góðir herrar," segir hann, "farið í guðs friði fyrir góð boð, en yðvara þjónustu vil ek ekki hafa. En ef þér vilið mér nokkurn heiðr[114] gera, þá fari þér skjótt ok segið Artús kóngi at Erex Ilax son hefir yðr[115] frelsat."

thanks them with all his heart for having saved his life. They ask him what his name is.

He answers: "I am Plato, duke of Vigdæiborg, the son of Sir Valven's sister, a member of King Arthur's court. This dragon snatched me this morning from my shield as I was sleeping. And my lady and pages are a short distance away looking for me. I now give myself and my realm into your power."

Erex now thanks God who has saved such a fine knight, since they hardly know each other, and there was a joyous reunion. Plato's men quickly arrive and his beloved, griefstricken at his disappearance and she thought he was dead. And when they saw him saved and realized that he was alive and find out what happened, they become happier than one can say, falling at Erex's feet, thanking him eloquently for this victory and compassionate deed, offering him their companionship and service. But he quickly refused this and asks them to go to King Arthur to tell him what had happened on this occasion. And they do so, and yet unwillingly. They part with him for now.

And Erex rides with his beloved for a long time through the forest until he sees seven fully armed men riding along. They are driving horses loaded with precious goods toward a castle which was a short distance away, and tied on the horses are four knights who are wounded and four very beautiful maidens. And they see Erex riding along and at once three turn toward him but the other four ride to the castle to hide their booty.

The one who was in front calls out in a loud voice: "You, knight," he says, "are riding like a fool into our hands. And if you want to keep your life, give us your weapons and clothes, horse and beloved, and go about in nothing but linen underwear—if you want to stay alive—and barefoot, and thank us forever for sparing your life."

Erex answers: "These are unequal alternatives, and you are going to pay dearly for my life before you get it."

He now rides at them and thrusts his spear through the chest of one of them and casts him dead off his horse. And with his sword in his right hand he strikes another across the face and splits his skull so that his brains end on the ground. But the third one turns to escape when his companions fell, and he receives a quick death, for Erex strikes a blow on his back so that it is split in the middle. At this four come at him and they all ride at once at Erex; and their leader was worse to deal with than all the others. Erex now receives many large wounds, and thus his old wounds open up. And it ends with Erex slaying them all. But he is then greatly overcome by his wounds and weariness. Yet he rides quickly to where the bound men were and frees them. Then he asks them for their names.

And the one who was in the lead says: "I am Juben, duke of Freiheim, and these are my three brothers, Perant and Jochim and Malcheus, dukes of Mannaheim. These are our beloveds. We heard about these criminals and intended to free these roads with our valiant deeds, but we now intend to serve you gladly."

Erex spoke: "You, good sirs," he says, "go in God's peace for your good offer, but I do not want to have your service. But if you want to do something to further my honor, then go quickly and tell King Arthur that Erex, the son of Ilax, has rescued you."

En þeira foringi játar því gjarna ok biðr hann af baki at stíga ok binda sár sín ok hvílaz því hjá þeim um stund. En hann vill þat eigi ok snýr á skóginn með Evida. Þeir vilja þá fylgja honum, en hann fyrirbýðr þeim þat. Ok snúa þeir aptr í kastalann ok binda sár sín ok dveljaz þar nokkurar nætr ok ríða þaðan á Artús fund.

XI. Kapituli[116]

<Þ>at er at segja frá Erex ok hans frú: þau ríða fram á skóginn á græna völlu. Þá sækir hann svá fast blóðrás, at hann fellr í óvit[117] af sínum hesti. En þat óvit var svá langt at Evida ætlar hann dauðan ok aumkar sik alla vega ok grætr sárliga ok leggz á líkamann ofan ok mælti þessum orðum:

"Vesöl em ek orðin af dauða bónda míns ok þess annars, at með minni tungu kom ek honum á þessa ferð, er ek þagða eigi yfir rangligu ámæli vándra manna. Eða hversu má ek lifa við harm eptir þvílíkan bónda? Því mun ek fá mér skjótan dauða með hans sverði."

Hún bregðr þá sverðinu með hörmuligum gráti, svá at langt mátti heyra, ok vildi reisa þat á hjöltin. En þat var svá þungt at hún gat varla af jörðu lypt. Ok jafnan er hún *skeindi[118] fingrna, þá kipti hún at sér hendinni, ok þá ætlar hún at fallaz á eggjarnar. Ok er hún var at þessu starfi, kom at henni ríðandi með mikinn flokk manna einn jarl, er Placidus hét, ok firrir hana þessum váða, ok töldu þat óráð at hún týndi bæði lífi ok sálu, ok missa þar fyrir himnaríki. Nú huggar jarlinn hana ok[119] segir at hennar fegrð ok kurteisi megi skjótt fá henni fremra bónda, en hún fyrirlítr öll hans ráð. Jarlin býðr sínum mönnum at til búa barar í skóginum. Ok sem þat var gert, er líkit heim borit til hallar ok virðuliga um búit. Jarlinn setr Evida í hásæti hjá[120] sér ok er fúss við hana at tala ok býðr henni sik at eiga ok allt sitt ríki, en þó veit hann eigi hennar nafn. En hún neitar þessum kosti þverliga. Jarlinn þykkiz eldi ausinn er hann skal eigi þegar við hana eiga *samlag,[121] ok bíðr nú sinn hirðprest[122] púsa þau saman.

En hann[123] segir: "Þat eru guðs lög eigi, nema hún gefi leyfi til."
En þat fekkz eigi af henni. Jarlinn brúkar[124] nú eigi at síðr mikla ást til hennar ok lætr eigi at síðr bjóða mönnum til veizlu. Ok eru borð upp tekin ok skipuð höllin af hirð jarls ok borgar mönnum. Hann lætr fram bera[125] fyrir Evidam gull ok gersemar ok allskonar dýrgripi, ok blíðkar hana sem hann má alla vega, en hún kastar öllu ok neitar ok segir hann aldri skuli verða sinn bónda. Jarlinn reiddiz nú ok slær hana pústr ok biðr hana eta með sínum bónda. Hún grætr sárliga, en hirðinni líkar illa tiltæki jarlsins, ok verðr af þessu mikit hark[126] í höllinni. Ok þessu næst tekr Erex at vitkaz ok lítr brátt Evidam ok skilr brátt hvat fram ferr. Líkar nú illa ok hleypr af börunum ok bregðr sverði ok höggr til jarlsins í höfuðit svá at heilinn lá

And their leader gladly agrees to this and asks him to dismount and to bind up his wounds and to recover at their castle for a while. But he does not want to do this and he turns into the forest with Evida. They want to accompany him then but he forbids this. And they turn back and into the castle and bind up their wounds and stay there for some nights and then ride to see Arthur.

Chapter XI

The following is to be told about Erex and his wife: they ride out of the forest onto a green meadow. He then loses so much blood that he falls unconscious from his horse. And his unconsciousness lasted so long that Evida thinks he is dead and she bewails her lot and cries sorely, and she lies down on his body and spoke these words:

"I have become wretched on account of the death of my husband and also because I brought him on this journey because of my tongue, when I did not keep silent concerning the wrongful reproaches of evil men. How can I live with my grief for such a husband. I must take my life quickly with his sword."

She then draws the sword while crying grievously, so that it could be heard a long way off, and she wanted to raise it on its hilt. But it was so heavy that she could harldy raise it from the ground. And whenever she hurt her fingers, she drew her hand away, and then she intends to let herself fall on its blade. And while she was going about this, there came riding toward her with a large group of men an earl whose name was Placidus, and he removes her from this danger, and they said that it was inadvisable for her to lose both her life and her soul and for that reason eternal salvation. The earl now comforts her and says that her beauty and noble bearing will soon bring her a better husband, but she scorns all his advice. The earl bids his men to prepare a bier in the forest. And when that was done, the body is borne back to his hall and honorably set up. The earl places Evida on the throne beside him and is anxious to speak with her and he offers himself and all his realm to her, and yet he does not know her name. But she refuses this offer outright. The earl thinks that he will be consumed by fire if he is not going to have her in bed at once and he asks his court priest to marry them.

But he says: "That is contrary to God's law, unless she consents."

But she refused to do that. The earl nonetheless now shows great love for her and nonetheless has people invited to a celebration. And the tables are set up and the hall is filled with the earl's courtiers and the townsmen. He has gold and treasures and all kinds of precious things brought before Evida, and he caresses her in every way possible, but she rejects everything and refuses it and says that he is never going to become her husband. The earl now got angry and boxes her ears and bids her eat with her husband. She cries sorely, and the court is ill-pleased with the earl's behavior, and on account of this there is a lot of noise in the hall. At this moment Erex regains consciousness and quickly sees Evida and quickly realizes á jörðunni. Af þessu verki kemr svá mikill ótti yfir hirðina alla at hverr hleypr út af höllinni sem mest má, svá mælandi:

"Skundum undan sem mest megum vér, því fjandinn er í líkinu ok hefir drepit jarlinn."

Gerðu nú svá allir ok fálu sik hverr sem einn. En Erex ok hans frú búaz af höllinni, sína hesta í garðinum skjótt finnandi; stíga á bak ok í burt af borginni. Ríða skyndiliga allan þann dag ok náttina með þar til er þau taka sér náttstað á einum fögrum *velli[127] við einn brunn vænan. Ok bindr Evida um sár Erex ok sofa síðan til dags. Ok taka síðan hesta sína; ríða síðan til eins kastala ok dvölðu þar þrjár nætr ok hvíla sik. Þaðan ríða þau langan veg.

Ok einn dag sér Erex hvar ríðr einn riddari, ok kennir at þar er þá kominn[128] Kæi, ræðismaðr Artús kóngs. En hann kennir eigi Erex, ok þar þegar er þeir finnaz, býðr hann Erex burtreið. En þótt hann væri mjök sárr, þá vill hann þó eigi neita. Ok í hinni fyrstu atreið fellir hann Kæa ræðismann af baki ok tekr hest hans ok hefir með sér. Ok þá kennir hann Erex at vápnabúnaði ok biðr Erex gefa sér hest sinn. Ok fekkz eigi þat fyrr en hann sagði at Valven þann hest ætti. Ok skilðuz með því at sinni.

XII. Kapituli[129]

<N>ú er at segja frá Erex ok hans frú at þau ríða leið sína ok taka sér náttstað í einu rjóðri. Hann ómætti þá fast ok talar þá til Evida þessum orðum:

"Í mörgum þrautum höfum við um hríð verit, ok hefir guð ór öllum vel leyst. En nú hefi ek reynt af þér sanna ást, dygð ok trúfesti. Er nú ok meiri ván, *at[130] skjótr verði skilnaðr okkarr, þvíat fast angra mik stór sár ok langt matleysi."

Ok þessu næst fellr hann í óvit. Evida grætr nú sárliga. Ok í þessu bili kemr at ríðandi Guimar kóngr með marga riddara, ok kennir skjótt Erex ok Evidam, ok huggar hana skjótt, en lætr Erex í hægjan vagn ok flytr hann heim í sína borg, þvíat hún var skamt þaðan, ok fær honum til lækningar systur sína, er Godilna hét, þvíat hún gat allt heilt grætt. Ok hressiz hann skjótt ok er þar í góðum fagnaði. Ok sem hann er heill orðinn sinna sára, biðr hann kóng orlofs ok fær þat með því <at> hann sjálfr vill fylgja honum, ok þat þiggr Erex. Guimar kóngr gefr Erex þrjá tigu riddara alvápnaða til fylgðar ok gott ess komit af Lombardi ok keypt fyrir tuttugu merkr gulls. Ok hann gaf Evida góðan gangara með gyldum söðli ok víða settan gimsteinum, en beisl ok brjóstgerð[131] ok ístöð með gulli ger með svá mik<l>um hagleik at á söðulboganum váru skrifuð öll stórmerki Trójumanna, en söðulklæðin af hvítum purpura, víða gullsett með svá miklum hagleik, at hinn fljótasti ok hinn bezti höfuðsmiðr í öllu Bretlandi gat þat eigi fullgert á sjau árum. Þar með fylgði kvennmanns búningr eigi minna verðr en sex tigu marka gulls.

what is going on. He is ill pleased now and jumps off the bier and draws his sword and strikes the earl on the head so that his brains land on the ground. When this happened, such great fear overcame all the courtiers that everyone runs out of the hall as fast as he can, speaking thus:

"Let's get out of here as fast as we can, for the devil is in the corpse and he has killed the earl."

All of them did this now and each saw to himself. But Erex and his wife left the hall, finding their horses quickly in the courtyard; they mount and ride out of the castle. They ride speedily all that day and night until they settle for the night on a fair meadow by a beautiful spring. And Evida binds up Erex's wounds and they then sleep until it is day. They then take their horses; then they ride to a castle and stayed there for three nights and they rest. From there they ride for a long time.

And one day Erex sees a knight riding, and he realizes that Kæi, King Arthur's steward, has come. But he does not recognize Erex, and as soon as they meet, he offers to joust with Erex. And even though he was very wounded, he did not want to refuse. And in the first encounter he throws Kæi the steward off his horse and takes the horse away with him. And then Kæi recognizes Erex by his armor and he asks Erex to give him his horse. But he did not get it until he said that it belonged to Valven. And at this they part for the time being.

Chapter XII

Now it is told that Erex and his wife ride on their way and they settle for the night in a clearing. He then lost all his strength and speaks to Evida with these words:

"For some time we have been engaged in many a struggle, and God has seen us through it all. And I have now experienced from you true love, virtue, and fidelity. But now it is to be expected that we shall soon be parted, because I am suffering greatly on account of my grievous wounds and continuing lack of food."

And thereupon he loses consciousness. Evida now cries sorely. At this moment King Guimar comes riding along with many knights, and he quickly recognizes Erex and Evida, and he comforts her quickly and he has Erex placed on a comfortable wagon and takes him back to his castle, since it was a short way off, and he gets his sister, named Godilna, to see to his wounds, since she could cure anything. And he quickly recovers and enjoys good hospitality there. And when he has recovered from his wounds, he asks the king for leave and it is granted; moreover he himself wants to accompany him, and Erex accepts that. King Guimar gives Erex thirty fully armed knights as a retinue and a fine horse from Lombardy, bought for twenty marks of gold. And he gave Evida a fine palfrey with a golden saddle ornamented all over with jewels, and the bridle and saddlegirth and stirrups made of gold with such great skill that on the saddlebow were etched all the great deeds of the Trojans, and the saddle cloth was of white purple, worked in gold with such great skill that the fastest and the best master craftsman in all of Brittany could not complete it in seven years. In additon she received a set of garments worth no less than sixty marks of gold.

Riðu síðan út af borginni öll samt með mikilli gleði til einnar ágætrar borgar margra dagleiða þaðan. Þar réð fyrir *Effuen[132] kóngr. Sú borg var sterkliga bygð; hún hét Bardiga. Nú vill Guimar kóngr ekki þar koma. En Erex spyrr, hvat því veldr, en hann segir:

"Í þessari borg er sá staðr, er heitir Hirðar Fagnaðr,[133] ok hann hefir mörgum góðum riddara orðit ófagnaðr, þvíat margr hefir forvitnaz hvat þar bygði í, ok hefir engi aptr komit innan næstu sjau ára, sá er prófat hefir,[134] þó at allröskr riddari verit hafi. En þetta er eitt pláz af borginni ok sterkliga múrat. Ek óttumz, at þú vilir þar koma, ef við ríðum í borgina."

Erex segir: "Svá frægt er þetta nafn at ek verð fyrir víst þar at koma í borgina, eða hvat veit sá er einskis freistar?"

XIII. Kapituli[135]

<N>ú ríða þau[136] í borgina ok kóngsgarðinn ok er þeim þar vel fagnat, ok sjálfr Effuen kóngr gengr í móti þeim ok leiðir þá til sinnar hallar ok gerir þeim ágæta veizlu. Nú spyrr Erex, hvar sá staðr er, er Hirðar[137] Fagnaðr heitir, ok segir þat sitt erendi þangat at reyna sik þar, ef nokkut mætti til frægðar verða. Ok biðr hann orlofs ok þykkir sér ósæmð í ef synjat er.

Kóngr svarar svá: "Ek vil yðr því eigi leyna," segir hann, "at þessi beiðsla hefir mörgum manni at skaða orðit, svá at á þessum sjau árum hafa allir lífit mist. Ok þar vil ek gefa yðr til hálft mitt ríki at þér komit aldri í þann stað. En ef yðra ferð hepta hvárki gjafir né ummæli, þá gerið sem yðr líkar."

Erex þakkar kónginum sitt boð, en segir at vísu skuli hann vita hvat byggir þann stað. Nú hryggiz kóngrinn ok mest Evida, ok gefz upp gleðin ok fara menn til náða.

En um morgininn þegar vápnaz Erex ok hleypr á sinn hest. En kóngrinn ok öll hirðin fylgja honum til þess staðar sem hann forvitnaði um, ok skiljaz þar við hann með mikilli áhyggju, ok báðu guð honum miskunnar. Um þenna stað var einn múr ok eitt port með sterkri járnhurð, ok var hún eigi læst, þvíat hana geymði einn dvergr, ok lét upp fyrir þeim mönnum sem at inn[138] vildu. Útan á múrnum váru margar stengr ok þar á manna höfuð, með þeim smyrslum smurð[139] at aldri mátti fúna. Þar máttu margir líta sinn ástvin. Nú ríðr Erex inn um þetta port ok hans frú. Þar var fagr völlr. Þar lá margr skjöldr brotinn, mörg brynja slitin.[140] Þau riðu at einum grasgarði mjök fríðum. Í honum stóð eitt tjald allt gullskotit með eximo. Í því var ein sæng af brendu silfri[141] ger. Í henni sat ein kona svá fögr at Erex þóttiz enga fegri sét hafa útan Evidam. Þau nema staðar við þessa sýn. Í þessu kemr at þeim ríðandi einn riddari sterkligr ok alvápnaðr á einu essi, ok hefr svá sína ræðu til Erex með illyrðum, svá segjandi:

Together they all rode out of the castle very cheerfully to an excellent castle many days' journey distant. The ruler there was King Effuen. His castle was sturdily built; it was called Bardiga. Now King Guimar does not want to go there. And Erex asks why this is so, and he says:

"In this castle there is a place called Joy of the Court, and it has been the sorrow of many fine knights, because many a one has attempted to find out what is in there, and none has come back in nearly seven years, none who has proven himself, even though he was a very valiant knight. But this is a place that is part of the castle and it is surrounded by a strong wall. I fear that you might want to go there if we ride into the castle."

Erex says: "This name is so famous that I am most certainly going to go there in the castle, for what does anyone know who does not try anything?"

Chapter XIII

Now they ride into the castle and to the royal court and they are received well, and King Effuen himself goes to meet them and leads them to his hall and holds an excellent feast for them. Erex now asks where the place is that is called Joy of the Court, and he tells him that his quest is to test himself there, to see whether he might gain some fame. And he asks him for leave and considers it a disgrace should it be denied.

The king answers thus: "I do not want to keep from you," he says, "that this request has led to the death of many a man, for in these seven years all have lost their lives. And I am willing to give you half my kingdom provided you never go to that place. But if neither gifts nor words will keep you from this quest, then do as you please."

Erex thanks the king for his offer, but says that he must find out for sure what there is in that place. The king now becomes very sad but most of all Evida, and all merriment ceases and people go to bed.

And in the morning Erex arms himself at once and jumps on his horse. And the king and all his court follow him to the place that he wanted to know about, and there they part with him with great concern, and they asked God for mercy on him. Around this place there was a wall and a gate with a strong iron door, and it was not locked, since a dwarf guarded it and opened it for any people who wanted to get in. Outside on the walls were many poles and on them the heads of men, anointed with a salve so that they would never decay. There many could see a beloved friend. Erex now rides in through this door and his wife with him. A fair meadow was there. Many a broken shield lay there, many a piece of rent chain mail. They rode toward a very beautiful garden. In it was a tent all shot through with gold on samite. In it was a bed of pure silver. On it sat such a beautiful woman that Erex thought he had never seen one more beautiful except for Evida. They stop at this scene. At this a strong and fully armed knight comes riding at them on a horse, and he begins to speak to Erex with abusive words, saying:

"Hverr ertu, hinn heimski ok hinn djarfi, er burt ætlar at stela minni eigu ok unnustu? Margr hefir hingat sótt dauða ok illt erendi, ok svá skaltu."

Erex segir: "Hvat skulu slík stóryrði, þvíat karlmenn skulu með vápnum vegaz en ekki með illyrðum. Ok ef þik fýsir illt at leika, þá skaltu slíkt í móti hafa."
Nú tekz þar hinn harðasta atreið, ok brýtr hvárr sína burtstöng á öðrum, en hvárrgi gékk ór söðli fyrir öðrum. Síðan hlaupa þeir af sínum hestum ok berjaz með sínum sverðum, ok gefr hvárr öðrum stór slög, ok báðir eru þeir svá móðir ok sárir at varla orka þeir at standa uppi. En svá lýkr með þeim at sá fell er fangit bauð, ok biðr griða, ok fær þat. Erex spyrr hann at nafni, en hann segir:

"Malbanaring er mitt nafn. Ek var lengi með hinum frægja Ilax kóngi. En þessa jungfrú nam ek burt frá föður sínum, þó með hennar vilja. Trúlofaði ek henni fyrst bæn at veita, en hún bað mik í þenna stað at fara ok hér vera ok aldri við *hana[142] skilja fyrr en ek yrði sigraðr af einum riddara. En hún ætlaði þat aldri verða mundu. En hennar faðir er Tracon jarl af Acusborg, ríkr ok mikill kappi. Ok því gerði hún svá at henni þótti ósæmð í at menn vissi at hún ætti einn riddara, en óttaðiz at hennar faðir mundi mik með miklu fjölmenni vinna, ef hann vissi hvar ek væra. Nú gerið svá vel ok segið mér yðvart nafn, at ek megi vita hverr mik hefir sigrat."
Erex segir nú sitt nafn ok síns föður, ok gerla kennir hann Malbanaring. Verðr þar mikill fagnaðar fundr, þvíat Evida kennir hér sína frændkonu, er Elena hét; váru þær bræðra dætr. Ríða síðan öll saman burt þaðan á kóngs garðinn. Ok verðr þar af þeira tilkómu mikil gleði, fyrst kónginum ok síðan öllum út í frá. Lofa allir Erex fyrir sína hreysti ok riddaraskap.

XIV. Kapituli[143]

<E>ffuen kóngr leiðir þá virðuliga af garði, ok þakkar <Erex>[144] honum gott yfirlæti. Ok eptir tíu daga liðna koma þau til Rais borgar.[145] Þar var Artús kóngr ok hans dróttning. Kóngrinn sjálfr gengr í móti honum, fagnandi með mikilli blíðu, svá ok Guimari kóngi ok öllu þeira föruneyti, *leiðandi þá[146] til hallar, skipandi sér hit næsta—en Evidam hjá dróttningu ok hina fríðu Elinam, hennar frændkonu[147]—spyrjandi Erex tíðenda af sérhverjum hans ferðum, þótt hann vissi mörg hans afreksverk áðr. En Erex sagði honum greiniliga allt hvat yfir hann hafði gengit. Kóngi þótti mikit um hans hreysti, ok lofar öll hirðin hans hraustleika. Þá gengr fram fyrir kónginn Malbanaring, ok fellr til fóta kónginum, segjandi honum sína æfisögu, gefandi sik allan á hans vald, biðjandi sér miskunnar, ok fær þat fyrir bænarstað Erex. Geriz hann nú kóngs maðr ok fær skjótt mikit metorð fyrir sína hreysti, þvíat hann prófaðiz sem var hinn bezti riddari í öllum mannraunum.

"Who are you, you foolish and bold man, who intends to rob me of my possessions and my beloved? Many a one has experienced death here and an unfortunate quest, and so shall you."

Erex says: "What is the meaning of such big words, for real men ought to fight with weapons and not with abusive language. And if you want to play dirty, you will receive the same in return."

The fiercest jousting now ensues and each breaks his lance on the other, but neither was unhorsed by the other. They then jump off their horses and fight with their swords, and they give each other hard blows, and both are so tired and wounded that they can hardly stand up. And this ends when the knight who had challenged Erex fell and asks for quarter and that is granted. Erex asks him for his name and he says:

"My name is Malbanaring. For a long time I was with the famous King Ilax. But I took this maiden away from her father, though with her consent. I promised first to grant her a boon, and she asked me to come to this place and stay here and never part from her unless I was conquered by another knight. And she thought that this would never happen. Her father is Earl Tracon of Acusborg, a powerful and mighty champion. And she did this because she thought it a disgrace if people find out that she was married to a knight, and she was afraid that her father would conquer me with a large retinue, if he found out where I was. Now please be so kind as to tell me your name, so that I can find out who has conquered me."

Erex now gives his own name and that of his father, and he fully recognizes Malbanaring. There is a joyous reunion, for Evida here recognizes her kinswoman, whose name is Elena; they were the daughters of brothers. Then they all ride away together to the king's court. And there is much rejoicing at their arrival, first of all by the king and then everyone else. All praise Erex for his valor and chivalrous deeds.

Chapter XIV

King Effuen leads them with proper honor from the court, and Erex thanks him for his fine hospitality. And after ten days have passed, they come to Rais castle. King Arthur was there with his queen. The king himself goes to meet him, greeting him warmly, and King Guimar as well and their entire retinue, leading them to the hall, placing him at his side—but Evida and the fair Elena, her kinswoman, next to the queen—asking Erex for news about each of his adventures, even though he already knew about many of his great deeds. And Erex told him in detail about everything that had happened to him. The king was greatly impressed by his valor, and the entire court praises his bravery. Malbanaring then approaches the king and falls at the king's feet, telling him the story of his life, giving himself up into his power, asking for mercy, and he obtains that through the intercession of Erex. He now becomes the king's retainer and quickly earns much praise for his prowess, for he proved himself to be the best of knights in all perilous undertakings.

Artús kóngr talar þá til Erex: "Þér, herra Erex," segir hann, "hafið reynt yðr í mörgum mannraunum, ok hefir guð ór öllum vel leyst. Nú er þat mitt ráð at þér léttið þessari ónáð ok takið nú hvíld ok frelsi, þvíat ek kann at segja yðr at Ilax kóngr, faðir yðvarr, er andaðr, ok stendr hans ríki geymslulaust undir margskonar háska ok ófriði. Vil ek at þér ríðið fyrst heim ok frelsið yðvart ríki ok hafið þar til minn styrk sem yðr þarfnar,[148] en komið til mín at jólum með erkibiskup yðvars ríkis ok öðrum höfðingjum ok takið hér vígslur."

Erex þakkar honum vel sín heilræði ok frábæran vinskap, er hann hafði honum sýnt, ok játar svá at gera, sem hann beiddi. Ok eptir liðinn tíma tekr hann orlof af kóngi ok dróttningu. Reið hann heim í ríki sitt, friðandi þat ok frelsandi, en at jólum öllum höfðingjum síns lands til sín stefnandi, síðan sína ferð til Artús kóngs byrjandi, jóla aptan[149] eptir kóngs boði með miklu fjölmenni þar komandi, þar miklum fagnaði af kóngi ok dróttningu mætandi.

Var síðan þar öllum fyrir búin ágæt veizla. Váru þar fyrir kóngar ok hertogar, jarlar ok barónar, greifar ok riddarar með mörgum þúsundum liðsfjölða. Ok leið svá hinn fyrsti jóla aptan[150] með mikinn prís ok þessa heims gleði. En jóla daginn[151] var Erex til kóngs vígðr af sjau erkibiskupum ok þrettán lýðbiskupum, er studdu þessa vígslu. Svá ok var vígð Evida. Artús kóngr gaf Erex kórónu af gulli gerva í vígslunni, dýrligum gimsteinum setta, setjandi hana upp á hans höfuð. Hún var eigi minna verði keypt í Afrika en þrjá tigu marka gulls. En Evida gaf hann dýrliga skikkju; þar váru á skr<i>faðar allar höfuðlistir. Hún var öll skínandi ok svá dýr at engi kaupmaðr kunni hana at meta. Hún var ofin níu rastir[152] í jörð niðr af fjórum álfkonum í jarðhúsi, þar er aldri kom dagsljós.

Ok at lyktuðum tíðum[153] váru þau heim leidd til hallar með sæmð. Ok síðan var til borðs gengit ok skipat höfðingjum í hásæti í tólf hallir, ok engi af þeim minni háttar en kóngar ok erkibiskupar, hertogar ok lýðbiskupar, barónar ok greifar. En riddaraliði ok öðru fólki váru skipuð önnur herbergi ok um grasgarða, er í váru skipaðir borginni. Ok þó varð at reisa tjöld því fólki, er eigi tók borgin við, ok váru þat margar þúsundir. Ok þar af má marka, hversu mart fólk er þar var saman komit, ok at þar váru sex þúsund[154] þjónustumanna. Var nú allt til skemtanar haft, þat er menn mátti gleðja. Ok stóð sú veizla yfir mánuð. Síðan váru höfðingjar út leystir með dýrðligum gjöfum, ok þakka allir Artús kóngi fyrir velgerð svá ok einnig dróttningu.

Erex kóngr ok Evida dróttning skilja við Artús kóng ok hans dróttning með miklum vinskap, ok helz hann meðan þau lifðu. Síðan riðu þau heim í sitt ríki, ok stýrðu því með sæmð ok heiðri ok fullum friði.

Þau gátu tvá sonu; hét annarr eptir föður Evidæ, en annarr Ilax eptir föður Erex. Urðu þeir báðir kóngar ok áburðarmenn, ok líkir föður sínum at hreysti ok riddaraskap ok tóku ríki eptir föður sinn.

Lýkr hér þessari sögu af þeim ágæta Erex kóngi ok hans frú, hinni vænu Evida.

King Arthur then speaks to Erex: "You, Sir Erex," he says, "have proven yourself in many perilous undertakings, and God has seen you through all of them. Now this is my advice that you cease this hard life and indulge in some rest and leisure, for I can tell you that King Ilax, your father, has died, and his kingdom stands unprotected in the midst of many kinds of peril and hostility. I want you to ride home first and free your kingdom, and for this you will have as much of my support as you need, but come back to me at Christmastide with the archbishop of your kingdom and other chieftains and be consecrated king here."

Erex thanks him profusely for his good advice and the outstanding friendship he has shown him, and says that he will do what he has bidden. And after some time he takes leave of the king and queen. He rode home to his kingdom, bringing peace and freeing it, and summoning all the chieftains of his land at Christmastide, then setting out on his journey to King Arthur, arriving there with many men on Christmas Eve according to King Arthur's command, and being received there with great joy by the king and queen.

Then an excellent feast was prepared for all. Kings and dukes were present, earls and barons, counts and knights with many thousands of retainers. And the first eve of Christmastide passed with great pomp and all the good cheer this world could offer. And on Christmas Day Erex was consecrated king by seven archbishops and thirteen suffragan bishops, who assisted at this consecration. Evida was also consecrated. King Arthur gave Erex a crown of gold at the consecration, studded with precious gems, placing it on his head. It had been bought in Africa for no less than thirty marks of gold. But to Evida he gave a precious robe; on it were depicted the liberal arts. It glittered all over and was so precious that no merchant could estimate its value. It was woven by four elfwomen in an underground dwelling nine leagues under the earth where no daylight ever reached.

And at the conclusion of the service, they were led back to the hall with honor. Then everyone went to table and the chieftains were placed on thrones in twelve halls, and none of them was of lower station than kings and archbishops, dukes and suffragan bishops, barons and counts. But the crowd of knights and other folk were placed in other dwellings and in gardens, which were located in the castle. And yet tents had to be raised for those people that did not fit into the castle, and they were many thousands. And one can see from this—and that there were six thousand servants—how many people had assembled. All kinds of entertainment were then provided for everyone's pleasure. And this celebration lasted for a month. The chieftains were then dismissed with precious gifts, and all thank King Arthur for his benevolence and also the queen.

King Erex and Queen Evida take leave of King Arthur and his queen with great friendship, and it lasted as long as they lived. They then rode back to their kingdom and ruled it with honor and glory and in complete peace.

They had two sons; one was named after Evida's father, but the other Ilax after Erex's father. They both became kings and distinguished men, and were like their father in valor and chivalrous deeds, and they inherited the kingdom after their father died.

Here ends the saga of that excellent King Erex and his wife, the beautiful Evida.

Notes

[1] *This prefatory sentence is taken from the vellum fragment Lbs. 1230 III, dated ca. 1500. The name of the protagonist appears here as* errek, *which I have normalized to* Erek. *Subsequently I use the spelling* Erex, *which is the familiar form found in the two 17th-century manuscripts. The spelling in the vellum fragment suggests, however, that the original translation carried a form corresponding to the French. The fragment also attests that the notion of the Round Table was transmitted in the translation, for which reason a subsequent reference in Sth. 46 to the Round Table has been incorporated. See fn. 5.*

[2] Hér—kappa] Hér byrjaz Erex saga Artús kappa í Englandi. Erex saga, hvár at var einn af köppum Artús kóngs ins viðfræga í Englandi. I. Kapituli *Sth. 46.*

[3] I. Kapituli] *Sth. 46; missing in AM 181b.*

[4] *Artús] Artúr; *with this one exception, the king's name is consistently given as* Artús *in both manuscripts.*

[5] sátu—borði] *Sth. 46;* dagliga ríðu út með honum *AM 181b. The reading in Sth. 46 corresponds to* Erec et Enide, *v. 83.*

[6] *röskleik] röskleika.

[7] þola þat at] *Sth. 46.*

[8] sumir æptu—hundageyji] *Sth. 46;* sumir æpa en sumir siga jakthundum ok hjarðrökkum *AM 181b. The reading in Sth. 46 corresponds better to* Erec et Enide, *vv. 119-21.*

[9] Erex hafði] *Sth. 46;* Þau höfðu *AM 181b. The reading in Sth. 46 corresponds to* Erec et Enide, *vv. 103-4.*

[10] as<n>asvipu] *Sth. 46;* alnar svipu *AM 181b, possibly a misreading of* asna; cf. FWB, 6:27.

[11] *grátandi] *Sth. 46; missing in AM 181b. The reading in Sth. 46 corresponds to* Erec et Enide, *v. 189.*

[12] *hryggr] *Sth. 46;* hræddr *AM 181b.*

[13] *með] við.

[14] *þess] *Sth. 46;* þann *AM 181b.*

[15] III. Kapituli] II. Kapituli. Erex sækir eptir Malpirant riddara *Sth. 46.*

[16] undraðiz—svá] *Sth. 46;* mundi <eigi> annan veg á kjósa hversu hún var *AM 181b. The reading in Sth. 46 corresponds to* Erec et Enide, *vv. 414-17.*

[17] Ok—hennar] *Sth. 46; missing in AM 181b.*

[18] mungát] *a kind of ale or small beer, distinguished from* bjórr *(=beer); the word basically conveys that it is a delicacy. This seems to be the only example in Icelandic literature of an animal being offered this kind of beverage.*

[19] jarls son] jarl *Sth. 46. In* Erec et Enide, *the uncle remains nameless (v. 524).*

[20] ok hvaðan—lék] *Sth. 46; missing in AM 181b. The text of Sth. 46 corresponds more or less to* Erec et Enide, *vv. 550-51, 584-89. Sth. 46 continues:* Hann segir honum ok hvat hann rak til þessarar ferðar ok hverju hann átti at ömbuna þessum riddara ok hans dverg. *This information is given somewhat later in AM 181b.*

[21] Malpirant] Malpriant *Sth. 46. In* Erec et Enide *he is called Yders.*

[22] <sakir>] ástar sakir *Sth. 46.*

23 mjófu] unnustu *Sth. 46*. *The reading in AM 181b, deriving from the adjective* mjór *'slender', 'slim', presumably is a modern form of endearment.*
24 lét—Sancto] *Sth. 46*; hlýðir messu *AM 181b*. *The reading in Sth. 46 corresponds to* Erec et Enide, *vv. 701-2.*
25 IV. Kapituli] III. Kapituli. Lífgjöf Malpirants af Erex *Sth. 46.*
26 *nærri] *Sth. 46*; væri *AM 181b.*
27 *sníðr] *Sth. 46*; sundr *AM 181b.*
28 *þinn] *Sth. 46*; þú *AM 181b.*
29 *jungfrú] *Sth. 46*; unnustu *AM 181b*. *The reference in* Erec et Enide, *1017 and 1025, is to* la pucele.
30 *er þú—dirfð] *Sth. 46*; sem <til> yðar kom *AM 181b*. *The reading in Sth. 46 corresponds generally to* Erec et Enide, *vv. 1013-25.*
31 yfirgefinn] uppgefinn ok yfirkominn *Sth. 46.*
32 *orð] orða; handsöl *Sth. 46.*
33 *em] *Sth. 46*; enn *AM 181b.*
34 kátr] heill ok kátr *Sth. 46.*
35 *hjálpa] *Sth. 46*; halfa *AM 181b.*
36 V. Kapituli] IV. Kapituli. Erex kemr heim á Artús kóngsgarð með sína unnustu *Sth. 46.*
37 sjálfr] *Sth. 46*; sjálfum *AM 181.*
38 *sett þar] *Sth. 46*; settann *AM 181b.*
39 *meira ljóma] meiri ljómi; meiri ljóma *Sth. 46.*
40 *niðr] *Sth. 46*; *misspelled* miðr *in AM 181b.*
41 prýði vann] *the choice of verb is unusual; it may be that* vinna *is used in two different senses: to demonstrate* prýði *and to achieve* hreysti.
42 Nú unnið—koss] *Sth. 46*; *missing in AM 181b. The passage corresponds loosely to* Erec et Enide, *vv. 1815-20.*
43 af kóngi—fegrð] *St. 46*; þessa bæn *AM 181b*. *The reading in Sth. 46 corresponds loosely to* Erec et Enide, *vv. 1822-28.*
44 VI. Kapituli] V. Kapituli. Brú<ð>kaup Erex á Artús kóngsgarði allfjölment *Sth. 46.*
45 *pikkisdögum] pínisdögum; pútisdögum *Sth. 46*. *Both forms are corrupt.* Erec et Enide, *v. 1928, writes* la pantecoste.
46 *mönnum, með] *Sth. 46*; *missing in AM 181b.*
47 grán—mútaðan] *Sth. 46*; græna höttu eða hvíta vel mindada *AM 181b*. *The reference in Sth. 46 to moulted hawks corresponds to* Erec et Enide, *v. 1986. There is no mention in* Erec et Enide *of white or green hats or hoods, as in AM 181b.*
48 ok ungra manna] *Sth. 46*; *missing in AM 181b. The reading in Sth. 46 corresponds loosely to* Ban of Gomeret's entourage, Erec et Enide, *vv. 1975-78.*
49 Erbilis] *Sth. 46*; Herculus *AM 181b*; Erbilis *corresponds better to* Bilis, king of Antipodés, *in* Erec et Enide, *v. 1994.*
50 hann—dvergr] *Sth. 46; missing in AM 181b; corresponds to* Erec et Enide, *v. 1995.*
51 Flandrisborg] *Sth. 46*; Florisborg *AM 181b; the reading in Sth. 46 makes better sense in light of the following* Flæmingjalandi.

52 fjölmenni] mikit stórmenni ok mikit fjölmenni *Sth. 46*.
53 ok góða hesta] *Sth. 46; missing in AM 181b.* Erec et Enide, *v. 2023, supports the reading in Sth. 46.*
54 hálfan mánuð] *Sth. 46*; mánuð *AM 181b. The reading in Sth. 46 corresponds to* Erec et Enide, *v. 2120*: Durerent pres de quinze jorz.
55 *at—fá] *Sth. 46*; þeir fengi *AM 181b*.
56 atreið] orrusta ok atreið *Sth. 46*.
57 *Endast] *Sth. 46;* endir *AM 181b*.
58 VII. Kapituli] VI. Kapituli. Burtreið ok einvígi Erex *Sth. 46*.
59 frú] *Sth. 46;* unnustu A*M 181b. The reading in Sth. 46 corresponds to* Erec et Enide, *v. 2307*.
60 með—mönnum] *Sth. 46; missing in AM 181b. The reading in Sth. 46 corresponds to* Erec et Enide, *v. 2334*.
61 með processioni] *Sth. 46; missing in AM 181b. The reading in Sth. 46 corresponds to* Erec et Enide, *v. 2376*.
62 með—skemtan] *Sth. 46; missing in AM 181b; the reading corresponds to* Erec et Enide, *v. 2387*.
63 hóglífi] *Sth 46; the word suggests "a life of ease." In AM 181b the word is written* höflijfi, *which can be normalized to either* hoflífi, *'life at court,' or* hóflífi, *'acceptable life,' 'life of moderation.' The reading in Sth. 46 appears to approximate the characterization of Erec as* recreant *(vv. 2466, 2555).*
64 ok þínu hóglífi] *Sth. 46; missing in AM 181b. The reading in Sth. 46 corresponds to* Erec et Enide, *v. 2555*: Recreant vos apelent tuit.
65 hóglífi] *Sth. 46;* hóflífi *AM 181b*.
66 sorg] *Sth. 46;* skyndi *AM 181b; the reading in Sth. 46 probably reflects* Erec et Enide, *vv. 2611, 2615, 2673.*
67 frú] *Sth. 46;* unnustu *AM 181b. The reading in Sth. 46 corresponds to* Erec et Enide, *v. 2766*.
68 <nú á>] *Sth. 46*.
69 Hervida] Herford *Sth. 46. The place is not named in* Erec et Enide.
70 *herfurður] þad fudur. *This is clearly a scribal error. Sth. 46 does not have the phrase. See FWB, 32:11 fn.*
71 til at þau] *Sth. 46*; til er þau ríða svá at þau *AM 181b; this seems to be a scribal error, a repetition of the previous occurrence of* ríða.
72 alvápnaðar] *Sth. 46; missing in AM 181b but presumably original, since below follows a reference to their being* búnir.
73 fríða] ein fríð ok fögur *Sth. 46*.
74 húsbóndi] höfðingi *Sth. 46; either reading makes sense.*
75 *riðin] *Sth. 46; missing in AM 181b; the word seems necessary in view of the accusative* veginn *(cf. FWB, 34:22).*
76 í höfuðit] *Sth. 46; missing in AM 181b*.
77 hesta] *Sth. 46; 181b has the incorrect* klæði.
78 VIII. Kapituli] VII. Kapituli. Drap Baluns ok einvígi þeira Erex ok Gunnvers *[=Guimars]* kóngs *Sth. 46*.
79 fegrð] fegrð ok fríðleik *Sth. 46*.

80 ok sezk—þeim] *Sth. 46; missing in AM 181b. The passage corresponds to* Erec et Enide, *3274-75.*
81 skal þín fá] *Sth. 46*; skal þurfa *AM 181b.*
82 eða—dauða] *Sth. 46; corresponds to* Erec et Enide *3377-79; missing in AM 181b.*
83 lát mik—mælaz] *Sth. 46; corresponds to* Erec et Enide *3387-89; missing in AM 181b.*
84 gefit—við mik] *Sth. 46; corresponds to* Erec et Enide *3406-8; missing in AM 181b.*
85 í pant] *Sth. 46; missing in AM 181b.*
86 Erex ok Evida] *Sth. 46; missing in AM 181b.*
87 hlutr] + brynjunnar *AM 181b; this reading does not make sense, since it is the shield that is damaged; Sth. 46 reads, referring to the shield*: at hann rifnaði í tvá hluti í sundr.
88 kopprinn] *missing in AM 181b; Sth. 46 writes incorrectly* koparinn *(cf. FWB 39:28).*
89 annat högg—hausfillan] *Sth. 46; AM 181b contains an abbreviated and quite corrupt passage*: annat í hjálmin svá at af sneið hjálminum þat er nam. *The passage is quite different from the French, which therefore offers no help.*
90 sverðit kom] *Sth. 46; missing in AM 181b.*
91 söðulreiði—bliat] söðulreiði var af purpura, ok hans bliat *181b;* söðulklæði ok bliat váru af purpura *46. The passage appears to be corrupt in both manuscripts. Purpuri and bliat are loan words in Icelandic, terms for a type of precious cloth, yet in both manuscripts the copyists appear to consider* bliat *a part of the knight's accoutrement.*
92 ok sárir] *Sth. 46; corresponds to* Erec et Enide *3792-93; missing in AM 181b.*
93 ok fær hann þat] *Sth. 46; missing in AM 181b.*
94 ríkr] *Sth. 46; missing in AM 181b; corresponds to* Erec et Enide *3871.*
95 *betra] *Sth. 46;* betri *AM 181b.*
96 *Guimar] Erex *AM 181b*; Gunnver *Sth. 46. The scribal error may have been occasioned by a misreading of an abbreviated* G.
97 IX. Kapituli] VIII. Kapituli. Dráp jötuns ok dráp margra riddara *Sth. 46.*
98 nú ok] nú fátæk ok aum ok *St. 46.*
99 víða] *Sth. 46; carelessly written* níða *in AM 181b (cf. FBW 45:5).*
100 ok víða—nú svá] *Sth. 46; missing in AM 181b. The reading in Sth. 46 corresponds to* Erec et Enide, *vv. 4397-4400.*
101 *minni hendi] *Sth. 46;* mínum fundi *AM 181b.*
102 þótt eigi—jarðar] *Sth. 46;* þótt eigi á hann rataði *AM 181b. The passage is somewhat garbled, but the following indicates that Erex has been thrown on the ground. In* Erec et Enide, *vv. 4460-62, Erex is so stunned by the blow that he falls off his horse.*
103 *bað—ríða] *Sth. 46; the reading in AM 181b* en baðir þeir ríða *is corrupt.*
104 ok—hirð] *Sth. 46; missing in AM 181b. The verb* fagna *in both manuscripts demands a plural subject.*

105 X. Kapituli] IX. Kapituli. Er Erex hjálpar Plato hertoga ór valdi flugdrekans *Sth. 46*.
106 *gapanda] *Sth. 46*; gapandi *AM 181b*.
107 kóngs] *Sth. 46; missing AM 181b*.
108 *hann frelstan] hans frelsi *AM 181b*; hann lifanda *Sth. 46*.
109 *alvápnaðir] alvápnaða *AM 181b*; vápnaðir *Sth. 46*.
110 þrír] *Sth. 46*; þeir *AM 181b*.
111 með sverði—hausinn] *Sth. 46*; ok sneið hjálminn *AM 181b*.
112 frelsa—vegu] *Sth. 46*; freista með várri frægð *AM 181b*.
113 nú] nú fyrir lífgjöf ok frelsi *Sth. 46*.
114 nokkurn heiðr] *Sth 46*; nokkut *AM 181b*.
115 yðr] *Sth. 46*; þik *AM 181b*.
116 XI. Kapituli] X. Kapituli. Ómáttr Erex ok fall Placidus jarls *Sth. 46*.
117 í óvit] *Sth. 46; missing in AM 181b*.
118 *skeindi] skemdi *AM 181b, Sth. 46*.
119 Nú—ok] *Sth. 46*; Jarlinn segir *AM 181b. The reading in Sth. 46 corresponds to* Erec et Enide, *v. 4692*.
120 hásæti hjá] *Sth. 46*; kné *AM 181b. The corresponding vv. 4785-88 in* Erec et Enide *suggest that it is more likely that the reading in Sth. 46 represents the original translation*.
121 *samlag] *Sth. 46*; jafnræði *AM 181b*.
122 sinn hirðprest] *Sth. 46*; sína hirð fyrst *AM 181b. The passage is corrupt, but in* Erec et Enide, *4750-59, the count confers with his barons, and it may be that the original actually did refer to the courtiers rather than the priest*.
123 hann] *Sth. 46*; hirðin *AM 181b*.
124 *The word is modern, and presumably for that reason the word is corrected in Cederschiöld's edition to* birtar, *that is, 'to show, to demonstrate.'*
125 bera] *Sth. 46; missing in AM 181b*.
126 hark] hark ok háreysti *Sth. 46*.
127 *velli] *Sth. 46*; völlum *AM 181b*.
128 þar —kominn] *Sth. 46; missing in AM 181b*.
129 XII. Kapituli] XI. Kapituli. Meðtal þeira Gunnvers *[= Guimars]* kóngs ok Erex *Sth. 46*.
130 *at] er *AM 181b*.
131 ok brjóstgerð] *Sth. 46; corresponds to* Erec et Enide, *vv. 5333-34; missing in AM 181b*.
132 *Effuen] Estuen *AM 181b*; Eysteirn *Sth. 46. The name is problematic and appears inconsistently in both manuscripts. The corrected form given above is the one that AM 181b subsequently uses; it corresponds to OF* Evrain *(vv. 5404 ff.)*.
133 Hirðar Fagnaðr] *Sth. 46*; Harðr Fagnaðr *AM 181b. The reading in Sth. 46 corresponds to OF* Joie de la Cort *(v. 5465)*.
134 innan—hefir] *Sth. 46*; sá at farit hefir *AM 181b. The reading in Sth. 46 corresponds to* Erec et Enide, *vv. 5435-37*.
135 XIII. Kapituli] XII. Kapituli. Reið Erex í Bardiga, ok um þrekvirki þau er hann vann þar *Sth. 46*.

Erex saga

136 þau] *Sth. 46*; þeir *AM 181b*.
137 Hirðar] *Sth. 46*; Harðr *AM 181b*.
138 þeim—inn] *Sth. 46*; þeim er menn *AM 181b*.
139 smurð] *Sth. 46; missing in AM 181b*.
140 slitin] slitin ok hjálmr klofinn *Sth. 46*.
141 silfri] *Sth. 46*; brendu gulli *AM 181b*. *The reading in Sth. 46 corresponds to* Erec et Enide, *v. 5880*.
142 *hana] *Sth. 46*; mik *AM 181b*.
143 XIV. Kapituli] XIII. Kapituli. Útlausn Erex frá Effion kóngi *Sth. 46*.
144 <Erex>] *Sth. 46*.
145 Rais borgar] *Sth. 46*; kastalans Kardigan *AM 181b*. *The latter is Arthur's usual residence, but the reading in Sth. 46 reflects the place name* Robais *in* Erec et Enide, *v. 6414*.
146 *leiðandi þau] *Sth. 46; missing in AM 181b*.
147 hjá dróttningu—frændkonu] *Sth. 46*; ok hennar frændkonu Elinam *AM 181b*.
148 mín—þarfnar] *Sth. 46*; *AM 181b has the corrupt reading* yðvar vörn styrk.
149 jóla aptan] *Sth. 46*; jóladaginn hinn fyrsta *AM 181b; the reading in Sth. 46 corresponds to* Erec et Enide, *v. 6583*.
150 jóla aptan] *Sth. 46*; jóla dagr *AM 181b*. *The reading in Sth. 46 agrees with* Erec et Enide, *v. 6583*.
151 jóla daginn] *Sth. 46*; annan dag jóla *AM 181b; the reading in Sth. 46 corresponds to* Erec et Enide, *v. 6698*.
152 níu rastir] *Sth. 46*; fjórar *AM 181b*.
153 tíðum] *Sth. 46*; dómum *AM 181b*.
154 sex þúsund] þrjú hundruð *Sth. 46; in* Erec et Enide, *vv. 6936-37, altogether 3,000 knights are present*.

SKIKKJURÍMUR

Edited and Translated

by

Matthew James Driscoll

INTRODUCTION

Skikkjurímur ('Mantle Rhymes') is the name given to a fourteenth-century Icelandic metrical version of *Möttuls saga*. Most *rímur* follow their sources quite closely, even slavishly, but *Skikkjurímur* is unusual: although the basic plot of *Möttuls saga* remains unchanged, there are both lengthy additions and significant omissions. About half the material in the first *ríma* is derived from sources other than *Möttuls saga*, most of which appears to have been borrowed from *Erex saga*, the Old Norse translation of Chétien's *Erec et Enide*. A reference to Arthur's *kringlótt sess*, 'round seat'—not mentioned in *Möttuls saga*—indicates that the poet had some notion of the existence of the famous round table, otherwise scarcely mentioned in early Icelandic sources. There are also significant omissions in the first *ríma*: a lengthy description of Arthur found in *Möttuls saga*—but not in its source— is reduced to two verses, and a series of superlatives in praise of the queen, also an addition to the saga, is rejected completely by the *rímur*-poet.

The second *ríma* and the corresponding section of the saga run almost parallel, but in the third *ríma* one finds far-reaching changes. The material covered takes up nearly twice as much room, proportionally, in the saga as it does in the *rímur*. The difference is not simply one of length, however; in the *rímur* one very important aspect of the story as presented in the saga is totally absent. The many speculations on the part of the courtiers, male and female, as to how best to react, how best to proceed, are glossed over or omitted entirely in the *rímur*. The role of the women is much simpler in *Skikkjurímur* than in *Möttuls saga*. They are simply brought forward, found guilty, and cast aside. The *rímur* end with Arthur banishing the women from his court and exhorting his knights to go out in search of "better women."

Rímur poetry derives many of its features from the native, chiefly skaldic, tradition, but has in several important respects been influenced by continental and insular poetry, not least in the use of rhyme, from which the genre derives its name. There exists a wide variety of *rímur*-meters, over two thousand variations altogether. About a quarter of these are modifications of the meter known as *ferskeytt* or 'square meter,' a four-lined stanza rhyming *a b a b*. *Skikkjurímur* begins in standard *ferskeytt*, but changes to *samhent* (*a a a a*) in the second *ríma*, and *stafhent* (*a a b b*) in the third. In addition to rhyme, *rímur* employ alliteration in a manner reminiscent of other types of early Germanic poetry. In the vast majority of *rímur*-meters the first line of each couplet contains two alliterating words, on the first and third or second and third stressed syllables, and the second line one, always on the first stressed syllable of the line. All vowels alliterate with each other, but it was considered bad form to use the same one. Only the first consonant in a cluster mattered, so that words beginning with, for example, *k, kr, kn,* and *kv* could alliterate with each other, the only exceptions being *sk, sp,* and *st,* which could alliterate only with themselves.

Rímur are characterized by their extensive use of kennings, metaphoric compounds, and *heiti,* poetic appellatives, both of which derive from skaldic poetry. In *Skikkjurímur* there are no fewer than 26 kennings for "woman," most of which have as their base word either a goddess's name or a word for land, and as their determinate a word for gold, jewelry, or riches. There are in addition some dozen *heiti* for women. For men there are far fewer kennings in *Skikkjurímur,* only three, but an equally large number of *heiti,* twelve different terms being used for "nobleman," most frequently with reference to the king. A further twelve *heiti* are used in the sense of "retainer" and "hero," most occurring only in the plural.

The Manuscripts

Skikkjurímur is preserved in three manuscripts. The earliest is Codex Guelferbytanus 42.7. Augusteus Quarto (*W*, Herzog-August-Bibliothek, Wolfenbüttel), an Icelandic vellum from the second half of the fifteenth century. This manuscript was used by Gustaf Cederschiöld as the basis for his edition in *Versions nordiques du fabliau français 'Le mantel mautaillié'* (1877). Another text of *Skikkjurímur* is found in AM Accessoria 22 (Stofnun Árna Magnússonar, Reykjavík), written in 1695 by one Jón Þórðarson, who indicates in colophons that several of his texts, including *Skikkjurímur,* were copied from an older vellum. Although significantly younger than the Wolfenbüttel manuscript, Accessoria 22 was believed to preserve a better and more correct text of *Skikkjurímur,* and was subsequently edited by Finnur Jónsson in *Rímnasafn.*

The third manuscript is Stockholm, Papp. 4to nr. 15 (*S*, Royal Library, Stockholm), which also dates from the second half of the seventeenth century. The text of *Skikkjurímur* is defective, breaking off toward the end. Many of the stanzas are missing and the order of those preserved is quite different from that of the other two manuscripts. Both Cederschiöld and Finnur Jónsson dismissed this text as worthless, but as it gives every appearance of preserving a version of *Skikkjurímur* written down from memory—and thus of little help in establishing a text—it is an extremely valuable source of information on the memorial process, and, at the same time, on the nature of *rímur* textuality generally.

The Edition

The present edition is based on the text of AM Acc. 22, which, as was noted, is generally believed to preserve a better text than the Wolfenbüttel manuscript. A better text is not necessarily a more original one, however. In theory, the rigid metrical construction of the *rímur* should have necessitated a largely fixed text, but an examination of the transmission of any of the *rímur* reveals that a good deal of variation was in fact possible, even in words bearing rhyme or alliteration. It must be remembered that, although composed in writing, *rímur* were intended for oral delivery and therefore retain some of the characteristics of oral literature. It must also be borne in mind that the *rímur* manuscripts were not produced in scriptoria by professional scribes, but rather by ordinary people, many of them poets themselves, and it is therefore likely that in the course of a poem's transmission various improvements will have been made. The text of *Skikkjurímur* preserved in AM Acc. 22 is better in the sense that it is less in need of emendation, but this is not to say that it represents more closely the intentions of the orginal poet. It should be viewed not as *the* text of *Skikkjurímur,* but rather as *a* text—or, better still, *a performance*—of *Skikkjurímur.*

The linguistic evidence indicates that *Skikkjurímur* cannot have been composed much before the fifteenth century, that is, after most of the sound changes distinguishing Old from Modern Icelandic were complete. It seemed therefore unjustifiable to normalize the orthography, as many previous editors of *rímur* have done, according to the state of the language in the mid-thirteenth century. Therefore standard modern Icelandic orthography is used here—itself extremely conservative—which approximates better the orthography of the manuscript. Two exceptions have been made, however, for forms which became established in the fifteenth century and have survived, colloquially at least, to the present day: 1) *hvör* is retained in all forms of the relative, interrogative, and indefinite pronouns, where classical and standard modern Icelandic have *hver*; 2) the *-r* ending is retained in the oblique cases of the ja-stem nouns such as *fylkir, hilmir,* and *ræsir.*

The Translation

The translation attempts to convey only the literal sense of the text; this is in a way unfortunate, since in *rímur* the literal sense is frequently less important than the form, and there are many lines whose sole purpose appears to be to supply the rhyme or alliteration. I have not, however, attempted to render the literal meanings of the various kennings and *heiti,* discussed above, into English; I have used the few English terms available in order to avoid excessive repetition, but this has not been done in any systematic way.

SKIKKJURÍMUR

FYRSTA RÍMA

1. Kátleg eru þau kvæðin næst
er koma til yngismanna;
þau eru látin lýðum kærst
að lofa hinn unga svanna.

2. Ekki fá þar allir menn
jafna þökk á móti;
Viðris trúi eg veðrin tvenn
valdi byrjar hóti.

3. Hvör sem hreppir blíðan byr
með bauga strandar vilja,
sá má bæði síð og fyrr
sig frá angri skilja.

4. En ef blæs við útnorð\<ur\> á
Austra móti knerri,
hvört skal þaðan til hafna gá
hinum er óðurinn verri.

5. Þegar að eigi byrinn blæs
blíðu lands að höfnum,
þá er sem lungur á lægi sæs
leiki á ýmsum stöfnum.

6. Í fram beiðist ekki að síður
andófs golan langa
—sá fær jafnan byr að bíður—
betra er höfn að fanga.

7. En þó byrinn blési nú
svo blíðu á landið kæmi,
misjafnt verður oft mærin trú;
mörg eru til þess dæmi.

MANTLE RHYMES

FIRST FIT

1. Those poems are quite merry
that circulate among young men;
the ones held in greatest favor
are those in praise of young maidens.

2. But here not all men receive
the same gratitude in return;
there blow, I know, two types of winds
with which every man is faced.

3. The man who, with a fair wind,
gains a woman's favor
may for good and all
remain free from cares.

4. But when a nor'wester blows
against one's ship,
where shall one then make port?
For him the poem is worse.

5. When the wind does not blow
to the harbors of love's country,
then it is as if the ship
were blown about on different courses.

6. If there nevertheless continues
a long-lasting headwind
—he who waits will always get a wind—
it is better to make port.

7. But even though a wind blows now
so that one reaches the land of love,
a maid may vary in fidelity;
examples of this are many.

8. Það hefur Suðra söngurinn nýr,
samið á einni stundu,
um það afbragðs ævintýr
er Englands varð á grundu.

9. Sá var einn sem aldrei lét
undir takast í heimi;
afreksmaðurinn Artús hét,
ör af brenndum seimi.

10. Enginn þótti jafn við þann
út að hafinu rauða;
grettis jörðu gladdi hann
gumna marga snauða.

11. Hirð var engin haldin svo
með heiðurs kóngi neinum;
aldrei bilaði einn við tvo
af afreks köppum hreinum.

12. Valven hét hans systurson;
sá var riddarinn mesti;
enginn fannst á Óðins kvon
jafn við hann á hesti.

13. Ívent var honum annar næstur
afreksmaðurinn sterki;
honum var hjálmur að höfði læstur
og hafði gullegt merki.

14. Erek þótti jafn við þeim,
öðlings vinur hinn fríði;
þessi flutti fegursta heim
fallda rist úr stríði.

15. Þessir voru í siklings sal,
sóma skrýddir mestum;
þá var hinn prúði Parcival,
prýddur vopnum bestum.

16. Estor hét og Idús þeir
sem ávalt frömdu dáðir;
þessir fara með fránan geir
og fylgdu kóngi báðir.

8. There is a new poem,
composed in an instant,
concerning a marvellous adventure
that took place on English soil.

9. There was one who never
in this world was bettered;
this valiant man's name was Arthur,
generous with pure gold.

10. None was thought to be his peer
over the wide sea;
with gold he gladdened
many a poor man.

11. No other such court was ever held
with any honorable king;
none of the great heroes
would ever fail the other.

12. Gawain was Arthur's nephew's name,
the greatest of knights;
no man could be found on earth
who was his match on horseback.

13. Yvain was also close to him,
a man strong and valiant;
he wore a helmet on his head
and had a golden standard.

14. Erec was considered their equal,
the king's handsome friend;
he had brought the fairest maid
with him home from campaign.

15. These were in the king's hall,
held in greatest honor,
and also the gallant Perceval,
adorned with the finest weapons.

16. Named too are Estor and Idus,
who performed many great deeds;
they made their way with gleaming spears,
and both served the king.

17. Ræðismaðurinn Kæi var kenndur,
kóngi þénnti að borði;
hæðnar ber hann hyggju strendur
hælinn næsta í orði

18. Enginn vildi öðlings maður
öðrum minni heita;
elligar fekkst þeim ekki staður
innan borgar reita.

19. Svo var mikið um seggja fors,
—slíkt trúi eg margan villi—
að þeim þótti illt til orðs
ef einn sat næstur stilli.

20. Því var kringlótt kóngsins sess
komið á miðju gólfi;
allir áttu jafnt til þess
upp og niður frá hvólfi.

21. Snerist það æ sem sólin gekk;
slíkt má fordild kalla;
horfði hann líkt á hvörn sinn rekk;
hölda gleður hann snjalla.

22. Öllum skennkti hann jafnt í ker;
að æru tel eg hann sannan;
hvörjum þótti hallmælt sér
ef heyrði lesið um annan.

23. Öðling hafði einn þann sið,
orma prýddur ströndum;
hér hefur enginn jafnast við
áður á Norðurlöndum.

24. Aldrei vildi öðling skýr
eta sinn mat né drekka
utan hann frétti eitt ævintýr,
alla gleður hann rekka.

25. Hér fyrir ríða hans höldar braut
að heimta kóngi fréttir;
kemur því margur í mikla þraut
maðurinn áður en léttir.

17. The seneschal, whose name was Kay,
served the king at table;
his heart was full of mockery
and his speech most boastful.

18. None of the king's retainers
wished to be lesser than another;
otherwise no place was made for them
within the castle walls.

19. This was held with such great fervor
—I think many may be misled by it—
that they thought ill of it,
if any of them sat nearer the king than another.

20. Therefore the king's throne was round,
and placed in the center of the floor;
all were equidistant from it,
up and down from the vaulted ceiling.

21. It turned steadily round, as does the sun
—such a thing may be called a conceit—
he looked equally at each of his men,
gladdening the skillful thanes.

22. He filled each man's cup equally
—I account him truly honorable—
each one felt himself to be slighted,
if he heard criticism of another.

23. It was a custom of the king,
bedecked with gold,
—and in this none has ever been his equal
in the lands of the north.

24. Never would the clever prince
eat his food nor drink
without first hearing of some adventure;
he gladdens all the men.

25. Because of this his men ride out
to gather news for him;
many a man has found himself in great endeavors
before completing his task.

26. Blása lét um bæi og torg,
beint að gatna mótum;
fló því að honum fréttin mörg
af frúm og riddara nótum.

27. Það hafa svinnir sett í letur,
sagna meistarar fróðir,
vísir eina veislu setur
og velur til margar þjóðir.

28. Kom þar fyrst sem kenndur sé
kóngur af dverga landi;
eigi tók maðurinn upp að hné,
þó allur réttur standi.

29. Þessi hafði sína sveit,
sextíu dverga kinda;
þann tel eg hæstan hjörva þveit
er honum tók neðan að linda.

30. Dverga kóngurinn drottning á
er dyrgjur þéntu snjallar;
ei var hún fullrar álnar há;
allt gekk það til hallar.

31. Þar kom annar auðar Baldur
allur grár fyrir hærum;
þrjú hundruð vetra þreytti hann aldur;
það braut eigi smærum.

32. Hafði þessi hundrað manns
honum að aldri líkir;
skeggið tók á skálmir hans;
skrámleitir munu slíkir.

33. Herra þessi húsfrú á,
háa bæði og digra;
öllum þeim til eðlis brá,
að ellin tók að sigra.

34. Þjóð kom enn í þennan punkt
þar með herra svinnum;
það var fólkið flest allt jungt;
fannst ei hár á kinnum.

26. He had the horn sounded in town and square
and at the crossroads,
and therefore there came to him many tidings
of ladies and bold knights.

27. Wise men have put it down in writing,
clever masters of tales:
the king proclaimed a feast,
inviting many nations.

28. The first to come, let it be known,
was the king of Dwarf-land;
he was no more than knee-high,
even when standing perfectly straight.

29. He had with him his entourage,
comprising sixty dwarfs;
I reckon the tallest of them
only came up to his waist.

30. The dwarf king had a queen,
attended by skillful dwarfish maidens;
she was not a full ell tall;
this entire company entered the palace.

31. Then there came another man,
his hair completely grey;
his age was three hundred years,
no less than that.

32. He had with him a hundred men
all of a similar age;
his beard reached down to his thighs;
such men are usually of sallow complexion.

33. This gentleman had a wife
both large and stocky;
they were all true to their nature;
age was beginning to get the better of them.

34. Another group appeared at this point,
along with their wise leader;
these people were all mostly young
without a hair on their cheeks.

35. Þessir höfðu þúsund manns,
það er af Smámeyjalandi;
fylgdi hvörjum frilla hans
með fögru ástar bandi.

36. Komnar voru í kóngsins hirð
kónga dætur og jarla;
það var mörg sú mikils var virð
og mjúklega kunni að spjalla.

37. Allir héldu öðlings menn
jungar frúr og vænar;
þær létu ekki lítið, en
að listum voru þær kænar.

38. Hvítasunnu hilmir dýr
hófið plagaði þetta;
þaðan munu eitthvört ævintýr
ýtar kunna að frétta.

39. Alla vikuna jörðin skelfur
af atreið kóngsins manna,
sem þar gnýði hin grimma elfur;
garpar munu það sanna.

40. Höldar drifu á hvörri braut
hallar kóngs að vitja;
allt frá eg þetta einum laut
eyðir nöðru fitja.

41. Harpan söng en gígjan gall;
gleður það kóngsins sveitir;
tignar hljóð í tiggja hall
er timphanistrum heitir.

42. Bumban var þar barin og þeytt
bæði trumba og pípa;
organssöng er allvel breytt,
svo ekki mátti á grípa.

43. Kappar stigu með kóngi í höll;
kann þar ekki skeðja;
hirðin var svo hæversk öll,
að hvör vill annan gleðja.

35. There were a thousand of them,
from the Land of Small Maidens;
accompanying each one of them
was his fair mistress.

36. To the court of the king had come
the daughters of kings and earls;
many a one was highly prized
and knew the art of gentle conversation.

37. All the king's men had
maidens young and fair;
they did not show humility,
but they were highly accomplished.

38. On Pentecost the noble king
held this feast,
from which men may hear
of some adventure.

39. All week the earth trembled
with the arrival of the king's men,
like the roar of a powerful river;
the heroes would prove themselves.

40. Along every road the heroes came,
making for the king's hall;
they all, I am told,
paid homage to one man.

41. The harp sang and the fiddle resounded,
gladdening the king's men;
a noble sound in the royal hall,
known as a tympanum.

42. There the drum was beaten,
both trumpet and pipe were made to sound;
the organ-playing was well disposed,
so no fault could be found.

43. The champions enter the hall with the king
—there nothing can go amiss—
the court were all so well mannered,
that each wished to gladden the other.

44. Skíra vín var skálum í
—skynja frá eg það drengi—
þar var mjöður og mámasí,
en mungát fékk þar engi.

45. Drottning leiddi drósar lið
dýr til sinnar hallar;
lýsti af þeim um loft og hlið
sem leiftrið skein til vallar.

46. Kappar gjörðu á kveldið fram
klára vín að drekka;
hvorki var þar hark né glamm;
harpan svæfði rekka.

47. Seggir risu snemma á fætur
og sungu tíðir allar;
lofðung gekk á leikvöll mætur
en ljósar frúr til hallar.

48. Skatnar tóku að skjóta þá
skafti og þungum steinum;
tefldu sumir eður tókust á;
tíður var dansinn sveinum.

49. Steikarar fara til starfa síns;
stallarar borðin klæða;
kjallaramenn þeir koma til víns,
þá köppum byrlast fæða.

50. Svo leið fram yfir messu mál;
matur var þá til reiða;
sæmilegt var að súpa kál
í siklings ranni breiða.

51. Öðling situr í annan stað
og ekki fer til borða;
kóngsins hirðmenn kynjar það
kemur þeim slíkt til orða.

52. Valvent spurði drottning dýr:
"Drósir þetta lasta;
hvað mun valda, hringa Týr,
hví vill kóngurinn fasta?"

44. Crystalline wine was had in bowls;
the men, I'm told, noticed this;
there was mead and malmsey,
but no one there had beer.

45. The queen led a retinue
of fine ladies into her hall;
from them light shone onto ceiling and wall,
as lightning illuminates the field.

46. Well into the evening
the heroes drank the clear wine;
there was neither tumult nor commotion;
the harp lulled the champions to sleep.

47. The men arose early
and sang the office of Matins;
the worthy king went to the playing field,
the fair ladies to the hall.

48. The men began to shoot
with lances and heavy stones;
some played chess or wrestled;
the young men frequently danced.

49. Rôtisseurs took up their posts;
marshals decked the tables;
cellarers saw to the wine,
for when the courtiers were to be fed.

50. So time passed till after Mass,
then the meal was ready;
it was seemly to sup some kale
there in the king's great castle.

51. The king sat in another place
and did not come to table;
the king's courtiers found this queer
and made mention of it.

52. The worthy queen asked Gawain:
"The ladies censure this;
what is the reason, sir?
Why does the king wish to fast?"

53. "Eg vil kóng, með yðart lof,
eftir slíku frétta;
næsta væri oss ei við of
angri þínu að létta."

54. Hér næst kom hann á hilmirs fund
og hagar svo ræðu sinni:
"Búinn er matur og beðið um stund;
borð er til reiðu inni."

55. Buðlung svarar og brosti að
burgeis máli gefnu:
"Ekki hastar enn um það;
allur er dagur til stefnu.

56. "Hér er að vísu vant til orðs;
vorar manstu stéttir;
hvar sástu mig hrapa til borðs,
svo hefði eg öngvar fréttir?"

57. Herra Valven hneigði sig
og hafði ei áfram lengra;
kóngsins orð eru kurteislig;
kappa tekur að svengja.

58. Segir hann þetta silki láð
og sveinum áður en léttir:
"Ei hefur neinn fyrir gleðinni gáð
að gjöra oss nýjar fréttir."

59. Mjög leið fram á miðjan dag;
margan tók að þysta;
og er það flestra fyrða plag
til fæðu kann að lysta.

60. Hér næst sjá þeir mikinn á mar
mann af skógi ríða;
þar skal Herjans hrosta far
við hafnarmarkið bíða.

Skikkjurímur

53. "I will, with your consent,
ask the king about this;
it would certainly not be too much
to lessen your distress."

54. Then he went before the king
and spoke in this manner:
"The meal is ready and we await;
the table is prepared within."

55. The king answered, smiling
at this nobleman's words:
"There's no hurry yet;
the whole day is ahead of us.

56. "Here it must certainly be said;
remember our station;
when have you ever seen me rush to table
when I had heard no tidings?"

57. Sir Gawain bowed
and did not continue;
the king's words are courteous;
the men grow hungry.

58. He informs the queen of this
and, before he'd finished, the men:
"No one, in all this revelry,
has remembered to bring us any tidings."

59. It was well into the day;
many a man grew thirsty;
and it is the way with most men
that they desire food.

60. Thereupon they saw a large man
ride out of the forest;
here shall this ship of poetry
tie up at its mooring.

ÖNNUR RÍMA

1. Áður finnst um auðar ná
afmórs vers í minni skrá;
enginn veit hvar höldum hjá
heimskur situr ef þegja má.

2. Gunnlöð kennir Fjölnirs fund
fyrst að geyma langa stund;
blekkt var af því bauga grund,
að Bölverk hafði slæga lund.

3. Lítið nokkuð lagði hann á,
ljóðin hljóta að standa smá;
enginn skyldi auðar ná
angurlaust með kvæðum fá.

4. Því hef eg ekki vanist þar við;
varla hafa þeir jafnan sið;
sjaldan bregður mjaldur mið;
misjafnt verður um kvenna frið.

5. Fljóðin ræki Friggjar barð;
forðist heldur véla skarð;
minnumst á hvað mjóvum varð
meyjum kóngs í Artús garð.

6. Þar skal tuttugu tunna fat
tempra upp með orða hrat;
Artús kóngur í Jarmóð sat;
enginn drengja fékk þar mat.

7. Sagt var næst að sáu þeir mann;
svörtum hesti ríða þann;
stefnir mitt á ræsirs rann;
rekkar gengu á veg fyrir hann.

8. Hestur hans er stoltur og stór;
steyptur er hvör af gulli skór;
hæversklega með hofmann fór;
hann var ekki í gjörðum mjór.

SECOND FIT

1. Previously there could be found
love poems to women among my verses;
the foolish man goes unobserved
if among others he can remain silent.

2. Gunnlöð guarded poetry
for a long while at first;
she was deceived because
Bölverkur had a cunning nature.

3. He brought it about
—something that will remain with poems—
that no one should without grief
gain a woman's love through verse.

4. So I have not made a practice of it
—for others it may be different—
the leopard cannot change its spots;
woman's favor is fickle.

5. Women, cultivate "Frigg's hill";
avoid the cut of treachery;
let us recall what befell
the slender maidens of King Arthur's court.

6. There shall a twenty-pot barrel
be topped up with vain words;
King Arthur sat in Yarmouth;
no one there got anything to eat.

7. Next it is said they saw a man
riding a black horse;
he made straight for Arthur's hall;
the knights went to meet him.

8. His horse was proud and noble;
each shoe was cast in gold;
nobly it bore the gentleman
and was in girth not slight.

9. Söðullinn kostar sextíu pund;
svo var beisl á alla lund;
aldrei sótti á Englands grund
annar slíkur á þeirra fund.

10. Stefnir beint á hilmirs höll;
hirðin víkur þangað öll;
hár og klæði er hvítt sem mjöll;
hans var tungan mjúk og snjöll.

11. Hofmannlega hann hegðar sig;
hans var kveðjan stoltuglig:
"Kónginn yðarn kennið mig;
eg kann hér hvorki göng né stig."

12. Kæi nam ansa, kátur og glaður;
köppum varð að orðum staður:
"Seg tíðindi, snyrtimaður;
sannlega vertu í þessu hraður."

13. "Fyrir kónginn vildi eg koma í stað."
Kappinn víkur drengjum að:
"Eg mun tjá yður eitthvört það
ei er víst hvort brosi þér að."

14. Hertugi Ívent svaraði svá:
"Situr minn herra stóli á;
hér mátt hann með heiðri sjá;
hefur nú yfir sér kápu blá."

15. Eigi gjörir hann ýtum pín;
af sér leggur hann kápu sín;
sú var seymd með silki og lín;
slík fannst ei fyrir norðan Rín.

16. Hæversklega fyrir herrann sté,
með hneigðum búk og lýtur á kné;
enginn makaði að honum spé,
því allir hugðu hann dándis sé.

17. Kurteisleg var kveðjan sú
kóngi bar hann fyrir eina frú;
hún var bæði hýr og trú;
hennar líki er varla nú.

9. The saddle had cost 60 pounds;
there was also a harness all round;
never before in England
had its like been seen.

10. He headed straight for the king's hall
and there too went all the courtiers;
his hair and clothing were white as snow;
he spoke sweetly and eloquently.

11. He bowed graciously;
his greeting was gallant:
"Tell me which is your king;
I do not know my way round here."

12. Kay answered him, cheerful and happy;
the knights fell silent:
"Tell the news, good sir,
and by all means be quick about it."

13. "I wish to see the king at once";
he turned to the knights:
"I'll tell to you something;
it is not certain that it will make you smile."

14. Sir Yvain answered:
"My lord sits upon a chair;
here you can see him with honor;
he is wearing a blue cape."

15. He did not malign these knights;
he cast off his surtout,
which was sewn with silk and linen;
its like could not be found north of the Rhine.

16. He went courteously before the king,
bowing down and with bent knee;
no one mocked him,
for all thought him to be genteel.

17. The greeting he conveyed to the king
was courteous, from a grande dame;
she was both mild and constant;
her like is rare nowadays.

18. "Yður bað segja jungfrú kæn,
eina vill hún þiggja bæn;
þessi er bæði vitur og væn;
veitir hún gjarnan aðra í gén.

19. "Öngum harmi ertu að nær;
öngvan skaða ríkið fær;
einhvör af því fögnuð fær;
frægðin stendur hellst til nær."

20. Hertogi Ívent svaraði svá:
"Sæmileg mun hringa gná;
sannlega skulu þér sneypu fá,
ef sakar minn herra nokkuð upp á."

21. Kóngurinn gjörir köppum skil:
"Kurteis mun sú hringa Bil;
hún skal þiggja hvað er hún vil,
og hingað gjörir mér boðskap til."

22. Sveinninn hneigði sjóla beint;
síðan tekur hann kofrið steint;
þar var í sem getum vér greint:
guðvefs pellið fagurt og hreint.

23. Kofri lýkur hinn komni sveinn;
kemur þar upp úr möttull einn;
hann var bæði hvítur og hreinn;
höldar litu ei slíkan neinn.

24. Það höfðu öngvum augun léð,
að áður hefði slíkan séð;
þeim var öngvum fast um féð,
sem form á smíði þessum réð.

25. Böndin öll eru silki senkt
—sætan hefur flest allt þenkt;
sú mun ei af kalsi krenkt—
með knýttum, gylltum tyglum tengd.

26. Álfkonur höfðu ofið hann þrjár,
eigi skemmur en fimmtán ár;
sýndist bæði gulur og grár,
grænn sem dökkur, rauður og blár.

18. "My good lady has bade me tell you
that she would ask a favor;
she is both wise and fair
and will gladly grant you one in return.

19. "There is no danger in this to you;
your kingdom will not be harmed;
someone will have joy of this,
and fame is quite near at hand."

20. Sir Ivain answered:
"Your lady seems to be honorable;
but you, in truth, shall be disgraced
if any harm comes to our king."

21. The king makes plain to his subjects:
"This lady appears courteous;
she shall have what she desires
and what she has sent here to ask of me."

22. The young man bowed to the king
and then took up a painted chest;
we can inform you of its contents:
a costly garment, unsullied and fair.

23. The young man opened up the chest;
out of it there came a mantle,
it was both pure and clean;
the knights had never seen its like.

24. No one had ever before
set eyes on such a thing;
whoever had had this thing made
had clearly not been niggardly.

25. The ties were all of silk
—the lady had thought of everything;
she could not be scorned—
fastened with thongs of gold.

26. Three elf-women had woven it
in no fewer than fifteen years;
it appeared both yellow and grey,
green, dark, red, and blue.

27. Virðum líst það vanda slagur;
vill svo greina þessi bragur;
enginn skildi hyggju hagur,
hvörsu gjör var möttull fagur.

28. Sveinninn talar við sjóla fríður:
"Sjái þér beint, hvað deginum líður;
langt þykir þeim sem lítils bíður;
líst þeim þessi möttull fríður.

29. "Mildung bað þess mektugt sprund,
að meyjar og konur á Englands grund
leggi yfir sig Freyju fund;
furðu mun það lítil stund.

30. "Sú skal eiga er allvel fer;
eigi mun yður þykja það verr,
þótt eg greini hilmirs her
hvörja list að skikkjan ber.

31. "Sé það mey eður mektug frú
misjafnt vel hefur haldið trú,
herra ríkur, heyr það nú,
henni hæfir ei skikkjan sú.

32. "Þann veg styttir þorna ná
þennan möttul oftast á,
sem hún vill sig til leiksins ljá
leigumanni sínum hjá.

33. "Nú er bænin birt fyrir þér,
er brúðurinn ríka skipaði mér;
konurnar allar komi nú hér,
og kynnið oss, hvör dyggust er."

34. Milding segir að mál sé þá
mönnum hans til borðs að gá;
sveinninn var þar ekki á;
erindið sitt hann vildi fá.

35. Kóngurinn talaði Valven við:
"Viltu sækja drósa lið?
Kynnum þeim um kappans sið;
komi þær hingað þegar eg bið."

27. The knights found this puzzling,
as our poem describes;
none of them could perceive
how this beautiful mantle had been made.

28. The fair young man addressed the king:
"Do you not see the day is nearly gone?
The wait is long if nought's to gain;
they think the mantle is beautiful.

29. "My noble lady bids the king
have the ladies and maidens of England
try on this precious thing;
it will take only a short time.

30. "She shall have it whom it best becomes;
you will not think it worse
if I inform the assembled company
what quality the cloak possesses.

31. "If a maid or noble dame
has been unfaithful,
hear now, noble lords,
the cloak will not suit her.

32. "This mantle shortens on a woman
most often in the same way
as she is wont to give herself
when disporting with her paramour.

33. "This boon has now been made known to you
as my good lady charged me;
all women should now come here
and reveal to us, who is most faithful."

34. The king said that now the time had come
for his men to go to table;
the young man did not agree;
he wished to complete his business.

35. The king spoke to Gawain:
"Will you go and fetch the women?
Inform them of this man's request;
they are to come here when I ask."

36. Valven skilst við ræsirs rann;
ríkar brúðir hitta vann;
sagðist vera einn sendimann;
snótir allar kveðja hann.

37. "Kóngurinn vill yður krjá til sín;
komin er hér ein skikkjan fín;
aldrei sá ek með augum mín
aðra slíka, bauga Hlín.

38. "Hana hefur sent ein seima ná;
slíkt vil eg þér, drottning, tjá;
eina bæn vill jungfrú fá;
ekki hefur hún greint oss þá."

39. "Gjörum oss ant," kvað gullaðs ná,
"góðgrip þennan skulum vér sjá."
Verði þeim nú ekki á,
allvel hafa þær leikið þá.

40. Fljóðin koma til hallar heim;
hvörgi fannst nú á þeim keim;
kærlega stóð sá kastar seim,
kóngurinn, upp á móti þeim.

41. Kóngurinn sýndi konunum þá
klæðið það vér sögðum frá:
"Sú skal eignast auðar ná,
er engin virðast lýtin á."

42. Meyjarnar tóku hið mæta klingur;
mjúkir voru þeirra fingur;
þar var sleginn í höllu hringur,
og herligssveina leikurinn kringur.

43. Drottning skyldi fara í fyrst;
fleirum var þó á því lyst;
ei mun mjög um aðrar hnysst,
ef einhvör hefði þessa kysst.

44. Kóngurinn tekur hið kléna lín;
klæðast skal nú drottning fín;
þar skal hverfa Hvítbergs vín;
hér er endir á rímu mín.

36. Gawain left the king's hall
and called upon the noble ladies;
he said he was a messenger;
the women greet him one and all.

37. "The king beckons you;
a fine cloak has come here;
never, madam, have my eyes
seen its like.

38. "It has been sent by a lady;
this, my queen, I wish to tell you;
she wishes to ask a favor;
she has not informed us of it."

39. "Let us hurry," the queen said;
"this treasure we must see."
If they do not disgrace themselves
they will have done well.

40. The ladies come to the hall
without a hint of suspicion;
gallantly the bestower of gold,
the king, arose to greet them.

41. The king then showed the ladies
the garment of which we have spoken:
"That woman shall have this
who is revealed to be without blemish."

42. The maidens took the splendid object;
their fingers were soft;
they formed a circle in the hall,
surrounded by the young lords.

43. The queen would be the first to try,
though there were more of them who wished to;
others would be mocked less,
if someone had kissed this woman.

44. The king took the fine cloth;
the queen was to try it on.
There we leave Parnassus's wine,
for here my rhyme ends.

ÞRIÐJA RÍMA

1. Kemur að því sem kappinn Þór
kaskur þótti er heiman fór;
Elli varð fyrir Atla þá;
ekki er gott við henni að sjá.

2. Fyrri man eg að falda gnár
furðu töluðu vel til vár;
veik eg út í Veneris heim;
var eg þó oft í leik með þeim.

3. Að mér þyrptust auðar gnár;
jafnan var eg til þeirra fár;
þeygi var eg um þetta fróður;
þóttumst eg þeim næsta góður.

4. Örlög skipuðu elsku þing;
jungfrúr áttu fagran hring;
kom eg á þetta hið mikla mót;
mín varð lítil að því bót.

5. Sú var stæst er stóð mér hjá;
stundu síðar mælta eg svá:
"Hvör er þessi hin háa kind?
Hún er mjög svo dauf og blind."

6. "Elli heiti eg, ástin mín;
er eg nú komin að vitja þín;
getur það hvör er girnist á;
gakktu með mér héðan í frá."

7. Fríðar töluðu falda gnár:
"Fanginn er nú kappinn knár."
Ansar sú sem illa kaus,
aldrei skyldi hann verða laus.

8. Þetta segi eg Þrúði seims,
þann veg missti eg blíðu heims;
hvörsu sem mér síðar semur;
sá veit gjörst í nokkuð kemur.

THIRD FIT

1. Now it is to be told how the valiant Thor
was robust when he left home;
but he encountered Old Age;
there's little that can be done against her.

2. I remember that previously
women spoke wonderfully kindly to me;
I entered the world of love,
and was often at play with them.

3. Women swarmed round me;
I paid them little attention;
I wasn't very knowledgeable in these matters;
and thought myself too good for them.

4. Fate arranged a love meeting;
maidens formed a fair circle;
I attended this great gathering;
it was of little benefit to me.

5. The tallest one stood next to me;
a while later I asked:
"Who is this tall creature?
She is quite deaf and blind."

6. "My name is Old Age, my love,
I have come in search of you
—he finds who seeks—
walk with me from here on."

7. Beautiful women said:
"Our brave hero is captured now."
She who had made this evil choice
answered that he would never be free.

8. This I say to women:
in this way was I deprived of worldly joy;
however things may turn out for me later,
he knows best who has himself experience.

9. "Illa hagar hann æsku sín,
að öngva nýtti hann bauga lín;
Elli er honum ætluð nú;
ekki þarf hann betri frú."

10. Það hef eg frétt að fljóðin öll
fram eru komin í Artús höll,
og svo hitt að auðar strönd
yfir sig lagði skikkju bönd.

11. Kóngurinn semur á kæru nú
klæðið það sem sendi frú;
fell svo slétt um fangið niður
að foldin þótti hlæja viður.

12. En á bak var stutt um stef,
sem stungið hefur einhvör ref;
heyrði eg á því hvörs manns orð;
huldi hún varla kálfa sporð.

13. Kynjar þetta kóngsins sveit;
kappinn hvör til annars leit;
Kæi varð þegar að kalsi ber:
"Krátans illa skikkjan fer.

14. "Önnur taki hana auðar gná,
sem ei er þessi mjallinn á;
ekki dára eg yður í því,
ef aðrar verða þann veg í."

15. Kallar Artús kvinnu þá
sem kóngsson Estoris þennkti upp á:
"Far þú hingað, falda brík,
því frúnni ertu í vexti lík."

16. Hringþöll klæddi hjúpnum sig;
hefur svo bókin fræddan mig;
henni tók hún hvörgi á hné;
hörmuligt er þetta spé.

17. Milding talar við menja gná:
"Mjög hefur hlaupið skikkjan sjá;
ógurlega er hún orðin stutt,
ekki lengra en hún var flutt."

Skikkjurímur 299

9. "He misspent his youth,
never having a woman;
Old Age is his intended now;
he needs no better wife."

10. All the women, I am told,
have assembled in Arthur's hall,
and also that the queen
tried on the mantle.

11. The king gave to his spouse
the cloak the lady had sent;
it fell down so smoothly over her lap
that it played upon the ground.

12. But in the back it was rather short,
as though someone had stuck a "fox" there;
I heard it from everyone:
the cloak barely hid her calf.

13. The king's men thought this strange;
each looked at the other;
Kay was quick with a bitter gibe:
"That cloak fits damned badly.

14. "Let another woman try,
one without this nature;
I'll not make fun of you
if it goes in the same way for others."

15. Arthur then called the woman
of whom Prince Estor was enamored.
"I pray come hither, maiden;
for in build you are like the queen."

16. This woman put on the cloak,
so the book tells me;
it reached not even to her knee
—this is a terrible outrage.

17. The king spoke to the young woman:
"This cloak has shrunk quite a bit;
it has become quite awfully short
in the short while since coming here."

18. Siklings frá eg að sætan tér:
"Síðari var þó skikkjan mér."
Ívent kvað það mestan mun:
"Miklu ertu dyggri en hún."

19. Gall upp þegar Gerflet fól:
"Gabba þeir þig, hringa Sól;
flestar blekkja friðilinn sinn;
falsað hefur þú herra þinn.

20. "Nú er það uppi er áður var leynt;
öðling hefur það sjálfur reynt,
hvörsu þér hafið haldið dyggð;
hér til var sú skikkjan byggð."

21. Drottning spurði Ívent að:
—er það satt að fljóðið kvað—
"Hefur sjá skikkjan leynda list?"
Lofðung segir að það sé vist.

22. Líneik vill nú leika af sér:
"Ljótlega fór skikkjan mér;
keskibrögðin kennast hér;
klæðast skulu henni allar þér."

23. Fer ein í sem fljótast getur;
fræðir oss um þetta letur;
hann tók henni hvörgi nær,
heldur mitt á vinstra lær.

24. Styttast tekur en stillist friður;
stjaldra tóku meyjar viður;
gjörist þeim nú ekki annt
út að taka sinn setta skammt.

25. Kæi nam þegar að kalsa skæður
kvinnu þá er hann sjálfur ræður:
"Hvar fyrir dvelur þú, hyggin frú,
að hafa þann grip sem býðst þér nú?"

26. Hringþöll ansar hæverskleg:
"Hér eru margar fremri en eg;
hvatvísi má heita nær,
ef hleyp eg fram fyrir allar þær."

18. I'm told the queen spoke:
"At least it was longer on me."
Yvain said there had been a great difference:
"You are much more constant than she."

19. Immediately the fool Girflet piped up:
"They trick you, madam;
most women betray their husbands;
you have been unfaithful to yours.

20. "What was hidden is now revealed;
the king himself has now seen
how well you have kept faith;
this is why the cloak was made."

21. The queen asked Yvain:
—it is true that the woman said—
"Has this cloak some hidden nature?"
He said that it was so.

22. The lady wishes to make light of things:
"The cloak fitted me badly;
foul play can be detected here;
all of you shall try it on."

23. One puts it on as quickly as she can,
so the story tells us;
the mantle reached no further
than to the middle of her left thigh.

24. It shortened and a hush fell;
the maidens hesitated;
they were no longer keen
to take the measure allotted them.

25. Scathing Kay at once demanded
of his own beloved:
"Why do you hesitate, canny woman,
to take the object now offered you?"

26. The damsel answered courteously:
"There are here many more prominent than I;
it would be judged temerity
were I to spring ahead of them all."

27. "Eigi þarftu að óttast það;
engin ber sig jafnvel að;
eflaust máttu hann eigna þér
fyrir æru og dyggð þú veittir mér."

28. Fljóðið tók hið fagra lín
og fleygir upp yfir herðar sín;
á hliðunum báðum hljóp á jörð;
heiðarlega er skikkjan gjörð.

29. Á bakinu niður í k[nésbót] kemur;
klæðið þetta engin semur;
en í fyrir á nafla nær;
nú er það sýnt hvé brugðust þær.

30. Fleygði af sér frúin í stað;
fjandann sjálfan eiga bað
þann sem flutti þennan serk
og þvílík gjörðu handaverk.

31. Lýðurinn hlær en lægðist dramb;
þess löngum býður af hendi kamp;
Kæi nam sækja hæðnin heim;
hann var kenndur lítt af þeim.

32. Valven þénti jungfrú ein;
öðling talar við silkirein:
"Hvörsu mun það hvíta lín
henta okkur, sæti mín?"

33. Fljóðið kemur í Freyju skraut;
fór þá skakkt á menja laut:
hún var svo stutt á vinstri hlið
að varla huldi mjaðmar lið.

34. Göran hét sá eð gabbaði þá:
"Gjörla megum vér allir sjá:
þessi kann að leggja upp lær;
leikinn þennan skiljum vær."

35. Fram var leidd hin fimmta taus;
fór hún varla erindislaus;
Ívent þénti auðgrund smá,
óskafögur og væn að sjá.

27. "You need not fear that;
no one behaves as well as you;
you will without doubt take the mantle for your own
for the honor and faithfulness you have shown me."

28. The woman took the lovely raiment
and threw it over her shoulders;
it fell to the ground on both sides;
the cloak was made honestly.

29. In the back it came down to the knee
—this garment suits no one—
but in front it reached the navel;
now it is shown how they have failed.

30. The woman cast it off immediately;
bade the devil himself take
him who had brought this garment
and those whose handiwork it was.

31. The people laugh, and the arrogance of him
who was most often ready to taunt subsided;
Kay was visited by his own mockery;
he was greatly mocked by them.

32. Gawain was served by a young maiden
to whom he now spoke:
"How will the white garment
suit us, my dear?"

33. The woman put on the cloak;
it was crooked on her;
it was so short on the left side
that it scarcely covered her hip.

34. One named Goran jested then:
"We can all see clearly
that this one knows how to lift a leg;
that's a game we understand."

35. Out was led a fifth young lass;
she hardly went pointlessly;
Yvain was served by this petite maid,
extremely lovely and fair to see.

36. Henni stytti á hægri hlið;
hvörgi kom þar skikkjan við;
en á vinstri vafðist svó,
víslega meir en alnar dró.

37. Valven leiddi víf til sess;
var þeim ætlað rúm til þess
að þær mætti húka í hring;
heitir þetta kvenna þing.

38. Artús talar við unga kvón
sem Ídús átti hertoga son:
"Ömbuna skal þér æru þín;
yðvar mun verða skikkjan fín."

39. Bernarð svaraði, byrlari hans:
"Blekkist jafnan hugsan manns;
ætlun vár er ei nema sú
að engin þeirra verði trú."

40. Fór hún í sem fljótast má;
í fyrir tók jörð á menja ná;
en svo var hún á bakið ber;
beltið hennar gjörvallt sér.

41. Kæi nam þegar keski orð
að kalsa upp á menja skorð:
"Hulin ert lítt, svo halinn er ber;
hvörsu mætti hún fara þér verr?"

42. Kappinn sá, sem Kardon hét
kæru sína skrýðast lét;
aumlega fór hún auðar rein:
ekki huldi klettis bein.

43. Fram var leidd sú falda gná
sem Felix kóngur inn gamli á;
tvö hundruð vetra tírætt bjó;
trúi eg hún væri að aldri svó.

44. Á jörðu stóð hún allt í kring;
aldrei sáu þeir vænna þing;
en þó var gat fyrir gásar stað;
gat hún ekki fólgið það.

36. On her it shortened on the right side;
the cloak touched her nowhere there;
but on the left it was so entangled,
it was drawn up certainly more than an ell.

37. Gawain led the woman to her seat;
a place had been made for them
so they could huddle there in a circle;
that's what is called a women's forum.

38. Arthur spoke to a young woman,
wife of the duke's son Idus:
"Your virtue will reward you;
on you the cloak will be fine."

39. Bernard, his cup-bearer, answered:
"One's judgment is constantly beguiled;
it is our belief
that none of them will be faithful."

40. She put it on as quickly as she could;
on her it reached the ground in front,
but in the back she was so bare
that her whole belt could be seen.

41. Kay immediately spoke with taunting words
in order to mock the woman:
"Little is hidden, so your tail is bare;
how could it be a worse fit on you?"

42. The hero called Kardon
had his *amie* try it on;
it fitted the girl wretchedly,
not covering her pudendum.

43. Forward was led the wife
of King Felix the old;
two hundred years of age
I think she must have been.

44. The cloak touched the floor all round;
they'd never seen a finer thing;
but there was a hole over the "goose";
she was unable to hide it.

45. Dyrgjan var þá dáruð í;
drengir hlógu mest að því;
ei tók meir en olboga bót,
allt í kring um þessa snót.

46. Fram var leidd í fljóða krans
fagra drottning Smámeyjalands;
átta vetra að aldri sögð,
yfir hana var skikkjan lögð.

47. Einka mjó var auðar spöng,
en þó var henni skikkjan þröng;
sáust á henni sextán göt;
sú mun eigi á kossa löt.

48. Seimþöll var til sætis leidd;
síðan var þá skikkjan greidd
þeirri mey sem móðugt lét;
Mórit hennar bóndinn hét.

49. Breytilega á brúði varð;
á báðum hliðunum fékk hún skarð;
stutt í fyrir en styst á bak;
stóran hlátur fólk upp rak.

50. Þá var tekin hin tólfta snót;
telst hún hvorki föl né ljót;
allra vænst í öðlings sal,
er átti hinn prúði Parcival.

51. Fór hún í sem fljótast getur;
fyrðum leist nú ei að betur;
breytilega á brúði fór;
böndin gjörvöll sluppu ór.

52. Hvörgi kom hún við hringa ná;
hallar gólfið klæddi þá;
sökkti hún þeim sem hana bar,
og svo þeim stað hún gjörð í var.

53. Sveinninn tekur þá senkt með lín
silkibönd úr pungi sín;
hann bætir það sem brestur að
og biður þær klæðast þegar í stað.

45. A dwarf-maid was then led in;
the courtiers laughed a great deal at this;
it reached no further, all the way round,
than to this woman's elbow.

46. Forward into the ladies' circle was led
the beautiful queen of Small-maiden-land;
said to be only eight years of age,
she was clad in the cloak.

47. This maid was very slender,
but still the cloak was tight on her;
sixteen holes could be seen on it;
she'd not been idle at granting kisses.

48. She was led to her seat;
the cloak was then given
to a demoiselle who seemed woeful;
Morit was her husband's name.

49. Upon this woman its shape shifted,
a rift appeared along each side;
short in front, but shorter in back;
people laughed greatly at this.

50. A twelfth young woman was taken;
she could be called neither pale nor ugly;
the fairest one in all the court,
she was the wife of gallant Perceval.

51. She put the mantle on as quickly as she could;
to them it did not appear any better;
its shape changed on her,
and the ties let go completely.

52. It didn't touch her anywhere,
but clad instead the palace floor;
she cursed him who had brought it
and the place where it had been made.

53. The young man took from his pouch
linen ties covered with silk;
he repaired that which had been torn
and bade them clothe themselves straightaway.

54. Engin vildi auðar gná
yfir sig leggja möttul þá,
heldur en ganga á heitan eld;
hallar degi en líður á kveld.

55. Drengurinn talar við dögling nú:
"Dári þér ekki mína frú;
látið þær klæðast búnings bót."
Bölvað var honum þegar í mót.

56. Kóngurinn lagði úrskurð á;
allar skyldu meyjar þá
í hana fara að öngri dvöl:
"Oss er mest í sulti kvöl."

57. Þúsund meyja og hundrað hlaut
hvorki af henni gaman né skraut;
ei var þessu einn veg breytt;
öngri þeirra fór hún neitt.

58. Gerflet hljóp, sem getið er oft,
greiðlega út um þeirra loft;
leitar bæði hér sem hvar,
hvort þær leyndist ekki þar.

59. Þar var fundin jungfrú ein;
óskafögur er silkirein;
hún lá sofin í háum turn;
hafði ekki af slíku spurn.

60. Sjá var leidd í hilmirs höll;
þeir heilsa þeirri menja þöll;
sýndu henni silkið blá
og sögðu hvað þar lægi upp á.

61. Þar var mörg sú meira lét;
meyjan þessi Kardon hét;
Kaligras nefnist kempan sú,
sem kæran veitti sína trú.

62. Kaligras talar við kæru sín:
"Kom þar aldrei, sæti mín;
þar er sá fjandi fyrir í höll,
sem falsað hefur sprundin öll.

54. None of the women then wished
to try on the mantle
any more than to walk over hot coals;
the day passed and evening drew near.

55. The young man now spoke to the king:
"Mock not my lady;
have them try on the cloak."
He was cursed forthwith.

56. The king made the decision
that all the maidens should
try it on without delay:
"We are quite famished."

57. A thousand maidens and a hundred
had from it neither pleasure nor ornamentation;
it did not happen all in one way;
it fitted none of them.

58. Girflet, who has often been mentioned,
ran promptly to the ladies' chambers;
he searched both high and low,
should there be any women hiding there.

59. One young woman was found there;
she was as beautiful as could be wished;
she had lain asleep in a high tower
and knew nothing of these proceedings.

60. She was led into the king's hall;
they greeted this maiden
and showed her the blue silk
and explained to her what the matter was.

61. Many a one was there more haughty;
this maiden was named Kardon;
Kaligras was the name of the champion
to whom she gave her troth.

62. Kaligras speaks to his beloved:
"Do not go there, my sweet;
there is a devil in the hall
who has shown all the women to be false.

63. "Svo hefur ástin ærðan mig,
engi er von að missa eg þig;
það er minn harmur og það er mitt hel
þegar hún fer þér eigi vel."

64. Margir sögðu hann mælti rangt;
má þar ekki tala um langt;
að unna þeirri er ekki er trú,
engin skömm finnst meiri en sú.

65. Meyjan gaf til mektugt ans:
"Mín skömm er það meiri en hans;
en þó eg ynni iðuglegt angur,
ef hann er nokkuð hyggjustrangur.

66. "Mega mun mér, sem meyjum þeim,
sem milding sjálfur leiddi heim,
ef eg míns herra orðlof fær,
að einum líma slítum vær."

67. "Það mun meyjum þykja best;
þú munt eiga í hættu mest;
brugðist hafa þær brúðir nú,
sem betri þóttust miklu en þú."

68. Menþöll klæddi möttli sig,
menntarík og stoltuglig;
þegar þær geymdu að þorna ná
þar var vænst er helst leit á.

69. Ei var hún stutt og ei var hún flá
alla vegu sem kjósa má;
flestir gjörðu frúnni lot;
fell þá hvört við annað brot.

70. Ógurlegur var ymurinn sá;
allir lofuðu Kardon þá;
hinum tók heldur að hitna kinn,
sem höfðu falsað bóndann sinn.

71. Brúðar sveinninn birti þá:
"Bar eg þá skikkju um lönd og sjá;
öngva fann eg jafna þér;
æ jafnt fór hún heim með mér.

63. "Love has so beguiled me
that should I lose you there is no hope;
it will be my grief and my anguish
when it doesn't fit you well."

64. Many said that he spoke wrongfully
—it need not be discussed at length—
that to love one who is unfaithful,
there is no greater shame than that.

65. The maiden gave a fine answer:
"It is my shame more than his;
and I should gain eternal grief
if he became in any way embittered.

66. "It may be for me as for the other maidens
whom the king has brought here,
that, if I get my lord's permission,
we will all share the same punishment."

67. "This would be most pleasing to the other women;
the greatest danger is to you;
those women have now failed
who thought themselves much better than you."

68. The maiden tried on the mantle,
well-versed and proud;
when the other women observed her,
it was lovely everywhere they looked.

69. It wasn't short and it wasn't slack;
on every side it was as to be wished
—most paid her homage—
each fold fell in its place.

70. There was a great hum
as everyone praised Kardon;
the cheeks began to redden
of those who had betrayed their husbands.

71. The young man appeared then:
"I've taken this cloak over land and sea;
no one have I found who was your equal;
each time it went back home with me.

72. "Það má eg segja þegnum nú,
þá er eg kem fyrir mína frú,
hvað af skærri skikkju varð:
eg skildi hana eftir í Artús garð."

73. Sveinnin hneigði sjóla í stað;
síðan frá eg hann orðlofs bað;
fljóðin báðu furðu villt
fjandann sjálfan hafa þann pilt.

74. Jafnskjótt hljóp hann út á hest;
engin lét hann því á frest;
forðast síðan fylkirs rann;
flestir töluðu illt við hann.

75. Þetta var þeim drykkjar dvöl;
drengir kenndu síðan öl;
Kardon var þar haldin hæst,
að henni sómdi skikkjan glæst.

76. Fylkir talar við fljóðin öll:
"Fari þér burt úr minni höll;
lotning fáið þér litla hér;
þér lífið við skömm, sem maklegt er."

77. Kóngurinn talar við kappa sín:
"Kunnig sé yður ætlan mín;
þér munuð vekja vigra skúr,
því vér skulum sækja oss betri frúr."

78. Ýtar sóru á öðlings náð
alla sína breytni og ráð;
riddara sögurnar rísa af því,
að rekkar komu þrautir í.

79. Síðan endast veislan væn;
virðar þágu af kóngi lén;
öðling sinnar æru naut;
allir fóru með gjöfum á braut.

80. Kaligras og þau Kardon frú
með kærleik heldu sína trú,
því að um alla Englands byggð
engin var henni jöfn í dyggð.

72. "Now may I tell the courtiers
when I come before my lady
what became of the bright cloak:
I left it behind at Arthur's court."

73. The young man bowed to the king;
then, I'm told, he asked leave to go;
the women, with great passion,
bade the devil take him.

74. Straightaway he leapt upon his horse,
delaying not for a moment;
he then departed from the king's castle;
most spoke ill of him.

75. All this had delayed the drinking;
later the men had ale;
Kardon was held in greatest esteem
because the mantle had suited her best.

76. The king speaks to all the women:
"Go now from my court;
you will be afforded little honor here,
but will live in shame, as you deserve."

77. The king speaks to his heroes:
"Let my plan be known to you:
you will go into battle,
for we shall find ourselves better women."

78. The men pledged to serve the king
in all their thoughts and deeds;
tales of chivalry arise therefrom,
that men engage in great labors.

79. Later this fair feast ended;
men received rewards from the king;
the king enjoyed his honor;
all left with gifts.

80. Kaligras and his wife Kardon
kept their faith with love,
because in all England
there was none equal to her in virtue.

81. Skikkjuna gaf hún í Kölnis klaustur,
kappar segja í löndum austur;
enn í dag sé jöfn og þá,
ef jungfrúm verður nokkuð á.

82. Vildi guð, að væri hún hér,
veisa skyldu meyjarnar sér;
þá mundi eigi orðalaust,
ef engin þeirra reyndist traust.

83. Hér hefur sannast Salomóns orð,
segir af falskri menja skorð;
æ er gott við æru og sið
eyru sín að hafa við.

84. Við Skikkjurímur skilst eg nú;
skal sú hvör að ei er trú
hlæja þegar hún heyrir þær,
hvort það er heldur kona eður mær.

85. Sé þeim rétt sem snæra sé
sett frá nafla og ofan á kné;
slokkni ei fyrr en segja þær til.
Svo skal lyktast þetta spil.

81. She gave the cloak to the Cologne cloister,
heroes say, in the eastern lands;
it is still there today,
if women should err.

82. I wish to God that it were here;
then maidens would lament;
it would not go without comment,
if none of them proved true.

83. Here have been proved right the words of Solomon,
who spoke of false women;
it is always good for honor and morality
to keep one's ears open.

84. Now I leave these mantle verses;
each one who is not true
shall laugh when she hears them,
whether she be woman or maid.

85. It is fitting that they be made as if to burn
from the navel down to the knee;
may the fire not go out until they confess.
So ends this entertainment.

Variants

I.1. *lacking in S.* I.1.1 næst] flest W *(also 22, but corrected in margin).* I.1.3 þau—látin] látin eru nú W.
I.2 *lacking in S.* I.2.3 eg] + að W.
I.3 *lacking in S.*
I.4 *lacking in S.* I.4.1 útnorð<ur> á] útnorðsátt W. I.4.2 Austra] dasar W. móti] á móti W.
I.5 *lacking in S.* I.5.3 á lægi] *thus* W, lægis 22.
I.6.1 Í fram] Áfram S. beiðist] borðist W. I.6.2 andófs golan] andúlfs gáleyð S. I.6.3 sá] hinn W. að] sem S. I.6.4 betra er] betri W, betur S.
I.7 *lacking in S.* I.7.1 þó] þótt W. I.7.2 blíðu á landið] til blíðulanda W.
I.8.1 Það—nýr] Suðra man þar söng minn dýr S. I.8.2 samið] saminn S. I.8.4 er] sem W.
I.9.1 Sá—einn] Einn var sá S. I.9.2 undir takast] undan berast S.
I.10 *lacking in S.* I.10.1 þann] hann W *(also 22, but corrected).* I.10.4 gumna] garpa W. marga] sæla og W.
I.11.2 kóngi] kóngum S. I.11.4 köppum] görpum S.
I.12.1 Valven] Valvin W, Valnint S. I.12.2 mesti] besti S. I.12.4 jafn—á] er honum kæmi af S.
I.13.1 Ívent] Vísint S. var—annar] annar var honum S. næstur] kærstur W, S. I.13.2 afreksmaðurinn] voldungur kappi sá S. I.13.3 honum] þeim W.
I.14.1 Erek] Errek W, S. þótti—við] heitir einn með S. I.14.2 öðlings—hinn] afreksgarpurinn S.
I.15.1 Þessir—siklings] Þeir eru þrír í þessum S. I.15.2 sóma—mestum] þroska gæddir hæstum S. I.15.3 var] er W, *lacking in S.* I.15.4 prýddur] prýðist S. bestum] glæstum W, S.
I.16.1 Estor—þeir] Nefna eg Ester og Ítras meir S. Estor] Astor W. Idús] Idrus W. I.16.2 ávalt] jafnan W, oft er S. I.16.3 fránan] fínan W, fagran S. I.16.4 og] *lacking in S.* fylgdu] fylgja W.
I.17.1 Ræðismaðurinn—var] Sá var maðurinn Kæris S. I.17.2 borði] borðum S. I.17.3 hæðnar] hnassar S. strendur] rendur S. I.17.4 hælinn] en hælinn W *(also 22, but struck out),* hægur S. orði] orðum S.
I.18 *lacking in S.*
I.19.1 var] fannst S. I.19.3 að þeim] öllum S. I.19.4 ef einn] er ei S.
I.20.1 kringlótt kóngsins] kóngsins kurteis S. sess] borð W. I.20.2 komið] kjörin S. I.20.4 upp] út W. frá hvólfi] í hólfi S.
I.21.2 fordild] fordeild W, undur S. I.21.3 horfði—líkt] horfði líka W, hann horfir jafnan S. I.21.4 snjalla] alla S.
I.22.4 ef] hann S.
I.23.3 hér—jafnast] þar hefur engi annar W, enginn hefur það jafnast S.
I.24.3 utan—eitt] fyrren eitthvört S. I.24.4 gleður] gladdi S. hann] *lacking in S.*
I.25 *lacking in S.* I.25.1 braut] brott W. I.25.2 heimta] leita W. I.25.3 kemur því] því kom W.
I.26 *lacking in S.* I.26.3 honum] bænum W. mörg] gnóg W.

I.27.1 Það—svinnir] Seggir hafa nú S. I.27.2 sagna] sanna W.
I.28.1 fyrst] einn S. sem] svo W, að S. I.28.3 eigi] ei W, S. maðurinn] hærra en W, lengra en S. I.28.4 allur réttur] allir réttir W.
I.29.1 sína] með sér í S. I.29.2 sextíu] sextigi W. I.29.4 er] *lacking in* W. að] á S.
I.30.2 er] *lacking in* S. dyrgjur] drósir W, S. I.30.3 ei—fullrar] ekki meir en W, ei var hún meir en S. I.30.4 gekk] kom W, S.
I.31.2 fyrir] af S. I.31.3 þreytti] þreyði S. I.31.4 það] þau W, þar S. braut eigi] brást ekki á S.
I.33.4 að] *lacking in* W, S.
I.34.1 kom enn] er leidd S. I.34.3 fólkið] fljóðið W.
I.35.1 Þessir höfðu] Þessum fylgdu S. þúsund] þrjú hundruð W, þrjátíu S. I.35.3 fylgdi] fór með S. I.35.4 með] í S.
I.36 *lacking in* S. I.36.3 var] er W. I.36.4 og] *lacking in* W.
I.37.1 Allir—öðlings] Fljóðum munu fylkis S. I.37.2 jungar frúr] flestar ungar S. I.37.3 þær] *lacking in* W, S. létu—enn] létust ekki litlar senn S.
I.38.2 plagaði] heldur W. I.38.3 þaðan] þá S. munu] mun W. eitthvört] ýtar S. I.38.4 ýtar] eitthvört S.
I.39 *lacking in* S.
I.40 *lacking in* S. I.40.1 drifu] drífa W. I.40.3 þetta] að W.
I.41.3 tignar] temprast S. hall!] höll W. I.41.4 er—heitir] tígnast komu sveitir S.
I.42 *lacking in* S. I.42.2 bæði trumba] báði (? written bade) tuba W. I.42.3 organssöng—breytt] organ þaut svo ístrið greitt S. organssöng] organ söngur W. allvel] allmjög W. I.42.4 mátti] + líta S.
I.43.2 kann] kom S. þar] það W, S. ekki] ekki að W, oft að S.
I.44 *lacking in* S. I.44.3 mámasí] milskað vín W. I.44.4 en] *lacking in* W.
I.45.1 leiddi] kom með S. I.45.2 dýr] dýrt W. I.45.3 hlið] rið W. I.45.4 sem] *lacking in* S. leiftrið] leiftur eð W. skein] skín W.
I.46 *lacking in* S. I.46.2 klára] klárað W. I.46.3 hvorki—þar] þá var hvorki W. I.46.4 harpan] að harpan W.
I.47.1 risu snemma] stóðu seint S. I.47.2 og] *lacking in* W, S. I.47.3 lofðung gekk] lýðurinn fór S. I.47.4 en] *lacking in* S.
I.48.3 eður] og S. I.48.4 var] er S.
I.49.1 fara] fóru S. síns] sín S. I.49.3 til víns] með vín S. I.49.4 þá] *lacking in* W, en S. byrlast] byrjast W, brennir S.
I.50 *lacking in* S. I.50.3 var] er W.
I.51 *The couplets are reversed in* S. I.51.2 til] að S. I.51.3 kóngsins hirðmenn] kóngsins hirðin W, komnar þjóðir S.
I.52.1 Valvent—dýr] Drottning talaði Valnint við S. Valvent] Valvin W. I.52.2 Drósir] Virðar S. I.52.3 Týr] sið S. I.52.4 hví] því W. vill] mun S.
I.53.1 vil] mun S. kóng] koma W. I.53.3 næsta—við] en hann kvað sér ei um S. I.53.4 angri—að] hans angri í burtu S.
I.54.1 Hér—hilmirs] Valnint gekk á vísis S. I.54.2 hagar svo] vandar S. I.54.3 beðið] bíður S. I.54.4 er] *lacking in* W, S.
I.55 *lacking in* S.

I.56.1 Hér—vísu] Þér er, kvað vísir *S*. I.56.2 manstu] návistar *S*. I.56.3 sástu—hrapa] vissirðu eg hljóp *S*. I.56.4 svo] ef *W*, þá *S*. hefði] heyrði *W* *(also 22, but changed)*, hafði *S*. öngvar] ekki *W*.
I.57 *lacking in W*. I.57.1 Herra Valven] Hertoginn Valnint *S*. I.57.2 hafði] hefur *S*. I.57.3 kóngsins—kurteislig] kóngsins orðin keskilig *S*. I.57.4 kappa tekur] köppum tóku *S*.
I.58 *lacking in W, S*.
I.59 *lacking in S*. I.59.1 á] yfir *W*.
I.60.1 sjá] litu *S*. á] *lacking in W*. I.60.2 mann] og mann *W*. I.60.4 bíða] líða *W*.

II.1 *lacking in S*. II.1.2 vers] *lacking in W*. II.1.3 enginn] ekki *W*.
II.2 *lacking in S*. II.2.1 kennir] komst á *W*.
II.3 *lacking in S*. II.3.1 hann] hún *W*. II.3.2 smá] svo *W*. II.3.3 ná] gná *W*.
II.4 *lacking in S*.
II.5 *lacking in S*. II.5.1 ræki] rækjum *W*, ræki um 22, *but* um *crossed out*.
II.6.1 Þar] Hér *S*. tuttugu] tvítugt *S*. tunna] *thus W*, tunnu 22. II.6.2 tempra upp] tappa upp *W*, temprast út *S*. II.6.3 Jarmóð] *first written* J armöd, *i.e.*, í armóð, *but with a second* J *added later* 22, Armóð *S*.
II.7.1 sáu] sjá *S*. II.7.2 svörtum] sveittum *S*. þann] hann *S*. II.7.3 mitt] beint *W*.
II.8.1 Hestur—stoltur] Hestur er bæði sterkur *S*. II.8.2 af] með *W*. II.8.3 hæversklega] sá heiðarlega *S*. með] þann *W*. II.8.4 var] mun *S*.
II.9.2 beisl á] *apparently first written* beisla, *but with* ä *written over the* a 22. á alla] við eina *W*. II.9.3 aldrei sótti] enginn fannst *S*.
II.10 *lacking in S*. II.10.3 er] *lacking in W*. hvítt] hvít *W*.
II.11.1 Hofmannlega] Heiðarlega *S*. II.11.2 var] er *S*. II.11.3 Kónginn] Við kónginn *S*. II.11.4 göng] gang *W*.
II.12 *lacking in S*. II.12.3 tíðindi] tíðendin *W*.
II.13 *lacking in S*. II.13.2 drengjum] drengnum *W*.
II.14.1 Ívent] Valnint *S*. svá] þá *S*. II.14.3 hér—heiðri] hinn sem þú mátt héðan til *W*, hann sem máttu héðan til *S*. II.14.4 hefur] hann hefur *W*, og hefur *S*. kápu] skikkju *W*.
II.15.1 Eigi—pín] ei hann greinist ýta vín *S*. II.15.3 seymd] senkt *W*, samin *S*.
II.16.1 Hæversklega] Kurteislega *S*. herrann] kónginn *S*. II.16.2 hneigðum] hneigðan *W*. lýtur] fellur *S*. II.16.3 makaði] gjörir *S*. II.16.4 því] *lacking in W*. hugðu] þenktu *W*, segja *S*. hann] að *W*.
II.17 *lacking in S*.
II.18.1 segja] heilsa *S*. jungfrú] jómfrú *S*. kæn] klén *W*, væn *S*. II.18.3 þessi—væn] sem er vitug, væn og klén *S*. II.18.4 hún] *lacking in W*. gjarnan] *lacking in S*. aðra] yður (+ slíkt *S*) *W, S*.
II.19 *lacking in S*. II.19.2 öngvan—fær] engan háska að ríkið sker (sker *corrected from* fær) *W*. II.19.3 af—fögnuð] yðvar fagnað *W*.
II.20.1 svá] þá *S*. II.20.2 hringa] sú bauga *S*. gná] ná *W, S*. II.20.3 skulu þér] skaltu *S*. II.20.4 sakar] skaðar *W*.

II.21 *lacking in S.* II.21.4 og hingað] helst hún W.
II.22.2 tekur hann] tók upp S. II.22.3 getum vér] getið er S. II.22.4 fagurt] bjart S.
II.23 *lacking in S.* II.23.2 kemur] kom W.
II.24 *lacking in S.* II.24.1 höfðu] hafa W. augun] augum W. II.24.4 form á (*written* formä) smíði] frómasmíði W.
II.25 *lacking in S.* II.25.2 hefur] + um W. II.25.4 knýttum] knútum W. gylltum] gyldum W. tengt] senkt W.
II.26.2 skemmur] miður S. II.26.3 sýndist] hann var S. grár] blár W, gljár S. II.26.4 grænn og dökkur (*first written* hvítur, *but struck out*), rauður og grár W, grænn og svartur, hvítur blár S.
II.27.1 líst] þekkir S. II.27.2 greina] sýna S. II.27.3 enginn] *thus* W, engis 22.
II.28.1 talar við] hneigði S. fríður] blíður S. II.28.2 beint] brátt W, nú S. II.28.3 lítils] lítið W, búinn S. II.28.4 líst þeim] leist þeim W, beint er S.
II.29 *lacking in S.* II.29.2 að] *lacking in W.* II.29.3 leggi] leggði W. sig] sér W. Freyju] Friggjar W.
II.30.1 er] eð W. II.30.3 hilmirs her] hilmi hér S. II.30.4 hvörja list] hvörjar listir S. að] eð W, *lacking in S.*
II.31.1 Sé það] Hvort sem er S. mektug] mektar S. II.31.3 ríkur] góður S. heyr það] heyr þú W, hlýð mér S. II.31.4 hæfir] sómir S. ei] ekki W.
II.32.4 leigumanni] til leyndarmanni S.
II.33.1 er] *lacking in W.* II.33.4 og kynnið] kynnum W.
II.34.4 hann vildi] að hann vill W.
II.35 *lacking in S.* II.35.2 drósa] drósar W. II.35.3 kynnum] kynna W. kappans] kappa W. II.35.4 komi] koma W.
II.36.1 skilst við] gekk af S. II.36.4 snótir—kveðja] sætur ríkar kvöddu S.
II.37.2 er] *lacking in W.* ein] svo W, S. II.37.3 sá] leit S. II.37.4 slíka] vænni S. bauga Hlín] bauga lín W, falda lín S.
II.38 *lacking in S.* II.38.1 ná] gná W. II.38.4 oss] mér W.
II.39.1 gullaðs ná] gullhlaðs-gná W, gullar ná S. II.39.2 góðgrip] svo góðgrip S. skulum] skulu W, mættum S. sjá] fá S. II.39.3 Verði— nú] ef þeim verður S.
II.40.1 koma] komu S. II.40.2 nú] þá S. keim] kvein S. II.40.3 sá—seim] með kápusvein S.
II.41.2 vér sögðum] sagt er S. II.41.3 Sú] Svo S. eignast] eiga W, S. II.41.4 er] sem W, S. engin] ekki W. virðast] verður W, S. lýtin] lýti W.
II.42.3 þar] þá S. II.42.4 og] *lacking in W, added later in* 22. herligssveina] herleg W, herlegur S.
II.43.1 Drottning] + sjálf S. skyldi] skal S. II.43.2 var] mun S. II.43.3 mjög] vel S. aðrar] aðra W.
II.44.1 Kóngurinn] Kóngur W. tekur] tók S. II.44.2 klæðast] að klæðast S. skal nú] skyldi W, S. fín] sín S. II.44.3 hverfa] hafna S. Hvítbergs] *thus* 22 (*first written* hrodrar vijn) *and* W, Hvítings S. II.44.4 hér—mín] hér skal hverfa ríman mín W, hverfur þanninn ríman mín S.

III.1 *lacking in S*. III.1.2 er] að *W*.
III.2 *lacking in S*. III.2.3 Veneris] Venris *W*.
III.3 *lacking in S*. III.3.4 þóttumst] þóttist *W*.
III.4 *lacking in S*. III.4.4 lítil—því] að því lítil *W*.
III.5 *lacking in S*. III.5.1 er] eð *W*.
III.6 *lacking in S*. III.6.4 gakktu] gakk þú *W*.
III.7 *lacking in S*. III.7.2 er] + hann *W*. kappinn knár] kompán vár *W*.
III.8 *lacking in S*. III.8.4 gjörst] gjört *W*.
III.9 *lacking in S*. III.9.2 að] *lacking in W*. öngva] önga *W*. III.9.3 ætluð] ærin *W*.
III.10.2 eru] munu *S*. III.10.3 strönd] spöng *W*.
III.11.1 semur] sér *S*. III.11.2 sendi] átti *S*. III.11.3 slétt] klént *W*, blítt *S*. III.11.4 foldin] fjöllin *S*.
III.12.1 bak] bakið *W*, aftan *S*. var] + hún *S*. III.12.2 sem] *lacking in W*. hefur] + þar *W*, hefði henni *S*. III.12.3 heyrði eg] horfði hún *S*. III.12.4 huldi hún] hún huldi *W, S*.
III.13.1 kóngsins] kappa *W, S*. III.13.2 kappinn] maðurinn *W*, kóngur og *S*. III.13.3 varð] var *W*. ber] sér *S*. III.13.4 Krátans] Kratens *W*.
III.14 *lacking in S*. III.14.1 gná] ná *W*. III.14.2 sem] *lacking in W*.
III.15.2 sem—Estoris] er kóngurinn næsta *S*. III.15.4 því] *lacking in W, S*. f] að *W, S*.
III.16 *lacking in S*. III.16.3 hún] hann *W*.
III.17 *lacking in S*. III.17.1 gná] ná *W*. III.17.2 skikkjan] möttull *W*. III.17.3 er] var *W*.
III.18 *lacking in S*. III.18.2 þó] *lacking in W*.
III.19 *lacking in S*. III.19.1 upp þegar] hann upp nú *W*. III.19.4 herra þinn] herrann minn *W*.
III.20.1 *lacking in S*. III.20.1 er] eð *W*. III.20.2 öðling hefur] niflung fær *W*.
III.21 *lacking in S*.
III.22 *lacking in S*. III.22.3 kennast] koma þau *W*. III.22.4 skulu henni] skuluð nú *W*.
III.23-24 *lacking in W, S*.
III.25 *lacking in S*. III.25.1 nam] + ansa *W (but deleted by scribe)*. kalsa] kalsi *W*. III.25.2 þá] þeirri *W*. hann sjálfur] sjálfur hann *W*. III.25.3 þú] þig *W*. hyggin frú] hringa brú *W*. III.25.4 sem] eð *W*.
III.26.2 fremri] framar *S*. III.26.3 hvatvísi] til hvatvísi *W*, fávís *S*.
III.27.3 hann—þér] eigna hana þér *W*, eignast hér *S*. III.27.4 fyrir] ef *S*. veittir] sýnir *S*.
III.28.2 yfir] á *S*. III.28.4 er] var *S*.
III.29.1 knésbót] *added in margin, but apart from the* k *no longer readable* 22. III.29.2 klæðið—engin] klæðið það sem öngri *S*. III.29.4 hvé] hvað *S*. brugðust] bregðast *W, S*.
III.30.1 frúin] fram *W, S*. III.30.2 fjandann] frændan *S*. III.30.3 flutti] gjörði *S*. III.30.4 gjörðu] gjörði *W*, hafði *S*.
III.31 *lacking in S*. III.31.1 en] og *W*. III.31.2 hendi] háði *W*.

III.32.1 jungfrú] jómfrú S. III.32.2 öðling—við] ung og fögur var S. við] með W. III.32.3 Hvörsu] Hvörninn S. III.32.4 sæti] sæta W, sætan S.
III.33.1 Fljóðið kemur í] Lagði yfir sig S. skraut] skaut S. III.33.2 þá] þó W. III.33.3 hún] lacking in W, S. III.33.4 lið] sið W.
III.34.1 Göran—þá] Geirmann tók að gilla upp þá S. Göran] Geryn W. eð] sem W. III.34.2 megum—allir] má það heyra og S. megum] megu W. III.34.3 þessi kann] þessar kunna S. III.34.4 skiljum] skilju W.
III.35 lacking in S. III.35.3 auðgrund smá] jungfrú sjá W. III.35.4 óskafögur— sjá] first written enginn maður gamnaði þá, but struck through 22.
III.36 lacking in S. III.36.1 á] að W.
III.37 lacking in S.
III.38.1 unga kvón] ærna kon S. III.38.2 Ídús átti] eignast valdi S. III.38.4 yðvar] yður W. verða skikkjan] skikkjan verða S.
III.39 lacking in S. III.39.1 Bernarð] Bervarð W.
III.40.1 hún] þá S. fljótast] skjótast W. má] getur S. III.40.2 í—ná] fyrðum lýst nú ekki á betur S (cf. III.51.2). í] lacking in W, added later in 22. á] um W. III.40.3 bakið] bakinu S. III.40.4 beltið] að beltið W.
III.41.1 lacking in S. III.41.1 þegar] + með W. III.41.3 ert] er W. III.41.4 þér] þeim W.
III.42 lacking in S. III.42.1 Kardon] Kardor W.
III.43.1 gná] ná S. III.43.3 tvö hundruð] tuttugu S. vetra] + um S. tíraett] tíræð W. III.43.4 svo] þó S.
III.44.1 í] um S. III.44.2 þeir] menn S. III.44.3 en] lacking in W, S. fyrir—stað] þeir gáðu að S. III.44.4 fólgið] hulið S.
III.45.1 Dyrgjan—þá] Þar var dyrgjan S. III.45.3 meir] lengra S. III.45.4 þessa] væna W.
III.46.2 fagra drottning] in fagra drottning W, fegursta jómfrú S. III.46.4 yfir] á W. var] + þó W.
III.47.1 Einka mjó] Einkar mjó W, allmjó S. var] + sú S. III.47.3 sáust] sást þá W. III.47.4 mun] var S. á kossa] af kossi W, á kossum S.
III.48.2 var þá] var henni W, annarri S. III.48.3 þeirri—sem] mengrund þessi S. III.48.4 Mórit] Mórent S.
III.49 lacking in S. III.49.2 á] lacking in W. III.49.3 styst] styttri W. III.49.4 fólk upp] fólkið W.
III.50 lacking in S. III.50.4 er] lacking in W.
III.51.2 leist] líst W. ei að] eigi W. III.51.4 gjörvöll sluppu] sluppu gjörvöll W.
III.52 lacking in S. III.52.3 sökkti] sankti W. þeim] + sveini W. sem] lacking in W. III.52.4 og] lacking in W.
III.53 lacking in S. III.53.3 hann] lacking in W.
III.54.1 gná] ná S. III.54.2 möttul] skikkju S. III.54.3 á] í S.
III.55.1 Drengurinn—nú] Dögling talar við drengi nú S. við] með W. dögling] öðling W. III.55.2 Dári þér] Dárið W, S. III.55.3 látið] lát W. III.55.4 honum] þeim S.
III.56.1 lagði] gjörði S. III.56.3 að öngri] fyrir utan S. III.56.4 í] að W, S.
III.57.3 ei—breytt] ei var hún allmjög freitt S. III.57.4 hún] þó S.

III.58.1 Gerflet] Sveinninn S. er] var W. III.58.2 út] upp S. um] í W, S. III.58.3 sem] og S.
III.59.1 fundin] fyrir S. jungfrú] jómfrú S. III.59.2 óskafögur er] ung og fögur S *(cf. III.32.2)*. III.59.3 hún—sofin] hafði sofið S. III.59.4 hafði] og hafði W. slíku] þessu W.
III.60.1 Sjá] Hún S. III.60.2 þeir] og W. þeirri] upp á S. III.60.3 silkið] klæðið S. III.60.4 upp] *lacking in S*.
III.61.2 meyjan] meyja W. Kardon] Karída S. III.61.3 Kaligras] Karigras S. nefnist] nefndist W.
III.62.1 Kaligras] Karigras S. við] með W. III.62.2 Kom] Komdu S. þar] hér W. sæti] sæta W, sætan S. III.62.3 þar] hér W. fjandi] fjandinn W, S. III.62.4 sem] að W, *lacking in S*. hefur] + upp W.
III.63.2 engi—þig] engi fæ eg skilið við þig S. engi] engu W. að] *lacking in W*. missa eg] eg missi W. III.63.3 minn] mér S. harmur] angur S. er²] *lacking in W*. mitt] mér S. III.63.4 þegar] þótt W, ef S. fer] fari W. eigi *first written* aldrei, *but struck out* 22.
III.64 *lacking in S*. III.64.3 að] *lacking in W*. er¹] *lacking in W*. III.64.4 finnst] er W. meiri] meir W.
III.65 *lacking in S*. III.65.2 meiri] meir W. III.65.3 eg ynni] er inni W.
III.66 *lacking in S*. III.66.2 sem] eð W. III.66.4 að] *lacking in W*.
III.67 *lacking in S*. III.67.1 Það] Þá W. III.67.4 sem] *lacking in W*.
III.68 *lacking in S*. III.68.3 þær] þeir W. III.68.4 þar] þanninn W. er] eð W.
III.69 *lacking in S*. III.69.2 vegu] vega W. III.69.4 fell þá] fór nú W. við] yfir W.
III.70 *lacking in S*. III.70.2 Kardon þá] menja gná W. III.70.4 höfðu falsað] falsað höfðu W.
III.71 *lacking in S*. III.71.2 lönd] land W.
III.72 *lacking in S*. III.72.2 er] *lacking in W*. III.72.3 skærri] þeirri W. III.72.4 eg—eftir] eg skildumst við hana W.
III.73 *lacking in S*. III.73.4 hafa] eiga S.
III.74 *lacking in S*. III.74.2 lét —á] urðu á því W.
III.75 *lacking in S*. III.75.1 drykkjar] drykkju W. III.75.4 að] *lacking in W*.
III.76 *lacking in S*. III.76.2 Fari þér] Farið í W. III.76.4 þér] *lacking in W*.
III.77 *lacking in S*. III.77.1 við] með W. III.77.4 því] *lacking in W*.
III.78 *lacking in S*. III.78.1 á] í W. náð] nár W. III.78.4 að] *lacking in W*.
III.79 *lacking in S*. III.79.1 endast] endist W. III.79.4 fóru] fara W.
III.80 *lacking in S*. III.80.2 med kærleik] kærlega W. III.80.3 um alla] í allri W. III.80.4 í] að W.
III.81 *lacking in S*. III.81.1 Skikkjuna] Skikkju W. III.81.2 löndum] löndin W. III.81.3 jöfn og] jafnt sem W. III.81.4 jungfrúm verður] meyjunum liggur W.
III.82 *lacking in S*. III.82.2 meyjarnar] meyjar W. III.82.3 orðalaust] æð<r>ulaust W.
III.83 *lacking in S*. III.83.1 hefur] hafa W. III.83.3 æ] ei W. III.83.4 hafa] + þar W.
III.84 *lacking in S*.
III.85 *lacking in S*. III.85.2 sett] + upp W *(added in margin)*. III.85.3 segja þær] segir mér W. III.85.4 lyktast] falla W.

Notes

I.5.2. The phrase *að höfnum blíðu lands* suggests the granting of sexual favours.

I.20.1. Kóngsins *sess*, "the king's seat," appears in the Wolfenbüttel MS as *kóngsins borð*, which, while corresponding to the received image of King Arthur, forms a less than perfect rhyme with *þess*, and *sess* is therefore likely to have been the original reading. The last line can appears to indicate that Arthur sat in the very center of the room vertically as well as horizontally, i.e., midway between floor and ceiling.

I.28.3. Maðurinn (nom. sing.) is emended by Finnur Jónsson to *manni* (dat. sing.), which arguably makes more sense, i.e., "[he] only reached up to one's knee"; W has here *hærra en*, and S *lengra en*, i.e., "[he] was no higher/longer than up to the knee."

I.32.3–4. *Skálmir* normally means "trouser legs," but could here simply mean "legs"; see Konráð Gíslason, "Forelæsninger over de ældste 'rímur,'" *Efterladte skrifter* (Copenhagen, 1895-97), 2, p. 186.

I.57–58. These two stanzas are lacking in W, but the first is found in S, and there seems no reason to regard them as later additions (unlike verses III.23–24).

II.1.3–4. This sounds like a proverb, perhaps a variant of that found in Chapter 88 of *Grettis saga:* "Engi er allheimskur ef þegja má" ("No one is completely foolish who can keep silent").

II.2. The poet refers here to Óðinn's dealings with the giantess Gunnlöð, from whom he acquired the mead of poetry, as described in Snorri Sturluson's *Edda* (*Skáldskaparmál*, chapter 1).

II.4.3. *Sjaldan bregður mjaldur mið*, lit. "the white whale (beluga) rarely strays from its grounds." This is also a proverb; Finnur Jónsson (*Íslenzk málsháttasafn* [Copenhagen, 1920], p. 118), gives it as "Sjaldan bregst mjaldur af miði."

II.5.1. *Friggjar barð* has the appearance of a kenning but it is otherwise unknown. Frigg was Óðinn's wife, and the mother of Baldur. *Barð* can mean "beard" in Icelandic, but is rare in this sense; more commonly it means either "prow of a ship," which can be used synecdochically for "ship," or "verge or edge of a hill," by extension simply "hill." Unfortunately, neither "Frigg's ship" nor "Frigg's hill" has any immediately obvious meaning. The latter could conceivably be a translation of *mons veneris*, with the goddess Frigg in place of her Roman counterpart, a substitution common enough in early religious translations from Latin (if *barð* is here used to mean "beard" the sense is obviously the same, if somewhat less delicately expressed), but despite a marked tendency to lewdness later in the poem, such a reading seems out of place here. Interpretation is complicated by the fact that the verb *rækja* can mean two different, and contradictory, things, "cultivate or foster," the common meaning, and, etymologically distinct and now obsolete, "reject, refuse, spurn." A further complication is that in W the verb is in the 1st person plural, *rækjum*, and in fact 22 has *ræki um*, the *um* having been struck through. Although it is unclear how, the line certainly appears to be an exhortation to women to be faithful.

II.6.1–2. *Tuttugu tunna fat* is presumably a reference to the poem itself, i.e., yet another allusion to the mead of poetry; *orða hratt* is doubtless meant to signify the poet's modesty vis-à-vis his own composition.

II.6.3. *Jarmóð* has been assumed here to refer to Yarmouth in England, otherwise called *Járnamóða* in Icelandic sources, a place not normally associated with the illustrious king. Yarmouth boats were important in the Iceland trade in the fifteenth century, however, and this may have been the only city in England known to the *rímur*-poet, or, at least, the only place judged by him important enough to have been the seat of King Arthur. Another explanation is that *Jarmóð* is simply a scribal error for *í armóð*, "in distress," and that Arthur is merely unhappy that he is unable to get on with his meal. There is no indication that such is the case in *Möttuls saga*, however, and nothing else to suggest it in *Skikkjurímur*, but textual evidence is not entirely lacking: the reading of W is clearly *í Jarmóð*, but S has *Armóð* and in 22 the scribe has first written *J armöd*, i.e., *í armóð*, but with a second *J* added later.

II.44.3. *Hvítbergs vín*, the reading of both 22 and W (S has *Hvítings*), although obviously intended as a kenning for "poem," is nonsensical. *Hvítberg* is presumably a corruption of *Hnitberg*, or more correctly *Hnitbjörg*, the crags where the mead of poetry was kept. The scribe of 22 had in fact first written *hróðrar vín*, also an incorrect kenning in that *hróður* in and of itself means "(praise) poem."

III.1. The poet here refers to Þórr's encounter with Elli ("Old Age"), described in Snorri's *Edda* (*Gylfaginning*, chapters 44 and 46).

III.9.2. A preterite verb would make more sense here.

III.11.4. Literally "that the earth seemed to laugh at this," for which I can think of no other possible meaning than the one given in the translation.

III.12.2. The verb *stinga* means "to stick something (into something else)" and its object, *refur* ("fox"), could be either the thing into which something is stuck or the thing which is stuck into something; Finnur Jónsson assumed the former, taking *refur* to refer to the queen, "the vixen, the treacherous one." It is more likely to be the latter, however, with *refur* used in the sense, given by Sigfús Blöndal in his *Islandsk-dansk Ordbog* (Reykjavík, 1920–24), of "a boneless piece of meat," i.e., with reference to the virile member; see Vésteinn Ólason, "Refjar," *Davíðsdiktur sendur Davíð Erlingssyni fimmtugum* (Reykjavík, 1986), pp. 56–58.

III.21.2. *Fólið* ("the fool") would make more sense here than *fljóðið* ("the woman"), since the queen is responding to Gerflet's words in the previous two stanzas; this sentence may be an interjection by the poet himself, however, rather than the beginning of the queen's speech, but if so it is an unusually clumsy one.

III.23–24. These two stanzas are found only in 22 and the first at least clearly does not belong here. According to the poem's own reckoning the *amie* of Ívent was *hin fimmta taus* (III.35.1) and Parceval's *hin tólfta snót* (III.50.1), both of which would be wrong if this unnamed woman—the only woman not named as the beloved of one of the knights or guests—were included. Finnur Jónsson suggested the two verses might come after III.37, but this would still make Parceval's beloved the thirteenth rather than the twelfth woman to try on the mantle. It seems most reasonable to assume they are later additions.

III.31.4. This use of *kenna* is unusual; the line could perhaps mean that Kay was little respected by them or something similar.

III.42.4. *Klettisbein* is obviously a term, probably obscene, for the female sexual organs; it is otherwise unattested, although *kletti*, also used in this sense, is given by several eighteenth-century lexicographers.

III.44.3. *Gás* ("goose"), also referring to the female pudendum, is attested in several early Icelandic and Norwegian sources; see my article "Grágás," *Púsund og eitt orð sagt Sigurgeiri Steingrímssyni fimmtugum* (Reykjavík, 1993), pp. 57–59.

SELECT BIBLIOGRAPHY

General Works

Barnes, Geraldine. "The *riddarasögur.* A Medieval Exercise in Translation." *Saga-Book of the Viking Society for Northern Research*, 19 (1977), 403–441.
_____. "Some Current Issues in Riddarasögur Research." *Arkiv för nordisk filologi*, 104 (1989), 73–88.
_____. "Arthurian Chivalry in Old Norse." *Arthurian Literature*, VII. Cambridge: D. S. Brewer, 1987. Pp. 50–102.
Bibliography of Old Norse-Icelandic Romances. Compiled by Marianne E. Kalinke and P. M. Mitchell. Islandica, 44. Ithaca, N. Y.: Cornell University Press, 1985.
Erlingsson, Davíð. *Blómað mál í rímum*. Studia Islandica, 33. Reykjavík, 1974.
Hughes, Shaun F. D. "Report on rímur 1980." *JEGP*, 79 (1980), 477–98.
_____. "Rímur." *Dictionary of the Middle Ages*. New York: Charles Scribner's Sons, 1988. X: 401–7.
Kalinke, Marianne E. *King Arthur, North-by-Northwest. The matière de Bretagne in Old Norse-Icelandic Romances*. Bibliotheca Arnamagnæana, 37. Copenhagen: Reitzel, 1981.
_____. "Arthurian Literature in Scandinavia." In *King Arthur Through the Ages*. Ed. Valerie M. Lagorio and Mildred Leake Day. New York & London: Garland Publishing, 1990. Pp. 127–51.
_____. "Scandinavia." In *Medieval Arthurian Literature: A Guide to Recent Research*. Ed. Norris J. Lacy. New York: Garland, 1996. Pp. 83–119.
_____. "Scandinavian Arthurian Literature." In *The Arthurian Encyclopedia*. Ed. Norris J. Lacy. New York & London: Garland, 1986. Pp. 473–78.
Mitchell, P. M. "Scandinavian Literature." In *Arthurian Literature in the Middle Ages: A Collaborative History*. Ed. Roger Sherman Loomis. Oxford: Clarendon, 1959. Pp. 462–71.
Reichert, Hermann. "King Arthur's Round Table: Sociological Implications of Its Literary Reception in Scandinavia." In *Structure and Meaning in Old Norse Literature*. Ed. J. Lindow, L. Lönnroth, and G. W. Weber. Odense: Odense University Press, 1986. Pp. 394–414.

Erex saga

Benediktsson, Jakob, ed. "Nokkur handritabrot." *Skírnir*, 125 (1951), 198.
Blaisdell, Foster W., ed. *Erex saga Artuskappa*. Editiones Arnamagnæanæ, B, 19. Copenhagen: Munksgaard, 1965.
———. "The Composition of the Interpolated Chapter in the Erex Saga." *Scandinavian Studies*, 36 (1964), 118–26.
———. "The Value of the Valueless: A Problem in Editing Medieval Texts. *Scandinavian Studies*, 39 (1967), 40–46.
———. "A Copyist at Work: AM 588a." In *Saga og språk: Studies in Language and Literature* [Festschrift Lee M. Hollander]. Ed. John M. Weinstock. Austin, TX: Jenkins Publishing Co., 1972. Pp. 31–38.
——— and Marianne E. Kalinke, trans. *Erex saga and Ívens saga: The Old Norse Versions of Chrétien de Troyes's* Erec *and* Yvain. Lincoln: University of Nebraska Press, 1977.
Jakobsen, Alfred. "Et misforstått tekststed i *Erex saga*." *Maal og Minne* (1988), 185–87.
———. "Var oversetteren av Erex saga islending?" In *Festskrift til Finn Hødnebø 29. desember 1989*. Ed. Bjørn Eithun, Eyvind Fjeld Halvorsen, Magnus Rindal, and Erik Simensen. Oslo: Novus Forlag, 1989. Pp. 130–41.
Kalinke, Marianne E. "The Structure of the *Erex saga*." *Scandinavian Studies*, 42 (1970), 343–55.
Kjær, Jonna. "Franco-Scandinavian Literary Transmission in the Middle Ages: Two Old Norse Translations of Chrétien de Troyes—Ívens saga and Erex saga." In *The Arthurian Yearbook*, II. Ed. Keith Busby. New York: Garland, 1992. Pp. 113–34.

Ívens saga

Blaisdell, Foster W., ed. *Ívens saga*. Editiones Arnamagnæanæ, B, 18. Copenhagen: C. A. Reitzel, 1979.
——— and Marianne E. Kalinke, trans. *Erex saga and Ívens saga: The Old Norse Versions of Chrétien de Troyes's* Erec *and* Yvain. Lincoln: University of Nebraska Press, 1977.
Kalinke, Marianne E. "*Erex saga* and *Ívens saga*: Approaches to Medieval Translation." *Arkiv för nordisk filologi*, 92 (1977), 125–47.
———. "Alliteration in *Ívens saga*." *Modern Language Review*, 74 (1979), 871–83.
Kjær, Jonna. "Franco-Scandinavian Literary Transmission in the Middle Ages: Two Old Norse Translations of Chrétien de Troyes—Ívens saga and Erex saga." In *The Arthurian Yearbook*, II. Ed. Keith Busby. New York: Garland, 1992. Pp. 113–34.

Möttuls saga

Kalinke, Marianne E. "Amplification in *Möttuls saga*: Its Function and Form." *Acta Philologica Scandinavica*, 32 (1979), 239–55.

———, ed. *Mǫttuls saga*. With an Edition of *Le Lai du cort mantel* by Philip E. Bennett. Editiones Arnamagnæanæ, B, 30. Copenhagen: C. A. Reitzel, 1987.

———, tr. "Möttuls saga." In *The Romance of Arthur: An Anthology of Medieval Texts in Translation*. Ed. James J. Wilhelm. New York: Garland, 1994. Pp. 209–23.

Parcevals saga

Barnes, Geraldine. "Parcevals saga: Riddara Skuggsjá?" *Arkiv för nordisk filologi*, 99 (1984), 49–62.

Foote, Peter G. "Gangandi greiði." In *Einarsbók. Afmæliskveðja til Einars Ól. Sveinssonar. 12. desember 1969*. Ed. Bjarni Guðnason, Halldór Halldórsson, and Jónas Kristjánsson. Reykjavík: Prenthús Hafsteins Guðmundssonar, 1969. Pp. 45–58.

Kratz, Henry. "The *Parcevals saga* and *Li contes del Graal*." *Scandinavian Studies*, 49 (1977), 13–47.

———. "Names in *Parcevals Saga* and *Valvers þáttr*." *Names*, 25 (1977), 63–77.

———. "*Textus, braull* and *gangandi greiði*." *Saga-Book of the Viking Society for Northern Research*, 19 (1977), 371–82.

Loomis, R. S. "The Grail in the Parcevals Saga." *Germanic Review*, 39 (1964), 97–100.

Mitchell, P. M. "The Grail in the Parcevals Saga." *Modern Language Notes*, 73 (1958), 591–94.

Skikkjurímur

Björnsson, Andrés. "Um Skikkjurímur." *Skírnir*, 121 (1947), 171–84.

Cederschiöld, Gustaf, ed. *Versions nordiques du fabliau français "Le mantel mautaillié."* Lund, 1877.

Driscoll, M. J. "The Cloak of Fidelity: *Skikkjurímur*, a Late-Medieval Icelandic Version of *Le Mantel Mautaillie*." In *The Arthurian Yearbook*, I. Ed. Keith Busby. New York: Garland, 1991. Pp. 107–33.

———. "Words, words, words: Textual variation in Skikkjurímur." *Skáldskaparmál*, 4 (1997), 227–37.

Halldórsson, Ólafur, ed. *Kollsbók: Codex Guelferbytanus 42.7. Augusteus Quarto*. Íslenzk Handrit, Series in 4to, V. Reykjavík, 1968.

Jónsson, Finnur, ed. *Rímnasafn: Samling af de ældste islandske Rimer*. Samfund til udgivelse af gammel nordisk litteratur, 35. Copenhagen, 1905–23.

Sigmundsson, Finnur. *Rímnatal*. Reykjavík: Rímnafélagið, 1966.

Þorkelsson, Jón. *Om digtningen på Island i det 15. og 16. århundrede* Copenhagen: Høst, 1888.

Þórólfsson, Björn Karel. *Rímur fyrir 1600*. Safn Fræðafjelagsins um Ísland og Íslendinga, 9. Copenhagen, 1934.

ARTHURIAN ARCHIVES

I, II. EARLY FRENCH TRISTAN POEMS
Edited by Norris J. Lacy

III. NORSE ROMANCE I: THE TRISTAN LEGEND
Edited by Marianne E. Kalinke

IV. NORSE ROMANCE II: THE KNIGHTS OF THE ROUND TABLE
Edited by Marianne E. Kalinke

V. NORSE ROMANCE III: *HÆRRA IVAN*
Edited by Henrik Williams and Karin Palmgrin

VI. DUTCH ROMANCES I: *ROMAN VAN WALEWEIN*
Edited by David F. Johnson and Geert H.M. Claassens

VII. DUTCH ROMANCES II: *FERGUUT*
Edited by David F. Johnson and Geert H.M. Claassens

VIII. ITALIAN LITERATURE I: *TRISTIANO PANCIATICHIANO*
Edited by Gloria Allaire

IX. GERMAN ROMANCE I: *DANIEL VON DEM BLUHENDEN TAL*
Edited by Michael Resler

X. DUTCH ROMANCES III: FIVE INTERPOLATED ROMANCES FROM
THE *LANCELOT COMPILIATION*
Edited by David F. Johnson and Geert H.M. Claassens

XI. LATIN ARTHURIAN LITERATURE
Edited by Mildred Leake Day

XII. ITALIAN LITERATURE II: *TRISTANO RICCARDIANO*
Edited by F. Regina Psaki

XIII. FRENCH ARTHURIAN ROMANCE III: *LE CHEVALIER AS DEUS ESPEES*
Edited by Paul Vincent Rockwell

XIV. FRENCH ARTHURIAN LITERATURE IV: ELEVEN OLD FRENCH NARRATIVE LAYS
Edited by Glyn S. Burgess and Leslie C. Brook

XV. GERMAN ROMANCE II: *GAURIEL VON MUNTABEL*
Konrad von Stoffeln
Edited by Siegfried Christoph

XVI. GERMAN ROMANCE III: *IWEIN*, OR *THE KNIGHT WITH THE LION*
Hartmann von Aue
Edited by Cyril Edwards

XVII. GERMAN ROMANCE IV: *LANZELET*
Ulrich von Zatzikhoven
Edited by Kathleen J. Meyer

www.ingramcontent.com/pod-product-compliance
Ingram Content Group UK Ltd.
Pitfield, Milton Keynes, MK11 3LW, UK
UKHW021601230326
469232UK00008B/281